0~6岁

启蒙训练实用百科

张艳红 张秀丽◎编著

中国人口出版社

图书在版编目（CIP）数据

0~6岁启蒙训练实用百科 / 张艳红，张秀丽编著.
— 北京：中国人口出版社，2010.1
ISBN 978-7-5101-0327-8

Ⅰ.①0… Ⅱ.①张… ②张… Ⅲ.①婴幼儿—早期教育
Ⅳ.①G61

中国版本图书馆CIP数据核字（2009）第235307号

0～6岁启蒙训练实用百科

张艳红　张秀丽　编著

出版发行　中国人口出版社
印　　刷　北京市富达印刷厂
开　　本　720×1000　1/16
印　　张　29
字　　数　560千字
版　　次　2010年2月第1版
印　　次　2012年4月第3次印刷
书　　号　ISBN 978-7-5101-0327-8
定　　价　24.80元

社　　长　陶庆军
网　　址　www.rkcbs.net
电子信箱　rkcbs@126.com
电　　话　（010）83519390
传　　真　（010）83519401
地　　址　北京市宣武区广安门南街80号中加大厦
邮　　编　100054

版权所有　侵权必究　质量问题　随时退换

“幸福 2+1”专家团队

总顾问 吴阶平 原全国人大常委会副委员长

严仁英 北京大学第一临床医学院妇产科教授
中国关心下一代工作委员会专家委员会主任
世界卫生组织母婴保健合作中心主任

胡亚美 中国工程院院士
中华医学会副会长
北京儿童医院名誉院长
国务院学位委员会委员

杨魁孚 中国计划生育协会常务副会长
中国人民大学兼职教授

黄醒华 首都医科大学北京妇产医院教授、主任医师
首都医科大学硕士生导师
中华预防医学会妇女保健学会主任委员
中华医学会围产医学分会常委

区慕洁 中国优生科学协会理事
“万婴跟踪”首席专家

戴淑凤 北京大学第一临床医学院妇产儿童医院教授
中国优生科学协会
中国优生优育协会理事

张湖德 中央人民广播电台医学顾问
北京中医药大学教授

特别为您精心打造

经过5年的读者考验，结合读者的反馈和新的孕育理念的发展，编委会集合各方力量重新打造了“孕育实用百科”系列丛书，希望给您的孕育生活送去科学、带来轻松。

特点 1

这是一套物超所值的图书——

厚重的图书、实惠的定价，您花5分钱就能读1页书，每页1~3个知识点，个个都精彩、个个都实用。

特点 2

这是一套权威可信的图书——

中国人口出版社是国家级孕育类专业出版社，依托人口计生委的专业资源，出版孕育类图书累计2000余种，编委会由多位孕育专家组成，做的就是精品。

特点 3

这是一套呵护有加的图书——

孕育既是一件快乐的事情，也是一件辛苦的事情，在书中除了常见的孕育知识，还有生活中其他常见问题的解决建议，比如如何维护好一个家庭、如何提高生活的品质等。

特点 4

这是一套从生活中来的图书——

博尔乐孕育热线开通6年了，数十万读者打来了咨询的电话、感谢的电话，有的家庭从妈妈怀孕到宝宝上幼儿园都伴随着热线的指导，因此这套书的问题都从生活中来，解决读者的实际之需。

本套图书经过了编委会的不懈努力、倾注了编辑的满腔热情，但仍有不足之处请读者指正，知识是在不断更新的，只有不断的完善才能紧随读者的需求，解决您的孕育问题是我们的责任，我们会继续努力。

目录 Contents

第一章 从胎教开始

第一节 10月胎教的重要性

目录 Contents

Contents 目录

目录 Contents

Contents 目录

目录 Contents

Contents 目录

目录 Contents

第四节 1岁7~9个月的宝宝

第五节 1岁10个月~2岁

第四章
2~3岁同步启蒙训练

第一节 家庭教育，宝宝最好的“学校”

目录 Contents

Contents 目录

目录 Contents

目录 Contents

胎教可强化胎宝宝的大脑功能，促进胎宝宝的智能发育，拓宽胎宝宝出生后的智力发展空间。最好的胎教源自准爸妈的生活，大到环境的改善、情绪的调节，小到听音乐、散步、和宝宝说悄悄话都是胎教的内容。所以，孕妈妈要想为胎宝宝提供一个良好的胎教，就从关注自己的生活开始吧！

第一节 10月胎教的重要性

一、胎教对宝宝的好处

1. 胎教是为了胎宝宝的健康成长

胎教就是人生最早的审美教育

胎教对一个人的发展起着开创性的作用，如人们常说的那样，良好的开端就是成功的一半。澳大利亚和我国的专家对胎教宝宝的追访表明，经过胎教的宝宝大都性格活泼、爱蹦爱跳，而且身体健康、聪明好学，有的成为早慧宝宝，有的具有艺术等方面的特殊能力。

胎教，根据胎宝宝各感觉器官发育成长的实际情况，有针对性地、积极主动地给予适当合理的信息刺激，使胎宝宝建立起条件反射，进而促进其大脑机能、躯体运动机能、感觉机能及神经系统机能的成熟。换言之，狭义的胎教就是在胎宝宝发育成长的各时间段，科学地提供视觉、听觉、触觉、运动觉等方面的刺激，如光照、音乐、对话、拍打、抚摸等，使胎宝宝大脑神经细胞不断增殖，神经系统和各个器官的功能得到合理的开发和训练，最大限度地发掘胎宝宝的智力潜能，达到提高人类素质的目的。

胎教有利于胎宝宝大脑潜能的全面开发

经研究证实，妊娠期胎教可强化胎宝宝的大脑功能，促进胎宝宝的智能发育，拓宽胎宝宝出生后的智力发展空间。宝宝智力和情商发展最快是在 4 岁以前，不少神童培养成功的经验表明，胎教是很重要的第一步。幼儿具有很大的潜能（从胎宝宝时起），这与胎宝宝脑细胞的发育有关。人脑的 140 亿个神经细胞，绝大部分是在 3 岁以前形成的。出生后脑神经细胞急剧地生长出许多触突，互相联系，这时大脑主要的功能已基本完善。

由于胎教的内容是集情感化、艺术化，形象和声音于一体，从而可促进胎宝宝右脑的发育，使宝宝出生后知觉和空间感灵敏，更容易具有音乐、绘画、整体和几何、空间鉴别能力，并使宝宝情感丰富，形象思维活跃，直觉判断正确。由于胎教重视情感化和形象化，胎宝宝的语言学习和数字等知识学习变得容易，这样也就调动了左脑的功能，使左右脑功能得到互补，使胎宝宝出生后大脑的潜能得以更好发挥和利用。

胎教对胎宝宝心理素质的影响

科学家们还做过这样的试验：在宝宝室内播放妈妈心脏跳动的录音，宝宝就会变得安静，容易入睡，食欲改善，体重增加，健康少病。这是因为胎宝宝期不仅受到妈妈体内外环境的作用，也深受妈妈精神活动的巨大影响。

欧美的一些医学博士曾对第二次世界大战期间一批孕妈妈以及她们的宝宝做过抽样调查。结果表明，由于她们在怀孕时丈夫奔赴前线，心情十分不安，有的担心丈夫受伤，有的受到恐吓，有的则接到丈夫的阵亡通知……在这种情况下生的宝宝与和平时期生的宝宝有许多差异，不少宝宝情绪不安，性格怪癖，有的出现了精神异常。出于这些情况，说明孕妈妈的心理变化会给胎宝宝产生程度不同的影响。因而，孕妈妈必须采取各种措施，使胎宝宝接受积极良好的影响，让其在母腹中健康成长，这就是胎教之所以越来越受到人们重视的原因。

早教启蒙小贴士

胎宝宝的两种基本心理功能

孕妈妈触摸胎宝宝时，胎宝宝能做出相应的动作；为胎宝宝播放音乐或唱歌时，胎宝宝能变得很安宁，这都是感知能力和情感接受能力的体现。这两种能力是基本心理功能，有了这两种能力，胎宝宝出生后在成长过程中就能更好地接受审美教育，具有想象、直觉、顿悟和灵感能力，并具有情感体验、调节和传达能力，使宝宝心理得到健全发展。

2. 最好的胎教源于父母的生活

胎教的真谛在于激发胎宝宝的潜力

常常听到一些爸爸妈妈埋怨：“我们当初积极胎教，又是唱歌又是听音乐，忙活了半天也没生出个神童来。”也有不少人有一种误解，认为胎教的目的是为了培育小天才，创造奇迹。这些言语和想法都对胎教产生了不切实际的奢望。

胎教的真谛在于激发胎宝宝内部的潜力，是为了宝宝一生的幸福，并不是追求培养神童或天才。胎教虽然能够有效地改善胎宝宝的素质，提高人口素质，但不能够使胎宝宝出生后都成为智慧超常的宝宝或小天才。

宝宝成为小天才或神童的因素很多，除了胎教，还有遗传因素，出生后继续教育和环境影响的因素，以及个人的兴趣、意志、品德等非智力因素。因此，经过胎教出生的宝宝，有可能成为小天才，也可能成不了小天才。但有一点可以肯定，胎教有利于胎宝宝在智慧、个性、感情、能力等方面的发育，有利于个体出生后在人生道路上的发展。

胎教的关键是为胎宝宝提供一个良好的环境

很多孕妈妈为了孕育一个聪明宝宝，不停地和胎宝宝一起“学习”，为了胎宝宝好，结果却弄得自己很疲惫。那么胎教的关键是什么呢？最好的胎教是什么呢？

胎教本身是为了促进胎宝宝期的感官功能的发育，并不是说真正让胎宝宝“学习”音乐，“学习”外语，甚至更多的东西。也就是说胎教的关键是为胎宝宝提供一个完备良好的环境，并不是要教会胎宝宝某种东西。

另外，胎教是一个循序渐进的过程，十月怀胎，关键是准爸妈要有“坚持到底”，要有爱心和耐心。不能操之过急，也不能三天打鱼，两天晒网。即使再忙，每天也要抽出 5 分钟的时间与胎宝宝亲密交流，从而为胎宝宝提供一个良好的环境。

最好的胎教从孕妈妈关注自己的生活开始

孕妈妈的体内环境是胎宝宝生长的小环境，胎宝宝的健康成长与孕妈妈的生活是分不开的。也就是说，最好的胎教源自准爸妈的生活。大到环境的改善、情绪的调节，小到听音乐、散步、和宝宝说悄悄话都是胎教的内容。所以，孕妈妈要想为胎宝宝提供一个良好的胎教，就从关注自己的生活开始吧！

3. 成功胎教后宝宝的优点

动作能力优秀

宝宝抬头、翻身、坐、爬、站等动作都比较早；手抓握、拿、取、拍、打、摇等能力强。

较早学会发音

受过胎教的宝宝，宝宝出生 2～3 天就会用小嘴张合与大人“对话”，20 天左右就会逗笑，2 个月时会发“a、ba、ma”等音，5～6 个月时会发“爸、妈、爷、奶”等音，1岁时会说短小的词句。

较早地理解语言

4个半月时能认出第一件东西，6～7个月时能辨认手、嘴、水果、奶瓶等。宝宝能较早理解“不”的意思。还会较早用姿势表示语言，会做“欢迎”、“再见”、“谢谢”等动作，也能较早理解别人的表情。

学习兴趣比较高

受过胎教的宝宝，喜欢听儿歌、故事，喜欢看书、看字，学习汉字的能力惊人。

不爱哭闹

受过胎教的宝宝感音能力比较好，只要是听到妈妈的脚步声、说话声就会停止啼哭。宝宝容易养成正常的生活规律。比如在睡前播放胎教音乐或妈妈哼唱催眠曲，宝宝就能很快入睡，满月后就会养成白天醒、晚上睡的习惯。如果宝宝在饥饿、尿湿和身体不适时啼哭，只要得到满足之后便会停止啼哭。

4. 什么时候开始胎教好

孕前3个月也是不可忽视的

胎教是在优身受胎和优境养胎的基础上，通过妈妈对胎宝宝身心发育提供良好的影响来实施的。妊娠是从精卵结合，生命之吻成功的瞬间就宣告开始。但是，影响精子和卵子质量的爸爸妈妈的身心状态则提前已经开始。比如，精子从精细胞的分裂、形成到成熟约需90天的时间，那么，要想使精子质量总体上都有所提高，孕育出好的后代，当然在孕前3个月就必须注意实施胎教的有关措施。这里强调胎教从孕前3个月就应开始，并不等于说已经怀孕或孕期已过半再做胎教就没有意义。实际上，胎教对孕期的任何一个阶段的胎宝宝来说，都是不会过时的。

胎教从新的生命诞生之日起的前3个月就应开始了

古人从胎宝宝形成那天就开始计算宝宝的年龄，到出生时将近1岁，也即所说的“虚岁”。实际上虚岁不虚，在这段时间里，胎宝宝不但已经有了生命，而且听觉、视

觉、记忆和思维的功能已经开始发育并先后开始运作。研究结果表明，胎宝宝发育到第 4 周时神经系统已经开始建立，第 20 周时开始对光线有反应，第 26 周时听觉反应开始发育，到了第 28 周时已经能够对音响刺激做出充分的反应。针对胎宝宝的特点，怀孕 1 ~ 3 个月应采取一些情绪胎教、营养胎教以及环境胎教等。

可以说，胎宝宝期是人的一生中生长发育最为迅速、最为关键的发展时期。因此，准爸妈应紧紧抓住这一重要而不可复得的时机，以最大限度地开发胎宝宝的智力、体力的潜能，使其在接受多种信息的基础上，各种感知能力得以早日培养和发展，获得良好的先天遗传素质。

早教启蒙小贴士

早教忌噪声

孕妈妈应避免接触刺耳的噪声，尽量不去强噪声持续不断的工厂、机场、火车站、舞厅等。胎宝宝从 6 个月开始就具有听声的功能。这时要坚持早、晚各听一次音乐，可欣赏胎教磁带或其他轻松、优美的乐曲，以 5~10 分钟为宜。收录机应放在贴近妈妈腹壁的地方，音量要控制在中度，如有耳机可以直接将其放在腹部。

二、成功胎教案例

1. 卡尔的“胎宝宝大学”

最早的“胎宝宝大学”

无论中外古今都十分重视胎教。最早的“胎宝宝大学”是美国加利福尼亚州妇产科专家范德·卡尔于 1979 年创办的。学生是双身人，即具有双重身份的孕妈妈。至今学生已超过 800 名。

“胎宝宝大学”招收妊娠 5 个月的孕妈妈上课，担当教员的有产科医生、心理学家和家庭教育学家。从这所“大学”毕业（出生）的“学生”，其大脑中约有几十个单词和初步的曲调，有的新生宝宝 2 周时就会说“哦——哦”、“爸爸”等；有的宝宝 8 周时能对录音机放出的节目说“哈罗”；一个 4 岁的幼儿已经能听、说英语、西班牙语，喜欢跟 8 ~ 10 岁的小孩玩，并懂得照顾自己；有的宝宝刚出生时就会用小手轻轻拍妈妈的脸。这都是在没有受过胎教训练的宝宝中从未见过的现象。可见，胎教能使宝宝出生后学习起来更容易，有助于让宝宝智力高超，使他们发育得更完善，同时可以使宝宝在精神方面得以顺利、健康的发展。卡尔的成功尝试，使许多欧美国家也纷纷进行了胎教实践。据报道，经过“胎宝宝大学”学习的宝宝出生以后，其智力超群率高达 71%。

卡尔“胎宝宝大学”课程设置和教授方法

语言课：学校教会妈妈用特制的扩音器把有关朗读的内容一字一句向腹内胎宝宝一再重复，让胎宝宝加强记忆，使得胎宝宝对这些语句有很深的印象。

音乐课：妈妈把一个玩具乐器放在腹部，奏出音符，让胎宝宝经常谛听一些曲子。

运动课：教会妈妈让胎宝宝练习“踢肚游戏”的运动项目，使胎宝宝有意识地和妈妈进行游戏锻炼。

怀孕 5 个月之后的胎教

道德品质和心理素质的教育：胎宝宝和妈妈是心心相印的，妊娠期的妈妈应心胸豁达，性情开朗，有仁慈之心，无残暴之性。孟子说：“养吾浩然之气。”这也是养胎宝宝浩然之气，时时以此正念，把好的品性传导给胎宝宝，从而具备良好的道德风范和优秀的心理品质。

生活艺术美的教育：孕期应当有一个良好的生活环境，居处力求空气洁净、清新，多去空气新鲜的公园、林间、河边散步，欣赏大自然的美景，多读些有益身心健康的诗词歌赋，多欣赏摄影、书画、艺术作品，陶冶情操，以良好的生活环境和欣赏艺术美的心态去教育胎宝宝，熏陶胎宝宝的心灵。

音乐训练的教育：应在整个孕期都能经常处在良好的音乐环境氛围中，以促进胎宝宝的身心健康，并使胎宝宝的智力得到发展。

对胎宝宝进行抚摸训练：孕妈妈平卧，腹部放松，以手抚摸、轻压腹部，这样有规律地进行一段时间后，胎宝宝就会有所反应。经过训练的胎宝宝能较早的学会站立和走路。但值得注意的是，如有早期子宫收缩者禁用此法。

要养成良好的生活方式和习惯：起居有时，注意卫生，衣服宽松，饮食营养均衡，住房环境整洁，行动安稳舒畅，劳逸结合，保证充足睡眠，忌烟戒酒，注意预防疾病，谨慎用药。

孕妈妈在孕期要保持良好的心理状态：情绪要稳定，心情要愉快，尽量避免抑郁、恼怒、悲伤、惊恐、忧虑等不良情绪。

及时做好产前检查：注意妈妈和胎宝宝的健康，检查胎宝宝身体方位，指导调养。

2. 蒙台梭利经典胎教法

蒙台梭利对宝宝性格与记忆的训练说

人的性格是从胎宝宝期开始形成的。虽然遗传基因对性格起着一定的作用，但胎宝宝所生长的环境却对未来宝贝性格的形成有着更深远的影响。蒙台梭利所做的许多研究表明，孕妈妈的精神状态、情感、行为、意识等，也同样可以引起激素分泌的异常，从而影响到胎宝贝性格的形成。

如果胎宝宝的环境很温暖，很慈爱，那么胎宝宝的心灵也会受到同化，意识到等待自己的那个世界是美好的，进而逐步形成了热爱生活、果断自信、活泼外向等性格基础；反之，倘若准爸爸生活不和谐，不美满，或者是孕妈妈不欢迎宝宝，从心理上排斥、厌烦，那么胎宝宝随之形成孤寂、自卑、多疑、怯弱、内向等性格基础。

经研究结果表明，胎宝宝对外界有意识的刺激行为的感知体验，将会长期保留在记忆中，并对其未来的个性、智力及体能产生相应的影响。目前，医学界多数人认为胎宝宝具有记忆、感觉能力，并且这些能力会随胎龄的增加而逐渐增强。有人做过这样的实验，在产科的宝宝室内播放孕妈妈的子宫血流及心脏搏动声音的录音，发现正在哭闹的新生宝宝很快就安静下来，情绪稳定，饮食、睡眠都很好，体重也增加得很快。这是因为，胎宝宝在子宫内很熟悉这种声音，再听到这种声音时会感到很亲切、很安全。

蒙台梭利经典胎教法 1——性格训练法

孕妈妈要注意提升自身性格修养。孕妈妈在怀孕的每一天，都要注重对自身性情的调节与提升，要多去从事能使自己产生良好感受和愉快心情的事情；要让自己的心态放宽广，可以通过欣赏音乐、艺术品来陶冶自己的情操；尽量促使家庭的和谐与美满，并让整个身心充满对宝宝的爱和期待。

准爸爸参与胎教能影响宝贝性格。大量研究表明，准爸爸参与胎教在很大程度上，会影响到宝宝宝性格的形成。准爸爸应注意多和胎宝宝宝说说话，也可给胎宝宝唱歌或讲自己的故事，还可以和胎宝宝做运动。

蒙台梭利经典胎教法 2——记忆训练法

孕妈妈在怀孕 5 个月时，就可以用自制的或购买的彩色教学卡片教宝宝学习了，每天 4~5 个汉语拼音，韵母教完后可以继续教声母甚至汉字，也可以教宝宝数字、图形，甚至是计算；孕妈妈还可以诵读经典或者任何你喜欢的东西，如诗歌、散文、儿歌、故事。但要注意诵读时情绪饱满热情，语调抑扬顿挫，诵读的时间无需过长，以不感到疲劳为好。

蒙台梭利和科学家们发现，1 岁多的宝宝还能记得在孕妈妈子宫里听到的音乐。这项研究显示，宝宝出生前 3 个月，在孕妈妈子宫内听到的音乐，出生一年后还能记得清楚。孕妈妈应坚持给胎宝宝听音乐、和胎宝宝复习聊天的内容、给胎宝宝听玩具的声音等来训练胎宝宝的记忆。

3. 斯瑟蒂克胎教法

他们的 4 个宝宝都被列入了美国的高智商人士

美国一对普通的夫妇生下的宝宝竟然都是智商极高，他们的 4 个宝宝智商均在 160 以上，他们所采用的胎教方法一时之间成为人们谈论的话题。根据这对夫妇的名字，此胎教法被称为斯瑟蒂克胎教法。斯瑟蒂克夫妇的胎教主要是对胎宝宝说话并通过卡片教授他们文字与数字。

胎教成功的秘诀就是爱和耐心

斯瑟蒂克曾经说过“胎教成功的秘诀就是爱和耐心”（《胎宝宝都是天才》），他们总结出了“天才宝宝”的全部谜底：孕妈妈在妊娠中把所听到的、看到的、想到的事情，用自己的声音、身体变化、心理状态等传递给胎宝宝。这时候的胎宝宝因为接受了这些信息，在出生时就会具有某种素质。

其中斯瑟蒂克胎教最成功的秘诀就是爱，他们对4个天才儿女进行胎教时，并不是为了要生一个“天才宝宝”才进行胎教的，他们只是为了自己的宝宝应该过得更加幸福和有意义。因此，他们在成功的胎教用了更多的爱，而不是强迫自己为了达到某种目的而进行胎教。

4. 七田真胎教法

胎宝宝有知性吗

怀孕两三个月的胎宝宝可以完全了解到妈妈的话和妈妈心里想的事。或许有人会感到惊讶，但这是千真万确的事。研究报告提出，当孕妈妈对着超音波诊断装置的胎宝宝说动一动给妈妈看时，宝宝真的会动。如果堕胎想要刮除胎宝宝时，胎宝宝会逃向子宫深处。由此，也可以感受到胎宝宝的知性。

从医生对你说恭喜的那一刻开始，就可以开始胎教了

一旦知道自己怀孕后，就要对宝宝说，一定要健康哟！一定要自己顺顺利利地生出来哟！至少要对宝宝提出这两个要求。同时，一旦发现胎宝宝的疾病，可以要求胎宝宝靠自己的力量治好疾病。这些都可以对胎宝宝造成一定的影响。

早教启蒙小贴士

忌不合理的语言胎教

语言教育时，孕妈妈可用收录机以中度音量向腹内的胎宝宝亲切授话，或吟读诗歌，或哼唱小调，或计算数字。如此都会给宝宝留下美好的记忆，切忌大声粗暴地训话。

三、胎宝宝的“能力”

1. 胎宝宝的感觉

怀孕3个月时，你肚子里的小宝宝已经有了压觉和触觉，受到刺激时他会有反应。

起初，当胎宝宝碰到子宫中的一些软组织，如子宫壁、脐带或胎盘时，会像胆小的兔子一样立即避开。但随着宝宝的逐渐长大，特别是到了孕中后期，他变得胆大起来，不但不避开，反而会给出一定的回应。有时你抚摸腹壁时，他会用脚踢作为回应。

4 个月的胎宝宝出现冷觉。胎宝宝在 4 个半月时，就能分辨出甜和苦的味道，孕期快结束时，胎宝宝的味蕾已经发育得很好，而且尤喜甜味。羊水的味道一直变化不大，里面可没有胎宝宝喜欢的甜味。5 个月的胎宝宝知道温热。胎宝宝的小鼻子直到 7 个月时才有嗅觉。此外，7 个月的胎宝宝对疼痛已十分敏感。

2. 胎宝宝的听力

4 个月的胎宝宝就有了听觉。到 6 个月时，胎宝宝的听力几乎和成人无异。外界的声音都可以传到子宫里。8 个月的胎宝宝能区别声音的种类，听出音调的高低、强弱，能分辨出是爸爸还是妈妈在讲话。但听觉的发育成熟是比较晚的，应注意保护。

出生几天的宝宝，哭闹是常有的事，如果妈妈把宝宝抱在左胸前，宝宝很快就安静下来，这种现象也许并未引起你的注意，但却引起了科学家的深思。原来，胎宝宝在母体内时就已经习惯了妈妈的心脏跳动声及血流声。出生后，宝宝耳朵贴近妈妈胸前，这种声音和跳动，仿佛又把他带回到“昔日”宁静和安全的环境中，这种被宝宝早已体验过的安全感是任何优美的音乐也无法比拟的。

凡是能透过身体的声音，胎宝宝都可以感知到。这是因为人体的血液、体液传递声波的能力比空气大得多。这些声音信息不断刺激胎宝宝的听觉器官，促进其听觉的发育。

3. 胎宝宝的视觉

在妊娠第 2 个月时，胎宝宝的眼睛就已开始发育，到了第 4 个月时，对光线已经非常敏感。为了证实这一点，有人曾用手电筒的光线有节奏地照射孕妈妈的腹部，发现胎宝宝会睁开双眼，把脸转向光亮的地方，胎宝宝的

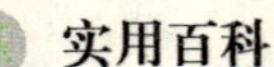

心率也随之发生有规律的变化。

而且，胎宝宝出生后不到10分钟就能发挥视觉的作用，不但能看见孕妈妈的脸，并且还具有认识模型和判断图形的能力。有人发现，新生宝宝的视力只关心30～40厘米以内的东西，这恰好与他在子宫内位置的长度相等，说明新生宝宝还保留着宫内生活的习惯。同时这个距离相当宝宝吃奶时眼睛看到妈妈面庞的距离。因此，刚出生的宝宝，其稚嫩的视力基础在胎宝宝时期已经打好，当然，宝宝的视神经系统还不够发达，大概要到出生后7岁左右才能发育完全。所以说，胎宝宝的视觉功能还很不完善，但并不等于没有。

早教启蒙小贴士

光照胎教

按照胎教的要求，需要在黑暗的环境中用有较强光亮的手电筒照射孕妈妈的腹部，并有规律地缓慢移动，以锻炼胎宝宝睁眼辨别光线来源的能力；也可配合和与胎宝宝的说话同时进行。这种用明亮光线刺激宝宝视力的方法应该是胎教不可缺少的手段，是不能忽略的。

4. 胎宝宝的记忆力

目前医学界多数人都认为，胎宝宝具有记忆能力，而且这种能力还将随着胎龄的增加而逐渐增强。

可以利用胎宝宝的这种记忆力，把宝宝抱在妈妈左侧怀里，让他听到妈妈心脏跳动的声音，这样宝宝会有一种安全感，很快就能安然入睡。还有人做过这样的实验：在医院产科的宝宝室内播放妈妈的子宫血流及心脏搏动声音的录音，发现正在哭泣的新生宝宝很快就安静下来，情绪稳定，饮食、睡眠情况好，而且体重增加迅速。这是因为胎宝宝在妈妈的子宫中早已熟悉妈妈的心音，一听到这种音响就感到安全亲切。

胎宝宝既然有记忆能力，那么孕妈妈就应设法开发胎宝宝的记忆力，把良好的、积极的、有用的、真善美的信息及时传递给胎宝宝，让他输入脑子里，受用一生。

5. 胎宝宝的理解能力

经过实验显示，妈妈接受了惊恐的刺激，胎宝宝也会出现受惊反应，而妈妈高兴则胎宝宝定心。据观察，妈妈哭泣后心跳加速，虽和横膈膜摇荡状态相同，但是，胎宝宝活动状态却有着戏剧性的不同。

关于连接妈妈与胎宝宝的复杂的神经激素的“通路”问题，人们现已获得大量的有关知识。妈妈与胎宝宝在生理上并非只有一个大脑和自主神经机构，而是分别有其独自的神经系统和血液循环功能。所以，这些神经激素的通路，是妈妈与胎宝宝交流情感的一种不可多得的手段，它具有极其重要的作用。

对于行为和思维的指令机构，那当然是人的大脑。但其下达指令的过程却是在大脑的表层——大脑皮质内进行的。而且值得注意的是，大脑中所感觉所思考的事情，在与大脑皮质直接相连的下丘脑本身的作用下，在下丘脑内转化为情感，继而转化为躯体的感觉。从最近的研究结果中获知，胎宝宝的下丘脑以及受此控制的内分泌系统和自主神经系统最易受到影响。

四、胎教宜与忌

1. 孕期生活要注意的细节

孕妈妈生活中容易忽视的关键细节

对于准备怀孕的你来说，一旦月经延期或迟迟未来都要考虑自己可能已经怀孕，须加强对自身的保护和保养。

孕妈妈每日需补充叶酸 0.4 毫克，直到怀孕 12 周末。

怀孕初期可能会出现类似感冒的症状，若胡乱买药吃，不仅不能达到治疗的效果，还可能引起胎宝宝畸形。最安全的方法是去看医生，找出真正的病因。

觉得身体不适时，不要勉强做剧烈的运动或远游，以免造成意外流产。

若非必要，不要随意做 X 光照射，应先检查身体状况，确定有无怀孕后再行各种适宜的检查。此外，还应避免接触各种化学毒品（如铅、汞）。

避免病毒感染，如风疹、流感、巨细胞病毒及弓形虫感染等。

有些孕妈妈在怀孕约 1 个月时，会有孕吐的现象，应多准备一些缓和孕吐症状和开胃的食物，如酸梅、水果等。

孕妈妈应注意日常活动

洗衣服不要使用冷水，避免受凉感冒。一次不要洗得过多，以免过累而引起流产或早产。不要登高，不要搬抬重物，不要弯腰擦拭东西。外出路途较短时，以步行为宜，尽量不乘公共汽车，公共汽车一般非常拥挤，而且道路凹凸不平，行驶不稳，易造成流产。不要到人群拥挤的地方去，以免腹部被人撞击，还可避免流行性感冒及其他疾病的传染。远路需要乘车时，要安排在不是上下班的高峰时间，避免拥挤。远程最好不去，如去最好乘飞机；避免站立过久引起下肢浮肿。

孕妈妈应注意睡眠姿势

孕妈妈仰卧时，增大的子宫会压迫其后面的腹主动脉，影响子宫动脉的血量，造成胎盘供血不足，直接影响胎宝宝的生长发育。仰卧位还会造成下肢及阴部的静脉曲张、水肿，甚至溃破出血。所以孕妈妈以左侧卧为好，左侧卧位可减轻向右侧旋转的子宫对右侧输尿管的压迫，降低右侧肾盂肾炎的发病率，对孕妈妈及胎宝宝均极为有利。如果孕妈妈比较长时间地用枕头、毛毯等物垫塞左侧髋部，使骨盆向左倾，同样会起到左侧卧位相同的效果。

孕妈妈应注意睡眠时间

正常成人一般需要8小时，而孕妈妈因身体各方面变化，容易感到疲劳，睡眠时间应比平时多1~2小时，最低不能少于8小时；怀孕7~8个月后，每天中午最好保证有1小时的午睡时间，但最多不能超过2小时；有工作的孕妈妈睡不了午觉，在晚上就更需要多一些时间睡觉或在工作岗位上注意休息。不要为了工作就不顾睡眠，这样会严重影响胎宝宝的生长发育。

孕妈妈要远离小动物

动物身上有一种弓形体原虫寄生，可通过动物的身体和排泄物传染给孕妈妈。若在妊娠期感染弓形体，就会通过胎盘感染胎宝宝。如果感染发生在妊娠早期，就可能导致流产、胎宝宝发育异常；若感染发生在妊娠晚期，对胎宝宝大脑损害就会很严重，阻碍胎宝宝大脑的发育，结果造成脑积水或畸形。尤其是怀孕后才开始饲养小动物，孕妈妈身体抵抗力低，最易受到感染。为了优生，孕妈妈不要和小动物接触，也不要到饲养动物的人家或动物园去，以免受到感染。

孕妈妈要少看电视

电视有放射线可影响胎宝宝，因此，孕妈妈最好少看电视。即使看也应距电视屏幕 2 米以外，不要看得太久，避免看刺激性的电视节目。当然，适当地看一些音乐、风光、喜剧、歌舞娱乐性电视节目，对孕妈妈还是比较有益的。

2. 孕晚期 5 个重点注意细节

注意仰卧综合征

孕妈妈在妊娠晚期常愿意仰卧，但长时间仰卧，很容易出现心慌、气短、出汗、头晕等症状，如将仰卧位改为左侧卧或半卧位，这些现象将会消失，这就是仰卧综合征，也称低血压综合征。这是由于孕妈妈在仰卧时，增大的子宫压迫下腔静脉及腹主动脉，下腔静脉可完全被压扁长达 6 ~ 8 厘米，血液只能从较小的椎旁静脉、无名静脉回流的缘故。回流不畅，回心血量减少，心排出量也就随之减少，于是血压下降并出现上述一系列症状。

仰卧综合征的发生不仅影响孕妈妈的生理功能，对胎宝宝也有危害。心排血量减少，腹主动脉受压引起的子宫动脉压力减小，都直接关系着胎盘血液供应，对胎宝宝供氧不足，很快就会出现胎心或快或慢或不规律，胎心监护可显示胎心率异常的图形，以及羊水污染、胎宝宝血有酸中毒变化等宫内窘迫的表现，甚至带来不幸后果。

迅速改变体位是最简单有效的治疗方法，孕妈妈应避免平卧，采取左侧卧位，需要平卧位做检查时，也要警惕仰卧综合征的发生。

注意需做一些运动

到了妊娠后期，由于孕妈妈腹部膨隆，干什么都不方便，所以有些孕妈妈变得不爱动，整天呆着，这种精神状态是不可取的，即使做什么都不方便，孕妈妈还是要进行一些轻体力活动或劳动，因为适当的运动对孕妈妈和胎宝宝都有好处，有助于孕妈妈的顺利分娩，有利于胎宝宝的健康成长，所以孕妈妈应该适当做一些运动。

注意保证足够的睡眠

母体的体力大减，容易显得疲倦。为了储备体力准备分娩，应该保证充分的睡眠。做完家务之后的休息时间也应适当延长，但不可忘了适度的运动。

妈妈睡觉胎宝宝也睡觉，胎宝宝生长所需要的激素通过脑垂体制造出来，而充足的睡眠能促进其分泌，孕妈妈保证足够的睡眠对胎宝宝的成长有很大的影响。

注意营养饮食

孕妈妈要控制脂肪和淀粉类食物的摄入，以免胎宝宝过胖给分娩带来困难，应多吃营养价值较高的蛋白质以及含有矿物质和维生素的食物。进食时不要一次吃太多，以少量多餐为佳。为了使分娩顺利，孕妈妈从怀孕8个月起还应积极地练习各种分娩辅助动作。

注意接受产前检查

孕妈妈此期一定要定期到医院接受产前检查，以防妊娠高血压综合征的发生。如果此期出现阴道流血情况，可能是早产，也可能是前置胎盘，一旦出现流血情况应立即到医院接受诊治。

另外，在妊娠后期，由于孕妈妈不想动，性欲减退，所以禁止进行性生活，在进行性生活时，为避免压迫到孕妈妈下腹部，最好采取侧卧的姿势，丈夫从背后抱住孕妈妈的性交方式。性交的强度和时间也要减弱和缩短。

早教启蒙 小贴士

注意发生异常现象

最好穿后跟低而平稳的鞋以保持平衡。避免外出太久，勿过于疲劳，发现有阴道出血、流水、规律性腹痛或胎动异常，应立即送往医院。

3. 牢记防辐射的5项“防身术”

辐射可无形中伤害孕妈妈和胎宝宝

电磁辐射是高压电、电台、电视台、雷达站、电磁波发射塔、电子仪器、医疗设备、自动化设备及电脑、电视、收音机、手机、微波炉、复印机、扫描仪等家用、办公电器工作时产生的各种不同波长频率的电磁波，这些电磁波可以穿透包括人体在内的多种物质，如果人体长期暴露在超过安全指标的电磁波辐射中，会被杀伤或杀死大量细胞。

电磁辐射看不见、摸不着，很容易被人忽略。科学研究指出：孕1~3个月的胎宝宝如果长期遭受各种电磁辐射会导致流产、肢体缺损或畸形；孕4~6个月的胎宝宝如果长期遭受电磁辐射会导致智力损伤；孕7~10个月的胎宝宝长期遭受电磁辐射会导致免疫功能低下，出生后体质弱，抵抗能力差。

防辐射防身术 1

在怀孕的头 3 个月调离使用电脑、复印机等工作岗位。如果实在无法停止与电脑打交道，则每周接触电脑的时间不要超过 20 个小时，即每天不超过 4 小时（五天工作制），可以使用液晶显示器或为电脑加上视保屏。

防辐射防身术 2

孕第 1 个月要远离微波炉、电视机、电热毯等家用电器。

防辐射防身术 3

看电视要距离屏幕 2 米以上，注意开窗通风，用完电脑或看完电视后立即洗脸，可以有效地清除残留在脸部皮肤毛孔里的有害微粒。

防辐射防身术 4

改用绿色环保的 CDMA 手机，它可以将对你的辐射伤害减少到最小。另外，手机信号刚接通时，请不要接听，因为这时的传输信号不稳定，处在最大工作功率上，是辐射最大的时候。孕妈妈在使用手机时，可以改用耳机式的，也能减少电磁辐射对大脑的损伤。

防辐射防身术 5

怀孕期间，应该穿上专为孕妈妈设计的防辐射服。最好选用轻、薄、透气、柔软、易洗涤的织物，便于贴身穿着，防护服最好具有前后保护功能。一般来说，防护服的金属网丝成分越高，防辐射的能力就越强。

4. 孕妈妈安全用药准则

不滥用药物

孕早期能不服药或暂时可停用的药应不用或暂时停用。分娩时或哺乳期用药必须考虑到对新生宝宝的影响。

用药必须有明确的指征并对治疗孕妈妈的疾病有益，不宜滥用药物，可用可不用的药物宜不用。要选用已证明对胚胎无害的药物。

清楚用药剂量及持续时间

应清楚了解孕周，严格掌握用药剂量及持续时间，合理用药，及时停药。应考虑孕妈妈用药实际为母婴两人同时用药。

药物效应与剂量有很大关系，小剂量的药物可能只造成暂时的机体损害，而大剂量的药物则可造成永久的机体损害或胚胎死亡。药物的剂量包括单次剂量和用药时间的长短。用药时间愈长和重复使用都会加重对胎宝宝的

损害。药物剂量除了取决于服用量外，还取决于通过胎盘的量，它们通常成正比关系。

权衡利弊后仍需用药原则

有些药物虽然可能对胎宝宝有不良影响，但可治疗危及孕妈妈健康或生命的疾病，权衡利弊后仍需用药。如孕妈妈患甲状腺机能亢进则必须用硫脲类药物。

当两种以上的药物有同样疗效时，应选用对胎宝宝危害较小的一种药物，或选择已用于临床多年并有临床资料证实对胚胎或胎宝宝无不良影响的药物，而少用或不用新上市的虽然有动物实验资料但缺乏临床资料的药物。

孕期安全用药对策

第 1 阶段：受精至 2 周大的胚胎。用药对策：此期胚胎对药物高度敏感，极易受到药物的损害。虽然如此，但

此时期是以细胞的分裂为主，分化程度不高，胚胎受损后可能造成的后果只有两种，一是胚胎受损严重，造成胚胎死亡而发生早期流产；二是受损不严重，胚胎可完全修复并继续发育而不发生后遗问题，即“全或无效应”。

第 2 阶段：胎宝宝发育的 3～12 周。用药对策：在这一阶段，胎宝宝对药物的敏感性极高，同时又是胚胎和胎宝宝各器官处于高度分化、迅速发育和形成阶段。药物在此期的影响可使某些系统和器官发生严重畸形，所以此期用药应特别慎重。这一阶段也叫做“敏感期”。

第 3 阶段：胎宝宝发育 12 周以后。用药对策：在此阶段，胎宝宝对药物的敏感性降低，绝大多数系统和器官已经形成，以生长和功能的发育为主，但是仍有部分器官在发育，如小脑和大脑皮层及泌尿生殖系统的继续分化，所以在这一阶段仍有一些结构对药物敏感。一般来讲，在妊娠 12 周以后用药仅能影响胎宝宝的生长发育过程，如发育迟缓（包括中枢神经系统的发育）。

5. 孕期安全洗浴 4 注意

防止滑倒

在浴室里设置防滑垫，喷头四周要

安上稳固的扶手，请你穿上防滑拖鞋入浴。如果肚子已经很大了，为了安全起见，可请家人陪同入浴。

另外，浴室应该保持良好的通风，孕妈妈也该在洗浴前将所有的洗浴用品放在方便拿取的地方，以免够不着东西时滑倒。

当心着凉

洗完澡后，要赶紧擦干身体，将衣服穿好，若洗头的话，要将头发马上吹干。夏天洗浴后，一定要穿好衣服再走进有冷气的房间，否则一不小心你就会着凉了。

洗澡时别锁门

洗澡时，最好别锁浴室的门，这样万一摔倒或晕倒时容易被家人发现以及时处理。若孕妈妈进入浴室太久没有动静，家人应该随时警惕地问候一下，孕妈妈可能在浴室晕倒了！

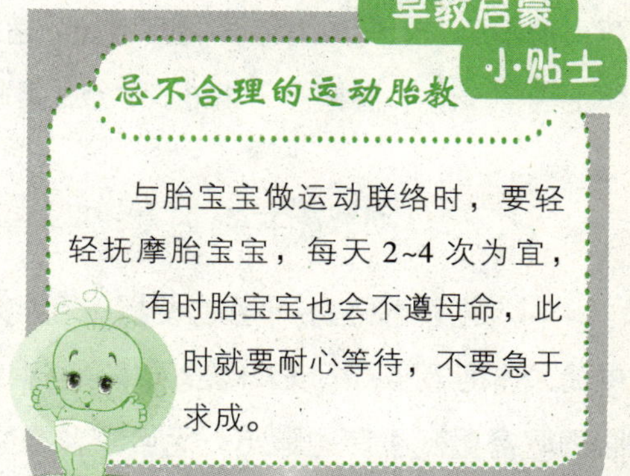

早教启蒙小贴士

忌不合理的运动胎教

与胎宝宝做运动联络时，要轻轻抚摩胎宝宝，每天 2~4 次为宜，有时胎宝宝也会不遵母命，此时就要耐心等待，不要急于求成。

6. 早孕反应时多吃核桃和芝麻

孕妈妈有早孕反应时，突出的表现之一就是厌油腻，多数早孕妈妈不愿吃含脂肪多的肉类，吃菜也比较清淡，使得妊娠早期孕妈妈摄取的脂肪量减少，而如果孕妈妈缺乏脂肪，会影响免疫细胞的稳定性，导致免疫功能降低，引起食欲不振、情绪不宁、体重不增、皮肤干燥脱屑、容易患流感等多种传染病，还会导致维生素 A、D、E、K 缺乏症，使孕妈妈缺钙而造成骨质疏松等疾患。

如果早孕反应严重的孕妈妈实在不想吃肉类，可以食用核桃和芝麻。核桃富含不饱和脂肪酸、磷脂、蛋白质等多种营养素。1 千克核桃仁相当于 5 千克鸡蛋或者 9 千克鲜牛奶的营养，并有补气养血、温肺润肠的作用，其营养成分的结构对于胚胎的脑发育非常有利。因此，孕妈妈每天宜吃 2 ~ 3 个核桃。

芝麻富含脂肪、蛋白质、糖、芝麻素、卵磷脂、钙、铁、硒、亚油酸等，有营养大脑、抗衰、美容之功效。将芝麻捣烂，兑上适量白糖，每日上、下午用白开水各冲服一杯，既可增强孕妈妈的抵抗力及预防感冒，又可防止宝宝患皮肤病。

7. 妊娠剧吐需重视

妊娠6周左右有严重反应，持续恶心、呕吐、进食困难，称为妊娠剧吐，严重者可引起脱水、代谢障碍。剧吐原因还不十分清楚，可能与绒毛膜促性腺激素显著增加有关。以初次妊娠者为多见。一般在停经40天左右发生。

治疗妊娠剧吐，要注意孕妈妈的精神状态，了解她的思想情绪，解除顾虑。轻症者可门诊治疗，给以维生素 B_6、维生素 C、维生素 B_1，止吐可用鲁迷那，每次0.03克，每日三次，无效者给氯丙嗪等药。重症需住院补液、短期禁食。如治疗无好转，体温高于38℃，脉搏多于120次/分，黄疸不退，应考虑终止妊娠。

8. 孕妈妈喝牛奶好处多

牛奶是完全蛋白，它富含酪蛋白等及人体必需的8种氨基酸。牛奶中的乳糖可以供给人体的热能，构成及修复人体某些组织。牛奶还富含丰富的脂肪——奶油，不仅胆固醇含量低于其他脂肪，而且富含维生素 A、维生素 D。牛奶中还含有钙、磷、铁、锰等矿物质，对保护人体器官的功能、调节代谢起着良好的作用。据《本草纲目》记载："牛奶能治反胃热哕，补劳益损、润大肠、治气痢、除黄疸。"现代医学研究表明：牛奶中的钙质可以使尿液中的钠排泄增多，降低血容量以消除水肿。孕妈妈喝牛奶可以防治妊娠高血压。同时，有益于胎宝宝骨骼的发育及蛋白质之必需。

有人认为冬天，人的精气封存，喝牛奶进补易于吸收，而夏天喝牛奶易"生火"，所以冬天喝牛奶则夏天中断，这种说法是没有根据的。据研究：牛奶中含有多种免疫球蛋白，能够增强人体的免疫抗病能力，故牛奶四季皆宜。

9. 锌对孕妈妈及胎宝宝的好处

人体含锌量虽然不多，约1.5克。但是，人体内的氧化酶、蛋白分解酶、碳酸水解酶等却依赖锌原子来发挥作用。锌在生命活动过程中起着转运物质和交换能量的作用，故被誉为"生命的齿轮"。

如果孕妈妈缺锌，可能导致胎宝宝大脑皮层边缘部海马区发育不良，严重地影响胎宝宝后天的智力及记忆力。宝宝出生后身材矮小、体重不增、毛发稀萎枯黄、皮肤粗糙、味觉功能异常，出现拒食或异食症，如吃泥土或火柴棍、纸张、烟头、沙粒

等。同时，孕妈妈缺锌容易患感冒、肺炎、支气管炎及腹泻等多种疾病，而且孕早期食欲不振持续不愈。

苹果素有“益智果”与“记忆果”之美称。它不仅富含锌等微量元素，还富含脂质、碳水化合物、多种维生素等营养成分，尤其是细纤维含量高，有利于胎宝宝大脑皮层边缘部海马区的发育，有助于胎宝宝后天的记忆力。

锌可由食物提供，孕妈妈每天吃 1 ~ 2 个苹果可以满足锌的需要量。含锌比较多的食物还有葵花子、蘑菇、洋葱、脂肝、核桃等。

10. 无花果对孕妈妈有好处

无花果的果实无论鲜品还是干品均味美可口。它富含多种氨基酸、有机酸、镁、锰、铜、锌、硼及维生素等营养成分。它不仅是营养价值高的水果，而且是一味良药。它性甘味酸平，有清热解毒、止泻通乳之功效，尤其对于痔疮便血、脾虚腹泻、咽喉疼痛、乳汁干枯等疗效显著。

孕妈妈最容易患痔疮，因为直肠、子宫静脉相通，可以相互影响。妊娠后子宫逐渐增大，对门静脉压迫相应增强，尤以胎位不正者压迫更为明显，加上孕妈妈活动量相对减少，胃肠蠕动缓慢，迫使粪便在肠腔内停留时间过久，粪便中的水分因被结肠吸收而变得干燥，容易造成大便硬结，引起排便困难而诱发痔疮。预防痔疮必须保持大便通畅，注意饮水，养成定时排便的习惯。同时，孕妈妈宜常吃适量的无花果，因为无花果不仅有丰富的营养成分，还能够治疗痔疮及通乳。

11. 动物肝脏不宜多食

动物肝脏含有丰富的消化酶以及钙、铁、锌、镁等元素和一些重要的维生素，如维生素 D、维生素 A、维生素 B_1、维生素 B_2、维生素 B_{12} 等在肝脏中含量也很丰富。因此孕妈妈平时摄取一些动物肝脏，有利于预防因蛋白质、钙、铁、锌、维生素 B_2、维生素 A、维生素 D 缺乏而引起的多种营养缺乏性疾病。但过多地食用动物肝脏，也会导致副作用。

研究发现，孕妈妈过多食用动物肝脏易导致体内维生素A达到危及胎宝宝的水平，并可能有致畸作用。由于孕妈妈过多食用动物肝脏，会导致体内维生素A摄入过多，很容易超过孕妈妈的需要量。因此专家建议，孕妈妈最好减少食用动物肝脏，以偶尔吃一次为宜，每次控制在30～50克。孕妈妈需要补充的维生素A、维生素B和微量元素锌等，可以从其他食品中获得。例如，新鲜蔬菜、水果等。比如胡萝卜、菠菜、白菜和橘子等所含的胡萝卜素可以转化为维生素A。再如可以从鱼类、瘦肉中补充B族维生素和微量元素锌等。

12. 孕妈妈不宜饮用的6种水

久沸的开水

因为水在反复沸腾后，水中的亚硝酸银、亚硝酸根离子以及砷等有害物质的浓度相对增加。喝了久沸的水，血液中的低铁血红蛋白结合成不能携带氧的高铁血红蛋白，而引起血液中毒。

没有开的自来水

因为自来水中的氯与水中残留的有机物相互作用，会产生一种“三羟基”的致癌物质。

在热水瓶中贮存24小时以后的开水

因为随着瓶内水温逐渐下降，水中含氮有机物会不断地被分解成为有害的亚硝酸盐，对孕妈妈身体的内环境不利。

保温杯沏的茶水

因为茶叶中含有大量的鞣酸、茶碱、芳香油和多种维生素等，如果将茶叶浸泡在恒高温的水中，多种维生素被大量破坏而营养降低，茶水苦涩，有害物质增多，饮用后可引起消化系统及神经系统的紊乱。

卫生系数比较低的水

孕妈妈切忌喝蒸饭或者蒸肉后的“下脚水”。更不要喝被工业生产中的废水、废气、废渣等污染物污染过的水，这些水即使经高温煮沸，水中的有毒化学物质仍然存在。

13. 孕妈妈需注意适量补碘

孕妈妈缺碘，最严重的危害是使胎宝宝先天智力低下甚至白痴。即使后天补碘，其智力也终生难以得到改善。

胎宝宝脑的发育必须依赖母体内充足的甲状腺素。一旦孕妈妈供应胎宝宝的碘不足，就会导致胎宝宝甲状腺素合成不足，甲状腺素是促进大脑与长骨发育的重要原料。缺碘的胎宝宝出生后主要表现为智力明显低下、个子矮小、身体下部短于上部；伴有不同程度的听力及语言障碍；面部表情淡漠，呈傻笑痴呆面容；步态拖拽摇摆似鸭行步。上述症状医学上称为呆小病，又称为克汀病。这种病可预防。

虽说孕妈妈每天需碘量仅为 0. 115 毫克，但是，由于某些地区的水土缺碘，那些地方的人多患克汀病或地方性甲状腺肿穴又称大脖子病，严重地影响孕妈妈身体健康及遗传基因的质量。因此，孕妈妈应该食用加碘盐补碘。

14. 预防孕妈妈低钾血症

孕妈妈妊娠期在剧烈的呕吐中，消化液大量丢失(消化液中钾的含量比血浆中钾的含量还要高)，加上不能进食，钾的摄入量不足，使血钾降低，从而出现低钾血症。患有低钾血症的病人可能出现肌肉无力、精神萎靡、表情冷漠，重者甚至会出现昏睡、死亡，若不及时治疗，可危及母婴的生命。孕妈妈在妊娠反应期防止低钾血症的关键是提高食欲，保证进食，从食物中获得充足的钾。要增加食欲，可以做到以下几点：

要保持乐观的情绪

如果能懂得反应是正常的生理现象，因而抱无所谓的态度，保持良好的心理状态和乐观的情绪，把进食当作一项任务来完成，反应再重也要吃，就能多吃一些。

要进行适当的活动

适当的活动可以促进胃排空，减轻饱胀感，进而刺激食欲；同时也能分散注意力，减少病人对自己身体不适的过分关注。这样的活动包括散步、听音乐、简单的家务劳动或者并不耗费较多体力的工作。当然如果反应较重，呕吐剧烈，不能进食，还得适当休息。必要时还应及时就医，输液补钾，以免延误病情。

选择可口的饮食

应尽量迎合自己的口味，想吃什么就吃什么。同时也要摸索自己的反应规律，争取在反应轻的时候多吃些。少量多餐也能减轻恶心、呕吐的发生。此外，可尽量多吃含钾较多的食物，如香蕉、红枣、花生、海带、紫菜、豆类等，以补充因呕吐丢失的钾。

早教启蒙小贴士

两个预防孕妈妈低钾血症的食疗

韭姜糖汁。鲜韭菜 10 克，生姜 5 克，白糖适量。将鲜韭菜、生姜捣烂，绞取汁水；再将少许白糖放入汁水中，拌匀即成。一日三次，饭前服，少饮之。

佛手姜汤。佛手 10 克，生姜 2 片，白糖适量。前两味水煎取汁，调入白糖，温服。

15. 五味有利弊，食用要适量

孕期营养离不开“酸、甜、苦、辣、咸”五味。但是，这五味对于孕妈妈的健康各有利弊，所以食用量要适可。

酸

增强肝脏的解毒功能，提高胃肠道的杀菌作用。醋可促进钙的摄入。但是，吃酸过量会引起消化功能紊乱。

甜

补气益血，健脑明目，消除体内乳酸，解除肌肉紧张，但食糖过量会导致孕妈妈血糖升高。而不论是糖尿病孕妈妈，还是妊娠后高血糖，都可能引起胎宝宝畸形或早夭。

苦

苦味食物如苦瓜、苦菜、菊花、百合、苦丁茶等与苦药一样，不仅有除燥湿、促食欲、利小便的作用，而且有消炎退热、清心明目之功效。苦味最容易刺激味觉的恢复。宋代诗人黄庭坚在《苦笋赋》中说：“夏日小苦反成味。”因此，孕妈妈吃一点苦

瓜等苦味食品，是有益健康的。

辣

辣性蔬菜含维生素 C 多，但刺激性强，过量可能导致肺气过盛、口渴嗓痛、肛门灼热。

咸

可以软坚化瘀，维持体内水钠平衡。过量会加重心脏及肾脏的负担，诱发妊娠高血压综合征。

16. 孕妈妈需注意预防缺陷儿

预防胎宝宝宫内发育迟缓

胎宝宝生长在子宫内生长发育迟缓，致使胎宝宝小于同等孕龄的胎宝宝，叫胎宝宝宫内发育迟缓。引起胎宝宝宫内发育迟缓，一方面是妈妈遗传和环境因素影响较大，孕妈妈营养不良，尤其是蛋白质和能量不足；另一方面是胎宝宝本身发育缺陷、胎宝宝宫内感染、营养不良、放射线照射。另外，胎盘形成异常，子宫胎盘血流减少，脐带过长、过细，也会导致胎宝宝发育迟缓。

预防胎宝宝宫内发育迟缓应从怀孕早期做起，避免感冒等传染病，避免接触毒物和放射性物质。妊娠期要加强营养，有内科性疾病应在治疗的同时增加卧床休息的时间，以增加胎盘血流量。对怀疑有畸形或遗传性疾病的孕妈妈，可在孕 16 周时做羊膜腔穿刺，做羊水培养、染色体核型分析，防止畸形儿的出生。

预防胎宝宝失聪

胎宝宝耳朵发育从受孕后不久就开始了，所以，要预防胎宝宝失聪，关键在妊娠期必须注意下列问题：

合理用药。各种中毒性药物都可通过母体进入胎宝宝，影响内耳发育，即使在妊娠后期，内耳已经发育正常，胎宝宝也可能因受到某些药物的直接损害而造成耳聋。最常见的药物有抗生素，包括链霉素、卡那霉素、庆大霉素、新霉素、妥布霉素等，其他如抗疟药奎宁、氯喹及乙胺嘧啶、解热镇痛药等，也应慎重使用。

避免感染。有许多病原微生物都会通过胎盘影响内耳发育，因此在妊娠期间，不宜接触传染病，如流行性感冒、流行性腮腺炎、脊髓灰质炎、病毒性肝炎、乙型脑炎

和梅毒等，并注意加强营养和室外活动，以提高母体的抵抗力。

注意各种诊治。妊娠的3个月内，不要做X线透视与摄片，不使用同位素诊断和治疗疾病，更不能在妊娠期间做大剂量的放射治疗。

忌烟酒刺激。烟、酒对胎宝宝的不良影响已越来越受到人们的重视，爸爸妈妈吸烟的新生宝宝，脐带血及血清中硫氰酸盐的成分明显增多。香烟的烟雾中含有大量的一氧化碳，会阻碍胎宝宝的生长发育，包括听觉器官的发育。长期嗜烟和过量饮酒的孕妈妈，对胎宝宝的危害极大，因酒精和烟内的不良成分都会通过胎盘作用于胎宝宝而使胎宝宝发育异常或神经功能紊乱，宝宝出生后会有智力低下、听力不灵、走路不稳、头小和身材矮小等症状。

积极预防地方病。如呆小病是由于缺碘使甲状腺素合成不足，以致造成胎宝宝发育生长障碍的一种疾病。患病后，可使中耳与内耳发育畸形，以及中枢神经系统发育障碍而造成耳聋。因此，孕妈妈要注意补充适量的碘。

怀孕期间确保健康。孕妈妈健康，可给胎宝宝生长发育创造一个良好的内在环境，从而减少耳聋的发生。如妊娠期间患糖尿病、毒血症等，可使胎宝宝发生内耳出血，严重的妊娠呕吐、先兆流产、全身麻醉的大手术等，对胎宝宝听力均有影响。

胎宝宝先天性心脏病

先天性心脏病是胎宝宝在母体生长过程中的缺陷所造成的心脏结构的异常。这是由心脏在胚胎时期发生发育障碍造成的。小儿心脏病大部分是先天性的。后天自然矫正的可能性是极其微小的（部分动脉异管未闭或小的间隔缺损，有极少数人可自然闭合）。没有什么药物可以促使心脏继续生长发育来弥补这个不足，只有靠心脏外科手术才能够矫正。患先天性心脏病的人，不论年龄大小，不论症状的轻重，一旦确诊，就应当及时争取手术矫正的机会，以免随着年龄的增长使病情加重，甚至失去手术的机会，遗憾终生。

患先天性心脏病的病因是非常复杂的，遗传、社会环境因素、接触有害物质等等都有可能致病。多见的是妈妈怀孕时曾被病毒感染或发风疹所致，应从这几个方面进行预防。

预防胎宝宝患上佝偻病

佝偻病是小儿的常见病，但佝偻病并不都是小儿在生长发育过程中缺乏维生素 D 而发生的，有一部分小儿的佝偻病始于胎宝宝期。

佝偻病的发生原因很多：一是不少孕妈妈患有慢性肠道疾病、慢性胆囊炎、慢性肝炎、慢性肾炎等病，这些病的存在会影响维生素 D 的吸收；二是孕妈妈不注意营养平衡，食欲减退，进食减少，偏食挑食，致使维生素 D 的摄入不足；三是由于冬夏天气的过冷过热，孕妈妈晒太阳过少，体内的脱氢胆固醇不能转化为维生素 D。以上几种原因导致孕妈妈体内维生素 D 缺乏，影响钙的代谢，使母体内钙平衡失调。孕妈妈缺钙，不仅影响孕妈妈的正常生理功能，对于胎宝宝来讲，可使其骨骼发育、体重增长受到影响，发生先天性佝偻病。

可见，需注意孕妈妈维生素 D 的补充。孕妈妈平时要多晒太阳，患病后要及时治疗，注意增加营养，奶油、蛋黄、动物肝脏、鱼虾、瘦肉及豆类都含有丰富的维生素 D，孕妈妈可多吃一些含钙丰富的食品如鲜牛奶、蔬菜等，骨头汤也可适当多喝些。

预防胎宝宝缺氧

预防胎宝宝缺氧首先要做好孕期保健，积极防治妊娠期并发症，如心脏病、贫血、妊娠高血压综合征、肺结核等。其次要及时处理过期妊娠。妊娠晚期，如果经医生检查后确定为胎头位、臀位、横位等，孕妈妈不要自行采用膝胸卧位的方法来纠正胎位，避免发生脐带缠绕、脐带打结的危险。此时，孕妈妈应遵照医嘱注意休息，防止胎膜早破、脐带脱垂。

分娩时，孕妈妈应避免紧张、恐惧，防止因机体过度疲劳，引起产程延长、胎头受压过度而出现胎宝宝缺氧。除此之外，在怀孕期间孕妈妈要特别注意做好自我监护，胎动计数是一种简便的自我监护方法。如果胎宝宝缺氧时，早期会有躁动、胎动频繁等表现，这是胎宝宝因缺氧在挣扎。如果缺氧继续时，胎动将逐步减弱，次数逐渐减少。因此，如果孕妈妈一日内感觉胎动次数过度频繁或逐渐减少，甚至12小时未感胎动时，均应及时到医院诊查，勿不可贻误。

17. 孕妈妈需要注意的异常情况

发生烧心的防治

烧心是由胃酸过多引起的。其原因一是有慢性病，如胃溃疡、慢性胃炎、消化不良；二是由于摄入过多刺激性食物，如辣椒、葱、姜、蒜、醋、油、酸等。孕妈妈要针对原因进行治疗，或致力于使饮食有规律，或减少刺激食物，也可在医生指导下服用一些抗酸药物。

发生痔疮的防治

孕妈妈容易发生痔疮，是因为怀孕后生理变化的原因。由于子宫的增大，对直肠压力的增加，阻碍了直肠的血液循环，使直肠末端（即肛门内）静脉发生扩张淤血，如果孕妈妈饮食调养不当，出现便秘，就容易引发痔疮。

为了尽可能地防止痔疮发生，在怀孕期间应少吃或不吃辣椒、胡椒等辛辣食品，多吃一些蔬菜和高纤维的蔬菜，多补充富含纤维素的营养食品。如果出现便秘，可用开水泡中药肉苁蓉，每次5克，睡前饮服。另外，蜂蜜、香蕉具有很好的润肠通便作用，可常食用。

孕妈妈发生便秘时，切不可擅自使用开塞露、大黄、蕃泻叶等泻药，以免诱发子宫收缩，引起早产。

泌尿感染的防治

孕妈妈泌尿系统感染主要指的是肾盂肾炎，主要致病菌是大肠杆菌。经调查，有5%~10%的孕妈妈尿中含有细菌，但其感染症状很不明显，如不治疗，不但孕期会持续有细菌尿，产后亦大都不会消除，其中一些孕妈妈妊娠后期和产褥期会发生有症状的泌尿系统感染，大部分为急性肾盂肾炎。高热及细菌毒素可引起早产、胎宝宝宫内缺氧。对此，应治疗菌尿，注意外阴部清洁；采取左侧卧位，以减轻子宫的压迫；多饮水，以便有足够的尿液冲洗膀胱，降低细菌含量。

小便不通的防治

孕妈妈妊娠期间，小便不通，甚至小腹胀急疼痛，心烦不得卧，称为“妊娠小便不通”。本病的发生，主要是胎气下坠，压迫膀胱，以致膀胱不利，尿道不通，尿不得出。有气虚、肾虚之分。

(1) 气虚小便不通

妊娠期间，小便不通，或频数量少，小腹胀急疼痛，坐卧不安，面色亮白，精神疲倦，头重眩晕，短气懒言，大便不爽，舌质淡，苔薄白，脉虚缓滑，宜用补气升陷、举胎之药膳治疗。

桃花熘黄菜：鲜桃花 5 朵，大海米 10 克，熟火腿 10 克，鸡蛋 4 个，鲜姜、调料适量。鲜桃花摘去花蕊，取下花瓣洗净控水，切成丝；大海米淘洗干净，加入料酒，上笼蒸透，切成碎末；熟火腿 10 克、鲜姜分别切成末；鸡蛋 4 个，在碗内打散，加入鸡汤、味精、料酒、胡椒粉、盐、湿淀粉搅拌均匀；炒勺置火上烧热，放入猪油，入鲜姜末煸炒出味，捞出姜渣，放入打匀的鸡蛋用勺炒熟，盛入盘内，撒上鲜桃花丝、海米、火腿。

清炖鲫鱼：笋肉 25 克、水发香菇 5 只，分别洗净，切片；鲫鱼（约 250 克）去鳞、鳃、肠杂及颌下硬皮，用料酒、盐、胡椒粉浸 20 分钟，取出，置碗内，鱼身中间摆放香菇片，两头并列笋片；加料酒少许，再加葱段、姜片、味精，上屉蒸 1.5～2 小时，至鱼熟烂，拣去葱姜。

(2) 肾虚小便不通

妊娠小便频数不畅，继则闭而不通，小腹胀满而痛，坐卧不宁，畏寒无力。宜用温肾扶阳、化气行水之药膳治疗。

香滑鲈鱼球：将鱼肉切成方块，入锅炒至六成熟，倒在笊篱里，沥油；把锅放回火位，放入汤、姜、料酒、盐、糖、香油、胡椒粉、鱼块，加盖煮至熟时，放入葱段，并调入湿淀粉、味精、香油便成。

皮肤瘙痒的防治

孕妈妈在妊娠中、晚期就会发生全身皮肤瘙痒，这无须治疗，在分娩后可自行消退。有些病例在皮肤瘙痒数日内至数周后出现黄疸，表现为皮肤和巩膜发黄，并常伴轻度恶心、乏力、腹泻及腹胀等症状，要引起足够重视，及时就医，以排除病毒性肝炎等严重疾患。

妊娠期，肝内胆汁郁积症的孕妈妈容易发生胎盘功能不全、胎宝宝宫内窒息、早产及产后出血等并发症，分娩后 1～2 周，瘙痒及黄疸可自行消退。

孕妈妈发生了瘙痒症，不要用热水、肥皂水擦洗。要少吃刺激性食物，尽量少搔抓，多吃新鲜蔬菜和水果。孕妈妈要保持情绪稳定，讲究心理卫生，切忌焦虑不安和精神苦闷。怀孕期皮肤瘙痒严重的应到医院治疗，降

低血中胆酸浓度，缓解瘙痒，或用较安全的药物进行治疗。

皮肤变化的防治

由于妊娠期间内分泌激素的影响，皮肤中的毛细血管扩张，血流量增加，皮肤的温度升高，颜色加深，同时皮下组织的液体增多，使皮肤看上去很滋润。但激素也刺激了黑色素细胞，使其产生了更多的黑色，致使出现色素沉着、乳晕、外阴、腋窝、腹中线等处皮肤颜色变黑。

有的孕妈妈在怀孕第5个月时，在下腹部可出现妊娠纹。这是由于下腹部的皮肤过于伸展，其表面出现了粉红色或紫红色的裂纹。分娩后这种裂纹会逐渐模糊不清，但一生不会完全消失。其实，这种皮肤并非只见于孕妈妈，有些过于肥胖者的腹部也会出现这种皮肤的裂纹。

孕妈妈应经常洗澡以保持皮肤清洁，消除疲劳，促进心神爽快，促进皮肤的排泄功能。经常更换内衣。妊娠后3个月，洗澡要用淋浴方式，要注意防滑，洗澡时间不要过久，以防头晕。洗澡水温要适中，过冷或过热都会刺激子宫，诱发早产。

18. 高血压孕妈妈的生活细节

1. 孕20周前到医院进行卫生保健，测量血压并确定基础血压，以后定期检查，发现异常及时处理。
2. 保证充足的休息时间，适当劳作，但要避免过劳及精神创伤，心情应舒畅。
3. 要严格控制盐的摄入量，可适当注射镇静剂。
4. 高血压合并妊娠时，在孕中期有血压下降现象，对产妇虽有益，但会影响胎盘灌注，对胎宝宝不利，故一般不给降压、利尿剂，除非舒张压持续在14.6千帕（110毫米汞柱）以上时，则可适当治疗。
5. 如出现蛋白尿、水肿等妊高征症状时，应积极治疗，避免并发症的发生。一旦胎盘早剥、肾性肾功能衰竭、胎宝宝宫内发育迟缓等，应及时终止妊娠。

❻加强胎宝宝胎盘功能监测，并指导孕妈妈自我监测。数胎动是最简便的自我监测方法，孕妈妈最好左侧卧位以增加胎盘灌流量。

19. 防治妊娠高血压

孕妈妈妊娠前无高血压病史，妊娠24周以后血压增高至17.5千帕，或者与基础血压穴指妊娠前或者妊娠24周前的血压穴相比较，收缩压升高4千帕，舒张压升高2千帕以上，无浮肿及蛋白尿时，称为妊娠高血压。妊娠高血压可影响孕妈妈的健康及胎宝宝的发育。

防治重点

妊娠高血压综合征的防治重点在于保持安静和餐食疗法，其次才是药物疗法。妊娠高血压应卧床休息，室内要安静，避免声、光学刺激。卧床休息最好采取左侧位并稍垫高下肢，这样可以促进下肢静脉血液及淋巴液回流，减轻下肢浮肿。

合理饮食

合理饮食对预防妊娠高血压也有好处。一般孕妈妈对镁的需要量比平时要大，所以患妊娠高血压的孕妈妈，除要慎用可以导致尿镁排出增多的利尿药外，还要注意适当多吃些含镁丰富的食品，如大豆、花生、杏仁等，少吃肥肉及其他动物性脂肪，主食不要过分精细，或者补充优质的营养补充品。

注意钙的补充

钙与高血压有密切关系，口服钙可以有效地预防血压升高。妊娠期对钙的需要量增加，孕妈妈多吃些含钙丰富的食品，有助于钙的补充。

芹菜可治妊娠高血压

芹菜富含芫荽甙、胡萝卜素、维生素C、烟酸、甘露醇以及粗纤维素等。有镇静降压、醒脑利尿、清热凉血、润肺止咳等功效。常吃对于妊娠高血压、妊娠水肿、缺铁性贫血及肝脏疾患的疗效比较显著。

取芹菜连根120克洗净切碎，加粳米200克同煮成降压芹菜粥，分早、晚顿服，尤其适宜于有肝阳上亢、头痛眩晕、面红口苦、心烦易怒、大便秘结、小便短赤、舌红苔黄者。

妊娠高血压者常吃鱼好

鱼富含优质蛋白质与优质脂肪。其所含的不饱和脂肪酸比任何食物中的都多。不饱和脂肪酸是抗氧化的物质，它可降低血中的胆固醇和甘油三酯，抑制血小板凝集，从而有效地防止全身小动脉硬化及血栓的形成。所以，鱼是孕妈妈防治妊娠高血压综合征的理想食品。

20. 吃秋梨可以清热降压

中医将妊娠高血压综合征归属于“子肿”、“子气”、“子烦”、“子满”、“子痫”。其中：子肿与子气是指妊娠水肿；子烦与子满是指妊娠高血压及先兆子痫。

秋梨被誉为“百果之宗”，是我国最古老的果木之一，它质脆多汁，清甜爽口，醇香宜人。其性甘寒微酸，有清热利尿、润喉降压、清心润肺、镇咳祛痰、止渴生津的作用。它不仅可治疗妊娠水肿及妊娠高血压，而且可改善子肿、子气时的舌苔厚腻状态，也是防治子烦、子满所致口干唇燥的佳果。它还具有镇静安神、养心保肝、消炎镇痛等功效，有防治肺部感染及肝炎的作用。

将黑豆装入梨肚中，加适量的冰糖大火蒸 1 小时即成黑豆酿梨，对子肿、子满疗效颇佳，又有保护视力之功效。

常吃炖熟的梨，能增加口中津液，防止口干唇燥，不仅可保护嗓子，也是肺炎、支气管炎及肝炎的食疗品。

将生梨去核后塞入冰糖 10 克、贝母 5 克、水适量，文火炖熟，服汤吃梨，可防治外感风寒、咳嗽多痰等多种疾患。

第二节 孕早期(0~3个月)

一、宝宝长成什么样了

怀孕第1个月

怀孕前8周，还是胚胎，不能叫做胎宝宝。胚胎的大小在怀孕第3周后期约长0.5~1厘米，体重不及1克。这个时候，生命的最初形态已经逐步形成。在外表上，还分不清胚胎的头部和身体。

怀孕第2个月

怀孕第8周的时候，胚胎的心脏和大脑已经发育的非常复杂。鼻子的雏形已经开始出现，眼睑也开始出现了。基本上手、耳、足、口、眼越来越接近人的形体了。

怀孕第3个月

怀孕第9周，就可以叫胚胎为胎宝宝了。胎宝宝在第10周的时候，身长大约有4厘米，体重达到5克，这个时候胎宝宝就有点像个小人儿了。胎宝宝在第11周的时候，身长达到4.5~6.3厘米，体重10克。12周末，胎宝宝身长大约有9厘米，身体的雏形已经发育完成，有时候还会“耍耍小性子”，踢踢孕妈妈的肚子。

二、孕早期胎教重点

1.第1个月——情绪胎教当主角

妊娠早期，孕妈妈的情绪很容易波动，而孕妈妈情绪不稳定的时候，胎宝宝会受到影响因此这段时间情绪胎教是很重要的。

孕妈妈知道自己怀孕后，可以选择听一些轻松愉快、优美动听的音乐，还可以选择听一些活泼有趣的童谣、儿歌，用这些方法可以帮助孕妈妈调理心情。

孕妈妈还可以用“深呼吸”的方法来让心情获得轻松。深呼吸的时候，需要孕妈妈闭上眼睛，然后持续以平稳的方式做几次深呼吸。做深呼吸的时候，需要把注意力放在呼吸的节奏上，以及身体的感觉上。从而达到放松的状态。

怀孕第1个月，除了进行情绪胎教外，还需进行营养胎教。孕妈妈需注意营养均衡，也需要注意多食用富含叶酸的深绿色蔬菜。

2. 第2个月——可以加想象胎教

此时，孕妈妈可以用想象胎教的方法使胎宝宝发育得更加完善，经常使用的联想胎教方法是脑呼吸。孕妈妈在做想象胎教的时候，可以闭上眼睛，在心里依次想象脑的各个部位并叫出名字。这种方法可以提高集中力。还可以通过想象胎教，想一下宝宝长什么样子，对胎宝宝的健康成长都是有好处的。

怀孕2个月，孕妈妈开始出现了早孕反应。有的孕妈妈的早孕反应还挺重的。呕吐、口中发酸、头痛、焦躁、倦怠这些反应会不直接的影响孕妈妈的情绪，所以此时情绪胎教也很重要。孕妈妈对胎宝宝成长的环境所产生的正常生理变化，有正确的认识，用平和的心态看待这些现象，可以缓解不良的情绪。孕妈妈还要养成遇事往好处想的习惯，尽量做一些让自己开心的事情，让自己的情绪保持稳定舒畅，以利于胎宝宝的健康成长。

这个时候的营养胎教，需要注意的是，呕吐后可以吃一些爽口的绿叶蔬菜，平时喜欢吃的水果，也可以喝一些容易消化的粥。

3. 第3个月——胎宝宝对声音有反应

孕早期可以选择一些轻松愉快的音乐给宝宝听，孕妈妈需要注意的是，这个时候

爸爸妈妈来互动

孕早期对孕妈妈来说，妊娠反应是比较强烈的，会经常出现一些呕吐、头晕、很懒的现象，这些现象会影响孕妈妈的情绪。这个时候，准爸爸的贴心就显得很重要了。准爸爸在孕早期关心孕妈妈，帮助孕妈妈调节心情，主动营造和睦的生活，对胎宝宝来说是很好的亲子互动。

不要选择过分激烈、声音刺耳、旋律嘈杂的音乐，以免影响胎宝宝的成长。怀孕3个月，胎宝宝的原始耳朵已经形成，据观察，此时的胎宝宝对声音已经有了反应。这时，进行有意识的音乐胎教对促进胎宝宝的听觉发育，为他的听觉训练打下了基础。

这个时候的情绪胎教仍需进行。营养胎教要保证合理的营养，不过孕妈妈呕吐后，也没有必要强迫自己吃东西，在感觉胃口舒服的时候吃些东西不会影响胎宝宝的成长。不过，需要注意的是，孕妈妈在早孕反应时也要保证全面合理的营养，以达到饮食均衡。孕妈妈在口味上有特殊的需求，可适当调配食物的味道，比如喜酸、嗜辣，可加一些调料，从而增加孕妈妈的食欲。

三、孕早期胎教课堂

1. 营养胎教——妈妈是胎宝宝营养的供给源

胎宝宝生长需要的物质都是从妈妈那里得到的

如果孕妈妈营养不足，胎宝宝就会吸收母体以前储存的营养。贫乏的饮食会使流产的发生率、未成熟儿的出生率增加，还会带来妊娠中毒症或早产等不良后果。所以，孕妈妈必须均衡地摄取有利于自己身体健康和胎宝宝头脑发育的食品。

有的孕妈妈认为，妊娠时应该把自己的饭和胎宝宝的饭合起来，吃双倍量的饭。实际上，在饮食量上和妊娠前的量差不多即可。如果体重过分增加，会因为肥胖而导致异常情况发生，给腹中宝宝带来不适。所以吃什么、怎么吃，比吃多少更为重要。孕妈妈必须变换一日三餐的菜单，均衡摄取营养，要特别注意摄取蛋白质、钙质、铁、矿物质、维生素等。

DHA营养胎教

DHA是脑细胞形成时不可缺少的一种氨基酸，约占氨基酸的10%。研究表明，DHA能够加快脑细胞分裂，有助于脑和细胞膜的形成。

听说DHA有助于头脑发育，各种含有DHA的糕点、牛奶、金枪鱼等商品便蜂拥而出，许多妈妈也竞相购买。事实上，脑的发育主要是在胎宝宝期和婴幼儿期完成，头脑已经长成的宝宝和成人再怎么吃DHA食品，头脑也不会变聪明。也就是说，只有在胎宝宝期，以及头脑发育旺盛的幼儿期，吃 DHA 才会有效果。

含有 DHA 的食品有金枪鱼、乌贼等干鱼类和青背鱼类。这些食品能供给胎宝宝大脑形成和发育时所必需的物质——氨基酸，使头脑机能正常，提高宝宝的记忆和学习能力。另外，青背鱼类中含有易于身体吸收的，宝宝生长时必需的钙，在生长期多吃此类食品，可促进生长发育，还有增高的效果。

含有 DHA 最多的鱼类还有鲐鱼、鲅鱼、鳗鱼、沙丁鱼等，这些鱼类每 100 克中含 1000 毫克以上的 DHA。彩棱鱼、鲑鱼、飞鱼等 DHA 含量也较多。与鱼类精肉中含有的 DHA 相比，鱼类脂肪里含有的 DHA 更易于吸收，效果会更好。脂肪里含有 DHA 的鱼类有红金枪鱼、鲑鱼、彩棱鱼、玉筋鱼、鲤鱼、远东多线鱼、乌贼等。宝宝的智商水平是在胎宝宝期决定的。如果希望宝宝聪明，在妊娠期就要适当吃些鱼类、贝类、干鱼类食品。

蛋白质营养胎教

智商高和大脑活动活跃，在意思上是一致的。因为大脑活动活跃，脑细胞移动敏捷时，头脑才会好用。蛋白质是构成大脑的成分，要使脑细胞活动活跃，蛋白质是必不可少的物质。特别是在妊娠中期以后，必须充分供给优质的蛋白质，胎宝宝的大脑才能迅速生长。人类 80% 以上的脑细胞是在胎宝宝期长成的，因为从妊娠 7 个月起，胎宝宝的头脑和思考能力迅速发展。

要想头脑好，只摄取蛋白质是不够的。肉类中含有的蛋白质属于酸性食品，过多地摄取，会妨碍钙的吸收。不管多么优良的营养，只有均衡摄取，才能充分发挥其作用，首先要调整饮食，然后再考虑摄取优良的蛋白质。

蛋白质由数十种氨基酸构成，这些氨基酸是大脑活动的基础。其中，谷胱甘肽和牛磺酸是影响大脑发育的重要物质。谷胱甘肽多含在牛、猪、鸡等动物肝脏和鲅鱼、鲇鱼等青背鱼类以及牡蛎、蛤蜊中；而牛磺酸多含在牡蛎、乌贼中。牛肉、鸡蛋、豆腐、大豆、贝类中也含有丰富的优质蛋白质。尤其是大豆，富含优质的植物性蛋白质，是妊娠后期经济实惠的食品。

钙质营养胎教

约占骨骼重量 70% 的钙，能够使神经组织正常发育，在骨骼和牙齿形成时起着重要作用，另外，它还关系到肌肉收缩、心脏收缩，血液凝固。最重要的是，它使骨骼强壮坚固，在妊娠期间最好自始至终都充分摄取。

胎宝宝的骨骼和牙齿组织开始形成的妊娠中期之后，特别需要补充钙质。

如果体内钙质不足，会出现骨骼变弱的骨质软化症、骨质疏松症等。尤其在妊娠中，钙质不足会给胎宝宝和母体带来严重的后果。钙质不足，胎宝宝的骨骼组织就会松散，分娩时子宫收缩就会推迟，难产的可能性也会增加。为了宝宝的健康聪明，孕妈妈必须吃富含钙的食物。

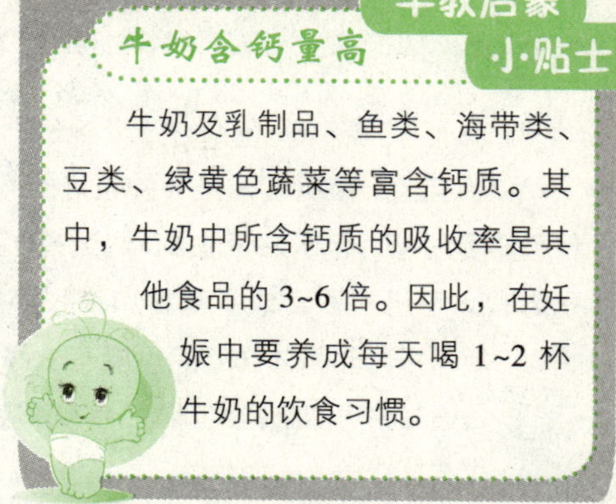

牛奶及乳制品、鱼类、海带类、豆类、绿黄色蔬菜等富含钙质。其中，牛奶中所含钙质的吸收率是其他食品的3~6倍。因此，在妊娠中要养成每天喝1~2杯牛奶的饮食习惯。

2. 音乐胎教——让胎宝宝在优美的旋律中成长

音乐浴是把音乐、静坐融为一体

“音乐浴”对解除疲乏、心胸郁闷、头昏、头痛有立竿见影的效果，对治病强身也有一定疗效。

“音乐浴”要求环境安静，头脑力求安宁，感受放在音乐的节奏上，时间尽量不要超过10分钟，长了反而引起疲劳。收录机以及其他音响以正对为好，使两耳平衡感受音乐。

随着音乐，孕妈妈得到放松

孕妈妈坐在带靠背的沙发、椅子或躺椅上，双腿放在前面比座椅稍高的凳子上，手放在双腿两边，闭上眼睛，全身放松。收录机放置在一定距离的地方，音量开到适中，音乐以自己喜爱的为主，节奏较明快为好，太快太慢影响效果，若先舒缓，后明快，更激进也可。音乐要连续播放10分钟左右。

随着音乐的奏起，全身自然放松，头脑开始感受。首先感受到音乐如波浪般一次一次有节奏地冲来，冲走了疲乏，冲醒了头脑，血液在全身正随着音乐节奏流动（时间控制在3分钟或一首乐曲为限）。其次想象音乐如温热的水流自头顶向下流动，血液也在从头到脚来回有节奏地流动（时间约5分钟或一首乐曲为限）。最后睁开眼，随着音乐的节奏，头微微地摇动，手、脚、腰身也在有节奏地颤动（时间约2分钟或一首乐曲为限）。

早教启蒙小贴士

音乐胎教须注意

和胎宝宝一起听音乐是一种极好的心理调节，是胎教内容中不可缺少的部分。但也要多注意，音乐磁带或CD的选择，以轻音乐和古典民乐为宜。可能的话，请尽量参加胎教学校，接受科学、正规的指导。另外孕妈妈也要有个好心态，音乐胎教是通过音乐给胎宝宝以艺术熏陶，不是培养“音乐家”。

音乐停止后，起身关掉收录机，走动走动。也可不关再随音乐轻轻摇动。享受完“音乐浴”，一般头脑的昏沉感和身体的疲乏感会一扫而光，变得头脑清醒，神采奕奕，好像换了一个人。

3. 语言胎教——对胎宝宝的语言训练从现在开始

胎宝宝对语言的潜在能力

法国学者曾经对一些宝宝进行过法语和俄语的选择试验，结果发现他们对法语的发音反应更为强烈。美国“胎宝宝大学”的一个“小学生”在妈妈肚子里经过“胎宝宝大学”的语言学习后，出生仅仅9周居然能对录像机放映的节目说“哈罗”。

以上实例说明了这样一个问题，一个小生命在胎宝宝期就已经具备了语言学习的能力。根据胎宝宝这种潜在的能力，只要妈妈不失时机地对胎宝宝进行认真、耐心的语言训练，那么等到胎宝宝出生后在听力、记忆力、观察力、思维能力和语言表达能力方面将会大大超过未经语言训练的宝宝。

语言胎教是一套行之有效的胎教方法

语言胎教是指根据胎宝宝具有记忆力，对胎宝宝进行语言训练的方法。很多人对胎宝宝实施语言胎教感到不可思议，认为胎宝宝既不会思考也不会说话，根本无法接受语言信息。语言胎教的训练基础并不是建立在胎宝宝说话的基础上，而是建立在胎宝宝具有记忆的科学基础上。

对于胎宝宝是否有记忆，我国宋代名医陈自明在《妇人大全良方》中就说过：

"子在腹中，随母听闻。"国内外不少专家、学者对此做过许多深入研究，西班牙一所胎宝宝教育研究中心对"腹中胎宝宝的大脑功能会被强化吗"这一课题进行了研究，研究结果表明胎宝宝在子宫中通过胎盘接受母体的养分和信息，胎脑细胞在分化、成熟的过程中不断接受母体神经信息的调节和训练。研究结果证实了胎宝宝对外界有意识的激励行为的感知体验，将会储存在记忆中。

4. 环境胎教——需避免不利于妊娠的环境

内外环境对胎宝宝的影响

从受精而后发育成胎宝宝到出生，这个过程约需要 266 天，在这个漫长的过程中，胚胎、胎宝宝能否正常生长、发育，除了与爸爸妈妈的遗传物质及孕前准备等因素有关外，与妊娠期间母体的内外环境有着极为密切的关系，特别是在受孕后的 8 周内，子宫为了适应受精卵的分裂增殖，以及胚胎期的细胞分裂，尤其是脑细胞的分裂，本能地处于安静状态，若是子宫所处的环境发生突变，则会导致受精卵发生异常变化，影响胚胎的发育。而且胚胎从外表到内脏，从头颅到四肢大都在此期形成，加上胚胎幼稚，不具备解毒功能，极易受到伤害，所以，在受孕后的 2 个月是环境致胚胎畸变的敏感时期，孕妈妈一定要注意内外环境对胎宝宝的影响。

孕妈妈要避免不利于妊娠的内外环境

胎宝宝所处的环境包括子宫内的内环境外，还包括母体所处的外环境，如优美的居室环境、污染和噪声、放射线危害等。在妊娠期间，孕妈妈要避免不利于妊娠的内外环境，如多次人工流产或自然流产后受精、夫妻体弱患病受精、不洁的性生活（包括性病）引起的胎宝宝宫内感染、放射线伤害、职业与嗜好的不良刺激、污染源及噪声等。此外，妊娠期间的性生活与胎宝宝的发育和健康关系密切，尤其是妊娠早期，为了确保宁静的内环境，防止流产，应该停止性生活。妊娠晚期由于子宫日渐膨隆，子宫收缩逐渐加强，为了防止早产及感染，也应禁止性生活。妊娠中期可以进行性生活，但要适度，动作要轻缓，以保证胎宝宝的健康发育与成长。

5. 情绪胎教——妈妈好心情，宝宝好发育

通过对孕妈妈的情绪调节，使之忘掉烦恼和忧虑，创设清新氛围，让孕妈妈精神愉快，心理健康；并且通过妈妈的神经递质作用，使胎宝宝的大脑得以良好的发育，

称为情绪胎教。

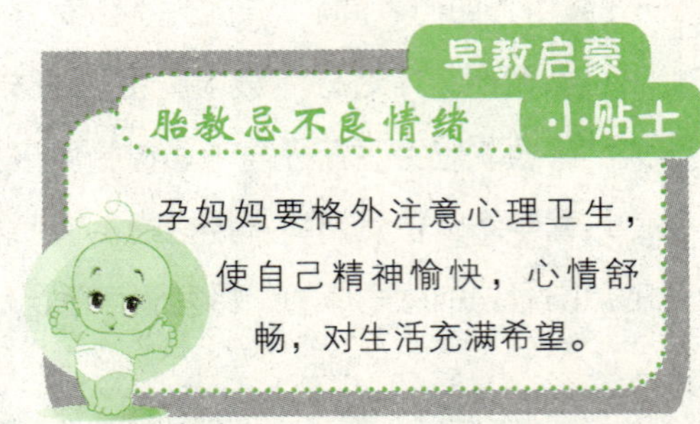

妊娠后的生理机能变化，孕妈妈本人和家庭其他成员对胎宝宝的期望或者猜想，尤其是婆婆、公公对生男生女比较感兴趣或者偏重，都会有形或无形地给孕妈妈的精神蒙上阴影；一些对一般人无不良反应的语言、噪音、气味、颜色，都可以引起孕妈妈的不良反应。因此，家人应该格外注意对孕妈妈精神方面的刺激。

妈妈与胎宝宝之间由血液中的化学成分沟通信息。所以，祖国医学有“孕借母气以生，呼吸相通，喜怒相应，一有偏奇，即致子疾”的理论。医学研究表明：孕妈妈的情绪直接影响内分泌的变化，而内分泌物又经血液流到胎宝宝体内，使胎宝宝受到或优或劣的影响。如果孕妈妈的情绪焦虑有余，其体内肾上腺髓质激素的分泌量会增多，并通过血液影响胎宝宝的正常发育，故情绪胎教非常必要。

6. 美育胎教——让胎宝宝拥有朦胧美的意识

美育胎教对胎宝宝的重要性

我国明代万全在《育婴家秘·胎养》中说：“……自妊之后，则顺行坐端严，性情和悦，常处静处，多听美言，令人诵读诗书，陈说礼乐，耳不闻非言，目不观恶事。如此则生男女福寿敦厚，忠孝贤明，不然则生男女多鄙贱，不寿而愚顽……”意思是说，孕妈妈怀孕以后，要在坐、立、行等方面端庄，性情要和悦，要多听优美的语言，不听粗俗之语等，这样生下的后代就会享福寿久，否则就会不长寿而且愚笨顽劣。也就是说，孕妈妈在妊娠期间的所作所为可直接对胎宝宝造成影响。从现代研究人员的研究结果来看，孕妈妈在怀孕期间的所作所为都可以直接影响到胎宝宝出生后的性格、习惯、智力等各个方面。这不仅可以从妈妈输送给胎宝宝血液中的化学物质的变化看出来，也可以从孕妈妈从事体力劳动引起胎动异常的感觉中体会到。

所以，孕妈妈应在学识、礼仪、审美、情操等方面全面发展，提高自己的修养，同时也对胎宝宝进行良好的胎教。

美育胎教对胎宝宝的好处

高尔基曾说，语言是“一切事物和思想的衣裳”。这“衣裳”对于宝宝以后的发展必不可少。

生活中每个人都会被一些优美的语言、引人入胜的文学作品所吸引，因为从中我们可以感受到大自然妈妈般的胸怀，从书中对人世间一切美好事物的描写中体会到世界的温馨。这不仅可以使孕妈妈本身得以充实、丰富，同时也熏陶了腹中的宝宝，让他也感受这诗一般的语言、童话一样美的仙境。而且，这会刺激胎宝宝快速地生长，使其大脑的发育优于其他胎宝宝。由于这种教育使胎宝宝事先拥有了朦胧美的意识，出生后一般也较其他宝宝聪慧、活泼、可爱。宝宝与妈妈的关系也会因此而备感亲密。

孕妈妈还可以看一些使人精神振奋、情绪良好的书，如伟大人物的传记，优美的诗歌、儿歌，令人神往的童话，激励人奋发向上的世界名著，著名的山水和名胜古迹的游记，精美的画册等。一位哲人曾经说过："读本好书，就像是与一位精神高尚的人在谈话，那精辟的见解、分析，丰富的哲理，风趣幽默的谈吐，都会使人精神振奋，耳目一新。"孕妈妈不要看那些对人的情绪等各方面产生消极影响的书，如凶杀、色情、低级趣味的书。这些书会使孕妈妈看后处于不良的精神状态中，对胎宝宝的发育是极为不利的。

7. 想象胎教——在想象中，让胎宝宝"长见识"

想自己向往和喜欢的事情

创造性审美想象，是一种能充分发挥和调动主观能动性的心理活动，它可以使任何一个人的生活变得充裕和快乐。对孕妈妈来说，她们更需要快乐、满足和美感。孕妈妈要进行想象，想自己向往和喜欢的事，如想着自己抱着未来的宝宝，逗着宝宝玩的情景。

孕妈妈自己置身于一个舒适的环境中，或是坐着，或是躺着。使身体完全放松，从脚趾开始，一直到头顶，想着一步步地放松身体的每一块肌肉，让所有的紧张从身体中流出。用腹部进行又匀又长地呼吸，慢慢地从 10 倒数到 1，每数一下都觉得自己是更深地放松了。

当孕妈妈感到自己深深地放松了之后，开始想象自己逗玩宝宝的情景。想象宝宝是多么活泼可爱，自己的心情是多么愉快欢乐，胎教成功的喜悦充溢在自己心头。

在大脑里保留美好的情景

在大脑里保留这些美好的情景的同时，在内心对自己做一些十分积极的、肯定的陈述(出声或不出声都可以)。

例如："我正在和可爱的宝宝度过一个美好的晚上"；"宝贝，我永远爱你，我们永远在一起"；在结束想象时，自己再说一段坚定的话："这，美好的情景，多么和谐，多么令人满意。现在我充分感到了初为人母的幸福，也感到了为社会贡献一个健全的宝宝，是多么骄傲，多么光荣。"

孕妈妈要觉得这一过程是欢快有趣的，要坚持做下去，可以是5分钟，也可以是半小时。每天都反复做，或尽你所能地经常去做。

想象自己在清新的大自然中

想像你自己置身在清新的大自然中——也许是片开阔的绿色草地，旁边是潺潺的小溪，也许是在海边细软的沙滩上，能看到波浪起伏。花一些时间想象所有美好的细节，意识到自己正充分享受并经历着这一切。你继续漫步、探索，越来越多地看到丰富多彩、美不胜收的景色——山麓、树林，在每一个地方留恋、欣赏一会儿……把这个世界想象成一个辉煌的乐园，在这个乐园中你正完满与丰裕着你的经历。

坚持，是把想象胎教做到法的技巧

要想练习创造性审美想象，就一定要做到深深地放松。孕妈妈的身体和头脑都深深放松了，脑电波就会真正产生变化，变得慢下来。

孕妈妈要进行肯定的练习，用一些更积极的思想、概念来替代否定性的思维模式。这是一种强有力的技巧，它能在短时间改变孕妈妈对生活的态度和期望。孕妈妈可以不

爸爸妈妈来互动

想象中的宝宝是什么模样呢？大大的眼睛，高高的鼻梁，红红的嘴唇……是不是长得很漂亮？爸爸妈妈一起为自己的宝宝画一张"画像"吧！宝宝来到你的眼前时，看看他是不是这个样子。

出声地进行，可以大声说出来，也可以写在纸上，甚至可以歌唱或吟诵。一天只要有10分钟有效的练习，就能抵消孕妈妈许多年的思想习惯。孕妈妈在自己告诉自己一切时，要进行积极想像，选择积极的语言和概念，一个积极的现实就会被创造出来。

第三节 孕中期（4~7 个月）

一、宝宝长成什么样了

怀孕第 4 个月

怀孕第 4 个月，胎儿渐渐地长大。这个时候胎毛形成，脊柱形成，肝、肾等功能已经开始发挥作用。孕妈妈这个时候可以感觉到胎动。怀孕 4 个月的时候，胎儿的身长约为 16 厘米，体重约 120 克。

怀孕第 5 个月

胎儿发育到 5 个月，胎动变得活跃，心跳更加有力，感知功能明显提高，对外界传入刺激信号的接受能力大大提高。胎儿到 5 个月末的时候，胎儿身长约为 25 厘米，体重在 250～300 克。

怀孕第 6 个月

怀孕第 6 个月，胎儿骨骼已经发育得很好，毛发在增加，眉毛和睫毛已经长出来。胎儿身长已经长到 29～34 厘米，体重 650 克，身体逐渐匀称。如果照 X 线片，能清楚地看到四肢的骨骼、头盖骨、脊椎、肋骨等。

怀孕第 7 个月

这个时候，胎儿对声音感应的神经系统，已经接近完成阶段。到这个时期，身长约 36～38 厘米，体重为 1 千克左右。他的眼睛可以睁开也可以闭上，会自己嬉戏，会踢踢腿、伸伸腰，大脑活动也非常活跃。

二、孕中期胎教重点

1. 第 4 个月——有目的地进行音乐胎教

前 3 个月似有似无的音乐胎教，在第 4 个月提上了日程安排。从第 4 个月起，可以有目的地放给胎宝宝听音乐了。孕妈妈需要注意的是平缓、优美的音乐有镇静作用。轻松、悠扬的音乐有舒心作用。孕妈妈最好不要听刺耳嘈杂的音乐。孕妈妈进行音乐胎教的时候，可以轻轻抚摸腹部，还可以把音乐的场景描述给宝宝听。

情绪胎教是贯彻整个胎教的全过程的。从 4 个月可以加一些适当的运动胎教、光照胎教。4 个月后，胎儿的运动开始增大，因此，这段时期的饮食必须重视质量，应注意营养均衡，不应该偏食。所谓的营养均衡是指蛋白质、碳水化合物、脂肪、无机质、维生素等营养素搭配合理。

2. 第 5 个月——胎教内容变得丰富

孕中期，是胎教的重要时期，这个时候需从各个方面对胎宝宝进行胎教训练，这是因为胎宝宝的各种器官都已经发育得比较完善。这个月除了前几个月的情绪胎教、音乐胎教、光照胎教、营养胎教外，还增加了抚摸胎教、语言胎教、环境胎教等。

胎儿是在感受孕妈妈的情绪中度过每一天的，他不能选择留下喜欢的情绪，也不能抗拒不良的情绪。孕 5 月时，胎儿便可以感知妈妈的心情，所以，这时，孕妈妈保持平和的心情对胎宝宝是很有好处的。

需坚持给胎宝宝进行音乐胎教，每天放 1 ~ 2 次，每次放 15 ~ 20 分钟。孕 5 月时，胎宝宝对光线已经非常敏感了，进行光照胎教的时候，孕妈妈切勿用强光，照射的时间也不宜过长。营养胎教，孕妈妈需注意在坚持均衡营养的基础上，要避免过多摄取营养。

给胎宝宝进行抚摸胎教的最佳时间是每天傍晚，抚摸后如果有不良的反应可增至早晚各一次。孕妈妈需要注意的是，有早期宫缩的孕妇，不可用抚摸胎教。

给胎宝宝实施语言胎教，需在故事情节中融入感情中，从而唤醒胎儿的感受。孕

早教启蒙小贴士

孕妈妈应为宝宝提供良好的内环境

孕妈妈在妊娠期间的环境对胎宝宝的生长有很密切的关系。所以，为了胎宝宝的健康成长，孕妈妈应给他提供一个良好的环境，应避免放射线、化学物品、农药等。

妈妈可以对胎宝宝讲一些喜闻乐见的事情，也可以给胎宝宝朗读一些优美的诗歌、散文等。

3. 第6个月——音乐胎教、语言胎教配合抚摸胎教

6个月，胎宝宝的听力几乎和成人相等，外界的声音可以传到子宫里。不过，胎宝宝始终喜欢听节奏平缓、柔和的音乐，不喜欢听节奏强快的现代音乐，不喜欢各种噪声。所以，孕妈妈进行音乐胎教的时候，要坚持以上原则。每天尽可能与胎宝宝聊天、讲故事。在坚持音乐胎教、语言胎教的同时，要配合抚摸胎教。抚摸胎教是促进胎宝宝智力发育、加深准爸爸妈妈与胎宝宝之间情感联系的好办法。

孕6月，胎动变得更加明显了，孕妈妈可以进行一些简单的运动，比如散步、孕期游泳、孕期瑜伽。运动胎教不仅可以帮助胎宝宝健康成长，也可以帮助孕妈妈将来分娩顺利。营养胎教需注意坚持良好的饮食习惯，即三餐定时、定量、定点进行。因为经过研究发现，胎宝宝出生后的生活与饮食习惯，深受胎教的影响。此外，还可以进行想象胎教、意念胎教。

4. 第7个月——腹式呼吸大有好处

孕7月，对胎教的要求更上了一层。孕7月后期，孕妈妈子宫内的空间对胎宝宝来说已经有点狭窄了，孕妈妈采用腹式呼吸会给胎宝宝提供足够的新鲜空气，也可以对生产时的阵痛有缓解作用。练习腹式呼吸的时候，孕妈妈可以采用坐姿，全身放松，双手轻放在腹部上，接着用鼻子吸气，腹部鼓起时吐气，吐气的时候将嘴稍微撅起，慢慢吐气。吐气时，要比吸气更有力且慢一些，每天以早、中、晚各一次比较好，需坚持练习。

语言胎教，孕妈妈可以在平时的生活中，处处与胎宝宝保持亲密的语言互动，把爱胎宝宝的气息传递给他，让他感受到安全。语言胎教，可以拉准爸爸一起做，这样做可以增加胎宝宝对爸爸的亲切感。其他胎教如音乐胎教、环境胎教、情绪胎教、抚摸胎教、运动胎教需坚持。

三、孕中期胎教课堂

1. 音乐胎教——享受音乐带来的放松和愉快

胎宝宝对富于节奏感的音乐可形成较强的记忆

胎宝宝在子宫内已经对外界的声响有记忆能力，不过大脑皮层尚未达到发达程度，这一过程还不能等同于成人的记忆，它仅仅是动物对声光所产生的那种条件反射水平上的记忆。但一般过几个月这种记忆就会消失，需长期巩固。

研究已证明，胎宝宝在 6 个月时已具备听觉，此时播放音乐，胎宝宝可经由母腹接受到声音，并能引起胎心率以及胎动的变化。科学家们研究发现，孕妈妈在怀孕 6 个月后反复朗读某一故事或重复听一支乐曲，新生宝宝在其出生后数小时居然表现出能辨认此故事或音乐的特殊反应。声音的振动、妈妈情绪和呼吸的变动，能对体内某些激素物质及有关的神经介质的分泌产生影响，这些激素物质可经过胎盘进入胎体，构成“胎教”的物质基础。事实上，并不是说胎宝宝懂得音乐及故事，而是外环境改变（包括声音）可对胎宝宝大脑发育产生间接性影响。

孕妈妈听音乐

胎教音乐每日听 2 ~ 3 次（即早、中、晚各一次），每次 5 ~ 10 分钟，音量控制在 75 ~ 80 分贝为宜。如果因工作关系中午不能欣赏，可早晚各一次，或根据具体情况调整时间。乐曲不宜太多、太杂。相对固定的乐曲便于胎宝宝记忆。

你可以采用音响播放或用耳机来聆听音乐，最好选择轻音乐，或是不带歌词的乐曲；可以在小劳作（如洗漱、烹调）时欣赏音乐，也可以在休息时半卧着坐在沙发或躺椅上，全神贯注地欣赏。

伴着优美的旋律，你可以尽情展开你的想象，风光无限、风和日丽、流水潺潺、可爱的宝宝、爱你的亲人朋友……让你的心灵得到净化，使你的情绪达到最佳状态，从而通过神经系统将这一信息传递给腹中的宝宝，“带动”他和你一起接受美的熏陶。

给胎宝宝唱歌

除了给胎宝宝听音乐外，妈妈给胎宝宝唱歌是更好的熏陶。胎宝宝最喜欢听爸爸妈妈的声音，爸爸妈妈的歌声对胎宝宝是一种良好的刺激，是爸爸妈妈与胎宝宝建立最初联系的最佳的沟通方式。

无论在什么地方，只要心情舒畅时，你都可以哼唱一些歌曲给胎宝宝听。给胎宝宝听音乐要在他“清醒”时，即有胎动时，你也可以轻轻推动腹部使他醒来和你一起“欣赏”乐曲。

可以随着播放的胎教音乐哼唱，也可以自己给胎宝宝唱，如摇篮曲或教胎宝宝唱乐谱，如1234567、7654321，唱若干遍，每唱完一个音符，应稍做停顿，使胎宝宝有“复唱”的时间，唱的声音不能太大，以免使他感到不安。

在唱歌的时候，你可以根据歌词大意展开联想。比如，在你哼唱《摇篮曲》时，可以想象在一间粉红色的宝宝房里，你轻轻摇着小床，宝宝躺在里面带着甜甜的微笑安然入睡；也可以想象此时肚子里的胎宝宝正在认真地倾听你的歌声，想象他平静而满足地吮吸着自己的小指头的可爱模样。

胎教常见音乐种类与曲目

催眠：如二胡曲《二泉映月》、筝曲《渔舟唱晚》和德国浪漫派作曲家门德尔松的《仲夏夜之梦》等。这类作品具有轻盈灵巧的旋律、美妙活泼的情绪及安详柔和的情调。

镇静：如民族管弦乐曲《春江花月夜》、琴曲《平沙落雁》等。这类作品优美细致，音乐柔和平缓，带有诗情画意。

舒心：如《江南好》、《春风得意》等。

解除忧郁：如《喜洋洋》、《春天来了》和奥地利作曲家约翰·施特劳斯的《春之声圆舞曲》等。这类作品使人联想到春天，仿佛看到春天穿着美丽的衣裳，同我们欢聚在一起，曲调

爸爸妈妈来互动

请准爸爸也加入进来吧，每天安排一点时间和准妈妈一起为你们深爱的宝贝唱首歌或念儿歌。研究发现，宝宝也非常喜欢爸爸低沉而宽厚的嗓音。有人提出对于活泼好动的胎宝宝可以让他听一些节奏舒缓、旋律柔和的乐曲，如《摇篮曲》等；针对那些文静、不爱活动的胎宝宝可以听一些轻松活泼、跳跃性强的宝宝乐曲，如《快乐的罗索》、《小天鹅舞曲》等。

优美酣畅，起伏跳跃，旋律轻盈优雅。

消除疲劳：如《假日的海滩》、《锦上添花》、《矫健的步伐》和奥地利作曲家海顿的乐曲《水上音乐》等。这类作品清丽柔美，抒情明朗。

振奋精神：如《娱乐升平》、《步步高》、《狂欢》、《金蛇狂舞》等。这类作品曲调激昂，旋律变动较快，引人向上。

促进食欲：如《花好月圆》、《欢乐舞曲》等。

2. 语言胎教——用语言传递你的爱

将一天的生活通过言语、抚摩与胎宝宝一起感受、思考和行动，使母婴之间的纽带更牢固，培养胎宝宝对妈妈的信赖感，会促进胎宝宝语言能力的发展。

与宝宝说说话

告诉胎宝宝你一天的生活。从早晨醒来到晚上睡觉，你或你的家人做了什么，想了些什么，有什么感想，说了些什么话，所有这些你可以用轻柔的言语讲给胎宝宝听。

早晨起来，请先给胎宝宝问个早，告诉他早晨已经到来了。推开窗户，啊，太阳升起来了，阳光洒满大地，这时你可以告诉胎宝宝："今天是一个晴朗的好天气。"关于天气，可教的有很多，像阴天、下雨、下雪等，另外，气温的冷热、风力的大小、湿度的高低等都可以作为语言胎教的话题。

也可以给胎宝宝解释每天的行为。如，为什么要洗脸、刷牙，爸爸为什么要刮胡子，妈妈为什么要化妆，肥皂为什么起泡沫，吹风机为什么能把头发吹干等。即使一个小小的洗脸间也有着足够的资源，让你不间断地每天给胎宝宝"唠嗑"。

即便是生活中的衣着打扮，也可以拿来当语言胎教的素材。把镜子里的自己视觉变化用语言信息传递给腹中的胎宝宝。准备穿着时，把你头脑中想的及实际形象都用语言表达出来，在把思考转变为语言的过程中，你的思维印象变得更加鲜明，胎宝宝就会逐渐地接受这些信息。

抽点时间进行正规训练

文学和音乐一样，容易对人的情绪产生影响，将优雅的文学作品以柔和的语言传达给胎宝宝，是语言胎教中不可缺少的一项内容。你可以把胎宝宝想象成依偎在你怀中撒娇的宝宝，认真地充满感情地为他讲故事或朗诵文章。

慢慢吟诵朱自清的《荷塘月色》，那优美的意境，宁静的情韵，不仅会起到摆脱烦恼情绪、改善精神状态、促进身心平衡的作用，也能优化胎内环境，使胎宝宝出生后性格恬静，情绪稳定。

讲故事时你也可以自由发挥，例如看到某个可爱的图片，你就可以根据自己的想象把编制的故事讲给胎宝宝听。

还可以读一些图文并茂的画册，内容轻松诙谐，简单易懂，如《曹冲称象》、《乌鸦喝水》、《小蝌蚪找妈妈》等。

绘声绘色地朗诵一些古代散文、古诗词，如《锄禾》、《登鹳雀楼》等。在高尚纯洁的词句中，感受文学的趣味，达到怡情养性的目的。

语言胎教中需要注意的细节

不仅仅是朗读，对这些语言要通过你的面部表情、肢体语言使它形象化，以使其能更具体地传递给胎宝宝。选择一个让你感到舒服的姿势，讲故事时精力要集中，带着丰富的感情，要避免发出高声尖叫。

必须花10分钟以上才能读完的故事尽量不要选择。因为过了两三天后，你就不愿再念这么长的故事。最好选择图文并茂的短篇故事。

边讲边观察胎宝宝的反应。选择相同或不相同的故事，每天讲给宝宝听。大约过了一个月，即要注意观察胎宝宝对故事中的某些句子有无特殊反应。比如，你讲故事的时候，胎宝宝是否很安静？是否在讲到某些特殊句子时他会突然踢肚子？当然，这并不表示胎宝宝理解句子的意思，这也许只是胎宝宝对不同声调的反应。换个故事看看，胎宝宝的反应会不会起变化？对你和准爸爸的声音，他是否有不同的反应？

还要注意的是，不要过分期待胎宝宝的反应，更不必因为胎宝宝没有回应而担心。应该相信，每天传给胎宝宝的声音，必然会日积月累、一点一滴地加深胎宝宝对你的爱和对语言的感受性。

语言胎教材料库

❶ 小蝌蚪找妈妈

池塘里有一群小蝌蚪，大脑袋，黑

身子，甩着长长的尾巴，快活地游来游去。小蝌蚪游呀游，过了几天，长出了两条后腿。它们看见鲤鱼妈妈在教小鲤鱼捉食，小蝌蚪迎上去问："鲤鱼阿姨，我们的妈妈在哪里？"鲤鱼妈妈说："你们的妈妈四条腿，宽嘴巴。到那边去找吧！"

小蝌蚪游呀游，过了几天，又长出了两条前腿。它们看见一只乌龟摆动着四条腿在水里游。小蝌蚪连忙追上去叫："妈妈，妈妈！"乌龟笑着说："我不是你们的妈妈，你们的妈妈头顶上有两只大眼睛，披着绿衣服，唱起歌来顶呱呱。你们到那边去找吧！"小蝌蚪游呀游，过了几天，尾巴变短了。

它们游到荷花旁边，看见荷叶上蹲着一只大青蛙，披着碧绿的衣服，露着雪白的肚皮，鼓着一对大眼睛，呱呱地唱着歌。小蝌蚪游过去高兴地叫："妈妈，妈妈！"青蛙妈妈低头一看，笑着说："好宝宝，你们已经是青蛙了，快跳上来吧！"不知什么时候，小青蛙的尾巴已经不见了。它们后腿一蹬，向前一跳，蹦到了荷叶上，青蛙妈妈高兴地对它们说："宝宝们，你们现在就跟我一起去捉害虫吧！"

2 小马过河

马棚里住着一匹老马和一匹小马。有一天，老马对小马说："你已经长大了，能帮妈妈做点事吗？"小马连蹦带跳地说："怎么不能？我很愿意帮您做事。"老马高兴地说："好啊，你把这半口袋麦子驮到磨坊去吧。"小马驮起口袋，飞快地往磨坊跑去。跑着跑着，一条小河挡住了去路，河水哗哗地流着。

小马为难了，心想，"我能不能过去呢？如果妈妈在身边，问问她该怎么办，那多好啊！可是离家很远了。"小马向四周望一望，看见一头老牛在河边吃草。小马嗒嗒嗒跑过去，问道："牛伯伯，请您告诉我，这条河我能过去吗？"老牛说："水很浅，刚没过小腿，能过去。"小马听了老牛的话，立刻跑到河边，准备过去。突然从树上跳下一只松鼠，拦住它，大叫："小马！别过河，别过河，河水会淹死你的。"小马吃惊地问："水很深吗？"松鼠认真地说："当然啦！昨天我的一个伙伴就是掉在这条河里淹死的！"小马连忙收住脚步，不知道怎么办才好。它叹了口气说："唉！还是回家问问妈妈吧！"小马甩甩尾巴，跑回家去。

妈妈问："怎么回来啦？"小马难为情地说："有一条河挡住了，过……过不去。"妈妈说："那条河不是很浅吗？"小马说："是呀！牛伯伯也这么说。可是松鼠说河水很深，还淹死过它的伙伴呢。"妈妈说："那么到底是

深还是浅呢？你仔细想过它俩的话吗？”小马低下了头说：“没……没想过。”妈妈亲切地对小马说：“宝宝，光听别人说，自己不动脑筋，不去试试，是不行的。你去试一试，就会明白了。”小马跑到河边，刚刚抬起前蹄，松鼠又大叫起来：“怎么，你不要命啦！”小马说：“让我试试吧。”他一面回答，一面下了河，小心地蹚了过去。原来河水既不像老牛说的那样浅，也不像松鼠说的那样深。

咏 鹅

骆宾王

鹅，鹅，鹅，
曲项向天歌。
白毛浮绿水，
红掌拨清波。

爸爸妈妈来互动

准爸爸主动参与到语言胎教中，会促使你与胎宝宝尽早建立起亲密关系，还可增进你与妻子的感情。给胎宝宝起个乳名吧，对话时准爸爸可以轻声呼唤胎宝宝的小名，同时用手抚摩他，经过一段时间，胎宝宝就能对他的名字产生特定反应了，常表现出惬意地蠕动或兴奋地扭动。当然与胎宝宝“讲话”的时候，和孕妈妈一起效果是最好的，“讲话”的时候语言要柔和、平缓，随着故事内容慢慢提高到平时说话的声调，不要高声呼叫，以免使胎宝宝受到惊吓，反而带来不良影响。

3.情绪胎教——孕妈妈“七情”过激会致“胎病”

情绪影响胎宝宝的人格

怀孕4～7个月时胎宝宝已经拥有愉快、高兴、不安、生气的情绪，这阶段也是胎宝宝的性别分化期，如果你一直处于紧张不安的状态，胎宝宝就无法顺利分泌足够的荷尔蒙，尤其是男宝宝，可能会有女性化及同性恋的倾向。所以，布置一个安静、舒适、平和、健康、自然的生活环境，使胎宝宝心境随时处在愉快舒适的状态。到了8个月，胎宝宝已能感觉喜悦与情爱，和你的爱人制造一段浪漫时光吧，让你重温恋爱的幸福与甜蜜，那会让胎宝宝感到轻松，并拥有一颗乐观感性的心。

情绪影响胎宝宝的健康

怀孕期间承受压力和挫折大的准妈妈，易早产或生出低体重的宝宝，而且准妈妈承受的压力愈大，宝宝出生的体重就愈轻。有统计指出，妈妈怀孕过程中负面情绪居多时，宝宝出生后容易情绪不稳、消化不良，经常生病或躁动不安，未来患精神病的比率也比一般人来得高。如果强烈的负面情绪出现在妈妈怀孕初期，由于此时正处于胎宝宝器官成形期，将加大宝宝缺陷或胎盘功能发生紊乱的机会。

情绪影响胎宝宝的情商

一份英国的研究报告指出，孕妈妈对胎宝宝未来的情绪智商（EQ）也会产生影响。这项研究花了 12 年的时间追踪 3 个承受不同等级压力的孕妈妈其宝宝出生后的成长过程，结果发现，她们的宝宝在运动能力、智力表现等方面相差不多，不过在学习能力、情绪管理、个性脾气和意志力的表现上，却和妈妈在怀孕期间承受的压力和挫折成反比。换句话说，你的情绪愈糟，宝宝的 EQ 就愈低。不过，反过来想，这个研究也说明胎宝宝的 EQ 是具有可塑性的，所以孕期的你要随时随地保持平常和乐观的心态，遇到压力要懂得缓解，这是你一定要学习的课题。

适时把握情绪胎教

我国传统医学经典《黄帝内经》中率先提出孕妈妈“七情”（喜、怒、忧、思、悲、恐、惊）过激会致“胎病”理论。现代医学研究也表明，情绪与全身各器官功能的变化直接相关。不良的情绪会扰乱神经系统，导致孕妈妈内分泌紊乱，进而影响胚胎及胎宝宝的正常发育，甚至造成胎宝宝畸形，更不用谈对胎宝宝未来人格的影响了。

爸爸妈妈来互动

准爸爸完全可以陪孕妈妈完成情绪胎教。比如早晨陪孕妈妈一起到环境清新的公园、树林或田野中去散步，做做早操；上班之前嘱咐孕妈妈晒晒太阳，让她感到丈夫温馨的体贴，心情舒畅惬意；还有孕妈妈出现情绪波动的时候，用风趣幽默的话语宽慰开导她，这样的互动不仅对孕妈妈有好处，而且对胎宝宝与爸爸妈妈的“沟通”也是有好处的。

4. 环境胎教——让你的环境充满有益的色彩

颜色会影响人的情绪

颜色影响人的情绪，这是有科学根据的。因此，让生活的环境充满对你有益的色彩是很重要的。不一定要重新布置家里的墙壁，只需简单调整颜色的基调或衣服的搭配，或许就能为你带来意想不到的效果。

对孕妈妈有好处的色彩

怀孕后体质比较“燥热”，偏冷的颜色可以安定你的情绪，例如淡绿、淡蓝、白色等，也可以把餐厅布置成橘黄色，那会使你胃口大开。孕妈妈应避免接触红色和黑色，这两种颜色容易使你烦躁不安。

在家里摆上绿色盆栽，或放一两束花，可以振作你的精神；柔和的灯光可以促进副交感神经运作，使身体和精神稳定，让情绪放松，所以请在自己的家里布置一个这样的角落或房间；在走廊里挂一两幅自然风景画，在五斗柜上摆放几张你最得意的生活照，从儿时、学生时代、结婚到现在的家庭合照皆可，让自己在家走动的同时，由眼所见美好的事物而产生温馨愉快的感受。

布置宝宝房，贴上几张可爱宝宝的海报，多接触宝宝的床、寝具、衣服、音乐铃等，可以增加你做妈妈的甜蜜感与责任心。

5. 运动胎教——帮助胎宝宝做体操运动

研究表明，凡是在宫内受过抚摩和拍打训练的胎宝宝，出生后比较活泼，动作能力的发育比较好，身体健壮，手脚灵敏。胎宝宝 5 个月大的时候，孕妈妈会感觉到胎动，爸爸妈妈可以通过抚摩和拍打腹部帮助胎宝宝做体操运动，促进胎宝宝动作能力的发展。

方案 1：抚摩我的宝贝

孕妈妈卧在床上，全身放松。用手捧着胎宝宝，从上而下，从左到右，反复轻轻抚摩，然后再用一个手指反复轻压胎宝宝。在抚摩时应注意胎宝宝的反应，如果胎宝宝对抚摩刺激不高兴，就会出现频繁躁动或用力蹬踢，则应停止抚摩。如果受到抚摩后，出现平和的蠕动，则表示胎宝宝感到很舒服，很满意，可继续抚摩。抚摩胎教每次 5～10 分钟。抚摩胎教后可改为对话胎教或音乐胎教刺激，每日 1～2 次，每次 5～10 分钟。

方案 2：和宝宝玩“踢肚游戏”

美国的胎教专家发明了一种在怀孕 5 个月后进行的“踢肚游戏”，这种游戏可通过妈妈与胎宝宝进行嬉戏达到胎教的目的。这种方法经 150 名孕妈妈用来施行胎教；结果生下来的宝宝在听、说和使用语言技巧方面都获得最高分，可见有助于宝宝的智能发展。方法如下：

当胎宝宝出现胎动（踢肚子）时，你可轻轻拍打被踢的部位，然后等待小家伙第二次踢肚。一般在 1～2 分钟后，胎宝宝会再踢，这时你再轻轻拍几下，接着停下来。如果你拍肚子的方位改变了，胎宝宝会向你改变的地方再踢。注意改变拍腹的位置离胎动的位置不要太远。“游戏”每天进行两次，每次数分钟。

有专家说，由于胎宝宝在子宫里已发展出触摸感，胎宝宝在子宫里会很“乐意”不时挺起身来，抚摸你的腹部，让你与他的膝盖或屁股“戏耍”一番。

方案 3：小小指挥家

坚持让胎宝宝重复听一些音乐。过了一段时间后，当胎宝宝听到熟悉的音乐时，就会自己跟着音乐节奏“打拍子”。你一定要抓住培养天才宝宝的

早教启蒙小贴士

运动胎教注意事项

怀孕头 3 个月内不宜进行运动胎教；孕晚期不宜多做运动胎教。因为此时宝宝已经长大，子宫腔的空间已不再适合宝宝的活动了。妊娠晚期可着重进行语言和音乐胎教，以强化宝宝的记忆；孕妈妈在进行运动胎教时，手法应轻柔，每天次数不宜太多，时间以不超过 10 分钟为宜；游戏的环境应安静幽雅，如果伴随音乐进行，效果会更好；有流产、早产先兆者，不宜进行抚摩、拍打胎教。

这一大好时机，跟着音乐节奏轻轻地拍打自己的肚子，这样胎宝宝的反应会更加明显。

6. 光照胎教——给胎宝宝一束光明

探秘光照胎教

到妊娠7个月，胎宝宝的视网膜才具有感光功能，如果能在孕7个月后经常送一束光明给胎宝宝，其视网膜上的光感细胞受到光刺激后，就能促使其中的感光物质发生光化学反应，可把光能转化为电能，产生神经冲动传入大脑皮层，在大脑皮层产生复杂的生理变化，使宝宝视觉水平提高，这将对他日后的视觉敏锐产生良好的影响。

“光照胎教”应运而生。日本等国家在这方面进行了大量研究，指出适量适时的光照，对胎宝宝视觉统合能力有正向促进作用。我国北京某医院的一位教授也做了一系列光照胎教的研究，得出了同样的结论。

胎宝宝的视觉较其他感觉功能发育缓慢，怀孕27周以后胎宝宝的大脑才能感知外界的视觉刺激；怀孕30周以前，胎宝宝还不能凝视光源，直到怀孕36周，胎宝宝对光照刺激才能产生应答反应。因此，从怀孕24周开始，每天定时在胎宝宝觉醒时用手电筒（弱光）作为光源，照射孕妈妈腹壁胎头方向，每次5分钟左右，结束前可以连续关闭、开启手电筒数次，以利胎宝宝的视觉健康发育。

给胎宝宝一束光明

怀孕7个月后，通过产前常规检查你已经知道胎宝宝头的部位，每天选择固定时间，用普通的手电筒通过你的腹壁照射胎宝宝的头部，时间不要过长，每次5分钟。胎宝宝在黑洞洞的子宫里，看到这束光线，他会首先转头，而后眨眼，表示他看到了光明。

7. 美育胎教——在“美”中陪胎宝宝成长

方案1：画画剪纸

画画剪纸也是胎教的内容之一。心理学家认为，画画不仅能提高人的审美能力，产生美好的感受，还能通过笔触和线条，释放内心情感，调节心绪平衡。画画具有和音乐一样的效果，即使不会画画，你在涂涂抹抹之中也会自得其乐。

画画的时候，不要在意自己是否画得好，你可以持笔临摹美术作品，也可随心所欲地涂抹，只要你感到是在从事艺术创作，感到快乐和满足，你就可以画下去。最好一边画一边向胎宝宝解释你画的内容。当然你也可临摹一些宝宝画，看看自己的笔下的童趣和稚拙感，找到感觉后你就会通过你的画笔步入宝宝世界。

剪纸，也是一种胎教。你可以先勾画轮廓，而后仔细剪，剪个胖娃娃，“双喜临门”、“喜鹊登梅”、“小放牛”，或宝宝的属相如猪、狗、猴、兔等，别怕麻烦，别说没时间，别说不会剪，因为问题不在于你剪得好坏，而在于你在进行艺术胎教，你在向胎宝宝传递深深的“爱”，传递“美”的信息。

方案2：学习一点美学知识

学习一点美学知识，不仅能提高审美能力，培养审美情趣，而且可以美化人的内心世界。孕妈妈学点美术知识，能陶冶情操，改善情绪，使胎宝宝置身于恬静的母体环境中，受到“美”的熏陶。

学习美学知识，不在于你学到什么程度，也不一定要参加什么“函授班”，而在于你是否从中感到“美”的享受。学习的内容可以是庭院布置、宝宝装和孕妈妈装的设计、编织、烹调技术及美容护肤等。

这些都是很容易做到的事，而且对母婴的影响都是很深远的，不要因为工作忙而忽略了这部分内容。

方案3：欣赏艺术作品

你可以和丈夫一起去看美术作品展，边欣赏边谈论自己的观点。有些美术作品要反复品味，经常揣摩，才能品尝出艺术的纯美，步入艺术的境界，才能油然而生美的感受和遐想。

你看过近代法国风景画家柯罗的佳作《林妖的舞蹈》吧，你可以从画面领略欧洲田园生活的美景，想象那令人神往的世外桃源；你看过威尼斯著名画家乔尔乔内最负盛名的油画杰作《沉睡的维纳斯》吧，你可以看到大自然浇灌出的宁静，护卫着女神的幻梦，你仿佛也完全融化到了美神的血肉之中，几乎可以感触到女神的脉搏、气息和生命；你看过达·芬奇的《蒙娜丽

莎》、安格尔的《泉》等佳作吧，它们同样会使你悠然神往；还有徐悲鸿的《奔马图》，画中，一群放荡无羁的野马正在广阔的田野里奔驰。它们有的引吭高歌，有的低首沉吟，好一派生气动人的景色。这些艺术作品会使你感受到生命的执著和热烈，你的心情亦会随之爽朗起来。欣赏的同时，如能顺便翻阅一下画家的传记或美术史书，就会更添雅兴。

在卧室里挂一两幅名画，床头放几本漫画、幽默，休息之前和你的爱人一边欣赏，一边谈笑，能带来无尽的生活情趣和欢乐；宝宝画册也很有趣的，找几本放在床头，不时翻翻，想象宝宝就依偎在你的身边，由衷地体会将要做妈妈的自豪和幸福，而不是担心和茫然，胎教的目的就达到了。

8. 编织胎教——帮助宝宝“手巧而心灵”

编织胎教对胎宝宝的好处

胎教的实践证明，孕期勤于编织艺术的孕妈妈，所生的宝宝会“手巧而心灵”。运动医学研究证明，用筷子夹取食物时，会牵动肩、胳膊、手腕、手指等 30 多个关节和 50 多条肌肉的运动，尤其是“右利者”更是如此。这些关节和肌肉的伸屈活动，只有在中枢神经系统的协调配合下才能完成。管理和支配手指活动的神经中枢在大脑皮层占的面积最大。

手指的动作精细、灵敏，可以促进大脑皮层相应部位的生理活动，提高人的思维能力。利用这种原理，开展孕期编织艺术，通过信息传递的方式，促进胎宝宝大脑发育和手指的精细动作，小宝宝出生后自然“手巧而心灵”。

编织胎教素材库

1. 设计图案，给宝宝织毛衣、毛裤、毛袜或线衣、线裤、线袜。
2. 钩针钩织宝宝用品。
3. 绣花。
4. 编织其他美术品，如壁挂或贴花等。

9. 意念胎教——宝宝将来好性格

坚持不懈，每天 15 分钟意念胎教

腹部还没有鼓起来的妊娠初期，可以盘腿坐好，两手轻轻放在膝盖上，挺直腰，轻轻闭上眼睛，呼吸不要急促，要缓缓地深深地进行。本来孕妈妈呼吸就有些急促，有浅吸、浅呼的倾向，这时孕妈妈要注意养成慢慢吸气、慢慢呼气的习惯。

妊娠中期过后，盘腿已不方便。这时可以坐在椅子上伸开腿做胎教，也可以在床上躺着做，还可以一边听着潺潺的音乐，或者到森林呼吸着新鲜空气，保持心情平静，做意念胎教。如果从妊娠第 8 个月起每周做一次，每次 15 分钟，不间断练习，阵痛开始时，子宫口就比较容易打开。

培养英才的脑呼吸胎教

脑呼吸，实际上是脑通过集中和想象汇集新的能量。这种新聚集的能量震撼母体的大脑，使母体完善脑结构，影响胎宝宝。脑呼吸胎教的第一步是意念思考。做意念思考时，脑电波比较安静，精神比较集中，会重新感受到平时偶然经历过的事物。做脑呼吸胎教时，须相信自己对宝宝的爱。如果对胎教的结果有疑心，胎教的效果就会变为零。脑呼吸使脑细胞清醒，使脑的活动更频繁。刚开始时会有些吃力，但也要尽量把声音拉长。使声音和力气和谐出入，通过这一练习，为因胎宝宝逐渐长大而受压迫的内脏器官，和因子宫变化而受挤压的内脏器官补充能量。只有内脏器官健康了，心理才会健康，宝宝才会长得健壮。

早教启蒙小贴士

妈妈情绪好胎宝宝才有好情绪

从妊娠中期开始到妊娠后半期孕妈妈对分娩的恐惧与日俱增。孕妈妈情绪不稳定会使胎宝宝紧张不安，所以，要放下心理包袱，怀着愉快的心情进行意念胎教。如果孕妈妈做胎教时心情平静，意识明确，宝宝将来就能集中注意力，性格也会文静，理智。

10．抚摸胎教——“胎宝宝的体操”

进行胎宝宝体操

有人将抚摸胎教称为“胎宝宝的体操”，抚摸胎教可以促进胎宝宝的运动神经发育。抚摸胎教应选择在怀孕6个月以后，每天晚上胎动较频繁时进行。孕妈妈应平躺在床上，全身放松，以双手从上至下、从左至右地抚摸胎宝宝。抚摸胎教每次持续5～10分钟，每日一次，每周三次。如配以轻松、愉快的音乐进行，效果更佳。需要注意的是，宫缩出现过早的孕妈妈不宜使用这种方法。

胎宝宝在被抚摸以后，可能会有轻微的动作，而且经过一段时间以后，胎宝宝会与爸爸妈妈的动作相配合。但如果胎宝宝反应剧烈，就要立即停止抚摸。开始时，即使胎宝宝无反应，也不可过于用力按压腹部，否则会有副作用。

胎宝宝体操素材库

用一个手指轻轻按一下再抬起。开始时，有的胎宝宝能迅速做出反应，有的则要过一阵甚至几天再做时才有反应。如果此时胎宝宝不高兴，他会用力挣脱或蹬腿反对，碰到这种情况，就应立即停止。过几天，胎宝宝对妈妈的手法习惯了，妈妈手一按压、抚摩，胎宝宝就会主动迎上去。到6～7个月，妈妈已能分辨出胎宝宝的头和脊，就可以轻轻推着胎宝宝在子宫中“散步”了。如果和着轻快的音乐与胎宝宝交谈和“玩耍”效果会更好。母婴“玩耍”式的触摸训练从妊娠5个月开始，到预产期前2～3周之间进行，怀孕晚期尤为必要。每次时间不要太长，5～10分钟即可。

爸爸妈妈来互动

常与爸爸对话和玩耍的胎宝宝，每天到了经常与爸爸交谈的时刻，就会“急不可待”地动起来，好像是盼望与爸爸“游戏”的时刻快快到来，而这时爸爸也应马上与这位“调皮鬼”开始“玩耍”。准爸爸可以用手轻抚孕妈妈的腹部同胎宝宝细语，并告诉胎宝宝这是爸爸的抚摸，并同孕妈妈交换感受，这样能使准爸爸更早地与未见面的胎宝宝建立关系，增进全家人的感情。

第四节 孕晚期(8~10个月)

一、宝宝长成什么样了

怀孕第 8 个月

8 个月的胎宝宝，能在羊水中自由自在地活动，并且可以迅速地成长。胎宝宝的身长已经长到 40~45 厘米，体重达到 1.5 千克左右。胎宝宝的肺等内脏器官和脑、神经系统都发育到了一定的程度。

怀孕第 9 个月

胎宝宝这时身体变成圆形的了，身体上的皱纹也少了。全身的细毛开始消退。生殖器几乎完备。肺和胃肠很发达。已经具备呼吸能力。胎宝宝喝进羊水，能分泌少量的消化液。胎宝宝的身体长到 45~49 厘米，体重在 2.5 千克左右。这个时候，胎宝宝若分娩，成活率比较高。

怀孕第 10 个月

胎宝宝 10 个月时，各个系统都已经发育得比较完善，心脏、肝脏为首的呼吸、消化、泌尿器官已经全部形成。皱纹已经消失，变成了一个淡红色胖乎乎的小人儿了。身长 48~50 厘米，体重大约有 3 千克左右。

二、孕晚期胎教重点

1.第 *8* 个月——游戏胎教继续与宝宝玩踢肚子

经过研究发现，8 个月的胎宝宝能接受孕妈妈的情感，能通过声音的波长和频率，能产生直接的记忆，这个时期是全部的吸收时期。这个时候的游戏胎教，孕妈妈可以继续与胎宝宝玩踢肚子游戏，当胎宝宝踢孕妈妈肚皮时，孕妈妈应迅速轻轻拍打被踢的部位。一两分钟后，一般情况胎宝宝会再踢，孕妈妈可再拍。这样反复几次，可以试着改变拍的部位。这样的游戏可以在胎宝宝最活跃的晚上进行，每次可以进行数分钟，每天可进行两次。

怀孕第8个月，胎儿初步的意识萌动已经建立。这时，可以对胎宝宝进行比较抽象、立体的美育胎教了。美育胎教通过孕妈妈的看、听、体会生活中一切的美，陪着宝宝在“美”中成长。孕妈妈可以看一些优秀的文学作品、美术作品，可以听一些优美的音乐作品，在以上活动中感受“美”。这些对胎宝宝都是很有好处的。

孕8月时，胎宝宝已经是一个能听、能看，可以理解准爸爸妈妈的小人儿了，准爸爸应该抓住这个时机加紧与胎宝宝的“交流”。音乐胎教，因为胎宝宝这时更容易听到外界的声音，这时除了给宝宝听音乐外，还可以给胎宝宝唱儿歌。另外，营养胎教、环境胎教、联想胎教、光照胎教需坚持进行。

爸爸妈妈来互动

胎宝宝踢肚子的游戏，准爸爸也可以参与进来。胎宝宝踢孕妈妈的肚皮时，准爸爸可以把耳朵贴在孕妈妈的肚皮上，听听胎宝宝强大的“能力”，准爸爸也可以轻轻地拍一下孕妈妈被踢的部位，还可以进行一些对话，“小宝宝，你猜猜这是妈妈的手，还是爸爸的手”等，可以把踢肚子游戏变得更有趣味。

2. 第9个月——做好迎接生产的准备

孕9月，即将要结束孕程，孕妈妈的内心可能会出现不安等比较复杂的情绪，这时为了迎接小宝宝的到来，孕妈妈需做好充分的准备工作。除了坚持前几个月的胎教外，需增强与胎宝宝的互动。

分娩前的心理准备比起前几个月的胎教知识要难多了，因为这个时期孕妈妈，对宝宝的出生会很开心，但是随之而来的也会紧张。孕妈妈保持平和、愉悦的心态就显得很重要了。这个时候的情绪胎教除了前几个月调节情绪的方法外，还应该积极地在医生的指导下，做一些分娩的心理准备工作，从而获得更大范围的心理保护。

除了情绪胎教外，还需坚持音乐胎教、光照胎教、抚摸胎教、适当的运动胎教、美育胎教、语言胎教。

3. 第10个月——将各种胎教综合进行

孕10月依然不能放松胎教，因为10个月的胎宝宝的发育已经趋向于成熟，大脑功能也越来越发达，胎教的效果越好，对胎宝宝越有益处。

孕妈妈可以根据自己的情况选择适合自己的胎教。分娩前，孕妈妈容易变得焦虑了，孕妈妈可以多和过来人交流、准备宝宝的物品、写字画画等来分散注意力，从而使得自己心情平和。因为，临近分娩期产生的恐惧、烦躁、不安、惊慌等不良情绪，不仅会对胎宝宝产生影响，也会消耗孕妈妈的体力。

孕妈妈每天起来，可以和你的胎宝宝打声招呼，说很平常的话，比如天气，问候等。选段时间去户外散步，可以边散步边和胎宝宝聊天、边进行抚摩胎教。晚上睡觉的时候，可以对胎宝宝进行音乐胎教，也可以配合抚摩胎教。

我在开心成长

妈妈，我就要和你见面了。这段期间内，我在你的肚子里，从一个很小很小的胚胎，到蚕豆那么大，再到眼睛、鼻子、嘴巴、耳朵长得清晰起来，然后长出了指纹、头发，接着长得有香梨那么大，再下来变得活像一个小老头儿，之后是占据妈妈的整个子宫、眼睛可以跟踪光源、学会挤眉弄眼。妈妈，现在我马上就要从一个胎宝宝变成宝宝了！我想这个世界一定是丰富多彩的，因为这段时间，您一直都在给我讲好多故事，听好多音乐，聊好多我没有见过的东西。我知道，您是想让我健康、聪明、开心。妈妈和爸爸已经做了这么多，我想，在感受每一天的时候，这些都会伴着我吧！

三、孕晚期胎教课堂

1. 胎教与营养——孕晚期的营养依然很关键

孕晚期营养总原则

食品多样化、量适当、质量高、易消化；低盐，食盐量应控制在7克/日以下；

低脂；适当控制饮水量，但饮水次数不能减少；注意晒太阳，以促进合成维生素 D。

补充足够的钙、磷、铁

妊娠 8～10 个月，胎宝宝生长特别快，需要储存的营养素也特别多。此期是胎宝宝骨骼发育的重要时期，胎宝宝体重的一半是在这个阶段增加的。因此，此期要常吃利用价值高的动物性蛋白食品，尤其要补充足够的钙、磷、铁等。

注意维生素 D 的吸收

维生素 D 可促进钙、磷吸收，如果孕妈妈的膳食中缺乏维生素 D，则会影响钙、磷吸收，影响胎宝宝骨骼的发育。

多吃富含纤维素的绿叶根茎类蔬菜

由于胎宝宝逐渐长大，孕妈妈肠道受压，很容易发生便秘而诱发痔疮，因此，孕妈妈应多吃富含纤维素的绿叶根茎类蔬菜。同时，不要过多地吃脂肪或淀粉类食品，以免胎宝宝过胖而造成难产。

2. 胎教与大自然——大自然对胎宝宝大有益处

让胎宝宝受到大自然的熏陶

对一个新生命来说，首先要让他了解大自然，这也是促进胎宝宝智力开发很重要的胎教基础课。

在大自然中，您可以欣赏到那飞流直下的瀑布，那“卷起千堆雪”的拍岸惊涛，还有那幽静的峡谷、叮咚的泉水。不仅能领略到诗一般的奇观，使您赏心悦目，而且还可以将这些盛景不断地在大脑中汇集、组合，然后经妈妈的情感通路，将这一信息传递给胎宝宝，使他受到大自然的陶冶。

大自然中新鲜的空气有利于胎宝宝的大脑发育

大自然给胎宝宝提供了充足的氧气，不仅如此，大自然中如郊外、公园、田野、瀑布、海洋、森林等地，对人身心健康极其有益的负离子含量很高，可达数千，甚至上万个，但是在我们城市的室内，其含量却很低。因此，孕妈妈经常到大自然中去就能有机会获得这种“空气维生素”。

大自然是生命的绿地。它不仅能够给人以温馨，而且能够给人以希望。大自然不仅可以开阔妈妈的视野，对于母婴的身体也大有益处，因此投入到大自然中去，会让人赏心悦目。

3. 胎教与情绪——孕妈妈的不良情绪，对胎宝宝影响很大

孕妈妈的不良情绪，对胎宝宝的影响

孕妈妈的不良情绪，对胎教直接影响非常大，比如悲伤、忧愁、抑郁、大怒、过喜、骤惊等在一般情况下，母腹中各种声音的旋律与妈妈的心律相吻合，妈妈的精神状态良好，心情舒畅，其心律正常，胎宝宝在子宫里有一种安定、舒适的感觉；反之，孕妈妈精神状态不佳、心情郁闷，其心律不正常，就会给胎宝宝一种不安的感觉，从而影响胎宝宝的正常发育。所以，孕妈妈在孕期一定要情绪稳定、心情舒畅、精神愉快，这对胎教大有好处。

孕晚期的情绪胎教需重视

孕晚期，孕妈妈精神状态突然改变，如惊吓、恐惧、忧伤、悲愤、严重的刺激或其他原因造成神经过度紧张，能使大脑皮层与内脏之间不平衡，引起循环紊乱、子宫出血或胎盘早期剥离，造成胎宝宝死亡。

当孕妈妈情绪发生改变时，胎宝宝的胎动次数增加，如果孕妈妈的情绪紊乱持续几个星期，则胎动将一直维持在一个过高的水平上。这样，孕妈妈生下来的新生宝宝体重较轻，而且表现为躁动不安，喜欢哭闹，不爱睡觉。此类宝宝又可表现为经常吐奶、腹泻、消瘦，有的甚至发生脱水。

早教启蒙小贴士

用幽默调节情绪

制造幽默的方法很多很多，这些方法都可以有效缓解消极情绪，可以有效运用幽默来对付消极情绪。比如，给孕妈妈提供幽默的画刊、音带，给孕妈妈说个笑话，讲些幽默的故事等。不要小看这些小方法，对孕妈妈调节情绪很有效。

4. 胎教与艺术——孕妈妈好修养，宝宝好素质

用好书和好音乐提高孕妈妈的修养

一位哲人说过：读一本好书，就像是与一位精神高尚的人谈话。那精辟的见解、

分析，丰富的哲理，风趣幽默的谈吐，都会使人精神振奋，耳目一新。多阅读对于孕妈妈及胎宝宝双方的身心健康都大有裨益。比如一些伟大人物的传记，优美的诗歌、儿歌，令人神往的童话和神话，鼓励人向上的世界名著，著名的山水和名胜古迹游记，精美的画册等，这些书可以起到熏陶的作用。

好音乐对孕妈妈也大有裨益，可以多哼唱喜爱的抒情歌曲孕妈妈为胎宝宝唱歌，并播放音乐，相当于一种“产前免疫”，可为宝宝提供重要的“记忆印痕”。孕妈妈每天可以哼唱几首自己喜爱的抒情歌曲，或优美而富有节奏的小调、摇篮曲等。孕妈妈在自己的歌声中陶冶性情，获得良好的胎教心境。孕妈妈在唱歌时产生的物理振动和谐而又愉快，会使胎宝宝从中得到感情上和感觉上的双重满足。

需要注意的是哼歌时心情要轻松愉快，富于感情，好像面对着未来的小宝宝，倾述满腔母爱。同时，孕妈妈要想象腹中胎宝宝正在静听着自己的歌声，从而达到与爱子心音的谐振，达到心灵的共鸣。

5. 胎教与情趣——对胎宝宝大脑的均衡发育很关键

科学家经常告诫人们，要保持身心健康，就要适当丰富人们的精神活动，例如听音乐、看书、读诗、旅游或欣赏美术作品等，这些美好的情趣有利于调节情绪、增进健康、陶冶人的情操，而且对下一代也是非常重要的。

科学家们还发现，广泛的情趣对改善大脑功能有着极为重要的作用。乐队指挥、画家、书法家等生活情趣较丰富的人，他们之所以具有创造力，与他们经常交替动用大脑在左、右半球，促进左、右大脑的平衡，提高大脑的功能有关。因此孕妈妈的生活情趣无疑对胎宝宝大脑左、右半球的均衡发育起着很关键的作用。

6. 胎教与行为——孕妈妈的一举一动，胎宝宝都学着呢

行为也是一种语言，只不过它是一种不说话的语言。孕妈妈的行为通过信息传递可以影响到胎宝宝。

我国古人在这方面就早有论述。古人认为，胎宝宝在母体内就应该接受孕妈妈言

行的感化，因此要求孕妈妈在怀胎时就应该清心养性、守礼仪、循规蹈矩、品行端正，给胎宝宝以良好的影响。

时至今日，虽然我们已经进入了高科技时代，但我国的古代胎教学说却一直被中外学者所重视，他们经过长期的研究实践，证明了我国古代胎教理论是有科学性的。

准爸爸妈妈尤其是孕妈妈行为的好与坏，会对胎宝宝乃至其一生的行为产生重大的影响。

早教启蒙小贴士

孕妈妈对宝宝素质的影响

孕妈妈在怀孕期间的所作所为，都可以直接影响到胎宝宝出生后的性格、习惯、道德水平、智力等各个方面，这不仅可以从孕妈妈输送给胎宝宝血液中的化学物质的变化看出来，也可以从孕妈妈从事体力劳动引起胎动异常的感觉中体会到。

7. 胎教与美学——音乐美学、形体美学和大自然美学

音乐美学对胎宝宝的好处

音乐能使孕妈妈心旷神怡，浮想联翩，从而使其情绪达到最佳状态，并传递给腹中的胎宝宝，使其深受感染。同时安静、悠闲的音乐节奏可给胎宝宝创造一个平静的环境，使躁动不安的胎宝宝安静下来，使他意识到世界是多么和谐、多么美好。

悦耳动人的音响效果能激起孕妈妈植物神经系统的活动，使胎盘的血液成分发生变化，有利于胎宝宝健康的化学成分增多，从而激发胎宝宝大脑及各系统的功能活动，来感受孕妈妈对他的刺激（教育）。

形体美学对孕妈妈的要求

形体美学主要指孕妈妈本人的气质。首先孕妈妈要有良好的道德修养和高雅的情趣，知识广博，举止文雅，具有内在的美；其次是颜色明快、合适得体的孕妈妈装束。

大自然美学对胎宝宝的好处

孕妈妈多到大自然中去饱览美丽的景色，可以促进胎宝宝大脑细胞和神经的发育。

8. 胎教与早教——宝宝智力开发，需“一环扣一环”

宝宝开发智力的时机，也要抓好时机

十月怀胎，一朝分娩。一个健康可爱的宝宝就要出生了。他肌肉强壮、反应灵敏、耳聪目明，虽然不会说话，不会走路，也没有复杂的思维，但他已是“胎宝宝大学”的毕业生了。他渴望进一步“深造”。宝宝出生后，爸爸妈妈千万不要只顾照顾他的吃、穿、拉、睡，还要满足他的求知欲望。出生后的前6个月，是宝宝脑细胞发育的高峰期，一定要抓紧时机、创造条件进行早期智力开发。

爸爸妈妈需要做的工作

“胎宝宝大学”毕业的学员，出生后要继续进行六感教育，即听、看、抚摸、闻气味、尝味道及平衡能力的训练。具体来说，新爸爸新妈妈要做好以下几项工作：

1. 感觉刺激。一出生立即将宝宝搂抱在怀里，皮肤贴皮肤，且每天都要给宝宝以爱的抚摸。
2. 继续听胎教音乐，每天3~4次，每次15分钟左右。
3. 随时不忘多和宝宝搭话、聊天。
4. 以丰富的表情看宝宝，经常逗笑宝宝。
5. 训练宝宝听话和说话能力。
6. 坚持每天为宝宝做宝宝操，促进其运动能力的发展，增强肌肉关节的张力。
7. 愉悦情绪，培养良好的个性及社会交往能力。
8. 注意生活规律和良好习惯的培养。
9. 给宝宝讲故事、念儿歌，引导他看书看画。

10. 别忘了在母乳喂养的基础上，给宝宝以丰富的味觉刺激，让宝宝品尝酸甜苦辣咸五味，如菜汁、番茄水、梨水等，包括苦味刺激，有利于他的味觉发展，喜欢各种食物，今后不挑食，为日后添加辅食做好准备。
11. 抓好时机，适时地训练宝宝抬头、翻身、踏步等大动作，促进其综合感觉健康发展。

第二章 0~1岁同步启蒙训练

PART 2

真正的智力开发，就是要针对宝宝的年龄特点，按照规律，通过环境和教育的作用，使宝宝圆满地完成每一个年龄阶段的发展任务，在智能、性格诸方面协调发展，成为有较高的认识能力和健康人格的社会成员。

第一节 爸爸妈妈是宝宝最好的启蒙老师

一、相信你的宝宝是天才

1. 早教从出生的那一天开始

宝宝的智力开发要从出生开始

宝宝的智力开发越早越好，最好从宝宝降临人世之后就着手，而不必等到宝宝懂事才开始。针对人必须具备的七种智力，家长应对宝宝进行全面培养教育。在训练过程中，家长要留心发现宝宝的特长，但不能片面强调宝宝的特长，因幼儿在成长发展过程中，某些特长会因年龄段的变化而发生变化。有些爸爸妈妈虽花很多时间和精力来培养教育自己的宝宝，后来宝宝的兴趣改变，特长转换，而让爸爸妈妈前功尽弃。但我们也不否认有些宝宝的天才在很早就会显现，并为他以后的人生发展奠定基础。对这种特殊的天才或超智宝宝就要特别辅导教育，而让他 / 她迅速发展，早日成才。

通过开发宝宝们所有的智力，使他们成为生活中的成功者。爸爸妈妈和幼儿教育者必须认识到在宝宝身上表现出的不同能力。有的宝宝语言智力多点，有的宝宝音乐智力多点——关键是大人要让宝宝们表现他们自己。如果宝宝们有机会学习他们所喜欢的技能，并在这些领域发展他们，他们将在更多的方面发展成为智者，而不再是单方面的智者。

0 ~ 1 岁宝宝可开发的多元智能

目前，对于 0 ~ 1 岁的宝宝来说，智力开发主要表现在七个方面。

人的智力表现在七个方面，不要仅仅发展培训他较强的那一种智能。这种培养始于宝宝降生之时。

在幼儿期，宝宝们学习如何与他人在一起和如何满足他们的需要。这些因素与很多其他因素一起促进宝宝们的智力，有些东西太复杂以至无法用一种标准化的测试来衡量，或者由宝宝们学说话或走路快来确定。

根据多种智力理论，我们每人拥有七种“智能”，或在七个方面表现出人的聪明。有人用手便利，有人善于诗文，有人唱歌出色。每一类型的智力赐予我们某种东西奉献给这种智商。你就是你，我就是我，是每一种智力在我们生活中的自我表现，每个人都与众不同。

通过认识多种智力，我们能够帮助宝宝们提高他们个人的能力。但如果没有给他一个机会开发这个世界，没有根据他的技能发展他自己的能力，就不要过早地给学龄前宝宝贴上像未来科学家、会计、艺术家、田径运动员之类的标签。

理解多种智力意味着更多地关注个人的特征。想象一个人除了写诗或解决几何问题外，什么都不会将是怎样的情形。每天的日常生活像开车或烹饪，一个人需要多方面的能力才能应付，单一的能力让人很难适应生存。

语言智力——记者、律师和作家经常表现出语言能力。这些人善于用写作或说话来与人交流。

逻辑智力——拥有惊人的逻辑数学智力的人善于因果关系的推理和思维。科学家、会计和电脑程序员一般都有这种能力。

图画智力——或说为空间智力，这涉及图画或想象思维。这种人能肯定方向，或能精确地描述视觉和绘画。

音乐智力——这种智力能跟上音乐的节拍，唱准调和分辨不同音乐曲调的区别。这种人能构思和欣赏音乐曲调。

体能智力——个人身体活动智力能控制他们自己的运动，这涉及的不仅是室外运动，而且也有室内活动，像缝纫和织地毯。

人格智力——这类人有回应他人、理解他人和与他人共事的能力。这种互动的人格智力是能从他人眼中看出来的天赋。

自我智力——这种人倾向沉思默想，能易于接近自己的感情。有内在人格智力的人能自我反省和喜欢沉思默想。

2. 早期开发智力很重要

智力是各种认识能力的总和

一般认为智力包括六个方面：注意力，观察力，想象力，记忆力，思维力，创造力。早期宝宝还需要发展口头语言表达能力，它是智力的基础。由于智力是一个人多种能力的总称，因此只有智力的各个方面都得到发展，才能称得上智力发展得好。

前苏联心理学家加里培林认为，智力活动的形成过程一般有五个阶段：

第一，了解当前活动的阶段。如听老师讲解或演示获得一般的表象和初步理解能力。

第二，运用各种实物来完成活动的阶段。如用小石子或小棍计算活动。

第三，有外部语言参加的，依靠表象（头脑中的形象）来完成活动的阶段。在这一阶段，宝宝能离开实物，而依靠外部语言对头脑里留下的表象进行分析、综合。如老师问，1+1=?，宝宝头脑中会出现一个苹果等于两个半个苹果的口算。

第四，只靠内语言（不出声的语言）在脑子里完成活动的阶段。

第五，智力活动过程简约化阶段。多表现在进行某一智力活动以后，这一智力活动的阶段逐步简约化，以高速度进行，则智力活动的能力便初步形成。一般情况下，2~3岁幼儿智力一般可以发展到第三阶段。

智力开发，需针对宝宝的年龄特点

真正的智力开发，就是要针对宝宝的年龄特点，按照规律，通过环境和教育的作用，使宝宝圆满地完成每一个年龄阶段的发展任务，在智能、性格诸方面协调发展，成为有较高的认识能力和健康人格的社会成员。

目前，社会上普遍存在重知识轻能力的现象，过分重视读、写、算，而忽视实践能力的培养。比如，有的家长认为发展宝宝的智力就是让宝宝识字，所以就想方设法地阻止宝宝玩耍，逼宝宝记忆一个个生字生词。一旦把早期识字摆在不恰当的位置，又缺乏科学的教子方法，就会妨碍宝宝的正常发展，加重宝宝的精神负担，损害宝宝的身心健康，影响宝宝社会性的发展。

联合国宝宝基金会对早期教育做了这样的描述："早期刺激可以看成是早期教育的一个组成部分。对于0~3岁的宝宝，它更具有生理学——心理学色彩。它是通过节律感（声音、音乐、颜色形状变换、运动物体、时间间隔）、语言、触觉、动作运动的安排等方式进行的。在宝宝早期刺激训练中，玩具起着极其重要的作用。"由此可见，识字并不是宝宝早期教育的唯一重要因素。

有的家长片面认为，宝宝只有早识字才能及早地表现出聪明智慧，而忽视了长远

早教启蒙小贴士

卡尔·威特经典观点

卡尔·威特认为天才并不是只有少数人才具有的禀赋，而是每个宝宝的身体里都潜伏的。要想培养天才宝宝，就要及早挖掘宝宝身上的潜能，而且从小注意开发宝宝的智力也是很重要的。

的打算。其实，人的培养周期很长，不同的教育阶段需要完成不同的特定任务，如果宝宝在早期由于提前识字而妨碍了那一特定阶段任务的完成，造成了厌学、自卑的情绪，结果就会影响其一生的发展。这种后果也许在几年以后才显示出来，到那时后悔就晚了。

还有的家长不考虑宝宝的年龄和个人的特点，就早早地为宝宝定向，如学琴、学画、识字等，若定向不得法，也会对宝宝造成长期不良的影响。

3. 尊重宝宝的个性

发展宝宝个性论

西方国家的爸爸妈妈对于宝宝个性的发展重视程度，并不亚于我国的任何一个家庭，但最重要的一点，是从小尊重宝宝的选择，尊重宝宝的个性培养和发展，不对宝宝做过多限制。如果像当前国内一些家庭那样，强逼着宝宝去学这学那，全然不顾宝宝自身是否有兴趣，一方面会扼杀宝宝的天性，另一方面这样的做法会被关心宝宝的某个邻居举报、是要上法庭的。

我国一代文学宗师老舍的教子方法值得借鉴，老舍先生的教子方法有四：一是不必非考一百分不可，特别是不必门门都考一百分；二是不必非上大学不可；三是应多玩，不失宝宝的天真烂漫；四是要有个健壮的体魄。老舍先生的这种顺其自然的教育方法，好就好在能打破传统教育方式，给宝宝营造一种宽松的发展空间，使宝宝的个性得到充分的伸展，对培养宝宝的自信心和适应社会能力有很大的帮助。

让宝宝做一个普通人

天下爸爸妈妈有哪一个不是望子成龙，望女成凤？但具体到教育宝宝时，不能有虚荣心，不能赶时髦，更不能给孩子制造框框。让宝宝按照定格好的“模式”去发展，这样，不但不能使宝宝有所发展，还会起到适得其反的效果。

固然，成才是育儿的最佳的终极目的。但是，让宝宝从小处在有利于身心健康的环境里，愉快生长，比起逼迫宝宝从小做这做那、苦不堪言的境地来说，做爸爸妈妈的倒不如换一种思维方式，想一想，为什么不想着让宝宝做一个普通人，享受每一个普通人所能拥有的一切乐趣，把育儿的过程，变成亲子间其乐融融的赏心乐事，共享天伦呢？

自然的才是最美的。阳光下，每一片叶子都会散发出自己独特的光芒，每一片叶子的美都是独有的，无法替

代、无与伦比的——这就是平凡和普通的乐趣。

假如宝宝不能成长为参天大树，那就让他做一棵默默无闻的小草，同样可以带来春天的美丽；假如宝宝不能成为一片汪洋，那就让他做一朵最小的浪花，同样可以带来跳动的喜悦；假如宝宝不能成为一位名人，就让他做一个平凡的人，无论做一名地地道道的市民，普普通通的百姓……只要培养宝宝拥有诚实、正直、善良、上进的人格，最要紧的是活得开心，过得愉快，作为爸爸妈妈都应当为宝宝而骄傲，因为培养出来的宝宝是一个对社会有用的人，因为能让宝宝成年以后觉得自己过得好，这就足够了。

二、创造宝宝最好的人生开端

1. 让你的宝宝聪明伶俐

家长会有“望子成龙”、“望女成凤”的急切心情。专家们认为：“每个宝宝都能借爸爸妈妈的遗传，获得日后可能达到最高发展的潜在智能，至于是否能够达到最高发展的阶段，则有赖于四周环境是否能给予充分的智力刺激而定。”为此，爸爸妈妈就要做好对宝宝的智能开发。这种智能开发，就是先天遗传和后天环境相互作用不断积累的过程。那么，有没有简便易行的开发宝宝智能的办法呢？可以主要注意以下几点：

基本训练

通过基本训练来发展宝宝的感知能力、动作技能、语言能力、社交能力。其具体训练方法有：

视觉训练。用色彩鲜艳的玩具在宝宝眼前晃动，以训练宝宝眼睛的灵活性和追视物件的能力。

听觉训练。利用摇鼓、摇铃等的声音，来训练宝宝寻找声源。也可通过与小儿对话或让小儿听音乐来训练听觉能力。

触觉训练。爸爸妈妈经常触摸宝宝皮肤，给宝宝做按摩操，按摩宝宝手脚及四肢，顺着脊柱从头部向臀部按摩背部，再按摩胸腹部。

动作训练。主要是训练抬头、坐、翻身、站、走等动作，以促进粗大运动的发育。让宝宝用手抓握玩具，训练手的精细动作和手眼协调能力。

语言训练。逗宝宝笑，与宝宝说话，为其储存语言信息。也可以给宝宝念儿歌、读诗、指认物品和画片等。

社交训练。经常让宝宝与邻居、陌生人接近，与小朋友一起玩耍，常带宝宝到户外，培养宝宝的好奇心，并注意训练宝宝的日常生活自理能力。

适切期望

在通常的情况下，多数爸爸妈妈对子女的期望值过高。如一个宝宝本来没有弹钢琴的天赋，其爸爸妈妈却逼着他学钢琴，加大了宝宝的焦虑感和压力，不仅宝宝的潜在智能不能发挥，还会使宝宝其他方面的天赋被压制下去了。有的爸爸妈妈还错误地认为"棍棒底下出天才"，结果不但不能提高宝宝的智力，反而造成了悲剧。期望值过低，也会使宝宝没有奋斗目标，不能激励子女奋发努力。

"角色期望"不仅有自我应验的作用，而且往往也会影响一个人的行为形态。适切的期望，可以激励宝宝奋发努力，发挥他们的潜能。爸爸妈妈的适切期望，就是指爸爸妈妈对子女的期望既不过高也不过低，而是适中。爸爸妈妈对子女的期望过高，会给宝宝增加过大的精神压力和焦虑感，这样，反而抑制了宝宝的潜在智能的发挥。

抓住特点

爸爸妈妈要抓住宝宝好问的特点，从提问求答，丰富宝宝的知识入手，发展智能。知识是智力的能源，知识的深浅、广狭决定智力的高低。当宝宝什么都想知道时，便是开发宝宝智力的掘进口。为了开发宝宝的智能，爸爸妈妈要多学些东西，做一位"杂学"的家长。

创造环境

为宝宝创造一个开放而温馨的学习环境，这是开发宝宝智能的一个可行之道。因为，开放的环境，使宝宝能够接触较多的学习伙伴，可以充分发挥宝宝互相模仿学习的能力，使宝宝能学到更多的东西。而温馨的环境，又可以使宝宝勇于表达，解除其过多的焦虑和压力。宝宝在身心安全、开放温馨的环境里往往可使他们的头脑变得更灵活。

在游戏中学习

游戏往往是起于娱乐，而终于智慧的一种最佳学习方式。让宝宝从游戏中学习，能较好地适应宝宝好学、好

动、好玩的特点。宝宝在玩得开心时，能使宝宝的智力得到充分的刺激，从而充分发挥其潜在智能，并能使潜能达到发展的最高阶段。

促进思考

图画、小人书、玩具以及我们周围的环境，都是宝宝思考和开发创造力的好素材。由于环境的刺激能促进宝宝大脑的发育，幼儿很容易接受声音、颜色、形象等的刺激，给宝宝听柔和而优美的轻音乐，可促进宝宝音乐智能的开发；让宝宝经常看颜色鲜艳或颜色对比鲜明的东西，比看浅色的东西更能刺激宝宝大脑功能的发育。因此，爸爸妈妈应该为宝宝提供或设计一个多样化的、能够给予宝宝良好刺激的生活环境，来刺激宝宝的心智，促进宝宝的智力发育。

2.需重视*EQ*的早期开发

“情商”理论的提出

“情商”（EQ），即“情绪商数”的简称，“情商”理论的提出是对传统“智商”（IQ）理论的挑战，也是对“聪明”和“人才”的一种全新的现代诠释。

人们早就发现，相当多的“高智商者”尽管学业优秀、反应灵敏、博闻强记，然而在事业上却远不如一些智商比自己低得多的人辉煌。还发现在智商相近的人群中，有人讨人喜欢，有人惹人讨厌，有人甚至找不到称心的配偶。而面对挫折，有人游刃有余，有人却一筹莫展。统计显示，在个人的成功因素中，智商只起20%的决定作用，而“情商”却高达80%。

“情商”并不是一种抽象的理论，也不仅仅是一种品质。它具有先天遗传的成分，但和智商相比，更多与后天的培养息息相关，原因很简单：一个人的大脑是依赖重复的经验成形的。情商包括：自我认识、情绪管理、自我激励、了解他人和社会交往能力。在评价情商高低时，一般具体细分为“自信心、爱心、独立能力、意志力、竞争意识、目标性、乐观、诚实、交际与合作”。

“情商”较低的人，在幼儿时期就能显出竞争劣势。一个经常被焦虑、愤怒等消极情绪困扰、却不知如何摆脱的宝宝，肯定难以成为学习尖子。一个与集体格格不入、常常“形只影单”的宝宝，往往会缺乏自信，因而往往缺乏出类拔萃的内在动力。那些分不清愤怒、空虚、忧郁、饥饿等感觉的小女孩，往往会喜欢大吃大喝、饮食无度，相反那些善于分清自己种种感觉的小女孩，则往往可以明智地做出自我控制的选择。此外，在挫折面前不知所措的宝宝往往难在失败以后重振旗鼓、迎头赶上，会过分冲动、不善控制愤怒、不善于理解别人情绪。

近年来，都市的宝宝们普遍变得更易冲动、发火和不合群，其中的一个原因与家庭有关，宝宝与爸爸妈妈在一起的时间越来越少，家庭变得越来越小，宝宝与祖父、祖母或外公、外婆同住的“三代同堂”式家庭也越来越少。宝宝们更多地与电视机、游戏机、电脑为伴，因而缺少与人沟通、交流的机会，从而妨碍了宝宝们交往能力的发展。

“情商”更依赖于后天培养，这意味着最好要“从幼儿做起”。有一句老话，叫“性格是从小养成的”。在过分注重智育的家庭中成长的宝宝，可能缺乏了解他人和社会交往的能力，在保护意识特别浓的爸爸妈妈呵护下长大的宝宝，必然缺乏独立性。相反，如果在宝宝幼小的时候，就接触“情绪教育”，给予一个温暖、鼓励、健康的成长环境，创造足够多与同龄人相交往和交流的机会，教会宝宝如何控制或平息愤怒、焦躁、忧郁等不良和消极情绪，对宝宝的一生都能起到最好的积极作用。

往往情商高的人会卓越超群

在现代社会中，人的生存质量，更加决定于个人实力的竞争。在这种情况下，人的情绪控制、正确看待失败与成功的自我认知能力，就显得特别重要。在这个意义上，所谓“情商”指的是：良好的道德情操、乐观幽默的品质、面对并克服困难的勇气、自我激励、持之以恒的韧性、关心他人的善良、善于与人相处、把握自己和他人的情感的能力等。总而言之，是人的情感和社会技能，包含智力以外的一切内容。

情商主要体现为：情感的知觉，评估和表达能力；思维过程中的情绪促进能力；理解与分析情绪，可获得情

早教启蒙小贴士

帮助宝宝赢在起跑线

婴幼儿时期，是对宝宝学习能力等各方面的能力培养的关键时期，既包括学习知识的能力，更包括情感学习能力的培养。在竞争激烈、节奏颇快、压力较大的现代，宝宝光有优异的成绩、聪明的智力，距离成功远远不够。从小培养宝宝的情商，使宝宝具有良好的情绪、情感、意志、耐受挫折等方面的品质，帮助宝宝真正赢在生活的起跑线上，意义显得非同一般。

绪知识的能力；对情绪进行成熟的调节能力。

情商就是“有志向、有纪律、有原则和有健康情感的程度或比重”，所谓“高情商”，实际上是指人情感健康、意志坚强的体现。

情商高的人有五能：能够准确体会和控制自己的情感，能够准确揣摩和认识他人的情感，能够经常进行自我激励，能够承受挫折和外来压力，能够与他人友好相处和合作。在日常生活观察中发现，高情商的人不仅有理想、有纪律、有原则和心理健康，而且大多属勤奋、有文化、讲道德和有所建树的人。

为什么常常见到一些智商高的人并不是最后的成功者，而智力平常的高情商者则会卓越超群？是因为情感和意志在个性发展和“积极进取”方面起到了至关重要的作用。

3. 好性情从现在开始培养

家庭培养情商需注意

情商的发育对宝宝的健康成长起着重要作用，家庭培养在婴幼儿期要注意：

亲情和信任是情商培养之初。首先要建立的良好的亲子关系，宝宝出生后，要坚持母乳喂养，多和宝宝进行皮肤接触，多抚慰宝宝；宝宝哭的时候要马上照料，使宝宝感受到安全。有些家长误以为不能宝宝一哭就给予安慰，否则会惯坏宝宝。其实，6个月以内的宝宝只能用哭声来表达需要。如果对宝宝的哭闹置之不理，有可能造成宝宝未来的性格出现急躁或冷淡孤僻两种极端。

8个月决定习惯

8个月时，宝宝的情绪抑制中枢开始发育，这个阶段要有意识地对宝宝进行抑制锻炼。不好的生活习惯如果这个时候不纠正，将来纠正就比较困难。某个宝宝在幼儿园时老喜欢打小朋友的脸，老师怎么批评都不听。原来这宝宝以前打了奶奶一巴掌，奶奶不但没有批评他反而乐了，于是，宝宝误把打别人脸当成打招呼和友好的方式。

承受能力要从小培养

独生子女承受能力差，经不起挫折。妈妈如果夸奖别的小朋友，小家伙就不开心。宝宝的承受能力的培养必须从小抓起，在和小朋友做游戏的时候，要告诉宝宝游戏就有输赢，不要老是让着、迁就自己的宝宝。平时可以有意识地称赞别的小朋友，让宝宝知道优秀的人不止自己一个，要培养宝宝从小学会欣赏他人。

承受力的培养，可以从平常的游戏开始训练。通过联合游戏、合作游戏和角色游戏，循序渐进，让宝宝和小朋友一起做游戏，从中教会小朋友如何与人相处，接纳他人，学会承担失败，克服困难。

培养忍耐力

宝宝急于喝奶时，不要马上满足，一边慢慢和宝宝说话，一边拍一拍后背，然后再给奶，忍耐力锻炼时间可以逐渐加长，从几秒钟到几分钟。宝宝遇到了困难，家长不要马上给以帮助，而要鼓励宝宝坚持一下，忍受挫折带来的不愉快，很快就能做成功。对每次都把零花钱很快花光的宝宝，家长可以说：“如果能忍住一星期不花零花钱，下周可以加倍给你，可以攒起来买需要的大件玩具。”

培养适应能力

有的家长很少让宝宝出门，担心这担心那，宝宝看到生人就哭，长大后就易敏感、退缩，形成胆小、怯懦的性格。宝宝离开母体之后，需要不断地适应新环境，如果不给机会，宝宝的适应能力是不会自然萌发的。

培养好奇心和探索精神

宝宝期的宝宝对外界刺激被动地接受，逐渐对周围的一切感到好奇，都想尝试去摸一摸、看一看，如果什么都不让动，将来想让宝宝有兴趣干点什么事，宝宝早就会懒得再动了。

早教启蒙小贴士

由祖辈带宝宝好吗

3 岁以前，最好和爸爸妈妈生活在一起。年迈的爷爷奶奶或者姥姥姥爷，没有太多精力照顾活泼好动的宝宝，不能适应精力充沛的宝宝，而且祖辈大多数在知识文化更新方面跟不上时代，所以，隔代抚养的宝宝有可能孤僻、胆怯，缺乏开朗活泼，容易使宝宝罹患自闭症一类的心理病态。

自信心是靠自己的行动获得的

总是被喂饭的宝宝，自己不会吃东西。所以，宝宝想自己拿匙子，玩一下遥控器，拉一拉开关时，不要制止而应引导："看看，妈妈怎么开电视的！"不要总数落宝宝："怎么这样不听话！这个不能动！"这种话会伤害宝宝的自信心和自尊心，如果真是不能让宝宝玩的东西，应该设法去转移宝宝的注意力。

宝宝淘气不要太担心

不要怕宝宝淘气添麻烦，而要多考虑什么有益于宝宝心理的成长。当然，出自言传身教和榜样的需要，家长也要克制自己的任性，尤其是在宝宝面前起好带头作用。

4．别忽视宝宝右脑的发展

人脑的右半球主管人的想象、颜色、音乐、节奏等。开发宝宝的右脑，可以令宝宝具有神奇的创造能力。通过手指精细动作的训练、语言学习、借助音乐和运动锻炼，能达到开发右脑的效果。

刺激指尖

人体每一块肌肉在大脑皮层中都有相应的神经关联，其中手指运动中枢在大脑皮层中所占区域最广。所以手的动作，特别是手指的动作，越复杂、越精巧、越娴熟，就越能在大脑皮层建立更多的神经联系，使大脑变得更聪明。因此，训练宝宝手的技能，对于开发智力十分重要，"心灵手巧"是前人的经验之谈。玩沙子、玩石子、玩豆子等，可以锻炼宝宝手的神经反射，促进大脑的发育；伸、屈手指，闭上眼睛扣扣子，练习写字绘画，可以增强手指的柔韧性，提高大脑的活动效率；摆弄智力玩具、拍球投篮、学打算盘、做手指操等精细的活动，可以锻炼手指的灵活性，增强大脑和手指间的信息传递；玩积木、橡皮泥有利于动手能力的培养；经常让宝宝交替使用左、右手，可以更好地开发大脑两半球的智力。

语言学习

人们经过长期研究得出一个结论，宝宝学会两三种语言跟学会一种语言一样容易，因为当宝宝只学会一种语言时，仅需大脑左半球，如果同时学习几种语言，右脑就会参与其中。

爬行

妈妈们经常要求宝宝不要在地上爬行，怕弄脏衣服，嫌不雅观。然而要刺激右脑，最好的方式就是从小训练爬行，对未来的平衡感和运动细胞都有帮助。

借助音乐

大脑的右半球主管音乐、情感等功能，称“音乐脑”。如果在宝宝的幼儿期能够经常学音乐、听音乐，可以开发“音乐脑”，提高宝宝的智能，学习弹琴是一种很好的指尖运动。还可以在宝宝做其他事情的时候，创造音乐环境。因为音乐由右脑感知，左脑不受音乐影响而继续工作，在不知不觉中锻炼宝宝右脑。

运动锻炼

有意识地让左手、右手多重复几个动作，可以刺激右脑，激发灵感。右脑在运动中对鲜明形象和细胞的激发比静止时快得多，由于右脑的活动，左半球活动受抑，人的思维会摆脱逻辑思维，创造性灵感常常会脱颖而出。

5. 给宝宝心理“营养”

心理“营养”——拥抱、赞扬和笑容

宝宝心理的发育和身体的发育一样需要“营养”。当然，心理发育所需要的“营养”不是蛋白质、维生素和矿物质，而是拥抱、赞扬和笑容。

爸爸妈妈热烈的拥抱，是宝宝心理发育最佳的“营养”。在宝宝的感觉器官中，皮肤是最敏感的，因此亲子间的肌肤接触十分重要。不过，拥抱也是有讲究的，研究发现，紧紧的、长时间（持续 8 秒钟以上）拥抱，才能使宝宝真正感到被爱、被信任、被肯定。一天拥抱一次，连续两三天，间隔两三天，然后再重复进行。这样的拥抱法，对宝宝心理发育最有益。

爸爸妈妈亲切的话语，是宝宝心理发育的重要“营养”。宝宝虽然不会用语言与爸爸妈妈交流，但宝宝却能接受爸爸妈妈亲切的话语中传递爱的信息，并由此感到满足。因此，爸爸妈妈千万不要忽视与宝宝的“交谈”。

爸爸妈妈的笑容，是宝宝心理发育的又一重要“营养”。爸爸妈妈忧愁、焦虑的面容会扰乱宝宝心里的宁静，使宝宝感到恐惧和不安全。为此，做爸爸妈妈的应当努力学会保持开朗乐观的生活态度，让宝宝总是看到你的笑容。

心理“营养”——磨练宝宝的心理承受能力

11 个月的乖宝宝，看着妈妈上班去了，不哭也不闹。妈妈回家后，宝宝高兴地笑

一笑又自己玩，从来不缠人。人们都认为这宝宝乖，但医生听了却说不好，宝宝没有建立安全型亲子依恋。

亲子依恋，是宝宝寻求在躯体上和心理上与抚养人保持亲密联系的一种倾向，常表现为微笑、啼哭、咿咿呀呀、依偎、追随等。依恋是逐渐发展的，生长到6~7个月时开始明显，3岁以后才能逐渐耐受与依恋对象的分离，并习惯与同伴或陌生人交往。

亲子依恋分为三种不同的类型。

安全型：这类宝宝跟妈妈在一起时，能在陌生的环境中进行积极的探索和玩耍，对陌生人的反应也比较积极；当妈妈离开时，表现出明显的苦恼和不安；当妈妈回来后，立即寻求与妈妈的亲密接触，继而能平静地离开，只要妈妈在视野内就能安心地游戏。

回避型：妈妈在场或不在场影响不大，妈妈离开时，无忧虑表现；妈妈回来了，往往不予理睬，虽然有时也会欢迎，但很短暂。这类宝宝实际上未形成对妈妈的依恋。

反抗型：当妈妈要离开时，表现出惊恐不安，大哭大叫；一见到妈妈回来就寻求与妈妈的接触，但妈妈去抱起时，却又挣扎、反抗着要离开，还显得有点发怒，这类宝宝对妈妈的态度是矛盾的，即使在妈妈身旁，会感到不安，不能放心大胆地去玩耍。

良好的亲子依恋，是一种积极的感情联系

依恋的人出现，会使宝宝有安全感，有了这种安全感，宝宝就能在陌生的环境中克服焦虑或恐惧，从而去探索周围的新鲜事物，并尝试与陌生人接近，这样能使宝宝视野扩大，认知能力得到快速发展。

母爱与感情依恋是心理发育的“营养剂”，各种教育环境刺激是心智潜能的“开发

早教启蒙小贴士

妈妈的呵护是宝宝成长的基础

妈妈不仅能满足宝宝生理上的“饥饿”，而且是宝宝心理上的“安全岛”和快乐的源泉。不要长久离开宝宝，不要忽略宝宝抚触、宝宝体操等科学育儿手段，尽可能多地给予爱抚和鼓励，无论是充满感情的言语表达，还是搂抱、亲吻等身体的接触，都别吝啬。有一个以妈妈为核心的稳定的养育者，对宝宝的心理健康至关重要。

剂”。妈妈与宝宝交往的态度和行为以及宝宝本身的气质特点，是影响宝宝形成不同依恋类型的两个主要因素。负责任的、充满爱心的妈妈，宝宝常为安全型依恋；反之，则可能是反抗型或回避型依恋。从 6 个月到一岁半，是形成亲子依恋关系的关键期。妈妈是否能够敏锐而适当地对宝宝的行为做出反应，积极地跟宝宝接触，正确认识宝宝的能力及弱点等，将直接影响着亲子依恋的形成。

6. 益智与成长环境密切相关

宝宝的智商高低除与遗传、营养以及早期智力开发等因素有关外，也与后天成长环境有关。

宁静益智

试验显示噪声在 55 分贝时，宝宝理解错误率为 4. 3%，噪声在 60 分贝以上时，理解错误率则上升到 15%。因此，应让宝宝所处的环境尽量避免各种噪声的干扰，以利智力发育。

和睦益智

家庭和睦、气氛融洽、充满亲情可以增进宝宝的智力。恶劣的家庭环境会使宝宝心情压抑、孤独，生长激素减少，导致宝宝身材矮小、智商降低，因此，爸爸妈妈保持和睦，给予宝宝足够的亲情很重要。

交往益智

有人追踪观察一组宝宝 10 年之久发现，从小即喜欢和成年人打交道的宝宝，学习成绩普遍较好。因此，应鼓励宝宝走出家庭，与同龄和大龄宝宝甚至成年人交朋友。

芳香益智

与一般环境比较，生活在有淡淡的芳香环境中的宝宝，无论是在视觉、知觉方面，还是在接受与模仿能力等方面，都有明显的优势。奥妙在于，芳香能给人一种良性刺激，使人心情松弛、情绪高涨，增强听觉与嗅觉及思维的灵敏度，提高智力。

颜色益智

淡蓝色、黄绿色以及橙黄色能振奋精神，提高学习注意力。黑色、褐色、白色不利于智力。在宝宝居室的墙壁上挂一些淡蓝色背景的画，有助宝宝智力发育。

7. 对宝宝说“不”需恰到好处

宝宝在7个月已经能够知道控制自己的行为。这时，凡是合理要求，都应该满足宝宝，而对于不合理要求，不论如何哭闹，也不能答应。比如，宝宝要扭动电视机的按钮，玩电灯的开关等，家长就要拉下脸来，板起面孔，向宝宝摆手，严肃地告诉他“不行”！

这样做不是怕电视机损坏或者电开关坏掉，而是从小培养宝宝节制自己的行为，知道有些事可以去做，而另一些事不可以去做。家长需要培养宝宝从小养成讲道理的习惯，以免长大以后变成“小霸王”。

8. 了解宝宝的是非观

有人认为，一周岁以内的宝宝只知道吃喝拉撒睡，能哄得宝宝不哭不闹就不错，小家伙能有什么是非判断能力？其实不然。在宝宝懵懵懂懂、咿咿呀呀，特别是欢笑及发怒时，已开始对外界的人和事有了观察与认识。

从2个月开始，宝宝开始喜欢观看人的面容。即使宝宝在生理上困倦或饥饿时，看见熟悉的面容也会微笑、手足挥动。说明宝宝不仅有生理需要，也有社会性需要。如果忽视宝宝这种最初的反应，只是满足生理需求，对宝宝的无理取闹一味迁就忍让，宝宝就会形成不正确的是非观，养成许多不良习惯，甚至影响一生。因此应注意几个方面：

统一是非标准

在宝宝的饮食、排便、睡眠、卫生、礼貌等方面建立良好的规律。严格执行并取得全家人的共识和行动的一致。如果宝宝睡醒之后会躺着自己玩，就做得好。如果没缘由地大哭大闹，就是表现不好。此时，无论谁都不要理会他，慢慢地宝宝就知道了自己做得不对。宝宝还不会说话，不能用语言表达自己的需要，只会用哭表达自己的感觉。所以，家人要学会判断宝宝哭的真正原因，以便及时对症处理。

对宝宝的行为加以肯定或者否定

利用表情动作、简单的语言，对宝宝的行为加以肯定或否定。半岁以上的宝宝，逐渐对家长用表情和语言表示称赞和责备有所反应。如果小便知道坐便盆了，可以非常高兴地拥抱亲吻宝宝，充满喜悦地夸宝宝："宝宝真的长大了，真能干！"还可以很温柔地抚摸宝宝，奖励最喜爱吃的或玩的东西，以此不断强化宝宝正确简单的是非观。宝宝表现差时，可以置之不理，或佯装怒容以训斥生气的语言说："不是好宝宝，不喜欢了。"但家长一定要客观评价宝宝的行为，不能根据自己的心情判别宝宝的是与非。

早教启蒙小贴士

让宝宝参与丰富多彩的活动

丰富多彩的活动，可以给宝宝更多的锻炼机会。几个月时，可以用音乐、玩具等逗引。稍大一些，可以带宝宝多外出活动，与外人及小伙伴交往，教宝宝正确的礼貌行为。如用动作表示"你好"、"再见"等。教小伙伴之间不抢玩具，到公园不攀折花木等。这样在宝宝养成良好的行为习惯的同时，也培养了一点是非判断能力。

9. 满周岁就要看书

宝宝满周岁就具备看书的能力了

"满周岁的宝宝刚学说话，怎么会看书呢？"许多爸爸妈妈会这样想。所以，只给宝宝买玩具，忽略了书对宝宝的重要性。其实，满周岁的宝宝已经具备看书的能力，可以认识图画、颜色、指出图中所要找的动物、人物。当然，这需要妈妈的指导和协助。妈妈问宝宝："小花猫在哪儿？"宝宝就可以从画中指出。18 个月的宝宝会随妈妈一起翻阅图书，找自己喜爱的画，21 个月的宝宝能念念有词地说出图中几种动物的名称。可以说，一岁的宝宝不仅能看书，而且需要学习，因为这个年龄段正是幼儿语言飞速发展的时期，宝宝能从图画中知道许多的动物、植物、工具及日用品的名称，从而积累大量词汇，为以后顺利说话打下基础。另外，看书识图也能培养宝宝较强的注意力、观察力和辨别力，促进智力发育。

教满周岁的宝宝看书

首先，爸爸妈妈要学会买书。12个月左右的宝宝，可买一些画有动物、水果、日用品等方面的图画书，每页最好不要超过4幅画，教宝宝认图。到宝宝快1岁半时，可以买一本硬纸做的书，或找一本刊物，教宝宝学习自己翻书页或找喜欢的画。以后，可以买几本色彩鲜艳、内容简单，带有一定故事性的图画书，每天教宝宝看书讲故事。通过循序渐进的诱导，宝宝一定会喜欢看书并受益终身。

10. 早学“涂鸦”好处多

练习协调动作

早一点涂抹学画，让宝宝“涂鸦”——拿着彩笔乱涂乱抹，可以练习手、腕部的诸多关节与小肌肉群协调动作，顺利完成执笔训练。也有助于学习使用筷子、勺子或其他小工具、小玩具。

加深观察和了解

早一些涂抹学画，能让宝宝对画的对象加深观察和了解程度，可以进入观察力训练的自觉阶段。例如画一条小鱼，有眼睛，有尾巴……可以有意识地指导宝宝看一次，再看一次，然后再画一次。当然，不要要求过高。

锻炼脑力活动

通过涂抹，可以锻炼脑力活动。宝宝从记忆，比较，思考，决定要画的物体，再到指导手去画，还要通过观察，检验自己画的是否得当，这一系列的感知活动，由宝宝独立试探着完成，以眼、脑、手协调完成。这种在成年人眼里看似简单的“涂鸦”，对宝宝来说是多种能力的综合表现。

人们头脑中的信息，有85%以上是通过眼睛观察得到的。从某种意义上讲，“看法”、“观察”、“比较”等能力都离不开眼睛的获取。涂画活动既丰富了大脑中的信息，又能成为指导各种行为的依据，可以奠定眼、脑、手配合活动的习惯，养成形象思维的习惯，它也是人们在社会生活中的一种特别宝贵的能力。

11. 开发指尖上的智慧

双手创造了世界

人类的手指与大脑之间，存在着非常广泛的联系，如果把大脑皮层管辖

早教启蒙小贴士

多给宝宝玩智力玩具

一般的智力玩具，都具有训练手的精巧运动、手眼协调能力和激发宝宝想象力的作用。最传统的搭积木、捏橡皮泥和新开发的各种变形玩具、插拼玩具都有类似功能，可以先给宝宝做示范，然后就让宝宝尽情去想象，不必完全按说明书的要求去玩。

躯体的范围用拟人形的图形绘出，就可以发现，无论是在感觉方面还是在运动方面，手在画面上占的面积都很大。与伸展开来的“手”相比，大腿和胳膊就显得十分“纤细”。仅仅管辖大拇指运动的区域，就相当于大腿运动区的 10 倍！所以，人的十指会那么灵巧，怪不得人们说双手创造了世界。如果宝宝的手指灵活，触觉敏感，就一定会更聪明、更富于创造性。

开发宝宝手指尖的智慧

2 个月时，宝宝就会出现吮手动作，这时不要强行干预。3 个月时，就会抓玩具了，此时需要训练抓握能力，用多种质感和形状的物体让宝宝体验。半岁以后，教宝宝做简单的手指操，让宝宝将手的动作与声音刺激联系起来。如让宝宝“抓挠”；伸出食指表示“1”；双手鼓掌做“欢迎欢迎”等。

10 个月时，可以训练宝宝捡拾物体。可以学做“你拍一，我拍一，两个小孩坐飞机……”的拍手游戏。在宝宝 1 岁左右，可以让宝宝做旋瓶盖、解纽扣等动作，拿起小积木，将两块叠在一起。1 岁半时，让宝宝用勺吃饭并训练宝宝自己端碗、端小杯子。宝宝 2 岁之后，就要训练自己穿衣服、收拾玩具。

妈妈做事时，可以让宝宝“帮忙”，妈妈理床，宝宝拉床单；妈妈摆碗，宝宝放筷子；妈妈剥豆、择菜，宝宝去倒豆荚；妈妈包饺子，给宝宝一小块面，让宝宝自己做面疙瘩。每一个宝宝都会兴致勃勃地“参加劳动”的，在活动中，宝宝会感受成功，得到乐趣。

三、0~1岁宝宝成长知识速查

1. 新生宝宝的感知能力

人的智能培养，应当从出生之后就开始，从新生宝宝期就开始。世间的一切，对于新生宝宝来说都很新鲜，

接受众多的复杂事物的刺激，大脑会形成条件反射。原先空白的大脑中，每一天都增添各种各样的声音和图像等感官知识，接触得越多，对大脑的刺激也就越多。

新生宝宝的条件反射功能有主动、被动之分。主动的条件反射是通过耳、眼、鼻、口和皮肤等器官感觉而形成。被动的生理条件反射功能是一种纯本能。用手指触摸宝宝的口角、面颊时，宝宝会认为有吃的，会顺着被触摸的方向张开小嘴做吮吸动作。这是寻找食物、用以维持生存的本能。了解了这些反应，就可以进行适时训练，加快宝宝的发育和能力。

新生宝宝最敏感的是触觉，尤其是嘴唇、面颊部位，亲亲宝宝的小脸，他会很安详地接受妈妈的这份爱。当小手碰到东西就会握紧，同时对冷、热都很灵敏。嗅觉也很灵，能辨别不同气味，如果闻到某种刺鼻的味道，宝宝能做出不安的表情，会有不规则的深呼吸，脉搏也会加快跳动频率，还会尽力躲开异味。

宝宝还会挑食，出生第一次吃到什么奶，就喜欢吃什么奶。如果出生吃母乳，改换牛奶或羊奶就很难，宁可饿着也不吃，甚至会哭着不吃。

味觉也是与生俱来的，新生宝宝对甜味的感觉会很愉快，尝到苦味、酸味、咸味时，会皱眉头，闭眼睛，或者抽搐性地紧闭小嘴。

2. 解读宝宝的哭

需要爱抚

宝宝有时候哭闹，但一抱起来就不哭了，这是因为宝宝感到孤独，需要家人的爱抚。宝宝出生前在母亲的子宫里时，无时无刻不受到羊水和子宫壁的轻抚。初来乍到人世间，孤零零地独自躺在小床上，有时会感到害怕。抱起宝宝在怀里，接触到亲人会感到安慰。这时候，可以把宝宝紧贴在胸前，宝宝听到妈妈熟悉的心跳声，就会慢慢地安静下来。

饿了

饥饿，是宝宝哭闹的最主要原因，吃饱就不会哭了。有时只差几口宝宝也会不答应，不吃饱就会使劲哭。宝宝饿了就要喂，不用定时、按时喂养，不要教条地使用时间表，什么时候饿了就什么时候吃。

尿了

宝宝尿湿了或大便以后，就会使劲地哭，要求妈妈给自己换尿布，否则会感到不舒服。

累了

宝宝睡眠时间长，吃饱以后就要

睡，不要总是逗弄、打扰宝宝。累了、烦了都会哭闹。

病了

宝宝不舒服，除了哭还不爱吃奶。出现类似症状不可大意，要尽快带宝宝去医院看医生。

疼了

疼痛会使宝宝大哭不止。妈妈要紧紧地抱着宝宝，找到疼痛的原因。

冷或热

宝宝的房间不宜过冷或者过热，宝宝盖的被子不要太多。如果室内冷，宝宝哭了要试一试体温有无变化。

脱衣服

宝宝最不喜欢脱衣服，脱衣服会使宝宝感到紧张。因此，给宝宝换衣服时要尽量快一些。脱衣服时，要边和宝宝说话，边转移他的注意力。

早教启蒙小贴士

哭声就是宝宝的语言

宝宝不会说话，唯一表达方式是啼哭。要掌握宝宝哭的规律，因为哭声，是宝宝表达意愿的主要方式。一般说来，宝宝的哭声会向爸妈表达信息。

惊吓

宝宝受到光线、声音、物品的突然刺激，感到不安全时也会哭，应当抱起来安慰安慰。

3. 宝宝爱吃手指

宝宝喜欢自己的小手，这是人所共知的不争事实。出生满 2 个月后，几乎所有的宝宝都会把手指放在小嘴里吮吸。以至于有俗话说“小儿的手指头有二两蜜”，此话当然没任何道理。然而，可以肯定的是，吮吸手指有快感伴随，对宝宝的不安和不快有镇定作用，所以，最常发生吮吸手指头的时间是睡眠前，有统计表明，经常吮吸手指头的宝宝较少发生夜哭的情况。

妈妈常常会抱怨宝宝：“怎么又吃手了，脏死了！”“什么东西都往嘴里放，真不讲卫生！”然而，不管妈妈怎么干涉都不起作用，宝宝照样会把手指头或能抓到的物件塞进嘴里有滋有味地吃，小小的手指头也会常常在嘴里被吮得皱巴巴的。

其实，宝宝喜欢吃手指头、咬东西并不代表宝宝一定是想吃东西。吃手指头或咬东西，是宝宝想通过自己的能力，了解自己和对外部世界积极探索的表现，这种动作的出现，说明宝宝支配自己行动的能力有了很大程度

的提高。

宝宝要用自己的力量，把物体送到嘴里，是很不容易的。就这么一个简单的动作，它标志着宝宝能用手、口动作互相协调的智力发育水平，而且对稳定宝宝自身情绪能起到一定的作用。在宝宝饿了、疲劳了、生气了的时候，吮吸自己的手指头，会使情绪稳定下来。因此，要充分认识到宝宝吃手指头、咬东西的意义，不要强行制止宝宝的行为，只要宝宝不把手弄破，在不影响安全的情况下，尽管让宝宝去吃，否则，会妨碍宝宝手眼协调能力和抓握能力的发展，打击宝宝特有的自信心。

吃手指头和见什么都往嘴里放的行为，在整个宝宝时期是一个过程性的阶段，一般到8~9个月以后，宝宝就不再吃手指或见什么咬什么了，如果宝宝长到这个月龄还爱吃手指，就要注意帮助宝宝纠正。此外，宝宝吃手指头或见什么咬什么的时候，要注意卫生，保持宝宝小手的清洁，玩具也要经常清洗和消毒，保持干净，注意过硬的、锐利的东西或小物件，如纽扣、别针、豆粒之类的东西不能让宝宝有机会抓到放进嘴里，防止发生意外。

4.宝宝学会爬

宝宝6个月以后可以训练爬行。把宝宝放在地毯上，收拾好周围的用品，收起地上的电源插座等危险品。把宝宝喜欢的玩具放在让他够不着的地方，但不在太远，宝宝想要拿，往前移动就能拿到。宝宝必须先翻身俯卧，然后伸手够。开始时，宝宝肚皮贴地往前移，前肢后肢都用不上力。妈妈可以在此时推动宝宝的脚，鼓励宝宝用力向前。渐渐地，宝宝就能学会用上肢支撑身体，用下肢使劲儿蹬，协调地向前爬行。

学爬是一个过程，妈妈要很有耐性，每天都和宝宝玩一会儿，宝宝会逐渐熟练起来。宝宝会爬以后，就扩大了活动的范围，不会再放在哪儿就待在哪儿了。妈妈可以把宝宝的玩具藏在身后，逗引宝宝来找。当宝宝把玩具找出来后，会很高兴。爬行的游戏也可以由易到难，从近到远，变换玩具和方法，给宝宝带来愉悦。

与宝宝玩游戏，不用担心重复，反复玩一种游戏宝宝才能学会本领，宝宝是不会烦的。爬行游戏对宝宝的训练，比学会坐更能扩大宝宝的视野和认识世界的范围，因此爬是宝宝独立行走前，助长脑发育十分重要的阶段，家长要充分重视。

早教启蒙·小贴士

练习爬行好处多

爬行可以训练身体和四肢的动作，并通过大脑的指挥，协调向前爬行、后退和移动。爬着去寻找玩具，会使宝宝认识到，看不到的东西可以找到，这也是宝宝认识世界的一个新起点。

5. 宝宝开始怕生

7 个月月龄的宝宝开始有了“怕生”反应。怕生，又称“陌生反应”阶段。这种反应在正常宝宝的发育过程中，并非是必须经历的过程。宝宝害怕陌生人，或者说过早地产生恐惧感，是受宝宝天生的性情影响。

有些宝宝特别喜欢接近新鲜事物，并且可以很快地适应新变化。这类的宝宝很可能不会显示出“陌生反应”。另一方面，有些宝宝要做到这一点很难。这当然并不是宝宝的过错或者说宝宝有什么问题。因为这些宝宝天生对新事物的退缩，必须要经过一段时间去适应变化。这些宝宝可能对陌生人有很强烈的反应，并且会以哭喊来表达。多数宝宝会对陌生人流露出小心谨慎的表情。

“陌生反应”阶段的出现，是宝宝自我意识增加的表现，可以通过训练让宝宝逐渐形成与人沟通、适应新事物、新环境的能力。

6.“缠人”不是坏习惯

有一些家庭把宝宝“缠人”视为缺点，为此专家特别指出，低幼龄宝宝的“缠人”现象不仅不是坏习惯，适当“缠人”还直接有利于将来的沟通和交流。

6 个月龄至 1 岁半的宝宝多数会对爸爸妈妈产生依恋感。如果到了这个年龄的宝宝，还没有对家人产生依恋感的话，会给宝宝未来的生活打上阴影。因此，这段时间的宝宝最好由爸爸妈妈自己带。

当今社会生活节奏加快，多数爸爸妈妈已经没有办法全天候养育和照顾宝宝，只能请保姆或者是爷爷奶奶来照料宝宝的生活起居，这样一来，宝宝和爸爸妈妈之间关系就会疏远。

有些爸爸妈妈还引以为自豪，认为自己生了个不会“缠人”、大大方方的好宝宝。殊不知，家庭才是最能够给每个宝宝温暖和自信心的地方，而提供这些力量的就是宝宝和妈妈之间温暖、密切、持续不断的亲情——适度的依恋，也就是“缠人”现象，不仅可以促使宝宝得到情感满足，还可让宝宝享受愉悦。适度的依恋，有助于建立个人的信赖度和自我信任感，成年后能够成功地与伴侣、后代和睦相处。

如果在婴幼儿时期，宝宝没有产生适度的“缠人”，成年后就可能很难与别人沟通，影响以后的社会生活和家庭生活。

7.“逗你玩儿”

这个阶段的宝宝，有强烈的与人交往的需求，喜欢同成年人玩。家人要求宝宝做什么，会乖乖地去做，甚至能把自己手里喜爱的玩具，或者吃得正香的东西按成年人的要求送给你，但是，如果真去接时，宝宝又会把手缩回来，藏到背后不给。

宝宝还喜欢把布蒙在脸上，把自己遮起来与成年人玩捉迷藏。也喜欢面对镜子里的自己笑，更喜欢和同龄的宝宝交往，咕咕哝哝地表示，去拉别人的衣服，抓别人的玩具，也会把自己的玩具给别人玩。这时的宝宝，自我意识开始萌发，不再会搬着自己的小脚丫往嘴里送，知道这双脚是自己身体的一部分而不是玩具。

随着宝宝交往范围的扩大，宝宝会更加活泼可爱。因此，要创造条件，让宝宝们能够多在一起做游戏，可以唱歌给宝宝们听，也可以和宝宝们一起玩玩具，培养互相间的礼貌行为，发展社会交往能力，认识群体。

8. 爱敲打的时期

宝宝快到 1 岁时，多数喜欢拿东西当鼓乱敲一气。爸爸妈妈专为宝宝买来的电动玩具，没想到宝宝拿起来就往桌上敲，几下就敲坏。有些妈妈无法忍受宝宝成天敲打的这种声音刺激，抱怨说：“真是太吵了，一天到晚都像做木匠活。”

要理解宝宝的行为，这是宝宝在成长过程中的一种探索。11 个月左右的宝宝，想了解各种各样的物体，了解物体与物体之间的相互关系，了解自身的动作能产生的效果，方式就是敲打不同的物体。宝宝知道，这样会产生不同的声响，而且用力强弱不同，产生音响的效果也不同。比如，用木块敲打桌子，会发出啪啪的声音；敲打铁锅则发出当当声；两手各拿一块木块对着敲，声音似乎更为奇妙。宝宝很快就能学会选择敲打物，学会控制敲打的力量，随即发展了自身动作的协调性。

如果爸爸妈妈能理解宝宝爱敲打东西的原因，积极地帮助宝宝发展这项探索性活动。建议你不必给这个年龄的宝宝购买高档新玩具，只需找一些带把的勺子、玩具锤子、玩具小铁锅、纸盒之类的东西就足够。在与宝宝的游戏交往中关心、理解宝宝，同时帮助宝宝找到发展各种技能的方法。

9. 开始探索

8 个月到 1 岁半的宝宝，身体与智能发展迅速。8 个月时，宝宝能自己坐，能爬，会试着站立，可能会靠着墙壁或沙发边缘移动步子。从此时开始手眼会协调，手指能灵活运用，能用拇指与食指夹起一件小东西。刺激了宝宝对新东西的兴趣，当然，也容易受到意外伤害。

在行动、心智、沟通上的长足进步，更激发宝宝探索整个环境的欲望。宝宝会把自己的认识大幅度向前推进，收集所接触的每一个片段，组合成心中的大世界，是探索者、资料收集者、一个活跃的参与者。

宝宝用眼睛观察的时候，会学到许多事情。不妨为宝宝创造一个视觉环境。比如在宝宝床上可吊一些会动的玩具，但是要注意保持安全的距离。对形状突出的东西、颜色鲜明的人像画等，宝宝有较大的兴趣。所以，在宝宝卧室的四周，也不要贴太多的图片，以免妨碍睡眠。

宝宝对声音非常敏感，知道哪些声音是妈妈发出的，哪些不是，会对妈妈的声音表达出与其他声音不同的反应。其实，早在出生 1 个月左右，宝宝就已经知道这些了。至于知道的时间早晚，大多是靠宝宝的切身体验以及天生气质来决定的。

在不同的场合，宝宝知道如何去分辨是不是自己所熟知的爸爸妈妈或陌生人，也知道妈妈和爸爸的不同之处。

早在 2 个月时，如果一会儿抱起来，一会儿又放下，宝宝就会表示抗议；如果屋内只有自己一个人在时，就会抗议；如果自己的爸爸妈妈不在，而有外人在场，宝宝察觉到后也会发出抗议。随着年龄的增长，这种抗议会逐渐减少，持续期约一年左右。

看到有人笑，宝宝会回以微笑。这是一种社会性交流，因视觉相互接触而产生。宝宝会对周围事物不断地尝试探索，从中学习。妈妈对宝宝有期待，如准备喂奶时，期待宝宝会张开

早教启蒙小贴士

妈妈要注意抚慰、注视宝宝

妈妈必须敏锐的观察宝宝，对宝宝抚慰、注视都是必要的。宝宝情绪好时，就是妈妈和宝宝玩游戏的好时机。在喂奶、哭闹、换尿布等时候，宝宝会对妈妈做出反应，妈妈应该给他回应。淘气的时候，妈妈应把宝宝抱起来，给予微笑，与宝宝谈话、抚摸、摇一摇，表达亲情。宝宝对亲子之间所衍生的欢乐会铭刻心中，不管是安静时或是欢闹时，都会自得其乐。此后几个月，宝宝常会自言自语，独自乐在其中。

嘴，这就是一个学习信号。宝宝对妈妈的神态以及嘴巴的注意，更是学习的信号之一。妈妈对宝宝行为的回应，是宝宝接受外界影响的第一收获，宝宝会立刻朝着妈妈的方向靠拢。

8个月的宝宝，开始学着解决一些简单的问题：“怎么做，才会让爸爸妈妈来？”“该怎么做，才能拿到吊着的小玩意儿？”“怎么做，才能将那件东西放进嘴里？”小脑瓜里，这样的念头开始不断地萌生出来。

妈妈尽可能多回应宝宝的行为，因为每过1周，宝宝都有惊人变化，更能适应周围的环境。身体的发育使宝宝能够移动体位，去得到自己想要的东西，也令宝宝感到非常满足和高兴。

不光能发现外界的学习线索，宝宝也会凭借自己的能力，从外界对自我表现的反应中去学习。一旦发现自己的行为能够顺利进行时，宝宝会非常高兴。

10. 宝宝简易健身操

宝宝健身简便易行的有效方法是“抱、逗、按、捏”。

抱：是宝宝最轻微得体的活动。当宝宝在哭闹不止的时候，也正是需要通过抱而得到精神安慰的时候。为了培养好宝宝的感情思维，特别是在宝宝那种哭闹的“特殊语言”的要求下，不要挫伤幼小心灵的积极性，要适当地抱一抱宝宝。

逗：是宝宝期最好的一种娱乐形式。逗可以使小宝宝高兴得手舞足蹈，使全身的活动量进一步加强。有人观察，常常被逗嬉的宝宝比长期躺在床上很少有人过问的宝宝，不仅表现得更加活泼可爱，而且对周围事物的反应也显得更加灵活敏锐，可直接影响到宝宝今后的发育成长。所以，一定不能忽略这种在宝宝时期的智能培养和启蒙的方法。但逗嬉宝宝要自然大方，不要做挤眉、斜眼等怪癖动作，以免宝宝模仿。

按：是指爸爸妈妈用手掌给宝宝轻轻地按摩。先取俯卧位，从背部到臀部、下肢；再取仰卧位，从胸到腹部、下肢，每个部位 10～20 次。按摩能增加胸背腹肌的锻炼，减少脂肪细胞的沉积，促进全身血液循环，增强活力心肺活动量和肠胃的消化功能。

捏：是爸爸妈妈用手指捏宝宝。捏较按摩稍加用力，它可以使全身和四肢肌肉更加结实。一般从两上肢或两下肢开始，再从两肩至胸腹，每部位 10～20 次。在捏的过程中，宝宝的胃液分泌和小肠吸收功能都会有所改善。

另外，还可对宝宝进行体操锻炼。从第 2 个月开始，即可做被动体操，由家人协助进行。做四肢伸曲运动，每次运动时间从 2 分钟开始，上下午各一次。6 个月以后，宝宝活动量大了，可以通过翻身、爬行、坐等动作进行有目的的锻炼。这样的锻炼，可以增强肌肉的紧张度，促进血液循环，有利宝宝的健康成长。

给宝宝健身时要注意，抱、逗、按、捏除了“抱”以外，其他均不宜在进食当中或吃奶过后不久进行，以免引起宝宝呕吐，甚至吐出的食物呛入气管。健身时间一般应当选择在进食后 2 小时进行。操作手法要轻柔，不要用力过度，以让宝宝感到舒适为度。注意不要使宝宝受凉，以防感冒。

11. 逗嬉宝宝要适度

逗嬉宝宝，是家庭乐趣之一。但过分逗嬉宝宝是有害无益的，轻者会妨碍宝宝饮食、睡眠，重者可能伤害宝宝身体。因此，爸爸妈妈逗嬉宝宝时要注意：

进食的时候不宜逗乐，宝宝咀嚼与吞咽功能发育还不完善，如果在宝宝进食的时候逗乐，不仅会妨碍宝宝良好饮食习惯的形成，还可能造成食物误入气管，引起窒息或发生意外。宝宝在吃奶时把奶水呛入气管，有可能发生吸入性肺炎。

临睡前不要逗乐，睡眠是大脑皮层抑制的过程，宝宝的神经系统尚未发育完全，兴奋后不容易抑制。睡觉前过于兴奋，宝宝往往会迟迟不肯睡觉，即使睡了也睡不安宁，甚至出现夜惊现象。

不要抛举宝宝，有些家长为逗宝宝高兴，经常把宝宝向上抛起，然后再接住，宝宝一般爱玩这种游戏，往往会反复要求家长抛举。如果稍有不慎或疲劳，就有可能失手，摔坏宝宝，造成不可挽回的遗憾。因此，最好不要用抛举方式逗嬉宝宝。

不要用手掌托举宝宝站立，宝宝会扶站以后，有些爸爸妈妈喜欢用一只手托住宝宝双脚，让宝宝站在自己的手掌上。这种做法也极不安全，虽说另一只手可以做保护，但一瞬间宝宝突然失去平衡，往往就会措手不及，后果非常严重。

有的家长喜欢把宝宝逗得笑声不绝，这样做会影响到宝宝的健康。过分逗笑，会造成宝宝瞬间窒息、缺氧，引起暂时性脑贫血，时间长了，还会使宝宝形成口吃和痴笑，容易发生下颌关节脱臼，久而久之会形成习惯性脱臼。因此，不宜过分逗笑宝宝，更不宜逗得宝宝笑声不绝。

12. 亲吻宝宝的讲究

亲吻宝宝，是妈妈口唇同宝宝脸蛋或口唇的亲密接触。宝宝免疫力和抗病力低下，如果成年人患病，亲吻宝宝时，可能把病源传播给宝宝。一般说来，有下列情况时不要吻宝宝：

感冒：不论是哪种类型感冒，病人鼻咽部都寄生有细菌或病毒，会通过亲吻传染。

流行性腮腺炎：病人唾液中存在腮腺炎病毒，会通过唾液传给宝宝。

扁桃体炎：人的咽喉区平时寄生有多种细菌，当咽喉遭遇葡萄球菌、链球菌等病菌的感染时，吻宝宝可能造成宝宝发病。

病毒性肝炎或乙型肝炎表面抗原阳性：患者的唾液或汗液等会存在病毒，亲吻宝宝会使宝宝受感染。

流行性眼结膜炎：病人的眼分泌物或泪液等均存在病毒或病菌，会传染给宝宝。

口腔疾病：牙龈炎、牙髓炎、龋齿等常见口腔病，大都因口腔不洁，病原微生物在口腔中繁殖，亲吻会传染给宝宝。

嗜烟酒：嗜烟又酗酒者，“口气”中存在大量的一氧化碳、二氧化碳、氰氢酸、烟焦油、尼古丁等有害物质。烟酒气息会损害宝宝的心肺及神经系统。

有一些亲友出于对宝宝的喜爱，愿在宝宝脸上亲几下。由于对来客健康状况不明，家长不妨巧妙地谢绝生人亲吻宝宝。

第二节 新生宝宝

一、发育指标

生理反射能力

觅食反射。妈妈用手指头抚弄一下宝宝的脸颊，宝宝会转头张嘴，开始吮吸动作，准备吮吸乳汁。这种反射出生后半小时就会出现。

抓握反射。碰到宝宝的手掌时，宝宝会握紧拳头。这种反应到1周岁后才消失，藉此可以用来检查和判断宝宝的神经系统发育是否成熟。

惊跳反射。这是一种全身动作，在新生宝宝躺着时最明显。突如其来的刺激，例如较大的声音，宝宝的双臂会伸直，手指张开，背部伸展或弯曲，头朝后仰，双腿挺直。这种反射一般要到3~5个月时消失，如果不消失，则有可能是神经系统发育不成熟。

强直性颈部反射。新生宝宝躺着时，头会转向一侧，摆出击剑者式的姿势，伸出宝宝喜欢的一侧手臂和腿，屈曲另一侧手臂和腿。这种反射机能，在胎龄28周时就出现了。

巴宾斯反射。碰到新生宝宝的小脚心，脚趾会张开成扇形，脚会朝里弯曲。6个月以后这种反射会消失。

踏步反射。托住新生宝宝腋下，让脚板接触平面，宝宝就会做迈步的姿势，好像要向前走。这种反射会在8周左右消失。

蜷缩反射。当新生宝宝缩起脚背碰到平面边缘时，会做出与小猫动作相似的蜷缩动作，这种反射在8周左右消失。

视觉、颈部反射。眼前闪过亮光时，宝宝会扭转颈部，尽力避开亮光。

二、启智与能力训练

1.基础训练——认识妈妈和“行走”

认识妈妈

出生一两周后，就可以在宝宝醒着的时候抱起来，让宝宝的脸对着妈妈的脸，距离20～30厘米。母婴眼睛对视，轻轻地跟宝宝说话，同时轻抚小脸蛋，或者让宝宝握住你的手指，慢慢地摆动。妈妈可以轻轻哼着儿歌，或说些亲昵的话，每天抱着宝宝玩一会儿。简单的交流过程中，可以促进母婴间感情交往，感受到妈妈怀抱中的安全、温馨和母爱，会令宝宝重温在妈妈子宫内包裹时候的安祥与温暖。打消宝宝初到人世间对陌生环境中的孤独、恐惧感，有益于脑部情绪中心发育。这样既可以促进宝宝感知能力发育，又熟悉妈妈的声音，认识妈妈。

行走

别以为新生宝宝身体很软，连头都抬不起来，不会行走。宝宝天生就有行走的反射能力，这种反射一般会在出生56天左右消失。早期，可以充分利用这种能力进行锻炼。具体做法是：妈妈双手托在宝宝腋下，大拇指扶好头，不要给宝宝穿鞋袜，光脚接触床的平面。这时你会惊奇地发现，宝宝竟然能协调地迈步，把它当成游戏来做，一边逗宝宝，一边可以喊节奏。行走训练可从出生后第8天开始，在吃奶半小时后或睡醒后，每天3～4次，每次2～3分钟。如果宝宝不喜欢行走不要勉强；生病时不要做；早产儿不宜做这项训练。

2. 早期感知训练——6种常见的小方法

抬头

妈妈竖着抱起宝宝，让头靠在自己肩上，轻轻拍打他的后背，打几个嗝。然后不要扶宝宝的头部，让他自然地把头立起片刻。每次喂奶后都这样做，训练宝宝颈部肌肉发育。还能防止吐奶。

俯卧

吃奶前，妈妈仰卧床上，把宝宝放在妈妈胸腹部俯卧着，逗宝宝抬头。虽然抬头还很困难，但努力做就成。还可以让宝宝俯卧在床上，用玩具逗引宝宝的头向左右转动并稍抬起。

抓握

把宝宝平放在床上，先把左手放在右手里，再把右手放在左手里，百握不厌。同时妈妈轻轻抚摸宝宝的手，宝宝会握住妈妈的手指不放。

逗笑

越早会笑的宝宝越聪明。新生宝宝一般在出生第10～20天时会笑，如果一两个月后还不会笑，需要请医生检查。宝宝的笑需要学习，从出生第一天起，爸爸妈妈要向宝宝笑，并逗宝宝笑。妈妈要经常与宝宝面对面地说话、逗笑。由于新生宝宝视力差，要离宝宝近一点。

说话

宝宝不会说话，只会哭。但是哭的时候，爸爸妈妈可以学着宝宝的声音发声，宝宝一般对这种学他的声音反应会很敏感，会停下哭声来听，然后再接着哭。经常与宝宝对答声音，他会对爸爸妈妈的声音很注意。以后，宝宝会发出“啊”、“噢”的声音，这时，爸爸妈妈也发出与宝宝相类似的声音对答，这就是与宝宝谈话的开始。

妈妈可以与宝宝细声低语说悄悄话，轻轻叫他的名字。还可以在离宝宝 20 厘米的距离处，做嘴唇张合夸张动作。这种早期语言训练，对将来学说话很有作用。

3. 视觉训练——用色彩明快的图案给他看

新生宝宝的视觉能力

人们对出生 3 周的新生宝宝做教育训练实验发现，让宝宝嘬奶时看到幻灯片，如果嘬时图像清晰，不嘬则图像模糊，新生宝宝一般很快就能学会。在出生两周后，新生宝宝就有了模仿妈妈面部表情的能力，妈妈张嘴，宝宝也会张，妈妈伸出舌头，宝宝也会伸出。

视觉训练方法

新生宝宝出生半个月后，就可以进行视觉训练。用一些色彩明快的图案给他看，应当注意光线不要太强，包括室内光线都要很柔和，不要用强光直接照射到新生宝宝的眼睛。家里的电视机一定要远离宝宝，避免让新生宝宝看电视。

4. 听觉训练——对宝宝说话

新生宝宝的听觉能力

新生宝宝能分辨声音，人们用仪器记录新生宝宝的肌肉活动、心跳速度和呼吸变化，发现宝宝对不同的声音有不同反应，对人的语音发应较为强烈。听到人说话时，会有动作反应，可以做出符合讲话内容的动作。

听觉训练方法

在新生宝宝睡觉醒来状态下，妈妈可以多用和蔼亲切的语音对宝宝说话，进行听觉训练。也可以轻声唱一些歌，还可以听一些柔和悦耳的音乐，但音量一定要小。当然，一定要避免过强烈的声音刺激，避免受到惊吓。宝宝睡觉时，室内和周边环境一定要安静。

5. 社交训练——与宝宝交流

新生宝宝的交流能力

新生宝宝一出生，就具备了相当的运动和判断能力。爸爸妈妈温柔地和宝宝说话时，宝宝会随着声音有节律地活动。一开始，会转动头，上举手，伸直腿。继续谈话时，宝宝可能表演一些舞蹈样的动作，还可能会扬眉、伸足、举臂，有时候面部会有凝视或微笑的表情。

交流训练方法

新生宝宝一开始是用哭声和成人交流，宝宝的哭，是生命的呼唤，是提醒不要忽视自己的存在。如果仔细观察新生宝宝的哭声，会发现其中有很多学问。

正常的新生宝宝哭声响亮、婉转，听起来很悦耳。正常情况下，宝宝的哭声有多种原因，会用不同的哭声表达不同的需要。可能是诉说感觉到饥饿、口渴或是尿布湿了不舒服等。在入睡以前或刚醒的时候，可能会出现不同原因的哭闹，但一般哭过后，宝宝都能安静入睡或进入觉醒状况。有病的新生宝宝哭声往往高尖、短促、沙哑或微弱，遇到类似情况应尽快找医生。

在新生宝宝哭的时候，抱起来竖靠在肩上，不仅会停止哭闹，而且会睁开眼睛。这时候爸爸妈妈在前面逗嬉，宝宝会注视你，用眼神与你交流。一般情况下，通过和宝宝面对面的说话，把你的手放在宝宝腹部或按握住小臂膊，大多数哭闹的宝宝会接受你的触觉安慰，停止哭闹。

第三节 1～3个月的宝宝

一、发育指标

第1个月

大运动： 拉着手腕可以坐起，头可竖直片刻(2秒)

精细动作： 触碰手掌，他会紧握拳头

适应能力： 眼球会跟红球过中线（稍有移动即可），听到声音有反应

语言： 自己会发出细小声音

社交行为： 眼睛跟踪走动的人

第2个月

大运动： 拉着手腕可以坐起、头可竖直短时（5秒）

精细动作： 俯卧时头可抬离床面，拨浪鼓在手中留握片刻

适应能力： 立刻注意大玩具

语言： 能发出a、o、e等元音

社交行为： 逗引时有反应

第3个月

大运动： 俯卧时可抬头45°，抱直时头稳

精细动作： 两手可握在一起，拨浪鼓在手中留握0.5秒

适应能力： 眼睛跟红球可转180°

语言： 笑出声

社交行为： 模样可爱，见人会笑

二、启智与能力训练

1. 动作训练——竖抱练抬头

动作训练

三翻六坐，七滚八爬九站，1周岁则能行走。动作发育是宝宝智力发育的先觉条件，也是智能发育的重要标志。好动的宝宝往往是聪明的小淘气。

宝宝的动作发育，包括粗大动作和精细动作。粗大动作包括头的控制、坐、翻身、爬、站、走、蹲、跑、跳等。

精细动作包括手的初级动作，如抓握能力。这是一项很复杂的手眼协调动作，受大脑的视神经中枢、手的运动中枢联合支配，有待于神经发育成熟，手指小肌肉成熟后，才会使手眼协调活动。手的动作发展是智慧的重要标志之一。动作发育有一定的规律，通过各种动作的发育水平，可以检查出大脑的成熟程度。因此，人们说智慧出在指尖上。

竖抱练抬头

竖抱可以让两个月的宝宝练习抬头，用两只手分别托住宝宝的背部和臀部，把宝宝竖抱起来，带到室内或室外看看周围环境，还可以用手指指点点引起宝宝对各种事物的关注和兴趣。主要帮助宝宝练习抬头的动作，锻炼宝宝颈部的支撑力，也可以帮助宝宝，认识周围的环境，培养视觉能力和观察事物的能力。

由于此时宝宝的骨骼发育还比较差，不可能长时间地竖抱，因此持续时间不宜过长，练习时间最好每次1～2分钟。每次锻炼后，要用手轻轻抚摸宝宝背部，放松背部肌肉，让宝宝感觉舒适和家长的爱抚。锻炼完后，还可以让宝宝仰卧在床上休息片刻。

动作训练素材库

宝宝要某样东西时，妈妈用语言和动作鼓励宝宝自己去抓，并且把东西放在适合宝宝的距离内；

当宝宝随意碰到某件玩具时，示意他动手去抓；

用语言提示宝宝注意某件物品，并逗引他去抓。抓到后，要表扬和鼓励他；

反复教会宝宝使用手指抓东西的动作，鼓励宝宝使用双手。帮助宝宝结合爬行练习抓握。

爸爸妈妈来互动

爸爸或妈妈将拇指塞到宝宝手中，拉起他的两只手臂，作胸前双臂交叉、双臂侧平举、双臂前平举、双臂画大圆等动作。宝宝刚出生到两个月大时正是所谓的“握掌容易开掌难”的时期，他的双手大部分时间都是紧紧地握成小拳头的，屈肌发展得比较好，而伸肌则还没发展出来，这个游戏可以帮助宝宝自动张开手掌。

2. 抓握能力——从 3 个月起，宝宝就开始抓东西

抓握的培训师——小玩具

宝宝对“抓握”有点感觉，是从他把手放进嘴里吮吸开始。宝宝 2 ~ 3 个月时，可以把两手握在一起放在眼前玩，不过这时他的小手还不会主动张开，需进行一些“训练”培养他的“抓握能力”。

可在他的手中放一些带有细柄的小玩具，如哗啷棒、拨浪鼓、塑料捏响玩具等；还可以在他看得见的地方挂一些带响声玩具，如吹气娃娃、小动物等，扶着他的小手去够取，但要注意玩具绳子不可太长，以防缠绕住宝宝的手臂。

刚开始，可先用玩具去轻轻地触碰宝宝的小手，让宝宝感觉物体。待他的小手完全展开后，把玩具的柄放进他的小手中。等宝宝握紧的时候，再慢慢抽出，再让他伸手抓。还可以等宝宝抓住玩具后，握住小手帮助他摇出响声，同时说“摇——摇——摇”。宝宝只要将东西抓到手，就达到了训练的目标。

“培训”抓握的多种方法

除了这些训练方法外，还可用宝宝的手去触碰某些物体，如吃奶时把宝宝的手放在妈妈乳房上或脸上触摸；抱着宝宝时，前面放一些玩具让宝宝去触碰；宝宝能俯卧或能挺胸坐在妈妈怀里时，可以用玩具放在他能伸手抓到的地方，让他主动抓来玩儿。然后，再把玩具换个地方，鼓励宝宝转头转身寻找。

每当宝宝抓到玩具后，会兴奋，妈妈要用语言、微笑和爱抚鼓励他。因为对宝宝来说，这是长了大本领，是一件了不起的成就。宝宝去抓东西，是用手去探索周围事物的第一步，这个游戏可以训练宝宝手眼协调能力，还能锻炼宝宝的头、颈、上肢的活动能力，特别是手的精细动作。

这项训练，清洁卫生最关键

给宝宝抓的东西一定要干净，因为宝宝放在手里玩一会儿，就会放在嘴里咬；给宝宝抓的东西要安全，小颗粒、小球的东西不能给他，以免吞咽，锐利有尖的东西也不能给他，以免被刺伤，装有珠子和小铃的玩具也一定要结实；给宝宝抓的东西要经常“换花样”，以便同时训练感知能力，比如换上硬、软、光滑的可以增加触觉，不同的颜色可以训练视觉，水果、点心可以训练嗅觉，有声音、有音乐的玩具可以训练听觉等。

早教启蒙小贴士

在玩耍中要防宝宝抓伤

宝宝在进行抓握训练的时候，会不小心抓到自己的脸，有的家长为了防止宝宝抓脸，就给宝宝戴上了手套，其实这样做，对宝宝的“学本领”弊多利少。因为手是大脑的老师、智慧的来源，宝宝通过抓握玩具、吃玩具这些活动，不仅学会了“自己动手”，而且宝宝在手乱抓的活动中，认识物体，满足自我，为今后的手眼协调训练打下了扎实的基础。如果家人担心宝宝脸上“带伤”，只要记得在他睡着后用指甲刀轻轻剪去指甲，以免被抓伤就可以了。

3. 翻身训练——“仰俯”翻身与“俯仰”翻身

“仰俯”翻身

3 个月的宝宝以仰卧为主，但已有了一些全身肌肉的运动能力，因此要在适当保暖的情况下使宝宝能够自由的活动。

3 个月的宝宝一般能从仰卧翻到侧卧，这时就可以训练宝宝翻身。如果宝宝有侧睡的习惯，学翻身比较容易，只要在宝宝左侧放一个有吸引力的玩具或一面镜子，再把宝宝的右腿放到左腿上，然后把宝宝的一只手放在胸腹之间，轻托右边的肩膀，轻轻在背后向左推就会转向左侧，重点练习几次后，家长不必推动，只要把腿放好，用玩具逗引，宝宝就会自己翻过去。此后仅用玩具，不必放腿，宝宝就能做 90° 的侧翻。

“俯仰”翻身

再往后可用同样的方法，帮助宝宝从俯卧位翻成仰卧位。如果没有侧睡习惯，家长可让宝宝仰卧在床上，手拿发出响声的玩具分别在宝宝两侧逗引，对宝宝说：“看多漂亮的玩具啊！”训练宝宝从仰卧位翻到侧卧位。完成动作后，可以把玩具给宝宝玩一会儿作为奖赏。宝宝一般先学会仰俯翻身，再学会俯仰翻身，一般每日训练 2～3 次，每次训练 2～3 分钟。

4. 听力训练——给宝宝一个有声的环境

宝宝刚出生就能听到声音

宝宝刚出生就能听到声音，但不知道声音从何而来，也不能分辨不同的声音。这时宝宝的听觉反射是简单的“惊吓反射”。所以宝宝突然受惊哭起来，完全不必紧张，是正常的神经反射。那种让房间里静得没一点声音，惟恐惊着宝宝的想法，是完全错误的。

听力训练方法

训练宝宝的听力重要的是给宝宝一个有声的环境，家里人的正常活动会产生

早教启蒙小贴士

多和宝宝说说话

最好能常常和宝宝说话，这时宝宝虽然还不能应答，但是家人，特别是妈妈的亲切语音，能使宝宝感受到感情交流。妈妈面对宝宝说笑时，宝宝会紧盯着妈妈的脸，似乎能懂得妈妈发出的爱意。

各种声音，如走路声、关开门声、水声、刷洗声、扫地声、说话声等，室外也能传来嘈杂的车声、人声等许多声音。这些声音能给宝宝听觉的刺激，促进听觉的发育。

除自然存在的声音外，还可人为地给宝宝创造一个有声的世界。例如给宝宝买些有声响的玩具——拨浪鼓、八音盒、会叫的鸭子等。可以让宝宝听音乐，有节奏的优美的乐曲会给宝宝安全感。宝宝会听得很高兴，当然，放音乐的时间要有节制，不能从早放到晚，另外也不宜选择过于吵闹的爵士乐、摇滚乐等。

5. 触觉训练——从搂抱、亲吻、抚摩开始

宝宝的触觉能力

触觉，是人与生俱来的感觉之一。宝宝一出生就有，以口唇最为敏感，遇到东西接触，就会做出吮吸动作。宝宝的小手、脚掌和脸颊部位皮肤都较敏感。

婴幼儿大脑发育与外界刺激密切相关，触觉感受是接受刺激的重要方式，但却往往被人们忽视。对于宝宝，应当通过搂抱、亲吻等抚爱动作，一方面表达自己的爱，另一方面刺激感觉器官，让宝宝通过接触感受到母爱，表现出喜悦。从哺乳开始，妈妈的接触不仅给宝宝营养物质维持生命需求，也给了宝宝抚爱的触觉刺激。听到妈妈说话，感受到妈妈的温暖怀抱和抚摩；看到妈妈的笑脸，体味到无限的母爱，使宝宝心理上得到满足。这样愉快的心情，为宝宝良好的性格发育，健康的人际交往，健全的适应行为奠定了基础。

触觉训练方法

从两个月起，每天都应该给宝宝抚摩四肢和躯干。让宝宝仰卧床上，从双肩起，自上向下抚摩胳膊到手，不规则抚摩躯干，然后是双腿到脚，反复多次。结束前，可以轻轻地给宝宝抻一抻胳膊和腿脚。要一边抚摩一边和宝宝说话，时间长了，宝宝会习惯于和喜欢上这种活动，只要一平放仰卧，就会表现出愉快的情绪，静静地等待抚摩。

这种令宝宝愉快的抚摩，能多次传递爱意，形成良性刺激，满足早期情感需要，更有利于体力和智力的发育。

宝宝的视、听、触、说能力是互相联系综合发展的。看到物体时，有了欲望去拿，拿的过程既是自我意识形成的过程，也是一个触摸的过程。听到声响促使宝宝寻找声源，看到发声的物体，通过成年人的语言告诉宝宝这是什么，拿到手里后使宝宝认识

到自己的能力，反复刺激，会使宝宝对周围环境的存在，由感知到认识，上升为记忆。

6. 视觉训练——用色彩刺激视觉

宝宝视觉能力

人的视力包括两方面，一是能看见，即外界的亮度、对比度、形状、颜色等诸多信息反映到眼底，形成物像，相当于彩色摄影的作用。二是能注视，这属于一种较高级的心理活动，即用心观察物体，记入脑中，并用来与以往的经验分析比较。

宝宝刚出生时，显然还不能区分相同光线条件下的颜色。然而，宝宝的视觉是逐渐发育成熟的，刚出生两周时，妈妈抱宝宝喂奶时，宝宝就喜欢盯着妈妈的脸。一般在出生后 10 周左右，就能开始辨别颜色。年龄不同，能看清的距离不同，1 ~ 2 个月能看清 1 米左右，3 个月能看清 5 ~ 7 米。3 ~ 4 个月时，宝宝就能跟成年人一样辨别不同的颜色。因此，早一点对宝宝进行色彩的训练，是有助于宝宝视觉发育的。

宝宝虽说不能分辨颜色，但对视觉上的刺激反应却很强烈，能够看到明暗对比较强的地方，如果看妈妈的脸，会比较喜欢看物体的边缘和弯曲部位，当然，更喜欢看移动的物体。

视觉训练方法

对于宝宝出生后完全空白的大脑来说，通过各种刺激因素记录下来，逐渐形成脑部的沟壑，刺激因素越多，记录得也就越多，因此，对于满月以后的宝宝，用色彩鲜艳夺目、五光十色且能移动和发出响声的玩具，在吃饱和觉醒状态给予适度的逗嬉，是有利于智力发育的。

乳儿期宝宝的视觉发育过程是：最初只能用眼睛追随在眼前左右方向移动的物体，移动的速度不能太快，然后发展到能追视各个方向移动的物体。

最初，宝宝能注视物体的时间很短，距离也很近。用烛光放在一两米远处，宝宝能注视，再远一点就看不见了。从 2 ~ 3 个月开始，就能够注视在房间里较远处来回走动的人，注视能持续 2 ~ 3 分钟。与此同时，宝宝对不同形状的东西注视程度不同。有

人做过实验，让宝宝看三个不同的头像：第一个是人脸的画像；第二个把人脸上的五官故意画颠倒；第三个只画上类似人脸的轮廓，让出生后4天到半岁之间的宝宝注视三幅图。结果表明，宝宝们对人脸画像注视时间最长，对乱糟糟的画像注视时间最短。由此说明，宝宝视觉能力具备明显的选择性。

宝宝喜欢看美的东西，不仅能盯住进入视野的物体，还会追随物体移动的去向，东张西望寻找能刺激视觉的物体，逐步学会用眼睛涉猎周围环境的信息。到3个月时，就会找人，并且找到成年人手中摇动的玩具，再往后就会积极寻找周围各种活动的、发亮的、色彩鲜艳的、有趣的物体，找到以后，就会欣赏，情绪会很欢快，甚至手舞足蹈来表达内心感受。

7. 感官训练——小游戏发挥大作用

玩宝宝喜欢玩的游戏

宝宝想做、想玩时，是进步的最佳时机。只要时机成熟，每个宝宝都会踏上成长的这一步。和宝宝游戏时，最重要的是玩宝宝喜欢玩的游戏，同一种游戏玩过几次后，视宝宝的能力提高游戏的难度。

感官训练方法

呼喊名字： 4个月时，宝宝能分辨不同声音，听得出身旁人的声音，分辨出爸爸、妈妈或录音机中自己的声音。对妈妈的声音尤其敏感，只要妈妈一出声，头就会转向声音的方向。这时候，可在宝宝看不到的地方发出声音，通过玩寻找声音来源的游戏，训练听力。宝宝听见自己的名字时，要比听见其他声音更敏感，除了在身边叫宝宝的名字外，还可以在远一点的地方叫，训练宝宝的自我意识。

看镜子： 宝宝已经懂得镜子中人是自己。妈妈可以拉着宝宝的小手摸镜子，一边说：“咦，什么都没有，这是镜子啊。”用镜子跟宝宝玩捉迷藏，或拉着小手、小脚摇晃，可以增进宝宝的自我意识。

声音在哪里： 让宝宝听闹钟、门铃、电话、电视机等声音，并且寻找声音的来源。妈妈要边找边说：“咦，那是什么声音？”找到以后要告诉宝宝“这是电话的声音”。

第四节

4～6个月的宝宝

一、发育指标

第4个月

大运动：俯卧时可抬头90°，扶腋可站片刻

精细动作：摇动并注视拨浪鼓

适应能力：偶然注意玩具，找到声源

语言：高声叫，咿呀作声

社交行为：认亲人

第5个月

大运动：轻拉腕部即可坐起，独坐头身向前倾

精细动作：抓住近处玩具

适应能力：拿住一积木，注视另一积木

语言：对人及物发声

社交行为：见食物兴奋

第6个月

大运动：俯卧翻身

精细动作：会撕纸，摆弄桌上积木

适应能力：两手同时拿住两块积木，玩具失落会找

语言：叫名字会转头

社交行为：自己吃饼干，会找躲猫猫（手绢挡脸）的人的脸

二、启智与能力训练

1. 动作训练——抬胸、翻身、抓握、翻身

抬胸、翻身

5个月的宝宝俯卧时，不仅能抬头90°，还可用前臂支撑着抬胸。用玩具吸引，

促使宝宝向左或向右翻身为侧卧，开始时成人可用手托住宝宝背部或搬动下肢帮助翻身。从侧卧翻成俯卧，从俯卧翻成仰卧，反复几次。一面逗引一面用语言加以鼓励或用手稍加帮助。翻身成功了可用亲吻、拥抱加以鼓励。每次在哺乳前 1.5~2 小时空腹时进行，可训练 10~15 分钟，每天 2~3 次。

抓握训练

5~6 个月时可训练拇指、食指试捏取较小物件，丢入大纸盒中，或从盆、碗中用手拿出小物件，可先示范再让宝宝做，成功了用语言、亲吻等予以鼓励。进一步可与宝宝玩蒙面游戏，先用彩色手帕或布块引起宝宝注意，逗引他用手来抓，然后把布盖在他脸上，宝宝开始会手脚乱动或哭喊，可用语言引导宝宝自己拿掉，多次训练后，宝宝就能学会用手主动抓下蒙在脸上的手帕，成功后要和宝宝一起欢呼高兴。这个游戏可训练用手解决问题的能力，使动作与结果相联系。

翻身训练

5 个月的宝宝如果还不能自如地翻身，就应该抓紧训练宝宝。在大床上或在地上铺好席子，让宝宝仰卧，拿一个有趣的新玩具逗嬉，在宝宝想抓时，把玩具向左侧或右侧移动，这时宝宝的头也会随着转，伸手时上肢和上身也跟着转，最后下身和下肢也转，全身就能翻过来。开始时可以助宝宝一臂之力，但主要还是鼓励宝宝自己翻身。如果翻过来了，就要表扬宝宝，抱一抱或亲一亲，然后把宝宝放回原位，让宝宝重新再翻。在宝宝能够自由地由仰卧位变俯卧位后，会大大开拓视野，这是开始认识世界的一个新阶段。

2. 手眼协调——从 1 个苹果开始

从 1 个苹果开始

可以给宝宝准备一些色彩鲜艳、图形较大的宝宝画报，给宝宝边看边讲，开始时先看一些简单的画，如一只猫、一个苹果，以后逐渐看其他的物品、景色、花草等。

手眼协调训练方法

5 个月的宝宝能俯卧抬胸时，可把玩具放在宝宝伸手能够到的地方让宝宝抓，再把玩具换个地方，让宝宝转头或转身去找。宝宝找到后要鼓励。这样做是锻炼宝宝头、颈、上肢的活动能力及动作，训练手眼协调，另外也能促进触觉发育和记忆能力，让宝宝看到过的东西还想再去看，再去找。

3. 语言训练——逗宝宝“说话”

宝宝语言能力

这时宝宝已经有学语言的心愿，开始积极努力与人交流。但学说话却有一个过程，6～7 个月时，宝宝能逐渐理解一些简单的词义，例如拿、烫、吃、香等一些与自身利益有直接利害关系的单音节词。此时，成年人说话时，宝宝会努力看着面容和口型动作，并且会随着做一些口腔模仿动作，但只是唇舌动，还发不好音，模仿得多了，听得多了，就会“冒话”，猛不丁地说出一句什么话来。

逗引训练素材库

说笑逗引：抱起宝宝，与宝宝面对面，用愉快的口吻和表情与宝宝说笑和逗乐，使宝宝发出满意的“呃——、啊——”声或笑声。

玩具逗引：用宝宝喜爱的玩具、图片逗引宝宝发声，一旦逗得高兴了，宝宝兴奋得手舞足蹈时，自然会发出各种不同的声音。

户外活动：在户外活动时，遇到让宝宝感兴趣的人或物体时，宝宝也会高兴地咿呀作语。

轮流逗引：家庭成员轮流逗乐宝宝，当然宝宝在妈妈的怀里更爱笑，更爱笑出声音来，快乐的亲情逗乐，会令四肢和全身松弛，身心愉快。家庭游戏适宜体现活泼的气氛，但要注意不要对宝宝有任何勉强。如果宝宝情绪不好时应当停止，而且要注意效果，不要乐极生悲，过分逗得宝宝哭闹。

早教启蒙小贴士

有意引导宝宝模仿说话

对这个阶段的宝宝说话时，要尽量让宝宝看清口型，有意引导宝宝模仿说话。宝宝在模仿爸爸妈妈的语音时，情绪会很好，模仿得很高兴，应当尽量保护宝宝的这种积极性，尽早开发语言潜力。

4. 综合能力训练——4种早教游戏

戏水

夏天，给宝宝洗澡时，可以在水盆里放一些软木塞、塑料鸭子、小皮球之类的玩具，让宝宝坐在水里边洗边玩。

戏水，可以让宝宝获得关于流动、漂浮等感性知觉，对宝宝的智力发展有利。但玩具一定要干净、无锐角、不会伤着宝宝。这类玩具因为与宝宝洗澡时的皮肤接触，一定要保持清洁和消毒。

撕纸

给宝宝一些干净的废纸，让宝宝撕着玩，纸张可以由薄到厚，由小到大。这样做可以锻炼宝宝双手肌肉的能力。玩过几次以后，妈妈可以把纸撕成三角形、圆形、方形，摆在面前给宝宝看，尽管现在宝宝还不能理解这些形状的意义，但作为视觉经验的储存，扩展脑部记忆区来说，这项活动是有益的。

取米花

在桌上放一堆细小物品，妈妈抱宝宝坐好，教宝宝用手去取小物品，如小软糖、小饼干、玉米花等，这样可以训练宝宝的小肌肉运动和手、眼协调动作。手指动作的发展，能较好地促进大脑的活动功能。所谓“心灵手巧”说的就是这个道理。要及时训练宝宝做精细动作的能力。要注意别给宝宝硬的、带尖的和脏污的小物品给宝宝，以免宝宝吞入口中。

叫自己的名字

用相同的语调，叫宝宝的名字和其他人的名字。看看是否叫到宝宝的名字时，宝宝能够转过头来，现出笑容，表示领会。宝宝如果能够准确地听出自己的名字来，要鼓励和夸奖他：“你就是××！真聪明！”抱一抱他，亲一亲他。如果宝宝对叫声没有反应，就要反复耐心地告诉他：“××，你就是××！”这样做，既让宝宝知道自己的名字，又训练了宝宝对特定语言的反应。

模仿发叠音

在宝宝无意中发出“啊——妈——”、“啊——爸——”、“唔——嗯——”等声音时，要及时地用正确的语音调教宝宝，让宝宝看清成年人的口型，让宝宝多练习、多模仿，不久，宝宝就能清晰地发出“爸——爸”、“妈——妈”的重叠音。

5. 社交能力——从和家人做游戏开始

宝宝的能力

宝宝喜欢模仿成年人，这个月龄宝宝的行为活动主要还是无意识的，注意力也是无意识的，而且极不稳定。因此，家人要多和宝宝一起玩，在玩的过程中，通过看一看，听一听、摸一摸、摇一摇等动作，不仅可以培养宝宝的视听能力、触觉等感知能力和手的协调动作，也能让宝宝对客观事物产生浅表的认识和感觉。

社交能力训练方法

可以给宝宝提供适合月龄特点的玩具，哗啷棒、手铃串、一握就响的塑料小动物等都很适宜。先把玩具一个一个地示范给宝宝看，同时用愉快、亲切的口吻给宝宝说玩具的名称，教宝宝玩，然后鼓励宝宝成功地自己玩耍玩具。

6. 独立能力训练——及早培养宝宝自己玩

独立能力的重要性

溺爱过度的宝宝，任性、爱撒娇、很难自制，只要身旁一没有人就不高兴，大吵大闹，哭闹不止，这样对宝宝成人以后的心理和人格都不利。因此，培养宝宝的自制力和忍耐力，也是育儿过程中一大重点，及早培养宝宝自己玩的能力，是一个很重要的方面。

有些宝宝在 5 个月以后，只要妈妈一走开，马上就会哭闹起来，如果整天抱着、背着、哄着，会使宝宝变成溺爱型，不利于身心健康发育。因此，培养宝宝具有自己玩的习惯也很重要。

培养宝宝自己玩

如果妈妈一不在身边就哭，可以试着先让宝宝在能看到妈妈的地方自己玩，然后逐渐拉长拉远距离，慢慢地宝宝就能够在床上或者家中安全的地方自己玩上半小时左右。

第五节 7～9个月的宝宝

一、发育指标

第7个月

大运动： 独坐自如

精细动作： 摆弄玩具（直径约0.5厘米），自己取一积木，再取另一块

适应能力： 积木换手，伸手够远处玩具

语言： 发da-da、ma-ma音，但无所指

社交行为： 对镜有游戏反应，能分辨出生人

第8个月

大运动： 双手扶物可站立

精细动作： 拇指、无名指捏住小丸（直径0.5厘米）；手中拿两个积木，并试图取第三块积木（正方形，边长2厘米）

适应能力： 持续用手追逐玩具，有意识地摇铃

语言： 模仿声音

社交行为： 懂得成人面部表情

第9个月

大运动： 会爬，拉双手会走

精细动作： 拇指、食指捏住玩具

适应能力： 从杯中取出积木（正方形，边长2厘米）、积木对敲

语言： 会欢迎、再见（手势）

社交行为： 会表示不要

二、启智与能力训练

1. 爬行训练——宝宝越爬越聪明

爬行训练的重要性

在 3 ~ 13 岁宝宝中，有 10% ~ 30% 的宝宝不同程度地存在注意力不集中、平衡能力差，易摔倒、胆小、内向、手脚笨拙、爱哭等症状，这并不是一般的教育问题，而是宝宝大脑发育过程中某些功能不协调所致，在医学上称为“感觉统和失调”。

“感觉统和失调”，是近年来常常被儿科专家提到的名词。由于环境污染、剖腹产率居高不下等因素，感觉统和失调的宝宝越来越多。有关调查发现，感觉统和失调的宝宝 90% 以上不会爬行或爬行时间很短，而爬行是目前国际公认的预防感觉统和失调的最佳手段。因此，为了宝宝健康成长，一定要在宝宝期及早训练爬行。

爬行训练方法

爬行，是人一生中手脚等各个身体器官的最先综合协调使用。爬行时宝宝必须用四肢支撑身体的重量，就会使手、脚及胸腹背部、四肢的肌肉得到锻炼，逐渐发达，为站立和行走打下基础。宝宝出生 3 个月后，头能直立，就可以经常让宝宝爬着玩，每次 3 至 5 分钟，随着月龄增长，循序渐进。宝宝如果不爱爬，要抓住宝宝情绪好的时候，在游戏中练习爬行，最好家长和宝宝一起爬。7 ~ 9 个月是模仿能力形成期，训练宝宝爬行时，家长先做示范，如追逐滚动的球，拿到后放在宝宝面前，让宝宝模仿爬。

2. 动作训练——翻身、爬行、撕纸、踏步

翻身训练

6 个多月以上的宝宝已经能够从仰卧位翻转成俯卧位。但也有些宝宝还翻不好，

爸爸妈妈在此时应当助宝宝一臂之力，使宝宝学会翻身。但是宝宝学会翻身以后，一定要看护好，防止从床上摔下来，最好给床加上护栏。

爬行训练

宝宝会熟练翻身后，就可以诱导他往前爬行，可以用手掌抵住宝宝脚掌，帮助他用力蹬。

撕纸训练

为了锻炼宝宝手指的灵活性，可以给宝宝一些强度较弱的纸，让宝宝撕，训练手指头的活动能力。

踏步训练

扶着宝宝腋下，让宝宝站在成年人腿上跳跃，或者扶着宝宝双手，让宝宝试着站起来做踏步的动作，可以锻炼宝宝的骨骼和肌肉，加快动作发育。

妈妈，我会坐了

妈妈我从8个月后，就长了一个大大的本事——我会坐得很稳了！而且我不需要倚靠任何物体，就能够很稳当的坐好久。坐着的时候，我还能够用两只手玩弄手里的东东呢！还能把它们拿起来并放下。坐着的时候，我还会自己趴下或者躺下来。

3. 语言能力——模仿发音

开始冒话

宝宝出生后半年内开始“打——打”、“爸——爸”地冒话。在双手的活动中，多次感知后，逐渐把事物和动作与相应的词语建立起了联系。特别明显的是连续重复音节，喜欢发出各种声音，音节也比较清楚。宝宝喊出一串“爸爸爸爸……”时，爸爸听了会很高兴，认为宝宝会叫爸爸了。其实，宝宝还不会有意识地叫爸爸，嘴巴里发出的音节还并不代表有什么意义。宝宝在高兴时还会喊出一连串音节，比如：“啊——加加加”，“呵——妈妈妈”听上去像是在说话，但又不知道在说什么。

模仿发音

7~9 个月模仿发音，正如鹦鹉学舌，一会儿爸爸，一会儿妈妈，帽帽、哥哥……无所指地乱说一气。有时候会连续几天发同一个音，不管什么东西，都会用这一个音来替代，如说出“舅舅”，指代所有想要的东西，包括玩具、杯子都只发这一个音。宝宝的发音器官还不够协调，较难发出的语音还模仿不来。

到接近周岁时，宝宝更会喜欢自己唠叨话，会学着成年人读书的样子，咿咿呀呀地说个不停，时而拉长音调，好像说话，又像唱歌，自个儿说得兴致勃勃，越说越起劲，别人一点也不明白。这是自己用来练习的，爸爸妈妈们应当为宝宝高兴，因为宝宝正在认真地学习发音，刻苦精神值得好好鼓励。

理解词义

在成人的教育下，宝宝逐渐学会把一定的语音和某个具体物体联系起来，比如问宝宝“灯呢?”宝宝会用手指着灯，问鼻子、眼睛、嘴巴、耳朵在哪儿，都能指得很准确。实验证明，5 个月的宝宝听到“再见”会做摆手动作，9 个月的宝宝说“欢迎”会做鼓掌动作，问宝宝甜不甜，会咂咂小嘴表示很甜。真正把词义和事物联系起来，要经过一个很长的过程，有待于多次训练，反复地把词与事物联系起来，才能形成牢固的神经联系。

学说话

半岁以后，开始用不同声音招呼别人和对待自己。招呼人时，会用“吾——吾”、“哎——哎”，周岁前可以清楚地叫妈妈。

先懂后说

宝宝说话的规律，是先听懂，然后才会说。周岁以前，能听懂的词很多，会说的很少，想说说不出来。这时，正是需要掌握语言的阶段，尤其是需要有人多多地和宝宝交谈，培养词汇理解力和逐步形成表达能力。

4. 协调能力——开始玩一些拍手一类的游戏

宝宝的能力

宝宝出生后 6 周内，手总捏成拳头，只在啼哭时，才可能张开一下。到了 8 周后，宝宝张开手的时间多了，会表现出有意识地运动，代替了抓握反射。这时有些爸爸妈妈看到宝宝抓东西不如以前有力时很担心，其实没有必要，因为宝宝是在学习新的技能，几周以后，就可以运用自如。

在此之前，宝宝并不想把手与手指的动作协调起来，只把时间用在观察手的外形、感觉和动作上。宝宝会常常张开小手，活动一下手指，进行仔细的观察。

在4～5个月时，宝宝能够有意识地控制伸手，会同时向物体伸出双臂，并用双手抓住。

协调能力训练

6个月后，宝宝可以用双手抓住物体，或是将物体夹在手指与手掌之间，但灵活控制能力还不强。这时宝宝能够区分出物体的大小，并能根据物体的大小张开手。宝宝特别喜欢感受物体，所以尽量给宝宝不同质地、不同形状的东西。在宝宝躺着的时候，宝宝可能会抓住自己的脚放在嘴里。但这时宝宝不理解物体有什么用途，所以如果给宝宝一个方块，就会抓住它，如果再给宝宝一个方块，便会丢掉第一块，去接第二块。这时，宝宝开始用自己的手拿东西吃。宝宝的手、眼协调能力有了很大的发展，能够抓起小食品，放进自己的嘴里，但放得还不太准。

8个月的宝宝能把东西递给你，但还没有学会怎样松手、怎样给你。能完整地做出这一点必须在1岁以后，这时宝宝可能喜欢从高处或是小车上故意让东西掉下去。

从8个月起，宝宝的抓握精确性越来越好。到了9个月，不再把东西夹在手指与手掌之间，而是夹在拇指与食指间。到了1岁后，宝宝可以用拇指尖与食指尖抓起很小的物体。宝宝可以把物体从一只手放到另一只手，两只手可以同时各拿一件物品。

到了8～10个月时，宝宝开始有了操作能力，可以在物体上进行挤、拍、滑动、捅、擦、敲和打。用手摸

早教启蒙小贴士

宝宝的能力提高了

随着宝宝操作能力的提高，宝宝不再喜欢把东西放进嘴内，转而开始玩一些像拍手一类的游戏。同时宝宝也学会了一些社会交际能力，可以用手向人做再见挥手手势。

索所有的东西，包括食物等，并混合在一起，可以涂抹或倒出流质物质。宝宝还可以准确地把大多数固体物件放入嘴里，如脚、手指、塑料玩具或盖子等。

5. 手势训练——从小猫“喵喵”叫开始

宝宝很喜欢模仿。刚出生的宝宝就会模仿，7 ~ 8 个月的宝宝，已经会模仿简单的发声和动作，例如听到小猫叫，会学着“喵喵”；看见电视中有人拍手，宝宝也会拍拍小手。2 岁左右的宝宝就能模仿较复杂的动作，如看到爸爸扫地，也会拿起扫帚扫一扫；看到妈妈给自己洗澡，也会想给玩具、小猫、小狗洗个澡。3 ~ 4 岁的宝宝由于活动范围扩大，眼界扩展，模仿的内容就更丰富，在街上看见商店里卖东西，也会以游戏方式卖糖果等。

早教启蒙小贴士

最常见的早教游戏：传递积木

传递积木，可以训练手与上肢肌肉动作，培养宝宝使用过去的经验解决新问题的能力。让宝宝坐在床上，妈妈递给宝宝一块积木，等到宝宝拿住后，再向同一只手递第二块积木，看宝宝是否把原来的积木传递到另一只手里，再来拿这块积木。如果说宝宝把手上的扔掉后再来接，就要诱导宝宝学会先换手，再接新的积木。

6. 社交能力——使用手语与宝宝交流

不要小瞧手势的作用

研究发现，会使用手语来表达自己需要的宝宝，不容易有挫折感，学会说话的年龄也早，以后的智商也要高一些。宝宝一旦提前学会了说话，往往会有更多的话要说，因为在应用手语的过程中，不知不觉地学到了语言的结构。

千万不要小看这些平常而又非常简单的手势，它同语言一样，同样是一种交流方式。它可以告诉爸爸妈妈，宝宝是否受到了伤害或感到不舒服。可以教会宝宝通过手势将信息传达给爸爸妈妈，而不必没完没了地哭闹。

社交能力训练方法

宝宝还不会说话之前，家长应该主动用手语与他交流。在宝宝 8 个月的时候，爸爸妈妈可以借助手势与宝宝进行交流，有相当一部分宝宝可很快接受这种方法，个别宝宝则需要一定时间的适应期。

7. 感知能力训练——7种常用的小方法

照镜子

妈妈抱着宝宝到穿衣镜前，指着宝宝的脸反复叫名字，指着宝宝的五官教宝宝认识，还可以问宝宝："妈妈在哪儿？"这样做可以训练宝宝认识自己的身体。

钻洞

用一只大纸箱放在地毯上，开几个口子，让宝宝在里面钻来钻去，爬进爬出。旨在训练宝宝身体的柔韧性。

开抽屉取物

把宝宝的玩具放在一个有滑道的抽屉里，关好抽屉，让宝宝取出来。有滑道的抽屉比较轻，容易拉开，用于训练手臂能力。但要注意安全，不要夹着宝宝。

爬楼梯

把台阶或楼梯擦干净，让宝宝往上爬，可以锻炼宝宝的四肢力量和协调能力。

放东西

和宝宝一起玩各种玩具，训练有意识地把玩具放在指定地方，妈妈先示范，让宝宝模仿，并反复地用语言示意宝宝"把××放下，放在××上"，由握紧到放手，使手的动作受意志控制，锻炼宝宝的手一眼一脑协调能力。

投入

在宝宝能有意识地把手中玩具放下的基础上，训练宝宝玩大小不同的玩具，教宝宝把一个小的玩具投进大的容器中，比如把积木放入盒子内，反复练习。

滚筒

把圆柱体的滚筒或饮料瓶放在地上，让宝宝用两只手推动它向前滚动，待宝宝熟练后，再用一只手推动滚筒，滚到指定地点。做对了，给予鼓励。旨在逐渐建立起圆柱体物体能滚动的概念。

8. 游戏训练——对着镜子做游戏的多种功能

从镜子里让宝宝认识自己，唤起自我意识

宝宝 4 ~ 5 个月时妈妈就可以给宝宝照镜子，一边指点着宝宝本人和镜子里的宝宝说“这是宝宝”，也让宝宝认识妈妈和镜子里的妈妈，反复教宝宝这样玩，就能逐渐认识自己。

从镜子里认识自己身体各部分

7 ~ 8 个月起可以做这个游戏，妈妈抱着宝宝坐在大镜子前，点点宝宝的鼻子，再指指镜中的小鼻子说“这是宝宝的鼻子”，还可以把着小手去摸自己的鼻子，再摸妈妈的鼻子。通过游戏反复这样做，宝宝就能认识自己的鼻子和别人的鼻子，听到“鼻子在哪里”的问话，就会去指自己的鼻子。逐渐再认识眼睛、耳朵、嘴巴、头发、小手、小脚等，慢慢地就能认识身体各部分，玩的时候可以编一个简短儿歌配合着念，可做不同的动作如眨一眨眼睛，拉一拉小耳朵，张一张小嘴巴，拍拍小手等。

宝宝会爬、会坐后，就可与宝宝玩爬过枕头和被子的游戏

可以在镜子前玩拍气球、塑料球，看它上下飘动，会十分有趣。戴了顶新帽子也可抱到镜前玩一会儿，做脱、戴的动作。

早教启蒙小贴士

对镜游戏作用大

对镜游戏既能帮助宝宝增强自我意识，区分他人、他物，进一步认识周围事物，又锻炼身躯、四肢活动和协调能力。

第六节
10～12个月的宝宝

一、发育指标

第10个月

大运动： 会拉住栏杆站起身，扶住栏杆可以走

精细动作： 拇指、食指动作熟练

适应能力： 拿掉扣住积木的杯子，并玩积木；找盒内的东西

语言： 模仿发语声

社交行为： 懂得常见物及名称，会表示

第11个月

大运动： 扶物，蹲下取物，独站片刻

精细动作： 打开包积木的纸

适应能力： 积木放入杯中，模仿推玩具小车

语言： 有意识地发一个字音

社交行为： 懂得“不”，模仿拍娃娃

第12个月

大运动： 独自站立稳，牵一只手可以走

精细动作： 试把小球投入小瓶

适应能力： 盖瓶盖

语言： 叫妈妈、爸爸有所指，向他要东西知道给

社交行为： 穿衣知配合

二、启智与能力训练

1. 动作训练——走来走去真开心

宝宝能力

这个时期的宝宝，已经学会独坐和爬行，可以利用一些玩具来诱使宝宝学习站立和行走，这样不仅有利于动作发育，还有利于智力开发。

在 10 个月时，在生活区安置小栏杆，让宝宝学习扶站，家长在不同的位置用有趣的玩具逗引宝宝，鼓励宝宝扶着栏杆迈步。还可以坐在沙发上，手拿玩具逗引站在沙发另一端的宝宝，鼓励宝宝扶着沙发走过来拿玩具。也可让宝宝推着椅子或小车练习迈步行走。还可以为宝宝专门准备一根小木棒来练习走路，在平坦的地面上，家长双手分别握住宝宝的手，或者家长双手分开拿着小木棒，让宝宝的双手抓住木棒的中部位，家长一步步后退，使宝宝练习迈步行走，要边退边说："宝宝，走走"。

走路训练方法

宝宝能够稳定迈步，手也能够灵活地抓取东西，为了使宝宝全身更加灵活协调，可以训练宝宝踢球。开始扶着宝宝练习抬脚踢，球最好是比较软的，家长可以先做示范，一边做一边说："踢，踢。"使宝宝清楚地看到，是家长的动作使球滚动起来，宝宝就会好奇地模仿，多次练习可以使宝宝达到主动、准确，逐渐不用人扶着独自抬脚踢球。

会走以后，还可和宝宝一起玩小滚筒，可以借抛扔球诱使宝宝追逐和拾扔小球，也可以让宝宝跟在上了发条的玩具后面跑。为保持宝宝对这类游戏的兴趣，要注意时常变换玩具，防止过度劳累，注意适当保护，避免摔伤和磕碰。

走来走去真开心

11 个月的宝宝多数自己能够独立行走，宝宝一心想到外面走，几乎一刻也不想停下来。为此，家长会担心宝宝骨头发育不完善，走得多了会不会腿变弯呢？尤其是看到一些因为患上佝偻病而下肢出现罗圈腿，即O型腿或X型腿的宝宝时，就会更加忧虑，开始限制宝宝下地走路，整天抱着宝宝。这种担心完全多余，对宝宝的健康发育不利。

宝宝能走路以后，就想要多走，这十分正常，宝宝的肌肉已经发育到能走路的程度。学会走路和站立以后，下肢承受身体的重量，只要骨骼能正常钙化，就不会变得弯曲。要使宝宝骨骼正常钙化，需要及时补充维生素D和钙质，预防佝偻病。除了有意识地调整宝宝的饮食结构，增加牛奶、肉、蛋、鱼、豆制品类食物外，还要多晒太阳，利用阳光中紫外线照射皮肤而产生维生素D。另外，还要适量给宝宝喂食维生素D和钙片，只要及时补充维生素D和钙质，宝宝身体里有足够的钙能满足骨骼钙化的需要，下肢骨骼就能有效地承受身体的重量，多走路也不会使下肢弯曲变形。与此相反，如果宝宝患上佝偻病，即使走路不多，也会令下肢弯曲变形。所以说，并不在于宝宝走路的多少，导致腿型不正的关键是有没有缺钙问题。如果不让已会走路的宝宝放开手脚走，会影响到宝宝正常的动作发育和心理需要，反而让宝宝因为无故受到限制而精神不振，影响到发育。

刚刚学会走路时，宝宝总是走得摇摇晃晃，随时都像要摔倒，这很正常。从形体特点上来看，宝宝的头大、躯干长、四肢短，因此，走起来会头重脚轻，重心不稳。加上神经系统发育尚且不够完善，支配动作能力也比较差，迈步时，不能及时调整身体姿势以保持平衡。从动作的协调性上看，行走需要下肢、腰部等部位的协调，而宝宝此时的脑发育不够完善，动作协调能力差，常常会出现多余动作。为了使身体平衡，宝宝走时会两脚间距分开比较宽，用以加大脚的支撑面积。所以，走起路来摇摇晃晃，欲倒不倒，像个“小醉汉”，对于宝宝走不稳的晃悠不必担心，只要在宝宝身旁保护好就行了。学习走路以后，身体各部位的肌肉能力、协调能力、脑功能和神经系统都会相应发育，跟上成长所需，渐渐地就能走好。

正常情况下，宝宝在这个月龄就会蹒跚学迈步，当然，因为个体的差异，有一些宝宝到1岁半还不会行走，爸爸妈妈也不必因此着急。要知道，宝宝学走路与各自身体、神经、精神状态的发育都有关系，如果具备了身体基础，精神状态又好，宝宝就会主动地学走路，自然就会很快学会行走。如果宝宝在刚学步时，就重重地摔了

一致，那么必然会影响到学走的积极性，可能会一连好几天甚至于几个星期内都不敢再去练习走，一旦站在地上，会紧紧地抓住家长不放手。此外，生病也会使宝宝无意再练习走路。所以，要保证宝宝身体的健康发育，更要让宝宝保持良好的精神状态，这些因素对宝宝学习行走等大动作的发展都很关键。对于宝宝迟迟不愿意学走或者不会走，大可不必着急，训练宝宝走路是一个循序渐进、润物无声的过程，功到自然成。

我的本领可大了

从满 10 个月起，我有什么本领可以让爸爸妈妈惊讶的呢，说给爸爸妈妈听听。这个时候我的本领大多了，我能够抓着床栏杆站起来了，而且还可以横着走两步呢！爸爸妈妈不知不觉中，我已经长到这么大了。

2. 训练用手——坚持 1 年的时间

手的动作发展至关重要

宝宝的小手比嘴先“说话”，是认识世界的重要器官，能表达出极其微妙的心理变化。“心灵”与“手巧”相辅相成，手的动作熟能生巧，在相当程度上促进宝宝智能的发展。

经过一年的渐进训练，宝宝手的动作发展跃上一个新台阶，为活动和生活奠定了坚实基础。也促进了感知能力和思维能力的发展，在宝宝的心智发展中起到极大作用。

了解宝宝手的动作发展规律，逐步训练

刚出生的宝宝紧紧攥着两只拳头，一副好斗的小模样。当家人用手指去“干扰”时，立即产生抓握反射，这是与生俱来的本领，不用教。

在第一个月里，可以轻轻地抚摸宝宝的手指，刺激手部皮肤的感觉，以此开始训练计划。

到了 2 个月时，宝宝的小手开始松开，虽然有时也会伸展手指，但仅仅是无意识的动作。可以在上个月的基础上，继续按摩宝宝的小手，从指尖到手腕，然后轻柔地屈伸每个手指。还可以训练宝宝用小手张开握住家人的食指，抽出来再放进去，如此重复。

3～4个月时，宝宝小手大有长进，喜欢抚摸一切摸得到的东西。无论把什么东西放在手边，都要用手摸一摸，常常饶有兴致地玩弄自己的手。起初只是一些无意的抚摸动作，眼睛并不看着手的动作，也不会主动伸手去拿看到的东西。宝宝这时眼和手的动作还不能协调。随着这些动作的实践，宝宝逐渐把看到的东西与手的运动联系起来，产生了有意识的抓握动作，这就是最简单的认识活动。此时的宝宝还没有掌握抓握的技巧，手常常伸过了要抓的物体，东西也常常拿不稳，还不能用指头活动，只会用整个手掌弯起来一把抓，动作十分笨拙。这个时期，可以准备一些简单的玩具，诱使宝宝伸手拿，刺激养成“见到东西就伸手”的习惯。

进入5～6个月，宝宝眼和手的动作已基本协调，能随意抓取周围的东西，虽然还不会手指的动作，毕竟是大拇指和四指分开来抓。这时可以训练有目的地抓桌上的玩具并摇晃、敲打。可以准备一些有弹性的橡皮玩具让宝宝随意抓捏，喂水时，可以训练双手扶握奶瓶。

7～8个月的宝宝更能干，能把一只手中的玩具换到另一只手，来回玩个不停，喜欢不厌其烦地用手里的玩具敲打桌面，很令爸爸妈妈头疼，还能同时拿两件东西。原先，宝宝手里已经拿了一个玩具，再给他一个时，就会弃旧取新。现在则能用双手同时拿两个玩具。在抓握技巧上，已经初步掌握人手的抓握特点，拇指能与其他四指相对，像把小钳子似的，并学会用指尖拿取物品。这两个月中要因势利导，教宝宝学会撕纸、滚球、拍手、招手、握手以及用手指取小糖球等动作。

9～10个月时，宝宝会用拇指和食指捏取小件物品，尤其喜欢把小的颗粒放入瓶子里，倒出，再放入。这时应当加强看护，防止宝宝把钮扣和一些豆类小物件塞进鼻子或耳朵里。宝宝还学会了用手势代替语言，当问到“妈妈在哪”一类问题时，不仅会用眼睛看，还会用手去指。这时的宝宝更加淘气，学会了开抽屉，常常扰得“家无宁日”。根据这些特点，可以引导宝宝学习剥糖纸等，逐渐增强对事物的感知能力。

到了11～12个月，宝宝的两只手活动自如。能同时做不同的动作，如一只手拿存钱罐，另一只手把硬币放进去。指尖的灵巧程度也进一步提高，能把盒盖打开，喜欢把手指伸入瓶子里探索，会用铅笔到处乱画。这时，就可以训练宝宝搭积木、用蜡笔“涂鸦作画”、翻图画书等。

3. 智力训练——讲故事和听音乐

听音乐的重要性

有人说，成年人中也有许多人听不懂音乐，宝宝那么小，又怎么可能知道音乐在传达什么呢？其实，让宝宝听音乐，不存在“听懂”或“理解”的问题，目的只是让宝宝感受，着眼于“熏陶”和“感染”，所谓耳濡目染，就是这个意思。

一般说来，智力发育比同龄的宝宝健全，领悟力强的宝宝，多数是因为当他还在襁褓期的时候，爸爸妈妈就尽可能多地跟宝宝讲话，多为宝宝讲故事或朗读幼儿读物。

智力训练方法

宝宝要学会或听懂某个单词或词组，就得反复地听，反复地模仿。所以，对这个月龄的宝宝，爸爸妈妈要有意识地和宝宝多说话，并逐渐过渡到讲故事或朗读，即使宝宝暂时听不懂也没关系，要持之以恒。爸爸妈妈抑扬顿挫、悦耳动听的朗读声，会有助于宝宝集中注意力，扩大词汇量，积累知识，丰富想象力，对宝宝智力的开发、性格的塑造、爱好的养成、感情的丰富、情操的陶冶，都具有潜移默化的影响。

听音乐的时间，可以安排在宝宝吃饱或睡醒以后，情绪稳定的时候。每次听音乐的时间不要过长，以十几分钟为宜，乐曲以选择一些旋律优美、节奏舒缓的，或节奏明快的轻音乐为宜。最好不要让宝宝听摇滚音乐。此外，在每天晚上临睡前放音乐陪伴宝宝入眠也是一个很好的做法。

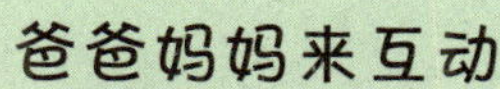

找物品锻炼记忆力

爸爸妈妈当着宝宝的面把几种不同的小物品分别藏在家庭中一定的范围里，藏好后，再让宝宝将这些物品一一找出来。

4. 语言能力——从模仿身边的实物开始

宝宝能力

10 个月的宝宝所能接受的，还仅限于名字和人身体、食物、玩具等与生活有密切关系的词汇，教宝宝说某物体的名称时，一定要让宝宝同时感受到这个物体，如告诉宝宝“灯”时，一定要指着灯，让宝宝看着灯。这样宝宝在大脑里才会建立起灯这个物体的形象和它相应词之间的联系，感性地认识灯，逐渐能说出灯这个词。

这个时期的宝宝对抽象的语言是不能理解的，训练宝宝说话时，一定要把语言和动作或形象结合起来，这样才会对语言发展有所帮助。宝宝模仿大人发音时，一定不要打断他，要表示出很感兴趣地、微笑地看着宝宝，及时给予相应地回答。这个月龄宝宝的发音还不准确、不清楚很正常，但教宝宝说话一定要口齿清楚，语速要慢，要不断地重复——而且，一定要说普通话。

鼓励宝宝多说

要鼓励宝宝多说，当宝宝表示想要某样东西时，不要马上给宝宝。要让宝宝一边指东西一边发出声音来，找机会让宝宝说话，抓住学说话的好时机，慢慢地教会宝宝能用语言要东西。

另外，要保持宝宝良好的情绪，宝宝只有在高兴时，才愿意说话和学说话。图书能帮助宝宝学说话，爸爸妈妈应该每天抽出一点时间和宝宝一起看图画书。给宝宝看的书要简单，如看图识字，图画要清楚，色彩要鲜艳，每一页的内容要简单，书体要相对大一些，这样宝宝就会对图书感兴趣，在看、听的过程中学讲语言。

模仿

11 个月龄的宝宝已经能听懂成年人的话，应当教宝宝学着模仿正确的发音。模仿语言是一个复杂的过程，宝宝要看成年人的嘴，模仿口形，还要听发音，注意发音过程中的口型变化，协调发音器官，包括唇、舌、喉、声带的活动，控制发声时的气流等。

发音要调动这么多的环节，需要听觉、视觉、语音、运动系统协调，任何一个环节发育不好，都会给发音带来困难。因此，学习语言的过程，是宝宝智力综合发育的关键。

要保证宝宝正确学习语言，爸爸妈妈在教宝宝说话时，一定要表情丰富，让宝宝看清成年人说话时的口型、嘴巴的动作，加深对语言、语调的感受，区别复杂的音调，逐渐模仿成年人发音。此时，可以让宝宝多听一些儿歌，让宝宝感受音乐艺术语言。

创造宝宝说话的条件

近 1 岁的宝宝，家长要尽量创造让宝宝说话的条件。如果宝宝仍然使用手势和动作提出要求，就不要理睬，要拒绝宝宝，使宝宝不得不用语言来表达自己的意图。

如果宝宝发音不准，要及时纠正，帮助宝宝学着说清楚，不可以嘲笑宝宝，否则，宝宝尝试说话的热情会受到打击，会变得不愿意或者不敢再说话。

这个月龄的宝宝模仿能力很强，听见骂人的话也会模仿。这么大的宝宝大脑中还没有是非观念，并不知道骂人和讲粗话不对。在宝宝第一次骂人或学粗话时，就必须严肃地制止和纠正，让宝宝知道骂人和说粗话是错误的，是不应该的。千万不可以因为宝宝可爱，认为宝宝说出骂人的话也挺好玩，一笑了之，否则就会对宝宝起到怂恿作用。宝宝会把骂人、讲粗话当做好玩的事来做，养成不良习惯。

5. 游戏训练——8 种常用小游戏

游戏的种类很多，可以根据宝宝的爱好和需求来选择，在游戏中发展宝宝的智力、体力，培养起良好的品德和习惯。

荡来荡去

爸爸妈妈面对面坐着，妈妈扶着宝宝的两腋，面向爸爸，并对宝宝说：“快，到爸爸那里。”并松开手。爸爸在没等宝宝坐下的时候就赶紧接住。再让宝宝面向妈妈，反复地做这个动作。可以练习宝宝的平衡感，减少宝宝学习走路时摔跤的机会。

打开看看

在纸袋里放进能发出声音的东西，摇一摇，然后让宝宝猜：“有哗啦啦的声音响，是什么呢？”诱导宝宝把袋中的东西拿出来以后说：“原来是铃铛啊！”然后再摇一次。让宝宝认识物品与行动之间的因果关系，这类思考游戏可开发智力。

摇摆舞

让宝宝坐在床上，放一段平时宝宝爱听的、节奏明快的幼儿音乐，用手扶着宝宝的两只胳膊，左右摇身摆动，多次重复后，逐渐让宝宝自己随着音乐左右摆动。再让宝宝扶着栏杆站立，待站稳后松开手。如果能独自站立 20 秒以上，就可以学习随着音乐的节奏左右摇晃身体而不跌倒。可以训练大动作与平衡能力，培养节奏感。

学翻书

在宝宝情绪愉快时，坐在家长怀里，打开一本适合宝宝看的图书。先打开书中宝宝认识的一种小动物图画，引起宝宝的兴趣，再当着宝宝面合上，对宝宝说："小猫藏起来了，我们把小猫找出来吧！"对宝宝示范一页一页翻书，一旦翻到，立刻显出兴奋的样子："找到了！"然后再合上书，让宝宝模仿这个动作，打开书，找小猫。起初宝宝只能打开、合上，渐渐地会一次翻好几页，只要有兴趣就行。这个游戏可以培养宝宝对图书的兴趣，训练做精细动作能力。

学押韵

选一首最常给宝宝念的儿歌，每句最后一个词要押韵、要容易发音，如"小娃娃，甜嘴巴，喊妈妈，喊爸爸，喊得奶奶笑掉牙……"念时有意加重每句最后一个字的语气，并把前面的音节拉长念成"小娃——娃"，强调最后押韵的字。紧接着说："宝宝，说'娃'！"然后再念一遍"小娃——"故意不说出"娃"字，等着宝宝接着说出。如此反复进行，使宝宝逐渐能跟着家长把最后一个押韵的词说出来。这样做旨在发展宝宝的语言能力。

熟悉灯

教宝宝认识各种各样的灯。灯的大小、形状、颜色、所在位置不同。如台灯、吊灯、壁灯、红灯、绿灯、日光灯等。不论指哪盏灯，都应该说："这是灯"。并将灯打开再关上，使宝宝了解灯的共同特点。训练一段时间后，问宝宝："灯呢？"启发宝宝指出所有的灯。以此类推，逐渐涉及教宝宝理解"球"、"鞋子"等词的意义。旨在运用词的概括作用发展思维，提高对语言的理解力。

听数数

抱着宝宝上下楼梯或扶着宝宝学走路时，可以有节奏地从 1 数到 10 给宝宝听；也可在宝宝玩积木时，帮宝宝给积木排队数数。每天都做，至少 3 次，让宝宝逐渐熟悉数目的顺序。旨在熟悉数字大小的顺序，为发展数字概念做准备。

藏与找

爸爸妈妈当着宝宝的面，把一个玩具放到枕头底下或衣服下面，或者用布、纸把小玩具包起来，让宝宝去寻找，以帮助宝宝对“看不见的物体依然存在”这个概念的理解。游戏中可以不断地更换玩具和遮盖物，以引起宝宝的兴趣。

指认身体部位

妈妈与宝宝面对面，先指着自己的身体部位告诉宝宝：“这是眼睛，眼睛能看见宝宝；这是耳朵，耳朵能听见声音……”然后问宝宝：“眼睛在哪里?”让宝宝自己指认，以训练宝宝的反应能力和自身协调动作。

利用工具

在桌子远端放一个小玩具，给宝宝一根短棍，教宝宝使用棍子把玩具拨过来。此游戏还可放到床上或床下来做。

6. 独立能力训练——学会自己用工具和管理玩具

帮助宝宝利用工具

宝宝伸手拿东西却拿不到时，不要简单地帮助宝宝拿，而要引导宝宝使用工具去拿。例如，离宝宝远一点的桌上有一块糖，宝宝看到了想拿，却够不着，为此很着急，这时候不要替宝宝拿，而是给宝宝一根筷子或一把长勺子，教会宝宝用勺子把糖块拨得近一些，然后拿到手里。如果宝宝不明白，可以提醒宝宝怎么做。

电动小汽车跑到沙发下面去了，宝宝想要拿出来，可以通过暗示，让宝宝找到自己的长枪或木刀来，把电动小汽车从沙发下面拨出来，一次不成功，就要鼓励宝宝另想办法。

帮助宝宝利用工具，来做自身直接做不到的

事情，会使宝宝思路开阔，养成动脑筋思考的习惯。

学会自己管理玩具

宝宝越小，注意力集中的时间越短。不论玩什么，往往玩一会儿就腻了，实际上，宝宝是累了，需要休息更换一个兴奋点。此时，家长一定要坚持一点，就是让宝宝不论做什么，一定要有始有终。在宝宝玩得开始显出厌倦时，妈妈要让宝宝一起来收拾玩具。家里要给宝宝准备一个较大的筐专门来装宝宝的玩具，收拾玩具时，就让宝宝把玩具放进筐里。如果宝宝不肯做，就耐心地告诉宝宝：“小猫要回家，小狗要回家，我们把它们送回家去吧。”宝宝会乐意地抱起玩具小狗或小猫放进筐里。还可以哄着宝宝说：“妈妈放一个，宝宝也放一个，比一比好不好？”这样，把收拾玩具的过程也变成游戏过程，宝宝就会愉快地参加。开始，可能宝宝只收拾一两样就不干了，也可能会放进这样，又拿出那样来。但只要宝宝参与收拾，就要表扬和鼓励。做不好没关系，只要宝宝做，做完后，帮助宝宝把玩具收拾得整整齐齐，放在一个固定的地方。

收拢玩具，可以培养宝宝从小爱护物品和管理自己东西的能力，使宝宝习惯于在整洁的环境中，有秩序地生活和工作，处理好自己的事情，对于一生都是十分有用的好习惯。收拢玩具的过程，可以培养宝宝手脑和全身的协调动作，增强体力和提高行动的效率。和妈妈一起收拢玩具，宝宝会渐渐地动脑子想先拿哪个，后拿哪个，怎么能比妈妈收拾得更好。逐渐培养宝宝独立思考和独立工作的能力，慢慢地学会由近及远，有条有理地处理事情。

玩过玩具后，要让宝宝及时洗手。不要借别人的玩具玩。玩具要每周清洗、消毒。可以先刷洗，然后再用消毒剂浸泡，或放在阳光下曝晒。

7. 特殊训练——在“扔”中长见识

宝宝的“兴趣”

一岁左右的宝宝，喜欢“扔东西”，让爸爸妈妈非常生气，往往会是给什么东西，都只玩一会儿就往地上扔。开始，爸爸妈妈以为宝宝不小心掉到地上，就给捡起来，

但宝宝很快又往地上扔。反复多次，把爸爸妈妈惹生气了，干脆不去理睬。宝宝会不依不饶，用要求的神态，手指着地上的东西，请求爸爸妈妈再次捡起。

宝宝喜欢扔东西，不是存心调皮捣乱，更不是件坏事，而是这个时期宝宝的特点。宝宝在反复扔东西的过程中，不仅得到情绪上极大的满足和快乐，还能增长见识和经验。

宝宝扔东西是在长见识

宝宝在不断地、反复地扔东西的活动中，能慢慢意识到自己的动作（扔）和动作对象(物体)的区别，探索自己动作的后果——会出现什么效果和变化。

例如，宝宝每次扔球，都能使球滚动，开始时这种现象偶然发生，并没有引起注意，宝宝也没有意识到自己的力量。以后，经过多次重复这个动作，相同的现象(球会滚动)再次发生。宝宝逐渐认识到自己扔的动作，能使球发生变化出现滚动的结果。从中宝宝意识到自己的力量、自己的存在和客观物体之间的关系。

这种扔东西的动作，显示出的力量和事物发生的变化，促使宝宝再次尝试用扔的动作去作用于物体，观察是否能发生变化：扔出哗啷棒，哗啷棒掉下去能发出声响，但不会滚动；扔下毛巾，毛巾既没有声响又不滚动。

由此宝宝逐渐认识到，扔不同的东西会产生不同的效果，发现物体更多属性，对各种事物获得更多认识。

轻松“应对”宝宝扔东西

宝宝喜欢扔东西，爸爸妈妈不必紧张、烦心，这个过程只是一个很短暂的时期，宝宝慢慢学会了正确地玩玩具和使用工具后，兴趣及注意力会逐渐转移到其他更有趣的活动上，“扔东西”的现象会自然消失。

有时宝宝扔东西，是想要家长和自己玩，以扔东西来引起爸爸妈妈的注意。在宝宝扔下和爸爸妈妈捡起的过程中，建立了“授受关系”，发展了人与人之间的社会交际关系，在动作与语言的交往中，使宝宝的认识能力不断地发展。

如果爸爸妈妈不能花许多时间，专门为宝宝捡东西，可以让宝宝坐在铺有席子或垫子的地板上，让宝宝自己扔东西玩；教会宝宝先扔出东西，自己爬过去或走过去捡起来。

逐步教导宝宝什么东西可以扔，什么不能扔。可以做沙袋、豆袋，准备一些带响铃的橡塑玩具等给宝宝扔。

需要制止宝宝乱扔食物、扔某些易损坏的玩具和东西，但不要用训斥方式，以免强化了宝宝这种不良动作。

三岁前的宝宝已表现出了最初的个性差异，个性随着环境和教育的影响会不断地发展、变化，其中家庭教育尤为重要。家长对幼儿不可娇惯与溺爱，要多创造自己的宝宝与其他宝宝接触的机会，让宝宝在与小朋友们的共同活动与游戏中，增长知识，开阔眼界，体会到友爱、守纪、勇敢、助人的快乐。

第一节 好的开始等于成功的一半

一、幼儿早教从家庭教育开始

1. 幼儿期进行早教启蒙的必要

幼儿期大脑皮层新陈代谢最旺盛

杰出的前苏联教育家马卡连柯曾指出：“教育的基础主要是在5岁以前奠定的……在这之后，教育还要继续进行，人进一步成长，开花、结果，而您精心培植的花朵在5岁以前就已绽蕾。”

智力的形成是从神经系统开始的，特别是以大脑的发育为物质基础的。幼儿期是人脑迅速生长且基本成熟的时期，它保证了幼儿心理智力活动迅速发展的可能性，是对宝宝进行早期教育的重要时期。

人的发育是从出生到少年期先快后慢地进行的。反映脑发育进程之一的脑组织，新生宝宝有390克，1周岁时900克左右，3周岁时约1000克，7周岁时1280克左右，已基本接近成人脑的重量（成人脑组织平均为1400克）。大脑皮层的机能是有区域分工的，如有运动中枢区、躯体感觉中枢区、视觉中枢区、听觉中枢区等。从大脑各区成熟的程度看，到幼儿末期，大脑皮层各区都已接近成人水平。这些部位如受损伤，人就要丧失相应的生理机能。但是大脑皮层的分区机能又是相对的，即某一部分如损坏造成机能缺失，在一定条件下，别的部位会发展出这些本来不具有的机能去代偿。脑的这种代偿机能，年龄越小就越大。

幼儿期语言发展很重要

研究表明：幼儿期是人一生中掌握语言最迅速的时期，也是最关键的时期。这一阶段的主要任务是发展幼儿的口语。在此期间，幼儿听觉和语言器官的发育逐渐完善，正确发出全部语言的条件已经具备，3~4岁时发音机制已开始定型。所以3岁之前家长要注意教会宝宝按普通话音调讲话，否则，发音不准或方言太重，以后纠正就困难多了。3岁宝宝要掌握800~1000个词。

幼儿在活动或游戏中常常自言自语，这是语言发展中的正常现象，是语言在发展的表现。家长要理解，并观察与指导，对宝宝在自言自语中提出的问题，如“奇怪！是哪儿不对了？”“怎么办呢？”或反映出的错误认识，如，“你不听话就打死你！”

PART 3

第三章

“我给你小汽车玩，一角钱玩一次”等，要耐心地帮助宝宝及时纠正。

幼儿期语言发展的主要任务是：正确发音，丰富词汇，培养口头表达能力以及对文学作品的兴趣。

幼儿期宝宝的个性开始形成

个性是指人的需要、兴趣、理想、信念等个体意识倾向性以及在气质、性格、能力等方面所经常表现出来的稳定的个体心理特征。

三岁前的宝宝已表现出了最初的个性差异。幼儿期宝宝的个性已有了明显的表现。如他们在气质、性格上，有的好动、灵敏、反应快；有的沉静、稳重、反应慢；有的好哭，易激动；有的活泼、开朗；有的能和别人友好相处；有的则霸道、逞强；有的爱听故事、爱学习、勤快；有的则浮躁、粗心；有的懂道理，富有创造性。宝宝们在画画、手工、唱歌、跳舞、运动、讲故事以及计算等方面已初步显示了自己的爱好和特长，但距个性的定型还相差很远。

个性随着环境和教育的影响会不断地发展、变化，其中家庭教育尤为重要。家长对幼儿不可娇惯与溺爱，要多创造自己的宝宝与其他宝宝接触的机会，指导宝宝处理好与小朋友之间的关系，帮助他们参加丰富有趣、有益的活动，提供必要的设备。让宝宝在和谐温馨的家庭中，在与小朋友们的共同活动与游戏中，增长知识，开阔眼界，体会到友爱、守纪、勇敢、助人的快乐，促进幼儿良好个性的正常发展。

幼儿期心理发展敏感

在正常的生活环境和教育条件下，幼儿期宝宝心理发展的主要特点是：幼儿认识活动是无意识性占主导。幼儿认识活动发展的趋势是从无意识性向有意识性过渡的。

注意力是幼儿认识和掌握客观事物的先决条件，它直接关系到幼儿入学后学业的好坏。为此，家长必须十分重视幼儿注意力的培养和发展。心理学实验告诉我们，在较好的教育环境下，3岁幼儿的注意力可连续集中3～5分钟。注意力的集中时间不是一成不变的，常受个性、兴趣、智力水平的影响。兴趣浓厚、情感深沉、善于思考的幼儿，注意力易于集中且稳定。

无意识记忆、形象记忆是幼儿记忆的主要形式。幼儿初期，凡是鲜明的、生动有趣的、能吸引幼儿注意的，能引起其情绪反映的物体，或者经过多次重复的事物都能使幼儿自然而然地、不费力地记住。幼儿中期词语记忆不断发展。他们对直观、形象材料的识

记要比对抽象的原理和词的材料的识记容易；而在词的材料中，生动形象化的描述又比抽象的概念容易识记。因此又以形象记忆为主。家长应重视培养和发展幼儿的记忆能力，为其一生的成长奠定基础。

在幼儿期，幼儿认识活动的无意性占优势，而有意性正在形成。因此，我们要有目的地把教育内容设计得生动、形象、新颖、奇特，方法多样，以此来吸引宝宝的注意力，引起宝宝的直接兴趣和学习的要求，然后，在此基础上逐渐提出明确的目的、要求、任务，以发展其有意识注意、有意识记忆和有意识想象。

幼儿情感的发展是与宝宝的认识水平和活动能力紧密相连的，家长应该有计划地细致地培养和发展宝宝的情感。幼儿初期还不善于控制和调节自己的情感，很容易受周围事物的影响而毫不掩饰地表现出来，常会因为一点小事而哭闹，一旦有了别的刺激时，他又会马上破涕为笑，转怒为喜，很快就忘记了不愉快的事情；家里来了客人，宝宝最容易兴奋，甚至把所有的玩具都拿出来给客人看，等等。

2～3岁的宝宝不善于独立地给自己提出活动目的，往往是由当前活动的直接兴趣和直接需要引起。如看到妈妈洗衣服，宝宝也要洗，当看到爸爸正在用吸尘器打扫房间，便丢下正在洗的小手绢去找爸爸，还边走边说："我洗完了，我要去帮爸爸打扫房间了。"宝宝热心的只是洗、扫的过程，而不负责其结果，这表明，幼儿的意志还很薄弱，缺乏坚持性，还不善于控制自己的行为，极易受外界环境的干扰而改变自己的行动目的。此时宝宝行动目的的稳定性一般只能保持5～10分钟。家长一定要鼓励和支持宝宝坚持完成任务。幼儿期宝宝的自制能力、坚持性和克服困难的能力都较差，需要成人有意识地加以培养和教育。

2. 爸爸妈妈乐观，宝宝才健康

爸爸妈妈对宝宝有示范作用

爸爸妈妈在家庭日常生活中的言行举止，对宝宝有直接的示范作用。一位工作压力大、情绪低落、经常在家发脾气的爸爸，无论对男宝宝还是女宝宝都会产生焦虑、压抑的心情。男孩还会逐渐学习爸爸的行为方式，转化成为自己的行为模式。在遇到类似的压力后，会以相同的方式表达出来。女孩则会观察到妈妈的表现，学会更多的惊恐、抑郁。

所以，爸爸妈妈的心理健康状况，对宝宝的影响巨大，爸爸妈妈要认识到自己在养育宝宝过程中的特殊作用，并保持主动地位，扬利除弊。

爸爸妈妈对宝宝无形中造成的影响

通过与爸爸的交流，宝宝能学习到更多的责任、义务；在和妈妈的生活过程中，宝宝将学会如何去关心、体贴他人。一位内心积极健康的爸爸，对于宝宝的社会适应具有重要的作用，而一位乐观、慈爱的妈妈对宝宝安全感的建立有不可忽视的作用。因为社会适应不良的宝宝容易退缩，脆弱；缺乏安全感的宝宝对人缺乏信任，感情冷漠。

早教启蒙小贴士

最常见的早教游戏：引逗

训练全身活动，利用翻身运动，锻炼宝宝的头、颈、身体及四肢肌肉的活动能力。在宝宝仰卧位时，可以拿一个宝宝喜欢的玩具，引逗宝宝做翻身运动，从仰卧到侧卧，再变俯卧，注意做好保护。

3. 给宝宝幸福感

宝宝们喜欢被善待

幸福感，是情感中较为重要和美好的内容之一。幸福看似很简单，但真正的幸福感有深刻的内容，能培养宝宝的精神、与世界融合的感受，是一生受用的财富。

宝宝们都喜欢被善待、喜欢长大，还需要小小的惊喜刺激情感。幸福的宝宝都具有相同的基本特性，包括自信、乐观、有控制世界的感觉。一旦掌握了好的方法，宝宝的这种特性能很容易被发掘出来。

让宝宝无拘无束

有成功感的宝宝常会感到自己幸福。但要让宝宝有能力迎接一生的挑战，不被诱惑充斥生活。每个宝宝都有减压的机会，玩或者学习的时候稍微休息一下、自由活动

一下，让想象自由驰骋。不受时间限制地去捉萤火虫、堆雪人、或者看一看蜘蛛织网、蚂蚁搬运，都能给宝宝带来生命的惊叹，让宝宝用自己的方式探索世界。不妨放下手中的事情，从排得满满的日常忙碌里走出来一会，和宝宝一起追寻这种快乐。

教宝宝关心别人

需要让宝宝感受到自己是集体中有价值的一员，能够触及到别人的生活。给宝宝更多接触别人的机会，让助人为乐的感受慢慢走进宝宝心灵。可以选一些不用的玩具和衣物送往灾区，培养同情心也是情感教育的重要方面，让宝宝在很小的时候就能学会从帮助别人的过程中获得快乐。

接触自然

和宝宝一起去滑雪，或者一起到公园里玩，和宝宝一起骑车，可以让宝宝更健康、更强壮，能让宝宝拥有更多的欢笑。经常运动能让宝宝身心放松，能让宝宝有健康的体态，也能让宝宝因为自己能完成一些体育运动而获得自豪感。如果鼓励宝宝去做喜欢的运动，能从中得到更多的乐趣。

发自内心地笑

微笑能让宝宝感到更舒服。用最直接的方法对宝宝说："我爱你！"在宝宝身边的时候，一定要多拥抱。要记住，每次拥抱和微笑对家长和宝宝都有好处。讲笑话、唱儿歌、告诉宝宝自己遇到的可笑的事，对亲子都有好处。

有技巧地表扬

不要仅仅对宝宝说："做得真棒！"当宝宝有进步或者掌握了一门新技能的时候，要能指出宝宝做到的细节说："我喜欢你这样画树"，要比空洞的赞扬好得多。同时不要过分奖励宝宝，否则会使宝宝更重视得到的奖励，而不是自己做了什么。

让艺术走近宝宝的心灵

古典音乐能促进大脑发育，接触音乐、舞蹈以及任何类型的艺术，都能丰富宝宝的内心世界。弹钢琴、听音乐能给宝宝一个情绪发泄的出口，这是宝宝表达对自己、对世界的感受的一种有创造性的方法。这种感觉来自于对艺术的感受过程，无论是学钢琴，还是参加幼儿园的演出，都能让宝宝觉得自己是优秀的。

微笑聆听

能专心听宝宝讲话，是表示家长很关注。在宝宝和家长讲话的时候，请停下手头的家务事，把注意力转移到宝宝身上不要打断，让宝宝把话说完，即使这些话以前听过。

适当让步

家长都希望自己的宝宝是最好的，有时当宝宝做得不是很好，纠正或者完善的时候，会在不经意间破坏了宝宝的信心。如果宝宝刚刚擦过的地板，再去重新擦，实际上就是告诉宝宝做得不够好。如果家长下一次还想纠正宝宝做过的事，不妨先问自己几个问题：会影响健康和安全吗？这件事会从现在起影响以后的生活吗？如果答案是否定，就顺其自然好了！

4. 德育，在无言之中养成

对幼儿进行道德教育，是家庭教育中一项最重要的内容

幼儿期是每个人个性、品德开始形成的重要时期，错过这个时期，许多良好的品性很难形成。有位优秀的幼儿教育家说：“优秀的品格，只有从宝宝还在摇篮之中时开始陶冶，才有希望，在宝宝心灵中播下道德的种子，越早越好。”前苏联教育家马卡连柯说：“正确、合理和适合标准的教育宝宝，比做再教育工作容易得多。”因此：

需培养的品德教育

❶ 萌发爱国情怀：对祖国的爱是人类的美德，也是中华民族的光荣传统和珍贵遗产，它也是成才的巨大推动力。

对幼儿来说，培养对祖国的爱，要从身边做起。教育家苏霍林姆斯基要求他的学生，首先要爱妈妈，他认为：如果一个人连他妈妈也不爱，他还会爱别人，爱家乡，爱祖国吗？对于宝宝来说，爱自己的妈妈容易懂，容易做，为成长后进行爱国主义的教育打下基础。

因此，要教育幼儿努力给妈妈、爸爸、祖父、祖母带来欢乐，分担忧愁和不幸，关心、体贴、照顾家人病痛，有好东西要懂得谦让给爸爸妈妈和亲人。还可以通过游览，参观，旅行使宝宝领略到祖国山水、江海、河川的美丽风光，知道祖国领土的辽阔，悠久的文化，对幼儿进行爱国主义熏陶，萌发对祖国的爱。

❷ 养成文明礼貌习惯：文明、礼貌的行为，是精神文明的标志。文明礼貌的行为习惯是从小开始长期实践而形成的。培养文明礼貌的行为，家庭教育应当要求幼儿从小不骂人，不讲脏话，待人和气、热情、有礼貌，别人讲话不插话，不打断别人说话；要尊老爱幼；在别人家做客时，不乱翻东西，吃饭要守规矩等。

❸ **培养诚实的品质：**教育宝宝做诚实的人，不隐瞒自己的过错，勇于改过。要使幼儿切实做到这些，最主要的是家长的教育态度。如果对宝宝的过错一味指责，很难培养宝宝这种品质。发现宝宝说谎时，应当分析其说谎的原因，有针对性地解决。例如，宝宝要买彩色笔画画，遭到家长拒绝，结果会去拿邻居家的；宝宝做错了事，怕挨骂挨打而说谎，为了虚荣心而说谎等。若是家长不分青红皂白批评宝宝，是解决不了问题的。

家长应处处以身作则，成为宝宝的榜样。宝宝待人不真诚、私拿别人的东西、说谎，有可能是受到家人不良行为的影响，这种潜移默化的影响，会使宝宝形成根深蒂固的恶习，不可掉以轻心。

❹ **培养勤劳俭朴：**幼儿勤劳俭朴的品质是通过劳动来培养的，幼儿劳动主要从以下几个方面着手：

宝宝做自我服务的劳动，能自己做到的事自己做。自己穿衣，洗脸、刷牙，吃饭，收拾床铺、玩具等。自我服务劳动行为，能培养幼儿生活的条理性和独立生活的能力，为宝宝参加家务劳动和社会公益劳动打下良好基础。

参与家务劳动，能使幼儿对家庭关心，爱护，成年以后知道主动关心别人，与各种人都保持良好的关系。通过劳动获得生存的能力，长大后用自己的双手创造幸福美满和谐的家庭。通过家务劳动，增强宝宝的参与意识和劳动观念。可以让宝宝洗碗筷，打扫居室卫生，捡菜，就近处买小物件等。通过劳动，培养幼儿爱惜劳动成果，培养幼儿热爱劳动和节省、俭朴的好品质。家庭生活习惯养成要做到不浪费水、电、食品，不与人攀比衣着、玩具，女宝宝不浓妆艳抹，不戴首饰等。

❺ **与人友好相处：**培养宝宝大方不自私，与人友好相处十分重要，要求宝宝事事处处不能只顾自己，要和小朋友一起玩，共同分享食品和玩具，要遵守游戏规则，收拾玩具。通过多种活动让宝宝与别的宝宝友好相处。培养宝宝生活的规律性，按时起床，就寝，进餐，学习，做游戏。

❻ **培养勇敢、坚强、活泼、开朗的性格：**勇敢是指个人具有不怕危险和困难，有胆量的一种心理品质。这种品质与人的自信心和自觉克服恐惧心理的能力结合在一起，必须从小开

始培养。要教育宝宝敢于在陌生的集体面前说话、表演；鼓励宝宝参加力所能及的体育活动和各类游戏活动，培养宝宝的自信心；要求宝宝在黑暗中或听到大声音或遇到打雷、刮风、下雨的天气不惊慌、不害怕，能克服各种困难坚持完成任务，勇于承认自己的过失和错误。

日常生活中，家长应当注意运用正确的教育方法，经常鼓励和支持宝宝参加各种有益的活动，不要随便指责、嘲笑、挖苦和恐吓宝宝，以免形成幼儿遇事胆小畏缩的心理。

为培养宝宝的勇敢品质，家长要教给宝宝相应的知识和技能，让宝宝产生足够的自信心。宝宝的胆怯行为，大多数是因为缺乏自信心产生的，而自信心又建立在必要的知识技能基础上。例如：幼儿会对雷电、风暴感到恐惧，对待在黑暗中感到不安，是因为缺乏相应的知识和相应的能力。家长应当给宝宝讲解有关知识，教一些相应的技能和方法，宝宝的恐惧感就能减轻。

宝宝怕困难，往往是因为对自己的能力缺乏信心所致，如果宝宝确实能力较弱，天赋较差，家长对宝宝的要求要尽可能符合宝宝的实际水平，还应给宝宝以具体指导和帮助。宝宝完成了力所能及的事后，要立即给予肯定，不管这事多么小、多么微不足道，鼓励和肯定，是令宝宝增强自信心的关键。

还可以用现实生活中的实事、故事、电影、戏剧等文艺作品中富有勇敢精神的形象来影响和教育宝宝，帮助宝宝克服恐惧心理。

幼儿天生好动，在运动中发展动作，发展智力，发展品德个性。但无控制的动，过分的动，会影响服从规范能力和注意力的良好发展。在多种活动中，应当正确诱导和培养宝宝自控力，使宝宝成为既活泼开朗，又善于控制自己性格的人。

幼儿品德教育的方法

❶ 充分发挥艺术作品的效能： 宝宝具体的思维形象，用抽象的概念难以掌握，利用幼儿最喜爱的艺术形象教育宝宝作用相当大。如当幼儿听了“没有牙齿的老虎”故事，要求吃糖次数就会减少，不讲卫生的宝宝会像“小猪变干净了”一样，爱卫生，养成饭前便后洗手的习惯。

❷ 掌握好教育的时机： 时机，是指进行活动或生活过程中具有时间性的有利机会，幼儿教育也有时机问题。教育时机往往表现在以下几个方面：宝宝获得成功时，家长在鼓励之后，可以提出新的要求，玩后把玩具摆得

整齐些就更好了；受到挫折时，家长要关心帮助宝宝改正缺点；宝宝对某事产生兴趣时，家长因势利导，引导幼儿形成良好的行为习惯；宝宝发怒激动时，家长要冷静，等宝宝平静后再教育；宝宝生病、疲劳时，最好少要求，多关心，但决不迁就。

(3) 潜移默化的暗示法： 教育学家认为：“任何一种教育现象，宝宝在其中越少感觉到教育者的意图，教育效果就越大。”暗示教育法能融洽教育者与被教育者的关系。避免受教育者产生逆反心理，促使幼儿主动，积极发展。暗示法具有几种好处：易接受，宝宝从小不喜欢“赤裸裸”的教育形式，不愿老处在受教育、受管制的地位。暗示法会使宝宝感到平等，受到尊重，暗示手段使宝宝感到愉快，轻松。例如：丰富的面部表情，生动的语言，具体感人的情景，容易使宝宝接受，消化，付诸行动。通过暗示手段，能使幼儿在道德认识，情感意志，行为等方面发展。暗示的具体方法包括语言的暗示，榜样的暗示等。对幼儿影响最大的暗示就是体态手势，表情。例如：宝宝爱说话，家人噘噘嘴；宝宝做小动作，家人招招手；宝宝打瞌睡，家人敲敲桌子等，也能帮助宝宝克服缺点。

❹ 积极诱导法： 教育宝宝的方法有多种，需要开动脑筋，选出能促进宝宝主动性发展的一种，完全能做得到。幼儿心理学家、教育家陈鹤琴老先生，有一次发现宝宝披着又脏又破的布做游戏时，他想发火但没有发火，因为他知道发火解决不了问题，他想帮助宝宝找一块干净布，却没有去做，而是启发宝宝，让宝宝主动想办法换掉了脏布。这种做法不伤宝宝自尊心，相反，即克服了缺点，又调动宝宝的自觉性，改正自己的不足。

❺ 因势利导法： 根据宝宝原有的表现，诱导宝宝明辨是非，形成良好的品德。老师在讲刘胡兰英勇就义的故事时，有一名宝宝看到另一名宝宝在画唐老鸭，逗得直发笑，老师虽然很恼火，但还是冷静地处理好了这件事。在了解情况后，老师布置宝宝们回家后，问一问家长“笑”有多少种，什么情况下应当笑而什么时候不应当笑。第二天，宝宝七嘴八舌热烈讨论，知道在刘胡兰就义时，不应该发笑。这样做不仅纠正了错误，而且让宝宝明白和掌握了关于“笑”的常识，提高了宝宝的认识和明辨是非的能力。

5. 通过宝宝的眼睛看世界

宝宝的游戏世界

对宝宝来说，游戏并不等同于单纯的游戏概念，重要的是一种探索活动。在游戏过程中，使宝宝的心智与体能得到快速发展。

0～3个月：这时的宝宝，大部分行为是由生理反射功能决定，因此游戏的重点是宝宝自身。例如，宝宝喜欢在自己眼前晃动双手、玩弄自己的手指。

4个月～1岁：宝宝的视觉能力和动作协调能力得到相应提高，任何在宝宝抓取范围内的东西都成了其练习抓取动作和测试的游戏目标。此后，在各种障碍物中爬行、聆听自己制造的各种声音、躲猫猫和玩小腾空球、往地上扔东西等，这一切就成了宝宝最喜欢的游戏。

1岁以上的宝宝，开始喜欢做各种带有假想、推测性质的游戏，由于宝宝们记忆力和推理能力的发展决定，通过进行这类游戏不仅能促进两项能力的发展，还能使宝宝获得众多与周围环境有关的宝贵经验，逐渐学会如何控制自己以及身边的事物。

为鼓励宝宝发展自我认知，锻炼宝宝平衡能力的发展，爸爸妈妈应当为宝宝提供足够多的机会，让宝宝们按照自己的意愿去爬、去跑、去跳……总之，做各种宝宝乐于做的游戏，才是顺应宝宝天性的最佳方式。

适合宝宝的游戏

❶ **锻炼平衡能力的游戏：**上下台阶，可以轻松地帮助宝宝掌握身体平衡，也有助于加强宝宝对自己身体的认知；翻越障碍，如钻过某个模型、钻洞、跳过土坑、跨越圆木、翻越矮墙等，可以有效锻炼宝宝身体各部分肌肉；抓竿悬垂，既可以锻炼宝宝的臂力，有效锻炼宝宝的平衡能力，对宝宝的视觉开发也有帮助。

❷ **培养节奏感和韵律感的游戏：**听音乐时音量的大小、节奏的快慢，乐曲所要表达的各种情感等，音乐的刺激不仅可以帮助宝宝辨别声音，对提高记忆力、开发智力也很有帮助。无论在家还是旅途中，音乐游戏都可以随时随地进行。

❸ **感受外界的游戏：**通过触摸，宝宝会对冷暖、软硬、光滑与粗糙等各种抽象的概念有了正确的认识，给宝宝一些按摩，轻轻捏捏或者敲敲宝宝身体的某些部位，给宝宝洗澡的时候用一些安全的玩具，比如塑料瓶子、浴球、喷水壶等，让宝宝触摸，或用这些物件在宝宝身上滚一滚、碰一碰、给宝宝身上喷水等，都能带给宝宝许多的乐趣。

❹ **发展智力的游戏：**玩黏土、做手指画、拼图、沙画等游戏都会很有趣，还能锻炼肌肉。给宝宝玩颜色鲜艳的线团，用辨认颜色的玩具，可以帮助宝宝认识颜色，提高手眼协调能力。

宝宝从降生那一刻起，就对爸爸妈妈的声音特别敏感，喜欢按摩、做被动操等各种游戏，因此与宝宝玩游戏可以从宝宝一出生就开始。至于游戏的内容，爸爸妈妈可以根据宝宝的实际情况精心设计一些适合宝宝的游戏，以帮助宝宝更好地掌握各项技能，促进宝宝身体与心智的全面发育。

5 锻炼运动神经的游戏： 自制一个装有谷物、豆子、彩色珠子、玻璃球、闪光纸等各种小物件的透明塑料瓶，把瓶口封紧，放在宝宝眼前。宝宝对五颜六色的瓶子很快就会产生兴趣。滚动瓶子时，瓶子里发出的哗啦哗啦的响声，以及闪闪烁烁的色彩，会令宝宝感觉特别好奇。

给宝宝玩追瓶子游戏时，可以把瓶子放在离宝宝有一小段距离的地方，让宝宝自己去拿。游戏的工具也可用球、可滚动的色彩鲜艳的玩具代替。

遇上阳光明媚的日子，带宝宝吹一吹肥皂泡，那一串串五彩缤纷在空中飞舞的可爱小精灵，一定能让宝宝觉得十分好奇。让宝宝追一追到处飘舞的泡泡，滚一滚彩色的瓶子是锻炼运动神经、提高手眼协调能力的好方式。

(6) 躁动情绪的游戏： 无论用力揉捏生面团、还是击打生面团都可以让宝宝紧张的情绪放松下来。在宝宝小手的揉捏下，变化多样的面团，能带给宝宝无穷的想象力与创造力。起初可能只是拿着面团乱揉一气，或者把面团揪成数段都没有关系。虽然，宝宝乱揉、乱揪面团的游戏做着，看不出任何创造力与想象力的成分，但可以有效锻炼宝宝手部肌肉和运动神经。等到稍大一些，可以给宝宝提供一些诸如塑料刀叉、形状各异的印模、压蒜器等工具，借此开展宝宝的创造力之旅。

当宝宝想象力与语言表达能力发展到一定程度时，可以给宝宝一些生日蜡烛、牙签、塑料小花小草等装饰用的小物件，让宝宝用面团做一个生日蛋糕、捏个偶人、小猫、小狗等小动物，用压蒜器压出一些细长面条，当做偶人或小动物的毛发；擀一些面片做小人的衣服、裙子、小鞋，用纸或牙签折叠，造一艘小船，制作山洞、桥梁、大山等布景。也可以给宝宝提供一些图形或实物，让宝宝照图样制作一些东西，或充分发挥想象力制作

宝宝想象的物体等。利用这些道具和宝宝创造的产品，还能与宝宝一起来玩一些有趣的游戏，比如角色扮演游戏、讲故事的游戏等。通过揉面团游戏既可以给宝宝一些特殊的感性认识，还能帮助宝宝提高语言表达能力，创造一个发挥想象力与创造力的机会。

> **早教启蒙小贴士**
>
> **生面团的制作**
>
> 面粉 2 杯、盐 1 杯、油 2 汤匙，食用颜料适量。制作方法：取食用颜料适量混合在面粉里，边搅拌边加水，大约加水 2 杯；和好的面放在平底锅中加热大约 5 分钟，边加热边搅拌；当面团与平底锅的边缘分离，熄火。等面团晾凉后就可以给宝宝玩。不玩的时候，把面团包在袋子里与空气隔离，在冰箱储藏盒里保存。

6. 重视幼儿的情商教育

所谓情商，指的是一种非理性的情感商数，包括人对自己和他人的自我认识、情绪控制、自身调节、意志发挥、忍耐挫折、容忍失败等方面的把握能力。情商的高低，直接影响到人做事的质量效率，看待问题的方式方法，决定选择是非的判断和勇气……情商教育涉及生活中的点点滴滴，也关系到宝宝的健康成长与发展，重视幼儿的情商教育，能使宝宝赢在人生的起跑线上。

培养宝宝的情商，应当重视以下几个方面：

帮助宝宝认识自己，了解自己的性格、情绪

在了解自己的基础上，鼓励宝宝发展良好的性格和品质，如热情、乐观、友善、协作等；对冷漠、怯弱、易怒、孤傲等性格缺陷，要及时帮助宝宝改正和抑制。

家庭生活中要训练宝宝学会控制自己的情绪，使宝宝懂得约束自己的情感，在不同的场合表现出相应的情绪。并在日常的生活中注意观察宝宝的行为和情感变化，与宝宝做好心灵的沟通，及早地教育使宝宝不断得到完善。

树立积极乐观的精神心态

要有意识地训练宝宝在面对事件或突发的问题时，心理的自我调节能力和处理问题的心态、方式、方法等。让宝宝明白：生活之路不会一帆风顺，在问题出现时要积极的应对，而不要发愁、难过、逃避……

帮助宝宝培养坚强的意志、持之以恒的精神

在生活中，可以通过让宝宝做一些琐碎、重复的小事情，锻炼宝宝的耐性。要树立宝宝的自信心和顽强的斗志，有意识的训练宝宝的经受挫折能力，学会忍耐和包容，协助宝宝磨砺坚忍不拔的意志能力。

学会容忍失败

人生中，遭遇失败在所难免，不如意事十有八九。在生活中对宝宝多加鼓励是应当的，但不可以把宝宝捧的太高，使宝宝的心理压力增大，为维护虚荣竭尽全力，一旦不如意，精神防线马上就崩溃，不懂得如何面对失败。因此，不要忘记给宝宝的人生经验中留下“容忍失败”，学会赢得起，首先要能输得起。

懂得与人友善，互助合作

在生活中，注重宝宝社会交往能力的锻炼，培养宝宝与人打交道的能力和待人接物时的礼仪姿态，使宝宝出落自然、大方得体。多领宝宝去各种场合，多见一见人；多和小朋友一起玩耍，教宝宝学会照顾小朋友；树立领导的意识，待人友善；鼓励宝宝大胆提问、不懂就问，谦虚好学；懂得忍让、谦和，等等。

7. 非智力品质培养

自信心、进取心、坚持性、不自卑、不屈不挠的优势

智力因素（思维力、观察力、注意力、记忆力、想象力和创造力等）与非智力因素（兴趣、情感、意志、性格）是人的理性活动的两个方面，是互相联系、互相影响、相辅相成的。一个人具备浓厚的兴趣、强烈的情感、顽强的意志和坚强的性格等优秀的非智力品质，就能够充分调动人的主观能动性，加强智力结构过程，使智力活动显现积极的活跃状态。从而在学习和工作中产生出超乎寻常的高效率。

国外心理学家追踪研究结果表明：成就最大者与最小者之间最明显的差异，不是智力上的差异，而是自信心、进取心、坚持性、不自卑、不屈不挠等良好的非智力品质上的差异。国内研究也表明，智力中等而非智力品质优秀者，学习成绩可以与智力较高者并驾齐驱，智力较高而非智力品质不佳者，不易取得出色的成就。即使是智力较低的人，也完全可能借助良好的非智力品质而获得一定的成就。由此可见，明智的

家长在开发宝宝智力的同时，必须重视宝宝的非智力品质培养。

要为宝宝创造和谐愉快的生活环境

对于培养宝宝的良好和稳定的情绪十分重要。对待宝宝要爱而不宠，严而可亲，尊重体贴，使宝宝避免产生撒娇、任性或自卑、懦弱等消极情绪，能专心致力于各种活动，从而逐步形成较强的自尊心、自信心和自制力。

在开发智力的同时，培养宝宝对科学的兴趣和求知的欲望

爸爸妈妈在和宝宝一起玩或进行游戏活动时，巧妙穿插一些富有情趣而又耐人寻味的问题，激发宝宝的求知欲。家长如果不顾婴幼儿的特点，不讲究方式，强制学习宝宝并不感兴趣、或超出宝宝接受能力的知识，会在宝宝幼小的心灵中埋下厌学的因素，摧残宝宝学习的自信心和进取心。

把培养宝宝的注意力、持久性和坚持性寓于游戏中

婴幼儿的行动具有较大的随意性，往往不能善始善终地做一件事，要有意识地在这方面加强训练。

游戏是宝宝们特有的世界，寓教于游戏中，能收到事半功倍的效果。比如，教一种玩具的多种玩法（如用积木拼凑各种图形），能使宝宝长时间专注于一项活动而不感到乏味，从而培养持之以恒，锲而不舍的意志。家长对宝宝的游戏不以为然，随意干扰，会促成宝宝做事心不在焉、有始无终等不良的非智力品质。

日常生活中培养坚强性格

每一个宝宝都有独立生活的意愿，如独立行走、自己吃饭、洗脸等，应当放手让宝宝独立解决问题，不要包办代替，锻炼宝宝克服困难的意志；诱发积极思考，找出解决问题的方法，从而培养勇敢坚韧和不屈不挠的性格。基于这一目的，可以经常从假设性的特定情境出发，设置一些可能会遇到的困难和障碍，让宝宝想办法解决。还可以经常带宝宝参加一些带有惊险色彩的活动，如荡秋千、登浪船、坐电动飞船等。对宝宝的每一个积极行为，要予以及时的鼓励，就会促使优秀非智力品质的形成与巩固。

良好的非智力品质不是一朝一夕形成的，对于好的非智力品质的培养，也不是孤立地进行的。它是通过家庭的影响，教育的熏陶和自我实践逐步塑造的，也是在智力

开发过程中同时完成的。爸爸妈妈们在开发宝宝智力品质的同时，千万不要忽视非智力品质的培养。

8. 情绪调控能力培养

情绪调控能力

情绪调控能力，是情绪智力的重要品质之一，这种能力能及时摆脱不良情绪，保持积极的心态。幼儿期是情感教育的黄金时期，帮助幼儿形成初步的情绪调控能力，是幼儿情感教育的目标之一，也是幼儿情感教育的重要内容。

幼儿的初步情绪调控能力主要表现在两方面：一方面表现为幼儿能对自己情绪中，那部分对人对己可能产生不良影响的情绪冲动加以适当调控，如宝宝对任性、执拗、侵略性、攻击性等偏激情绪的适当调控；另一方面表现为幼儿能适当地调节情绪，并常常鼓励自己保持高兴愉快的心境。概括来说，就是既有控制，又有宣泄，把情绪调控在一个与年龄相称的范围内，以促进情感的健康发展。

发展宝宝的情绪智力，应重视家庭情感氛围

爸爸妈妈互敬互爱，和睦相处，善于处理好自己的情绪，表现得愉快、喜悦、乐观向上，不仅能使宝宝生活在温馨的家庭氛围中，得到关心爱护，获得爱和尊重的体验，从而心情愉快，产生主动向上的积极情感，而且也为宝宝处理消极情绪提供榜样，对宝宝学习情绪、理解情绪和处理情绪产生潜移默化的影响，是培养幼儿初步情绪调控能力的前提。如果爸爸妈妈之间经常争吵，家庭关系紧张，宝宝极易产生焦虑不安、自卑、恐惧等不良情绪。

在家庭氛围中，爸爸妈妈要克服自身情绪的不良表达方式，如暴躁、武断、独裁以及动辄施以威胁或惩罚，应当设法跳出亲子关系中因爸爸妈妈与子女的不平等性产生的权力陷阱，认清宝宝情绪背后的真正动机，以理智的方式博取宝宝的信任，成功地疏通亲子沟通的渠道。发展宝宝的情绪智力，应当特别重视家庭情感氛围的作用和影响，要在血缘亲情的基础上建立起理解、宽容和和谐的家庭氛围，有目的地帮助幼儿实现情绪的宣泄。

促进宝宝的情绪发展，让宝宝体验各种情绪

为促进宝宝的情绪发展，培养宝宝初步的情绪调控能力，应当让宝宝全面体验各种情绪，以丰富宝宝的情感世界，既要有积极的情绪体验，又要有消极的情绪体验。面对宝宝的各种需要，要客观分析，满足合理要求，拒绝不合理要求。需要得不到满足时，宝宝会获得消极的情绪体验，会表现出某种过激情绪反应。应当预先与宝宝共同设定一些规范，逐步培养宝宝明辨是非的能力，进而在实践活动中，运用这种能力对自己的情绪表达方式做出价值评判。只有宝宝能够对自己的情绪作价值评判时，才具有实现情绪调控的可能性。当然生活中也应教育宝宝适度节制各种欲望，抵制各种诱惑，让宝宝时常既有需要得到满足的体验，又有需要得不到满足的体验，这样慢慢就能正确对待需要和满足的关系，慢慢地就能学会对自己的情绪和行为加以适当的调节。

游戏对宝宝情绪调控能力有利

宝宝有喜爱游戏的天性，游戏的趣味性和吸引力促使宝宝愉快地、心甘情愿地服从角色分配，服从规则要求，要想参与就必须约束自己的行为，否则会遭受排斥，失去参与活动的机会，这有助于训练并逐步形成宝宝的情绪控制机制。另外，游戏本身就是幼儿松弛紧张情绪，宣泄消极情绪的有效方式，在游戏中幼儿会借助动作、语言、角色扮演来体验积极情绪，宣泄消极情绪，在内心产生一种满足和快乐的感受。

为宝宝创造与同伴交往条件

宝宝成长过程中，需要与同伴交往，如果长时间独处，会产生莫可名状的孤独感，渴望交流又得不到交流的状况，可能导致慢性的情绪压抑。积极与同伴交往不仅可以愉悦宝宝的身心，也为宝宝提供实践情绪调控的机会。同伴是宝宝最有效的榜样，同伴的榜样对宝宝有较强的吸引力和感染力，易于为宝宝接受和模仿。幼儿可以从同伴身上学习如何调控自己的情绪。尽管宝宝在与同伴的交往中，不免会发生一些小冲突，却能使宝宝们学会如何与别人协调，如何抑制自己不合理的愿望，如何处理同伴关系等。

教给宝宝自我调节情绪的方法

由于幼儿注意力很容易发生转移，消极情绪状态持续时间不一定很长，这也表现

出一种对情绪的无意识调节。面对宝宝的过激情绪，家长可以讲究策略，运用冷处理、设法转移幼儿注意力等。但同时应帮助宝宝学习主动自觉地控制情绪。如教给宝宝一些自我调节的方法，譬如告诉宝宝如果控制不了自己的情绪时，就在心里暗暗说“不能打人”或“不能摔东西”；或者在不愉快时想一想别的、愉快的事情。

9. 提高宝宝的“体商”

了解“体商”

近年来，除了大家所熟知的智商、情商和财商，越来越多的西方家庭开始注重从小培养宝宝的“体商”，即提高宝宝对体育锻炼的热心程度以及参与运动的水平。

出生后开始锻炼

西方人普遍认为，宝宝参与锻炼越早，体商的提高往往也越快，因此，西方的宝宝一出生便开始“锻炼”。在春、夏、秋季，出生仅仅2周的宝宝会被抱到户外，在树荫或柔和的阳光下享受日光或空气浴，每次约15分钟，每日1~2次，随着宝宝的成长逐渐增加次数、延长时间，其间妈妈们还会轻柔地摇动宝宝的小手、手臂、肩膀和腿。这类户外活动让宝宝有机会接触到大自然，有机会享受到新鲜空气、阳光等自然因素的刺激，从而促进宝宝身心两方面的健康发育。

让宝宝做主

西方发达国家的家长，给予宝宝自行选择参与哪种游戏或运动项目的权利，不包办不强迫，尤其不勉强宝宝参与家长喜爱或选择的项目。

鼓励宝宝结交运动高手

体育运动往往是群体活动，因而培养宝宝的“合群”性格与培养体商有着有机的联系。因此，西方国家的爸爸妈妈会特别鼓励宝宝结交更多爱运动、体能好的小伙伴，以便在后者的带动下提高其参与运动的主动性和积极性。

为宝宝做个好榜样

统计显示，在家长不爱运动的家庭中长大的宝宝，往往也是四体不勤的“懒虫”。因而有这么一句口号：为了宝宝能爱好锻炼，你自己也必须爱好锻炼。

帮助宝宝克服相关的心理障碍

一些宝宝并非天生不爱运动，只是因肥胖、手脚笨拙、反应迟钝或身材过于矮小等原因而导致强烈的自卑心理。对此，爸爸妈妈要及时开导宝宝，努力让宝宝明白“重在参与”的道理，不必过分看重运动表现或运动成绩。如有必要，还要聘请心理专家协助。

鼓励宝宝多接触和体育有关的信息

要求宝宝留意报纸或电视上的体育新闻，让宝宝自编幼儿园的比赛报道，带宝宝亲临赛场看球，或给球星写信等。

宽容尤为重要

对那些手脚不太灵活、体能远远不够充沛、运动水平也很低的小不点儿，只要能够动起来就是好样的。对宝宝的每一点进步、每一点成绩，都要及时予以表扬。家长允许宝宝经常变换锻炼项目以增强运动兴趣，不要动辄就批评宝宝"缺乏恒心"。

这一切最重要的是帮助宝宝发现锻炼的乐趣，养成爱运动的习惯，并由此而受益终生。

10. 宝宝的品格培养

道德智商

幼儿的道德智商培养，或者说品格的培养，需要从宝宝诞生的第一天开始，因为宝宝会观察和模仿成年人的行为，要相信人拥有品格胜于知识。

幼儿的道德智商，不是从背诵条规得来的，在学习怎么跟人相处、怎么对待他人时，会逐渐形成道德观。成年人的道德行为如何，宝宝是最敏锐的观察者。

从小开始品格培养

事实证明，不足1岁的宝宝就要调教，要不然长大了会更难教育。一个只有7个月的宝宝喜欢喝完牛奶后，把奶瓶摔在地上的声音。宝宝的妈妈不希望宝宝以为自己喝完了后可以随手一丢，让别人来收拾残局。这位妈妈没有去责怪宝宝，只是每当宝

早教启蒙小贴士

最常见的早教游戏：藏物游戏

家长把玩具藏在床单之下，然后再向宝宝展示取出的动作。在知道了隐藏的地方后，让宝宝以自己的能力去搜寻。在宝宝找到玩具之后，让他玩一玩。这样做不仅培养记忆力，也是了解世间存在着协调与秩序的智力游戏。

宝快喝完最后一口牛奶时，就拿走奶瓶，并一边与宝宝说话或洗脸，渐渐地，宝宝就没兴趣再丢奶瓶了。妈妈从宝宝出生第一天起，就应该思考怎样开始教导宝宝，什么该做、什么不该做。如果家长溺爱、纵容宝宝，就会沦为这种不分是非溺爱的奴隶。

宝宝进小学前后，是良知启蒙开始的年龄，开始建立起自己的道德观念，也开始建立和巩固自己的性格。家长应当谨慎地尝试，了解宝宝怎样理解事物。宝宝到青春期常常会觉得自己的心事、焦虑、恐惧、愿望等无法与人分享，做家长的对较难理解的举动不应一概责备，应当尝试用自己曾拥有过的宝宝之心去理解和开导，与宝宝沟通。

11.暗示教育有奇效

爸爸妈妈们一般都遇到过这样的场景：当宝宝咬手指时，家长会禁不住啪地打一下宝宝的手，大声喝道："不许咬手！"但是，当宝宝压力过大时，反而更想把手伸入口中。而在此时，如果只是对宝宝来个暗示，比如摇一摇头，或者用眼神示意宝宝别咬手指头，要比前一种方式更能令宝宝接受。这种现象说明，暗示教育效果要比简单粗暴的呵斥和禁止行为有效得多。一般说来，暗示教育可以从以下几个方面进行。

语言暗示

在宝宝不想去幼儿园时，不必逼着宝宝答应去，可以这么说："在幼儿园要同小朋友一块玩玩具。"从中暗示宝宝，今天要上幼儿园，并让宝宝想到上幼儿园可以和小朋友一起玩玩具。也不要直接对宝宝说："不听话的宝宝才闹着不去幼儿园。"而换成："明明昨天不乖，他闹着不去幼儿园。"宝宝会明白，闹是不对的。

当家长要让宝宝对某一事有深刻的印象时，不一定要反复强调，只需用暗示性的语言启发宝宝，就能达到目的。比如，教宝宝懂礼貌，可以问问宝宝："见到爷爷奶奶应该先说什么？"让宝宝自己说："问爷爷奶奶好！"

行为暗示

行为是直观的，最容易引起宝宝注意。一个小朋友敲一下门后笑着跑开，别的宝宝就可能也跑上去敲一下。所以，利用行为来暗示宝宝，也会起到好的教育作用。比如，宝宝不好好地吃饭，爸爸妈妈可以模仿卡通人物"大力水手"的样子，先吃一口菠菜，再伸一伸胳膊、蹬一蹬腿，宝宝就会明白您的动作暗示，知道吃好了饭力气大，就会大口吃起来。

榜样暗示

有一个小朋友大声地哭，别的宝宝会随同一起哭起来。这时采用暗示的方法，可以让宝宝哭声停止。老师只须对没有哭的宝宝表示出赞赏，其他的宝宝就会向不哭的学习而停止哭闹。又如，妈妈听到奶奶进门的声音，急忙把桌上的水果收了起来，宝宝就可能从中接收到不良暗示：好东西不给奶奶吃。反之，妈妈把最大、最红的苹果拿给奶奶，宝宝也会从妈妈的行为中，学到孝敬老人的好品德。

情境教育

爸爸在书房写作时，宝宝有可能跑到爸爸桌前又叫又跳，此时，如果妈妈厉声制止当然也能行。但是，却不一定能比妈妈蹑手蹑脚进屋，小声对宝宝说："咱们到外面玩吧！"效果更好。

当宝宝不睡觉时，可以指一指旁边睡着的小花猫，暗示宝宝该睡觉了。也可以躺在宝宝身边装睡，宝宝在"大家都睡"的情境之下，也会很快入睡。

对宝宝来说，暗示教育能够激发无意识的心理活动，让小家伙在轻松愉快的气氛中接受教育，比用强制性的、命令性的教育效果更好，更适宜亲子间的交流。

12. 哭与心理健康

宝宝大了，哭便不是一个很好的表达情感的方式了

哭，是宝宝表达情感的一种方式。对宝宝来说，哭是表达消极情绪的信号，如让爸爸妈妈知道该换尿布、该喂奶了等。

随着宝宝年龄的增长，表达自我需要和体验的能力也增强了，哭就不再是表达需要和体验的主要手段，而会更多地依靠语言、动作等方式，并学习自己去解决遇到的问题。

宝宝会有各种各样的情感表现，有时候会用哭声来表达自己的消极情绪。但如果

把哭当做解决问题的唯一手段，遇到困难就哭，在心理上对哭闹产生依赖，会对宝宝心理健康产生不良影响。

经常处于消极情绪状态的宝宝，身体各器官都会受到抑制，影响正常发育。哭，不利于宝宝形成积极有效的人际交往方式。如果在玩游戏时不知道怎么和别人协作，遇到困难就哭，长大以后也很难学会与人交往、与人友好相处。这种交往方式会发展成为退缩性个性倾向，或以极端的行为解决生活中的冲突，无法适应现代生活的节奏。

宝宝的成长，离不开笑脸

宝宝如果经常处在消极情绪状态，会影响到爸爸妈妈的情绪，使爸爸妈妈产生自责和无力感，“人家的宝宝都好好的，我怎么就带出了这么爱哭的宝宝？”从而影响爸爸妈妈对待宝宝的方式，缺乏足够的耐心，形成宝宝与爸爸妈妈之间消极情绪的不良循环。

宝宝的成长，离不开舒展的眉眼和绽开的笑脸。健康、快乐的宝宝常会有积极、愉快的情绪，要注意从小培养宝宝积极、开朗的情绪、情感，培养独立性，让宝宝成为身心健康的一代。

早教启蒙小贴士

最常见的早教游戏：玩乐器

打鼓、敲木琴、吹哨子、敲手鼓等，以自己的感觉欣赏声响的行为，是“自我意识”的萌芽。虽然宝宝有时候会将这些东西乱咬乱扔，粗暴对待，却是亲身确认自己的感觉，不应加以斥责。

二、宝宝从现在开始走向独立

1. 宝宝开始有了独立性

了解宝宝独立自主的愿望

独立行走之后，1岁多的宝宝身体发育更加强壮，大脑功能更加灵活，具备了一定的独立能力，不再喜欢被妈妈搂在怀里，也不再愿意事事都等待着家人给办理，宝宝会强烈要求亲自动手做事情。吃饭要自己吃，尽管拿着勺子显得笨拙，吃得杯盘狼藉，却吃得很香；穿衣要自己试着穿，虽说会把袜子蹬得个底朝上，衣服扣子张冠李戴、穿得歪歪扭扭，但还是自己做得美滋滋的；喝水要自己动手，别看会洒得满身都是，衣服也会弄湿，却会因为是自己动手而喝上一杯又一杯。就是要让妈妈爸爸看一看：我长大了，会走路，会吃饭，会穿衣服，什么事情都能自己干。如果爸爸妈妈对宝宝的这些成功及时和适度加以鼓励和赞赏，小家伙独立做自己事情的兴趣会越来越浓。

宝宝出现这种独立自主的精神和愿望，在幼儿心理发展过程中具有特殊意义，标志着自我意识的发展，各种能力的发展和个性的形成。

独立能力强的宝宝，喜欢自己哄自己玩

独立能力强的宝宝，喜欢自己哄自己玩，不再缠着妈妈，也能不再哭闹着离不开家人。在独立的游戏中，宝宝会感到特别有兴趣，情绪饱满，心情愉快。一只小皮球，滚来滚去多好玩；小石子扔出去，捡回来再扔也饶有兴趣；一只小盒子里的东西，可能拿出来再放进去，放进去再拿出来，重复多遍的动作，宝宝丝毫也不厌烦；如果没有这些小小的玩具，宝宝日渐灵巧的手指头，会用来抠挖墙上的小洞洞、被子角上的空隙……总之，精力充沛、身体健康的宝宝，总不愿意闲着没事可做。

宝宝独立后的“能力”提高

就在这十几次、几十次滚球的活动中，在不厌其烦的重复动作中，宝宝的视觉观察能力、目测距离能力和空间知觉能力都得到了训练，反复的动作使宝宝的大脑得到了行动性思维能力。在行动的同时，又在不知不觉间学会了概括。于是，宝宝明白了怎样运用自己的小手和小脚，做出什么样的动作能把球踢得滚出去，怎样使用拇指和食指配合，才能捏拿住小物件……满1周岁以后的小家伙，淘气、顽皮、可爱，于淘

早教启蒙小贴士

让宝宝开始独立生活

如果培养得当，宝宝从此不再完全依赖于家长，开始独立生活，不仅能减轻爸爸妈妈的负担，更重要的是，及早锻炼宝宝的手脚，发展大脑的各项功能，培养出各种能力，成为一个动手能力很强、自理能力很强的生命个体。

气、可爱之中练就了本事，增长了才干，增加了智慧。

在各种独立活动中，促进宝宝独立能力的发展，也会引起性格的变化。此后，宝宝变得更积极、更主动，增强了克服困难的意志，认识到自己的能力，加深了自我了解。

2. 自我意识从1岁开始

1岁以后的宝宝开始对自身有所认识

自我意识，是人类个性的一个组成部分，它的发展有着许多社会因素的作用，在宝宝自我意识的形成和发展中，要教会宝宝自己教育自己，完善自己的个性。

1岁以后的宝宝开始对自身有所认识，这是自我意识萌芽的表现。自我意识是人类特有的意识，是人对自己的，和自己与周围事物的关系的认识，它的发生和发展是一个复杂的过程。自我意识不是天生具备，而是在后天学习和生活实践中逐步形成。

宝宝早期还没有这种意识，不认识自己身体的存在，所以会吃手，抱着脚啃，把自己的脚当玩具玩。以后随着认识能力的发展，宝宝逐渐知道手和脚是自己身体的一部分。到1岁以后有了自我意识，表现出知道自己的名字，能用自己的名字来称呼自己，表明宝宝开始能把自己作为一个整体与别人区别开来。开始认识自己的身体和身体的有关部位，如“宝宝的脚”，“宝宝的耳朵”等，还能意识到自己身体的感觉如“宝宝痛”，“宝宝饿”等。

打造宝宝完整的人格和个性很重要

对于每一个爸爸妈妈和家庭来说，赋予宝宝完整的人格和个性，比健康的体魄更重要，这个阶段，培养宝宝形成各种优秀的个性特征，具有努力创造、不屈不挠、积极主动等良好素质，都有待于爸爸妈妈去打造和雕琢。

1岁左右的宝宝学会走路以后，能逐渐认识到自己能做的动作，感受到自己的力量，如用手能把玩具捏响，用自己的脚能把球踢走，这些都是幼儿最初级的自我意识表现。

大约到了2岁，幼儿学会说出代词“我”，“你”以后，自我意识的发展会出现一个新的高度。这时候，宝宝不再把自己当做一个客体来认识，而真正把自己当做一个主体。3 岁以后，宝宝开始出现自我评价的能力，能对自己的行为评价说好与坏。

3. 别以为宝宝听不懂

宝宝在旁边听着呢

一般人认为 1 岁的宝宝还不会说话，理解力自然有限，便毫不避讳地当着宝宝的面说他的事，以为宝宝反正听不懂。千万别小看宝宝，宝宝能明白的意思可比家长想象得要多。不想让宝宝听的话，可千万别在他面前说。

1 岁的宝宝还不能离开成人的贴身照顾。照顾宝宝的人简直没有私人时间，这也会造成背着宝宝说话的机会有限。对宝宝过低的估计，往往导致在宝宝面前议论什么不避开“当事者”在场，实际上，宝宝的理解力比家长想象的要多、要强。

很多家庭的夫妇习惯在吃晚餐时交流，谈论白天发生的事，当然一定会说到宝宝这一天干了什么。而且“当事者”往往在场，毫无顾忌。完全想不到，宝宝就在旁边听着呢。

宝宝能够理解爸爸妈妈谈话的内容

1 岁左右的宝宝在语言的接受能力和表达能力之间有很大差异，宝宝能说的词语有限，但能听懂的词语却远远超过会说的，宝宝听懂复杂谈话的时间，比爸爸妈妈想象的时间要早得多，能很清楚地理解爸爸妈妈谈话的内容。

大约 4 个半月，宝宝就能识别自己的名字，谈话中提到宝宝的名字，宝宝就会对谈话给予较多的关注，小脑瓜已经知道说的是自己。到 14 个月，宝宝简直成了识别社交暗示的高手：妈妈生气时，声音就会不由自主地提高，有时还气得全身发抖，呼吸急促；如果妈妈心情愉快，自然呼吸平静，语气温柔，行动舒缓。在察言观色中，宝宝能知道妈妈是高兴还是生气。

换句话说，无论家长说什么，宝宝都能发掘到深层的语意。比如，在给宝宝换纸尿裤时可能抱怨“哦，臭死了！”但心里想的却是宝宝的可爱，又拉臭臭了，那么，宝宝听到的是很轻快的语气。如果真为此感到气恼，宝宝也会把“气愤”语调联系起来听。

爸爸妈妈需注意自己的语言

大部分 1 岁的宝宝能懂得 50 个左右的词语，一般先是那些发音简单、生活中经常提到的名词，如妈妈、爸爸等。接下来的几个月里能学会一些动词，如抱抱、亲亲等，然后能初步理解一些简单的句子中的词。

18～21个月，宝宝突然进入所谓“语言爆炸”期，在这个阶段一天中平均能学会9个词，开始明白词在句子中的顺序，如何影响句子的意思。

举例子说，有一天，20个月的宝宝听到家长在抱怨宝宝淘气，揪了小狗的耳朵，马上就会识别出说的是自己的名字，还说到“小狗”，同时也知道说宝宝做得不对。

既然这样，宝宝在房间的时候，就要省略掉很多想说的话吗？其实用不着。从某种程度上来说，聚精会神对宝宝有好处，爸爸妈妈亲切地谈论自己的宝宝时，宝宝也会喜欢这个话题，说话时不要总像宝宝不在屋里似的，把宝宝当成局外人。如果在谈话时也让宝宝加入进来，会加强宝宝的语言和交际能力，这样比让宝宝做一个被动的接受者要好。比如，爸爸妈妈在谈论头天晚上宝宝做的事情时，可以试着问问宝宝“宝贝，你能告诉爸爸昨天我们玩什么了吗？”

不过，有一点很重要，当否定宝宝的某些行为时，最好别当着宝宝的面说。假如宝宝听说“宝宝脾气真大”或者“宝宝太淘气”等句子时，可能会记住听到的词，虽然还不理解，但长大一点就能解读这些词汇。研究证明，宝宝可以在不理解意义的情况下学会一个词或短语，会在日后把这个词与它的意义联系起来。所以，假如一个宝宝总听到大人叫自己是“小暴君”，明白这个词的意思后，就可能会把这个词当成自己的标志，认为自己就是个“暴君”。

4. 独立始于“衣”

从穿、脱衣服开始培养宝宝的独立性

穿、脱衣服，是日常生活中不可避免的活动。3岁以下的宝宝一般都由爸爸妈妈帮助穿衣服，等到宝宝大一点进入幼儿园，开始群体生活时，第一件需要面对的事情，就是没有爸爸妈妈给自己穿衣服了。

宝宝在一天天地长大，总有一天会脱离爸爸妈妈的怀抱，自己独立面对社会，所以锻炼宝宝的独立生活能力刻不容缓，而自己穿脱衣服，是最容易培养宝宝独立感和成就感的日常生活能力。宝宝长到2岁左右的时候，就应该培养穿衣服的兴趣，这个时候宝宝的手部力量和身体协调性有了一定的发展，能够配合家长穿衣服。

培养自己穿衣的训练方法

为培养宝宝自己穿衣服的兴趣，可以让宝宝自己选择今天要穿什么衣服，让宝宝穿自己喜欢穿的衣服，宝宝就会有自己穿的兴趣。当然，这个年龄段的宝宝还需要家长帮忙，一般以配合爸爸妈妈的动作为主。可以一边穿，一边用语言指示宝宝，加以配合。比如，穿袖子的时候可以拿着袖子，然后让宝宝把手伸进袖子。可以让宝宝把手握成拳头，容易穿过袖子，不至于被袖子牵绊。

教会宝宝学习自己穿衣服的过程很麻烦，不要因为宝宝不会穿衣服或者认为宝宝穿得不好，每次都需要帮着重新穿一次，就剥夺宝宝学穿衣服的机会，用家长的帮助取而代之。宝宝还小，穿得不好或不正确都不要紧，重要的是培养宝宝自己穿衣服的兴趣，学习穿衣服的技巧。

宝宝的衣服大致分为两种，一种是套头衫，一种是开衫，对于刚开始学习穿衣服的宝宝来说，套头衫比较容易学习，可以让宝宝从学穿套头衫开始。

学穿衣服第一步，就是要教会宝宝认识衣服的正面和后面。在买衣服的时候，可以有意买前后图案或者颜色不一样的衣服，如前面有一个小动物的图案，或者前面是红色，后面是黑色的衣服。前后区别大的衣服，能够帮助宝宝区分前后。也可以教会宝宝认识领子处的商标，告诉宝宝有商标的是反面，应该穿在里面，商标应该在脖子后面。

早教启蒙小贴士

最常见的早教游戏：爬到妈妈身上

妈妈背对着宝宝躺好，回过头对宝宝说："过来到这边来，妈妈给你好东西。"用玩具吸引让宝宝爬过妈妈的身体。刚开始时妈妈要平躺，这样比较低，宝宝容易爬过。

5. 让宝宝自己玩

可以培养宝宝的独立、自信、创造力以及语言能力

让宝宝独自玩，可以培养宝宝的独立、自信、创造力以及语言能力。也是大多数爸爸妈妈的心愿，但让 1 岁的宝宝踏实地自己多玩上一会儿，是一件不太容易的事。

宝宝 1 岁半了，最近可能酷爱厨房玩具，经常到厨房里要铲子、勺子，而且总要

妈妈陪着玩。其实，多数爸爸妈妈都希望自己蹒跚学步的宝宝可以独自玩。事实上，独自玩耍对宝宝确实有好处，多数的1岁宝宝已经可以自己拿着玩具，可以自己翻看漫画书，可以追着皮球到处跑。已经能认识到自己可以独立地去做某些事，而且也经常坚持这样去做。

独立玩耍可以培养宝宝的独立、自信、创造力以及语言能力等。经常可以发现15个月的宝宝在自己玩耍的时候总是自言自语，这种典型的现象正是语言能力在发展。

同时，一岁半的宝宝又很少能长时间独自玩耍。一般情况下，15分钟已经是可以预期的最长时间。家长除了给宝宝提供独自玩的机会，还应该注意培养宝宝独自玩的能力。

培养独自玩耍的能力，有四个关键：心情、兴趣、习惯和引导

心情。宝宝独自玩的能力取决于心情。假如宝宝饿了、累了或者身体不舒服，就很难坚持自己玩。不要以为年龄稍微大一点的宝宝就能比小一些的坚持时间长，比如一个22个月左右的宝宝，虽然感知能力和语言能力都要强一些，对独立自主的渴望也更强烈，但是更希望得到爸爸妈妈密切的照看和关注。这时候，爸爸妈妈不能强行让宝宝自己玩，或强行增加宝宝自己玩的时间，而应该耐心地坐下来陪着宝宝，问问宝宝想要什么。如果饿了，就陪宝宝一起用餐，先让宝宝高兴之后，再慢慢引导宝宝自己玩。

兴趣。让宝宝自己玩的游戏，必须是宝宝的兴趣所在。不管是摞杯子还是把衣柜抽屉里的衣服翻得乱七八糟，只要是自己喜欢玩的，就会把精力多投入一会儿。不妨在家庭的厨房里特意留出两个底层的抽屉存放储物盒、塑料勺子及量杯等物件，可以让宝宝非常感兴趣，每次宝宝玩着那些勺子和盒子时，妈妈就有充分的时间做好晚饭。

宝宝完全沉浸在游戏中后，家长就可以慢慢地走开一会儿，或者在旁边看看杂志，假如宝宝把玩具扔过来，可以微笑着把玩具还给他，然后继续做自己的事。几天或几周以后，就可以离得更远一些，但是要记住，永远不要让宝宝离开你的视线，同时要确保宝宝所处的环境必须安全，毕竟1岁多的宝宝没有任何安全意识。

引导。单纯地把宝宝所有玩具都一股脑地拿给他，只会令宝宝不知所措，相反，可以通过一定的次序，每次只给一个玩具来吸引宝宝的注意。

1岁的宝宝需要引导，所以当宝宝开始对玩具失去兴趣的时候，可以通过简单的问题重新引起宝宝的热情。假如宝宝正在玩积木，可以边做自己的事情边和宝宝说话，

但不要直接参与到游戏中，例如可以说"哈！你已经堆了三块积木了，还能再加上一块吗？"

习惯。在日常生活中，要尝试养成宝宝独自玩的习惯。关键在于要循序渐进，每次延长一点时间，宝宝就会慢慢地养成习惯。刚开始时，也许没几分钟宝宝就会寻求家长的参与，不要立刻回应，给宝宝自己解决问题的时间。

一般宝宝在刚洗过澡或刚吃完午饭时，心情比较愉快，是培养独自玩习惯的好机会。尽量避免选择家长疲倦或烦躁的时候，因为家长的心情也会影响到宝宝行为。

这个过程并不会一帆风顺，也许今天宝宝自己还玩得很好，到了第二天就会拒绝重复昨天的游戏，这时候需要家长坚持提供不同的机会，让宝宝自己玩耍，也许在宝宝完全沉浸在自己的游戏中时，家长已经在不经意中享受了完整的一刻钟，没有宝宝的尖叫，没有小手来牵拉注意力。

资料库：培养独立能力的游戏

宝宝在独自游戏的过程中，视觉和听觉得到迅速发展。因而"感觉游戏"应成为宝宝的主要游戏形式，下面一些小游戏可根据宝宝的兴趣选择：

拨浪鼓：听到拨浪鼓的声音，宝宝会感到开心。这类游戏有利于培养宝宝的注意力，使宝宝能积极地适应外界生活。

堆积木：让宝宝把几块积木叠成木塔，然后推倒。积木可以让宝宝了解大、小、形状的概念，还能激发宝宝的创造力。不断地循环，还可以锻炼宝宝的耐性。

开关盒子：打开和关闭盒子或者其他容器，锻炼宝宝手指的精细动作，刺激大脑发育。可以放一些小玩具在盒子里面，然后引导宝宝去打开，当宝宝每次打开盒子看到不同的玩具时，就会喜欢这种神秘感，愿意多玩一会儿。

扔、追皮球：让宝宝自己把球扔出去，再追回来，可以锻炼宝宝全身的肌肉，以及身体的协调能力。

跳舞：准备一些好听的儿歌音乐，宝宝喜欢一个人跳舞，尤其是听到音乐的时候。音乐可以刺激宝宝的听觉，在宝宝学会听着音乐起舞时，已经能协调自己的各个感觉器官。

涂涂画画：几支彩色铅笔或蜡笔，一张白纸，会使宝宝被自己的“艺术大作”深深吸引，还能让宝宝认识颜色，刺激视觉发育。

拼图：买一套拼图给宝宝，或者把不用的图片撕成几份，让宝宝重新拼出来。培养宝宝的逻辑能力，如果宝宝需要帮助，尽量先让宝宝自己完成，在适当的时候再出手相助。

捏泥巴：用不同颜色的橡皮泥，给宝宝更多的创造空间，也可以准备一些模具，比如，小鱼，小花儿和不同形状的几何型积木等，既能让宝宝认识事物又能发挥他的创造力。

在宝宝独自游戏的阶段，家长一方面要尽量给宝宝选择色泽鲜艳、带有声音的玩具，经常给宝宝更换玩具，改变游戏场所，让宝宝充分享受独自游戏的乐趣。另一方面，也要做好安全措施，即使是让宝宝自己玩，家长也要在宝宝的旁边，不要让宝宝离开家长能够到达的范围。注意不要让危险的物品被宝宝当做玩具来玩，例如，药品、化妆品、香烟、钉子、针、装有开水的杯子等。

6. 宝宝和爸爸妈妈的面子

爸爸妈妈会为了“面子”而伤害宝宝

家庭教育中，不少家长存在着不同程度的虚荣心，对宝宝的健康成长危害很大。如果爸爸妈妈有自我虚荣心，会为了“面子”而伤害宝宝。为保证宝宝健康发育成长，爸爸妈妈自身必须纠正虚荣心。应当从素质发展的角度，从宝宝个性完整的视角对宝宝加以培养；对宝宝的各方面情况必须进行全面分析、正确估计，在全面了解宝宝实际水平的基础上，提出合理要求。绝不可为了赶时髦，让宝宝什么都学。否则，不仅希望落空，还会害了宝宝。

常在别人面前吹嘘宝宝

家长过高地评价自己宝宝的发展水平，总觉得自己的宝宝最聪明，甚至有些分明是宝宝的缺点，也带着欣赏的口吻加以谈论，口头上像是在批评宝宝，其实心中却颇为得意。

过分强化技能早期训练

过早地让宝宝学弹琴、画画、数数、识字等，不顾宝宝的兴趣、爱好、天赋和能力，什么都要宝宝学，什么时髦学什么。这种教育上的急功近利有害于宝宝真正发展。

一味要求宝宝冒尖显眼

家长认为自己功名无望，把一切希望寄托在子女身上。总担心宝宝落后于人，特别注重宝宝的名次、分数。为了使宝宝出人头地，不惜动用各种奖惩手段，或是物质刺激，或是实行强迫学习。这些教育方式必然导致宝宝求胜心过强而易受挫折。

针对性的教育

应当根据宝宝的不同性情，采取有针对性的教育方法。例如，不能强迫较乖的宝宝接受自己的生活节奏，对宝宝提出过高的要求，否则，宝宝成人后会缺乏自信，可能变成一个总是担心自己不能满足环境要求的人。对天性腼腆的宝宝，不要迫使提前活跃起来，而应让宝宝自己与小朋友们慢慢“混熟”，否则，宝宝就会失去自信，心里不踏实。对活泼好动的宝宝，应该多一点挫折教育，使宝宝从中学会面对困难和失败。对个性有问题宝宝，应有极大的耐心，宝宝只有在感觉到自己很受重视的时候，才会慢慢地增添自信心。

早教启蒙小贴士

最常见的早教游戏：娃娃多可爱

开始，妈妈当着宝宝的面爱抚娃娃、小花猫之类的小玩具，然后说：“宝宝也来抱抱，看娃娃多可爱，多听话！”培养宝宝的爱心。

7. 让宝宝学会“善待批评”

学会“善待批评”的重要性

教育宝宝虽然应该以表扬为主，但也可以有意识地让宝宝既听到正面肯定，也听到反面的批评。注意批评一定要语气温和，分析中肯，以更多的表扬为前提，如：“宝宝昨天学走路一点不怕累，怎么今天就怕累了？”有意识地早早“引进”批评，可以帮助宝宝下意识体会到：批评和表扬同样常见！在婴幼儿时期就能适应批评的宝宝，长大以后往往也较能适应社会，包括拥有正确对待他人的批评和非议的平和心态，拥有较强的承受挫折能力。

让宝宝在幼儿时就学会接受批评，无论对个体完整人格的塑造，还是对促成事业的成功，都具有相当积极的意义。宝宝学会了“善待”批评，批评完全可以如同表扬一样，鼓励宝宝前进，能起到表扬难以达到的警示作用。

学会认真倾听

不论批评有多尖锐、多不中听，都应该要求宝宝认真倾听。因为只有认真倾听，才会发现其中也许确实有几分道理，最后才能虚心予以接受。从而让宝宝渐渐明白：对别人的批评认真倾听，不仅是一种文明的表现，而且也是自我完善的必要方法。

传授冷处理技巧

教育宝宝对批评的合理成分虚心接受，列出改进的办法或措施。当然，对批评者的感谢，更能体现出接受批评的诚意。要求宝宝掌握的“冷处理”技巧，包括不要对批评者反唇相讥，不要“自卫反击”，不要夸张等，相反，要在认真倾听的基础上，冷静地分析出尽可能多的合理成分。

不必委屈接受

如果批评不符合事实，应当允许宝宝作出解释，因为让宝宝虚假地表示接受批评，但心里大感委屈，实际上不仅于事无补，还可能引发负面影响。要让宝宝明白：解释的目的，不是推卸责任，要求宝宝保持解释时心平气和、实事求是的态度。

对批评一视同仁

要教育宝宝：只要批评有道理，即便批评来自小伙伴，即使对方也做得不是那么好，自己也应当虚心接受。

8. 教宝宝认识危险

可能发生的家庭危险

家庭生活中，爸爸妈妈稍有疏忽，下面这些情况就有可能发生：

宝宝走向饮水机，伸手压下“红色”水龙头；

球掉到了楼梯下面，宝宝正扶着栏杆挪动脚步，想下楼梯；

把宝宝放在床上，刚转身去厨房弄吃的，宝宝就爬到了床边；

宝宝无意中拉开了抽屉，一拉一抽正玩得高兴……

通过游戏认识危险

认识“高”：把宝宝放在高10～15厘米的平台上，看宝宝的反应。大部分会爬的宝宝会马上翻下来，没有特别害怕的表情；然后再把宝宝放到90厘米高的桌子上，在一旁注意保护宝宝，看宝宝爬在桌子上的时候是什么表情，宝宝是否会爬到桌子的边缘就停止动作。游戏结束以后，告诉宝宝这很“高”，很危险，宝宝不能爬到上面来玩，如果下不来就要喊妈妈。

认识“烫”：用两个一模一样的杯子，在杯子里倒入冷、热两种水，让宝宝感受不同触觉感受，并告诉宝宝“烫”。然后把水壶打开，拉宝宝的手放在水壶口上方，让宝宝感受热水气，并再次强调“烫”。还可以用两块毛巾分别浸过冷、热两种水，当把热毛巾给宝宝的时候，告诉宝宝“烫”。

用类似的方式，还可以教宝宝认识“扎手”、“夹手”、“咬人”、“摔跤”等危险信号。在这样的游戏活动中，您需要注意观察宝宝是否能够判断环境和事物的变化，有没有危险意识，同时做出身体的适应性反应。这样的游戏可以帮助宝宝理解危险信号概念，建立相应的安全模式，促进宝宝的自我意识发展。

通过练习帮助自己

生活环境中的很多危险因素可以避免，比如，可以把水壶放到宝宝碰不到的地方，那样就可以避免宝宝受到伤害。但同时，也限制了宝宝独立性的发展，让宝宝不知道如何帮助自己、保护自己。爸爸妈妈希望宝宝有相当的独立性，但不能让宝宝面对危险，解决这个矛盾最好的办法，就是教宝宝练习各种自我保护技能。

学倒水：给宝宝准备一把小茶壶，提前在里面装上宝宝要喝的水，把它放在宝宝方便拿的地方。宝宝玩累了、渴了，需要做的就是提醒宝宝自己去倒水喝。当然，刚开始的时候，可以适当地帮助宝宝完成，以后就放手让宝宝自己来，别怕宝宝把水洒得到处都是。这种游戏能提高宝宝的自理能力，训练宝宝的手眼协调性。

骑马翻跟斗：当宝宝在摇马上骑得高兴的时候，突然从后面轻推，让宝宝身体猛地朝前方倾斜并翻倒，观察宝宝的反应。这个动作需要在旁边做好保护，爸爸妈妈的手始终要拉住宝宝的后背衣服。刚开始宝宝会有些害怕，不要强迫宝宝，要教会宝宝用手支撑地，并慢慢地爬下来。采用同样的形式，还可以教会宝宝练习如何从箱子里爬出来、如何从床上爬下来。

可以提高宝宝的身体协调性，促进宝宝自我意识发展。

学用剪刀：很多危险行为的产生，与宝宝探索新事物是分不开的。与其限制宝宝的探索，不如放手让宝宝尝试，虽然有一定的危险性，但有了练习，以后就安全多了。给宝宝一把宝宝安全剪刀，教宝宝用剪刀剪开纸。可以用同样的方式，让宝宝学会用玩具螺丝刀、夹子等。当然，要注意生活中的这些东西，还是尽可能不让宝宝接触到。学会使用工具，能提高宝宝使用手指技巧，防止宝宝在使用工具时的伤害行为，促进宝宝的自我意识领域的发展。

早教启蒙小贴士

避免宝宝危险五招

* 随时随地给宝宝灌输安全意识：比如坐车的时候要系上安全带、过马路的时候要等候绿灯、什么情况下找警察叔叔、怎样拨打“110”电话等。尽管宝宝自己可能还不会做，但需要及早帮助宝宝建立安全意识。

* 结合场景或正在发生的情况状态，告诉宝宝什么是安全的，什么是不安全的，应该怎么做的正确方法。

* 爸爸妈妈要养成定期检查环境安全的习惯。

* 帮助宝宝认识安全的时候，要用积极的方式。比如，宝宝非常喜欢玩剪刀，与其把剪刀藏得远远的，不如拿出来指导宝宝怎么用。否则，万一不小心让宝宝拿到剪刀，不会用就剪伤自己。

* 当宝宝从某种危险环境中脱离以后，在以后的教养过程中遇到同样的危险场景，不要用消极的口气吓唬宝宝：“还记得××××吗？”“不准碰！”这样会让宝宝变得特别胆小。要正面提示宝宝，给宝宝正确的信息，让宝宝懂得远离危险。

三、1~2岁宝宝成长知识速查

1. 评估宝宝的生长

宝宝在生长过程中身体素质才是最重要的

影响宝宝生长状态的因素包括遗传因素：爸爸妈妈身材矮小，宝宝通常也会长得较娇小。

环境较好的，宝宝多半也长得好。和谐幸福的家庭，会生长得好。生病对宝宝生长，会有不好的影响。心理上，快乐活泼的宝宝长得较好。想让宝宝长得好，充足而均衡的营养少不了。

宝宝的生长情况的大趋势

出生后的第一年，是人的一生中生长最快速的阶段，从体重增长来说，在前3个月里，宝宝平均每周可以增加200克左右；3到6个月时，平均每周生长50克左右，生长速度逐渐减慢；到出生后的第二年，平均每周增加42克的体重。

评估宝宝生长的办法

细心的爸爸妈妈会买一只体重计，每次洗澡前宝宝脱光衣服时，都给宝宝量体重，想以详细的资料精确掌握宝宝生长的情况，其实没有必要。一般而言，建议家长在宝宝出生后的前两个月，每周量一次体重，在以后的10个月中，每月量一次就可以，到上小学前，一年有两次的体重记录足够。

评估宝宝的生长有许多方法，其中最有用的是生长曲线图。使用生长曲线图前，得先做些准备工作：精确的算出宝宝实际的年龄，正确地量身长、

体重、头围或胸围等数字，除了体重以外，定期记录身长、头围、胸围等数据，也相当重要，体重与身长曲线的图形，能使医生对生长迟滞的宝宝有详细了解。

通过上述内容，可以对如何评估婴幼儿的生长有所了解，但光了解不够，能够持之以恒地测量并记录宝宝的生长情形最为重要。当然，养育子女并不只是重视身体的生长而已，同时也要注意宝宝的体能发育、智力发展、性格养成与潜能激活，让宝宝全方位的健全发展，才能培养出健康的下一代。

2. 身体表征评估宝宝健康

“良好的开端是成功的一半！”每一位爸爸妈妈对子女的期望，不仅是不希望自家的宝宝输在起跑点上，更不

希望宝宝在成长的任何阶段中有稍微的落差存在。爸爸妈妈最关心的莫过于喂养宝宝是否恰当，宝宝的生长发育是否合适，这些标准而伤透了众多爸爸妈妈亲的脑筋。一般说来，除了身高体重外，可以从幼儿外表的一些表征来作评量。

头发

头发的浓密或稀薄、色黑或色黄受遗传因素影响，比较难作客观比对。但是如果幼儿头发干燥、无自然光泽、易脱落，则须考虑是蛋白质类营养素的缺乏。头发的脱落程度，须考虑在没有外力的自然条件下掉发，例如宝宝枕头上的毛发，可以作为参考指数。

脸

如果过于圆满、像月亮的肿胀感，需考虑是不是有使用固醇类药物或是蛋白质类营养素缺乏。鼻翼两侧如果有白色的脂肪性分泌物，可能是缺少维生素 B_2 的脂溢性皮炎，须找医生做进一步的诊断。

眼睛

从下眼睑处用手向下轻拉，可以看到结膜的颜色，如果太苍白，则应考虑是否缺乏铁质。幼儿的眼白处，会比成年人呈现较清澈的淡蓝色，如果看到有黄色出现时，就须注意是否有肝胆疾病引发的黄疸。察看宝宝的眼睛时要注意手的清洁，不能用不干净的手指去碰眼睛，避免受到感染。

口、唇、舌部

发生口角炎是因为维生素 B_2 缺乏；舌头有猩红色或肿痛，有维生素 B 群缺乏的可能。牙龈红肿时，宝宝刷牙会出血，除洁牙因素外，须考虑维生素 C 缺乏。

指甲

手指甲形成像汤匙的内陷状态，是缺乏铁质。指甲容易碎裂、失去光泽、线状突起则属蛋白质缺乏。

皮肤

干燥、毛囊角化，是维生素 A、维生素 C 和必需脂肪酸缺乏症。有一些毛囊出现角化是因为激素分泌不平衡。皮肤在无特别外力撞击的情况下，呈紫色点状皮下出血，可能是维生素 C 缺乏症。如果片状出血，则需考虑维生素 K 缺乏。

肌肉

小腿肌肉软弱属维生素 B_2、维生素 C 缺乏。肌肉有松软、消瘦状属蛋白质缺乏。

骨骼

腿骨弯曲，或呈现 O 型腿、X 型

腿，是维生素 D 缺乏症。从后侧观察体型，如果有呈圆弧背的状况，则须怀疑属钙质和维生素 D 缺乏。

3. 宝宝学走路

宝宝学习走路的五个阶段

一般说来，宝宝学走的动作发展，可以分为五个阶段。

第一阶段为 10～11 个月： 此阶段是宝宝开始学习行走的初始阶段，发现宝宝在放手后能稳定站立时，就可以开始尝试走路。可以利用小推车或学步车，协助宝宝打消对走路的恐惧感，学习行走。

第二阶段为 12 个月： 蹲是这个阶段重要的发展过程，应注重宝宝站一蹲一站连贯动作的训练，这样做能增进宝宝腿部的肌力，训练身体的协调度。家长可以训练宝宝学习蹲一站的方式，把玩具丢在地上，让宝宝自己捡起来。

第三阶段为 12 个月以上： 这个阶段宝宝扶着东西能够行走，接下来必须让宝宝学习放开手也能走上两三步，此阶段需要加强宝宝平衡的训练。爸爸妈妈可以各自站在两边，让宝宝慢慢从爸爸的这一头走到妈妈的那一头。

第四阶段 13 个月左右： 此时除了继续训练宝宝腿部的肌力及身体与眼睛的协调之外，也要着重训练宝宝对不同地面的适应能力。让宝宝练习爬楼梯，家中没有楼梯可以利用小椅子，让宝宝一上一下、一下一上地练习。

第五个阶段是 13～15 个月： 宝宝已经能行走良好，对四周事物的探索逐渐增强，应该在此时满足宝宝的好奇心，使其朝正确方向发展。利用木板放置成一边高、一边低的斜坡，但倾斜度不要太大，让宝宝从高处走向低处，或由低处走向高处，爸爸妈妈须在一旁牵扶，防止宝宝跌下来。

宝宝开始走路

宝宝开始走路，代表着已具备以下三项条件：能自主性的握拳，能随宝宝的意志使用手指和脚趾；腿部肌肉的力量已经足以支撑本身的重量；宝宝已经能灵活地转移身体各部位的重心，并懂得运用四肢，上下肢各动作的发展也已经能协调得很好。

宝宝学习走路时，有时会出现踮脚尖走路的行为，有时又恢复正常状态，无须担忧。一般来说，宝宝大约在 3 岁之后运动协调才发展成熟，在此之前走路不稳、踮脚尖都不用担心。

刚学会走路的宝宝，最容易发生的意外是扭伤，再加上宝宝通常不能清楚表达，要细致观察宝宝走路是否一拐一拐的，或是躺在床上踢一踢，看

看是否能踢得好，除此之外，也可压一压宝宝腿部各部位，看看宝宝是否感到疼痛。

宝宝走路爸爸妈妈需注意

阳台：宝宝一旦学会行走，“到处乱走”是必然的情景，爸爸妈妈就特别要留意宝宝走到阳台上。没有围栏或栏杆高在85厘米以下，栏杆间隔过大（超过10厘米以上），或者阳台上摆小凳子等情况，都容易使宝宝误爬而导致危险。

家具：家庭中家具的摆设，尽量避免妨碍宝宝学习行走，要把所有具有危险性的物品放置到高处或移走，须留意所有家具中尖锐的角和边，以防碰撞宝宝。

门、窗：宝宝容易在开关门时发生夹伤，可以使用门防夹软垫来避免危险。家庭最怕宝宝走到窗边玩窗帘绳，容易发生被绳子缠绕造成窒息的威胁。

4. 让宝宝长得更高一些

身高的因素

一个人的最终身高，是遗传和环境相互作用的结果。遗传决定了身高的生长潜力，后天的环境因素如营养、疾病、运动和合理的生活制度等，决定生长的潜力是否能得到充分的发挥。

在良好生活环境下成长的宝宝，成年后达到的最终身高，很大程度上取决于爸爸妈妈的身高。通常情况下，爸爸妈妈个子高，子女个子也高，爸爸妈妈个子矮，子女个子也矮。宝宝身高的生长潜力与爸爸妈妈的平均身高有密切的关系：如果爸爸与妈妈的身高相近，则宝宝的身高与爸爸妈妈的平均身高十分接近；但是如果爸爸妈妈双方中有一个是高个子，另一个是矮个子，则宝宝身高的变动范围就会很大。如果受爸爸一方的遗传因素影响较多，个子高矮就会偏向爸爸一

早教启蒙小贴士

使用学步车时要注意

最好等宝宝7个月大以后，能够支撑颈部并平稳坐立时再使用。学步车的高度须适合宝宝的身高，不宜过高或过低。每次使用的时间不宜过长，以不超过20分钟为原则。使用学步车应在家人的视线范围内。

学会走路的宝宝所碰到的危险越来越多，在环境安全的注意上，要费更多的心思。除了居家环境的安全外，可以帮宝宝穿上防滑的鞋袜，以防止跌倒。

方的家族；假如受妈妈一方的遗传因素影响较多，个子高矮便会倾向妈妈一方。

计算身高的公式

下面的公式，可粗略计算出遗传潜力所确定的最终成年时的身高：

男孩成年身高＝[（爸爸身高＋（妈妈身高＋13）] ÷2±7.5 厘米

女孩成年身高＝[（爸爸身高－13）＋妈妈身高] ÷2±6 厘米

由这个公式能看出，预计的宝宝身高在一个范围内变化，不是固定的数字。遗传确定生长的可能范围，但遗传潜力的发挥更多地取决于后天的环境因素。因此，爸爸妈妈的责任是为宝宝创造更加良好的生长环境，供给足够而不过量的食物，均衡而不偏颇的营养，让宝宝有足够的运动、充足的睡眠，保持身心愉快，预防和积极治疗疾病。可以把先天赋予的生长潜能充分发挥出来，达到理想身高。

宝宝长得更高的方法——不要错过快速生长期

在宝宝的生长发育过程中，有两个生长高峰时期，一是宝宝期，另一个就是青春发育期。宝宝期是指 0～1 岁，这个阶段生长速度最快，也是最容易受外界因素干扰的时期。宝宝期生长的好坏直接影响到幼儿期宝宝的生长，宝宝期生长又为青春发育期奠定基础。宝宝 2 岁时的身高与成年身高的相关性为 80%，因此，别让宝宝在生长的快速期掉队，否则追赶起来会相当困难。

宝宝长得更高的方法——注重营养

充足和合理的营养，是宝宝生长发育的物质基础。充足的营养，是指每天要摄入足够的热能和各种营养素，包括蛋白质、脂肪、糖类、膳食纤维、维生素、无机盐和水。这些营养素均存在于粮食、蛋类、肉类、奶类、豆类以及蔬菜和水果等食品中。一般家庭都有能力为宝宝提供充足的食品，但需要科学喂养和合理搭配。在有荤有素的饮食中，营养应该全面和足量。多数生长不足的宝宝都与营养缺乏有密切的关系。

现在城市的宝宝蛋白质摄入的不少，微量元素却普遍因偏食而摄入不

足，如锌、铁、钙，各种维生素、纤维素等。缺锌会使生长发育迟缓、厌食，降低机体抵抗力，容易引起反复感染。骨的生长需要充足的钙、磷。缺铁引起的贫血使生长缓慢。造血器官的正常生长还需要铜的参与。

家长们普遍有营养认识的误区，误以为加强营养就是多吃鸡鸭鱼肉，可以不吃或少吃粮食。其实人体所需要的能量，主要从糖类中获得，蛋白质要在能量供给充分的前提下，才能被身体利用。过多的蛋白质摄入，不仅增加肝肾负担，易造成消化不良、便秘，还会抑制宝宝的食欲。有些宝宝营养过剩后造成肥胖，容易引发性早熟，最终使身材偏矮。

在保证数量充足的同时，要注意饮食的合理搭配和多样化，即粗细搭配、荤素搭配，不挑食，不偏食。更不要过多地吃零食而影响重要营养物质的摄入。要从小培养宝宝良好的饮食习惯。

宝宝长得更高的方法——重视运动锻炼

在保证营养供给充足的前提下，体育活动是促进身体发育和增强体质的最有效方法。虽然，运动本身并不能使遗传预定的身高增加，但运动可以促进遗传潜力得到最大限度的发挥。研究证实，经常运动的宝宝比不运动的宝宝至少平均高 2～3 厘米。运动能刺激生长激素分泌，促进新陈代谢，增强食欲。宝宝经常从事体育运动，能促进骨骼的生长，使骨骼变长、变粗，骨质密度增大。经常运动，也能使肌纤维变粗，提高肌肉的力量、速度和耐受力。运动还可以消耗多余脂肪，在快速生长期预防肥胖。

现代的宝宝普遍户外活动不够，没有充分享受阳光和新鲜的空气，没有足够的运动量，都不利于宝宝长高。因此，让宝宝每天在户外活动 1 个小时很有必要。可以根据宝宝的年龄、兴趣等选择运动项目，在安全的前提下与宝宝一起锻炼身体：

弹跳运动：如跳绳、跳起摸高、跳远、跑步等，有助于四肢生长。

伸展运动：单杠引体向上、仰卧起坐、前后弯腰、体操和种种悬挂性运动，有助于脊柱骨和四肢骨的伸展。

全身运动：篮球、排球、羽毛球、足球和游泳等，有利于全身骨骼的伸展延长。

宝宝长得更高的方法——保证充足睡眠

促进人体长高的激素——生长激素，在睡眠状态下的分泌量是清醒状态下的 3 倍，保证充足的睡眠，有利于宝宝长高。睡眠时肌肉放松，有利于关节和骨骼伸展。睡眠时间的长短因年龄而不同，个体差别也很大，一昼夜所需睡眠时间：新生宝宝为

16～20小时，1～3岁为12～14小时，4～6岁为11～12小时。

为使幼儿有充足的睡眠，要注意培养良好的睡眠习惯。对于快速生长期的宝宝，合理安排学习、锻炼、睡眠和休息是十分重要的。

宝宝长得更高的方法——预防和治疗疾病

各种引起生理功能紊乱的急、慢性疾病，对宝宝的生长发育都会产生直接影响，影响程度取决于病变发生部位、病程长短和病情严重程度。一般急性疾病对生长的影响是暂时的，在身体营养状况良好的情况下，很快可以恢复；反复的呼吸道感染和腹泻会明显阻碍宝宝的生长发育；长期性疾病如慢性感染、慢性肝炎、慢性肾炎、哮喘、心脏病、贫血等均会影响身高增长。此外，染色体异常、内分泌疾病、骨和软骨发育障碍等重大疾病，会引起身高明显低于同龄儿，医学上称为病理性矮小。

5. 没完没了的问题

这个时期宝宝的一大特征，是没完没了地提出问题，打破沙锅问到底地提问，往往会问得妈妈束手无策、难以应对。一直认真对待宝宝提问的妈妈最终会让小家伙逼到词穷，无言以答的地步。

2岁前后的宝宝，被称做“是什么、是什么时期”；4岁前后的宝宝则被称做“为什么、为什么时期”。宝宝旺盛的求知欲和好奇心，促使对自己周围的东西、发生的事情、自然现象等全都会产生无限的兴趣，许多在成年人看来司空见惯极其平常的琐事，对于宝宝来说，都是新鲜事，令宝宝们心情激动、兴奋不已的事物接连不断地出现，宝宝是真心实意、热切地希望爸爸妈妈能够解释清楚自己的疑问。

其实，宝宝也并非是要求家长的解答多么符合科学性，多么正确。如果宝宝问妈妈：“大象的鼻子为什么那么长？”完全可以回答说：“因为大象妈妈的鼻子长，所以大象宝宝的鼻子也长啊！”宝宝要求的是对自己的提问做出反应，是希望妈妈能和自己谈话，这个时期宝宝的刨根问底，不一定在于问的内容，主要是想要享受一番与妈妈聊天谈话的乐趣。

2～4岁的幼儿，进入了语言的发展时期，特别是口语迅速发展的时期，自然会成天喋喋不休地说个没完没了，显得饶舌。而宝宝的饶舌，就是语言学习。因此，这个年龄段的幼儿会从电视节目里，从小朋友那里，随时随地不断获取新的语言，并且能马上拿过来就用。至于谈话的内容无关紧要，目的在于滔滔不绝地说话。

早教启蒙小贴士

最常见的早教游戏：看妈妈怎样做

妈妈同宝宝面对面坐着，妈妈双手举起，口喊“高高”，让宝宝看，然后妈妈抓着宝宝的手让宝宝模仿，宝宝一定会很高兴。如果有模仿的举动，一定要鼓励宝宝说：“宝宝做得真好，宝宝真聪明。”

明白了这一点，家长应当把宝宝刨根问底的提问，看做是学习说话的好机会，乐于当宝宝谈话的对手，这样，通过对话，家长和宝宝都会感到非常愉快。

6. 为宝宝选择图书

首先要考虑宝宝的年龄

宝宝在1岁左右，应选色彩鲜艳、图多字少、绘图准确的书。书不必太厚，最好一本一个简单而有趣的小故事。

1～2岁，仍以图为主，画面可以复杂一些，但绘图一定要准确，有些幼儿读物类图书中的小动物非牛非马，成年人也许看着可爱，但对宝宝来说，却会起误导作用。

2～3岁宝宝的书内容可以更丰富，画面可以更复杂，文字也可相应增加。画面可以抽象一些，只要抓住特点，变形也不要紧。此时宝宝已基本上能掌握小动物的主要特征，抽象可以增强想象力。

近3岁时，选书的重点就要从以画为主，向以文字为主偏移。故事的内容要生动有趣，有寓意、有知识的讲解，应输入正确的道德观，不要一味打打杀杀。有一些幼儿类图书的画面不美，主人公要么丑陋不堪，要么凶狠怪异，这类读物会对宝宝的心理造成不良影响。

不一定要选特定的“幼儿读物”

2岁以后，书的范围、书的内容都可以多样化。比如，结合宝宝喜爱的玩具选书，不仅可以提高看书的兴趣，也深化某方面的知识，使宝宝在玩中学到有益的知识。

有一些宝宝偏爱某些玩具，对和这种玩具相关的知识都表现出极大的兴趣。就不妨从“专业”书中挑一些书让宝宝看，做一些深入浅出的讲解。一些原本宝宝学不了的知识，在这种玩中学，却能很快掌握，有些宝宝俨然像一位小专家，让成年人也自叹弗如，这并不是“神童”，而是教育的必然受益者。

注意内容准确

家长认为宝宝反正是瞎看，买书往往只注重趣味性。宝宝就书中内容提问时，往往敷衍一句，糊弄过去。看似小事，却为宝宝不求甚解的读书习惯埋下了伏笔。3岁是宝宝记忆的关键时期，此时如果给宝宝的错误知识，宝宝可能因“先入为主”而始终当做正确的来掌握。

好的幼儿读物要有趣味性，形式和内容都要多样化。小故事、小知识、小测验、儿歌、动手填图、手工制作等都能大大调动宝宝读书的兴趣。

7. 和宝宝一起阅读

帮助宝宝挑选读物

幼儿与成年人阅读的表现不同，成年人主要是阅读文字材料，幼儿则主要阅读直观形象的图画材料；成年人阅读注重材料的内在逻辑联系和实际的意义，幼儿阅读则注重材料的趣味性和画面的生动性；成年人阅读目的是从阅读材料中获得有用东西，幼儿阅读的目的是从阅读过程中获得乐趣；成年人在阅读过程中，材料的内容不断地变化，幼儿却更喜欢重复阅读自己已经很熟悉的内容；成年人喜欢阅读能够对自己有启发作用的读物，幼儿却喜欢具有人性化、拟人化的童话故事。

了解幼儿与成年人的阅读差异后，在给宝宝挑选读物的时候，心里就会有数得多。给宝宝挑选幼儿读物的诀窍就是满足宝宝的阅读心理，不妨从下面几点做起：

挑选宝宝爱看的读物：宝宝常常会对读物有自己的要求，需要也容易受环境的影响。例如，如果宝宝喜欢看电视节目“天线宝宝”，那么宝宝在书店里看到“天线宝宝”丛书，会缠着爸爸妈妈买。只要这一类读物内容健康，适合宝宝的年龄段，完全可以让宝宝自己挑选。

选购能让宝宝学到东西的读物：爸爸妈妈对宝宝的阅读是有要求的。如果想通过阅读来培养宝宝某一方面的能力，就可以选择能够培养这种能力的书，教会宝宝阅读，让宝宝从中受益。例如，3岁左右的宝宝常对顺口的句子感兴趣，如果想培养宝宝的口头语言能力，那就不妨选择一些诗词、儿歌来让宝宝阅读。

购买画面生动的读物：如今市场上的幼儿读物琳琅满目，挑选的时候，要翻阅和审视一下，幼儿读物的画面和内容是否生动、活泼，特别是色彩和画面印刷要清晰、真实。读物的内

容要符合宝宝的心理特点，那些夸张、奇特、拟人化、趣味性强的读物宝宝们最喜欢。

选择能让宝宝建立科学观念的读物：为宝宝选择科普内容的读物，可以帮助宝宝从小建立起关于周围世界的科学观念。这些科学观念应当包括：生活常识类，根据地域的不同特点，北方的爸爸妈妈可以让宝宝通过阅读明白“冬天为什么下雪”，南方的爸爸妈妈可以让宝宝通过阅读明白“夏天为什么雨水多?”，与人相处的道德礼貌观念类，如见到长辈要问好，别人帮助自己要说谢谢等；生活习惯类，如饭前要洗手，吃饭时间不要说笑等。这些内容都可能在画册、小故事中体现，对宝宝来说，除了阅读的乐趣，还能从幼儿读物中学到生活常识。

用宝宝的方式和宝宝一起阅读

幼儿的读物主要以图画为主，家长不妨采用宝宝的方式，和宝宝一起阅读，亲子共读对宝宝的智力开发会大有裨益。

提问式阅读法：让宝宝带着疑问阅读，可以提高宝宝的兴趣。如读《小红帽》时，边读边给宝宝指，这就是小红帽，这是小红帽提的篮子，这是大灰狼。然后，每翻一页书，让宝宝指出画面中出现了什么人物。

角色扮演法：当宝宝已经熟悉了书中的内容，爸爸、妈妈和宝宝可以分别扮演不同的角色来阅读故事书。如读《小红帽》这篇故事时，宝宝可以扮演小红帽，妈妈扮演妈妈和奶奶；爸爸则扮演大灰狼。然后根据画面上出现的角色，每个人说出各自角色所说的话。这样的阅读方式，不仅能让宝宝在阅读过程中体会到阅读的乐趣，还能培养宝宝阅读的良好习惯，提高注意力。

重复阅读法：有些材料的阅读，如儿歌，诗词，经典故事等，可以让宝宝多次读，能够达到背诵的程度。这样，爸爸妈妈翻开这些书时，读其中的一部分内容，然后让宝宝看图“读”出相关的内容，其实宝宝已经熟悉到背诵的程度。这样做主要是让宝宝有一种自我成就感，即“我也能读书完！”这一点非常重要，宝宝正确“读”了书中的内容后，应当及时给予表扬和鼓励。

想象阅读法：给宝宝读过某个故事或内容后，让宝宝发挥自己的想象力，说出故事中的人物将会在下面怎么做，故事情节会如何发展。例如，在读《白雪公主》这篇故事时，最后的结尾是“王子与白雪公主从此幸福地生活，而王后变得非常丑陋”。这时可以让宝宝从两个方面展开想象。先让宝宝想象王子和白雪公主是如何幸福地生活着；再让宝宝想象王后变丑陋后的生活，然后提问宝宝：为什么会这样？想象阅读法，是培养宝宝创造力的重要途径之一。正如爱因斯坦说过的：“想象比思维更重要”。

8. 宝宝不宜的运动

针对宝宝身体发育的特点，爸爸妈妈可以让宝宝进行跳绳、弹跳、跳皮筋、拍小皮球、踢小足球、打小篮球、游泳等体育运动，这些项目既有助于增加宝宝的身高，又不会伤害身体。另外，对于尚未发育成熟的宝宝，一次运动时间最好不要超过1个小时，间隔十几分钟，休息一会后再运动。一天的运动量不能过大，以运动后宝宝不感到疲劳为限。以下运动不宜太早进行。

拔河

拔河可能让宝宝“伤心”、“伤筋”。从生理学角度来讲，幼儿心脏正在发育中，植物神经对心脏调节功能尚不完善，当肢体负荷量增加时，主要是依靠提高心率来增加供血量。拔河需屏气用力，有时一次憋气长达十几秒钟，当由憋气突然变成开口呼气时，静脉血流也会突然涌向心房，会损伤宝宝柔薄的心房壁。除了对心脏造成影响外，拔河还可能伤到宝宝的“筋骨”，幼儿时期身体的肌肉主要为纵向生长，固定关节的力量很弱，骨骼弹性大而硬度小，拔河时极易引起关节脱臼和软组织损伤，抑制骨骼的生长，严重的还会引起肢体变形，影响幼儿体形健美。此外，拔河是一项对抗性较强的运动，宝宝争强好胜，集体荣誉感强，比赛中往往难以控制保护自己，极易发生损伤。

力量锻炼

幼儿生长发育时，一般都是先长身高，后长体重，而且肌肉力量弱，极易疲劳。也就是说，宝宝的身体发育以骨骼生长为主，还没有进入肌肉生长的高峰期。如果这个时候让宝宝过早进行肌肉负重的力量锻炼，一是会让宝宝局部肌肉过分强壮，影响身体各部分匀称发育；二是会使肌肉过早受刺激变发达，给心脏等器官造成较重的负担；另外还可能使局部肌肉僵

硬，失去正常弹性。所以不要让宝宝从事成年人常练的引体向上、俯卧撑、仰卧起坐等力量练习。如果要练习肌肉力量，从初中一二年级开始会比较合适。

长跑、负重跑

长跑属于典型的撞击运动，对人体各个关节的冲击力度很高。宝宝经常进行长跑锻炼，对关节处的骨骺发育不利。尤其在坚硬的马路上进行冬季长跑时，对关节冲击力更大，骨骺容易出现炎症，从而影响宝宝长身高。长跑也是一项心脏负荷运动，宝宝过早进行长跑，会使心肌壁厚度增加，限制心腔扩张，影响心肺功能发育。另外，幼儿时期体内水分占的比重相对较大，蛋白质及无机物的含量少，肌肉力量薄弱，若参加能量消耗大的长跑运动，会使营养入不敷出，妨碍正常的生长发育。

扳手腕

幼儿四肢关节的关节囊比较松弛，坚固性较差，扳手腕容易发生扭伤。另外，如同拔河一样，屏气是扳手腕时的必然现象，会使胸腔内压力急剧上升，静脉血向心脏回流受阻，而后，静脉内滞留的大量血液会猛烈地冲入心房，对心壁产生过强的刺激。而且长时间用一臂练习扳手腕，可能会造成两侧肢体发育不均衡。

极限运动

少年宝宝的体育锻炼，一要遵循宝宝自身身体生长发育的规律；二要考虑宝宝身体的解剖生理特点。宝宝处于生长发育期，器官各方面还没有成熟，自然很难承受极具“挑战性”的极限运动，而且很容易造成损伤，比如超过宝宝身体自身承受能力几倍的大运动量，就有可能导致宝宝肌肉因长期处于极度疲劳状，造成肌肉疲劳损伤，容易留下运动损伤后遗症。另外，正处于生长发育的宝宝，关节中的软骨还没有完全长成，长时间过度磨损膝盖软骨，日后容易形成关节炎。

兔子跳

在做兔子跳运动时，人体重心所承受的重量相当于自身体重的 3 倍，每跳一次膝盖骨所承受的冲击力相当于自身体重的 1/3，这样对骨化过程尚未完成的宝宝来讲，很容易造成韧带和膝关节半月板损伤。

倒立

尽管幼儿的眼压调节功能较强，但如果经常进行倒立或每次倒立时间过长，会损害眼睛对眼压的调节，影响到视力发育。

碰碰车

10岁以下宝宝不宜玩碰碰车。宝宝的肌肉、韧带、骨质和结缔组织等均未发育成熟，非常脆弱，受到强烈震动时容易造成扭伤和碰伤。

滑板车

8岁以下宝宝不宜玩滑板车。宝宝身体正处于发育的关键时期，如果长期玩滑板车，会出现腿部肌肉过分发达，影响身体的全面发展，甚至影响身高发育。此外，玩滑板车时腰部、膝盖、脚踝需要用力支撑身体，这些部位非常容易受伤，所以一定要做好防护，最好有爸爸妈妈陪护，且找平坦宽敞的非交通区域玩。

小区公共健身器材

公共健身器材对安全要求很高。例如目前最普及的“太空漫步器”，按照两脚间规格，明显只适合成年人使用，有关警示上只对运动的形式、健康禁忌做规定，对于使用者年龄没有特别限制，因而，很多青少年也把这些器材当成了玩具。小区里的公共健身器材，原则上是给中老年人配备的，目前还没有安装适合宝宝的健身器材。

9. 过早学认字不好

过早学认字对宝宝的不良影响

目前，一些家庭误以为培养“早慧”的宝宝能起做用，强迫2岁左右的宝宝每天去识字、写字，要知道，这样做极不利于幼儿视力的发育。5岁以前，主要是使宝宝养成良好的看东西的姿势，培养宝宝眼球运动的灵活性及辨别物体颜色、形状的能力，而不一定要让宝宝认识多少字或会写多少字，这些学习应当是以后长得更大一些的事。过早地去学习做这些，会影响宝宝视力的发育。

从幼儿视力发育特点的角度来看，让宝宝过早学认字不好，不利于宝宝视力的正常发育，做早期识字培养反倒会起到揠苗助长的作用。

影响宝宝视力的原因

5岁以前的宝宝，视力很弱，一般不超过1.0，6岁时才能达到成人的水平。刚出生的新生宝宝仅仅能知道眼前手的摆动，距离也很有限，如果在20～25厘米处悬挂一个汽球，左右摆动，这时宝宝的两只眼能注视45°范围，宝宝长大到4周时，注视范围可以达到90°，3个月时可达180°。大约在6周以前，宝宝的双眼会表现出同视一物的现象，要到4个月时才能

协调好，如果宝宝6个月大时，仍不能双眼同视一物就属于异常情况，要找眼科医生做详细诊查。

宝宝3个月时，能注视近处的物品，眼球能自由运动，但这时的视力仅有0.01~0.02。4个月时开始能辨别颜色，能够调整双眼的视线，6个月时视力为0.04~0.06。在此期间，不能用较强而集中的光线直接照射宝宝的眼睛，室内的光线不宜过强，但也不宜过暗，应当光线柔和、色调鲜明，不要过分单一，要给宝宝视力予多种色调的刺激，以促进色觉的发育和形成。

宝宝1岁时，视力为0.2~0.4，到2岁时视力可达到0.5~0.6，到3岁时，视力能达到1.0以上者有60%~70%，5岁时达到1.0以上者达83%。从3岁到5岁这段时间是宝宝视力提高最快的阶段，6岁时视力大致可达到成年人的水平。

根据婴幼儿视力发育及特点，4岁以前，不宜勉强让宝宝在光线不足或光线过强的环境中作比较精细的事情，如写字、画图等。

10. 向宝宝提问

向宝宝提问的好处

经常向宝宝提问，可以激发宝宝探究问题的兴趣，引导宝宝观察事物，提高思维能力。作为家长，要注意做到两个方面，一是善于向宝宝发问，知道问什么和怎么问，二是必须珍视和保护宝宝的好奇心和求知欲，对宝宝提出的每一个问题都要尽可能给予满意的解答，不能有丝毫的不耐烦。

向宝宝发问要注意

正确地选择问题，不是什么问题都能问宝宝，家长的提问，要符合宝宝的年龄和思维发育水平，问题太简单宝宝会不爱回答，问题太难了，宝宝会回答不上来，挫伤探究事物的积极性。

要善于抓住机会提问，一般应当在宝宝兴致勃勃的时候发问，最好在一定的场景中，问场景中的问题，景物就在眼前，有利于宝宝思考和判断。

问题要提得宽泛，因为提问是为了增加宝宝的知识面，所以，应当走到哪儿就问到哪儿，说到哪儿就问到哪儿，不要翻来覆去总是那么几个问题，只有家长多动脑筋，宝宝思维能力才能提高得快。

爸爸妈妈自身的知识面要丰富，向宝宝提的问题，自己首先要清楚，不要自己问了自己也答不上来，甚至于误导宝宝。

回答宝宝的提问要注意

对宝宝的提问，能解答多少就解答多少，如果宝宝提出的问题，家长根本不懂，要实事求是地告诉宝宝自己也不懂，不可以不懂装懂，胡乱解释，把错误的东西教给宝宝是有害的。

如果宝宝提出的问题是这个年龄还不宜理解的问题，就直截了当地告诉宝宝："等到你长大了，读了书就明白了！"宝宝一般不会纠缠不放。

宝宝的提问家长如果当时答不上来，尽可能争取事后把它弄清楚，然后给宝宝讲解明白。家长也要随着宝宝的年龄增长，读一些《幼儿十万个为什么》、《宝宝十万个为什么》之类的百科知识，这类书籍中包括了绝大部分宝宝们常提的问题。家长事先读一点书，可以做到有备无患。

早教启蒙小贴士

最常见的早教游戏：给你、谢谢

对宝宝来说，把自己的东西给别人，就好像被抢一样，很不高兴。妈妈可以做拿东西给宝宝，或向宝宝要东西的游戏。宝宝知道别人接到他的东西会很高兴，而交出去的东西还能回到自己手里，会很乐意玩。

11.克服宝宝分离性焦虑

从小就让宝宝多与小朋友们接触

不要整天把宝宝关在家里，要让宝宝多找一些玩伴。和小朋友一起玩时，鼓励宝宝把自己的玩具拿出来给别人玩，培养宝宝合群和与他人友好相处的能力。这样的宝宝在集体的环境中会很受欢迎，使宝宝感到愉快，为适应幼儿园的环境、避免发生分离性焦虑症打下基础。

培养宝宝生活自理的习惯

有意识地培养宝宝生活自理的习惯，如吃饭、穿衣、洗手、洗脸、大小便等，如果什么事情家长都包办，宝宝过分依赖爸爸妈妈，就不能很好地适应幼儿园的生活，产生紧张、恐惧和焦虑。

培养宝宝对幼儿园的好感

在去幼儿园之前，可以带上宝宝去幼儿园参观，熟悉幼儿园的环境，并且给宝宝讲一讲幼儿园的生活，让宝宝看看小朋友们是如何愉快地在那里做游戏、滑滑梯、唱儿歌等，让宝宝对幼儿园有好感而产生向往。

练习与妈妈分开

在家可以先练习与妈妈分开，让宝宝逐渐习惯妈妈离开后的感觉，比如，有意识地让宝宝单独待一会儿，不要总有家长跟着宝宝。逐渐地，家长与宝宝分开的时间加长，次数增多，让宝宝习惯于没有家长在跟前也觉得很自然，不会焦虑，这样，在去幼儿园时就不会总有与妈妈分离的忧虑。

12. 解读幼儿的“怪癖”

有很多初为爸爸妈妈者，会对宝宝的一些行为感到诧异。比如“闹早”，宝宝在每天凌晨5点就会醒来而不愿意再睡觉；再比如家里来了客人，宝宝会“人来疯”等。宝宝有时候就像来自另外一个星球，行为和反应颇让人费解，尤其是面对宝宝的“怪癖”，爸爸妈妈常常会无所适从。对此，相关专家指出其中奥秘：宝宝并不是生下来就要和家长作对，也不是得了什么怪病，或者出现了先天性乖戾症，只是家长弄不懂幼小家伙们的“行为艺术”。

为什么宝宝喜欢一遍又一遍地反复看同一本书?

宝宝之所以会在翻到书的最后一页后，又从头开始看，是因为自己实在太小了，书中的内容大大超出了宝宝能理解的范围，看一遍，并不足以让宝宝掌握新鲜知识。像一些新的词汇、一些文字叙述的真正含义，宝宝需要时间去理解和接受。如果拿成年人和宝宝比，大概爸爸妈妈把一本书看到能背下多数内容的时间，只够宝宝刚刚搞清楚每一页的内容，如果让宝宝复述，宝宝会看到上一页，才能想起下一页大概是些什么。

如果您为宝宝死盯着一本书不放而犯难，就应当告诉宝宝：一本好书确实让人爱不释手，但要注意多涉猎一些书籍。

宝宝们都是模仿天才，如果发现您喜欢看书时读出声来，马上就会变成缩小了一号复制的您。

如果发现小家伙对某本书感兴趣，可以细细地给宝宝讲这本书什么地方最吸引人，或者让宝宝学会找出一些书中具有共性的东西。

涉及情感的书，宝宝们领会和把握起来比较困难。比如，对于害怕和妒忌之类的微妙感觉，宝宝可能有时还理解不了，或者可能因为误解而被误导。因此，还需要家长帮助选择适合幼儿的作品。

为什么宝宝们都喜欢玩捉迷藏？

几乎所有的宝宝都喜欢玩捉迷藏，尤其是全都喜欢充当先闭上眼睛数数，然后张开眼睛去寻找的那个角色。

捉迷藏，能锻炼宝宝的认识力和社交技巧，因此受到各个年龄段宝宝的喜爱。

捉迷藏启发认知，会让宝宝发现那些暂时不在视线范围内的人，其实并没有走开——随着越长越大，宝宝从游戏中能慢慢学会去寻找自己要找的东西。

捉迷藏还能帮助宝宝获得这样一种认识：并非每个人眼中的世界都和自己眼中的一个样。

家长可以寓教于乐，在捉迷藏时启发宝宝，教给宝宝一些新词汇。比如，可以问："桌角是在桌子下面吗？""不是。""你觉得藏在桌子底下怎么样？"通过这种形式，宝宝能更深入理解"桌角"、"下面"、"藏"等新词汇字面及字面背后的含义。还可以拿玩具做"辅助教学"：把一个玩具藏在身后，和宝宝做游戏，让宝宝猜一猜是什么和找一找在哪儿。这样，家长不会对教育宝宝感到厌烦，宝宝的回答也充满多种可能性，游戏会变得其乐无穷。这种方法对于各个年龄段的宝宝都适用。

为什么宝宝会吃着吃着饭，就睡着了？

前一分钟，宝宝还啜吸着面条，一分钟后眼皮就耷拉下来，甚至还打起了小呼噜，这是怎么回事呢？食物太丰盛，会令人吃得生厌，这一点在年龄比较小的宝宝身上表现得特别明显。婴幼儿的大脑还不具备预料能力，也无法控制自己不希望发生的事情，而且宝宝无法区分"想睡觉"和"睡着了"两种状态。不管当时在干什么，宝宝只会听身体的话，所以只要感到想睡觉，身体状态就马上调整到自己想要的状态去。

如果宝宝吃饭时睡着了，家长得用手指把宝宝嘴里的饭抠出来，以防不测。防止宝宝吃饭时睡着的好办法，是事先让宝宝对吃饭心里有数，知道吃什么、吃多少，让

宝宝知道吃饭的时候不能睡觉、睡觉有固定的时间。宝宝的习惯性特别强，如果每天吃早饭、午饭、晚饭和宵夜的时间相对固定，就不大可能会在吃饭中途睡着。

为什么有的宝宝爱“闹早”?

“闹早”，起床特别早的宝宝有两种：一种是起来后情绪很好，另一种则不是那么情愿，看起来有点无奈。前一种是因为睡足了觉，宝宝需要的睡眠时间因人而异，有的需要12个小时，有的则只需要10个小时，甚至更短时间。如果宝宝总是起得很早，家长应该高兴才是，因为小家伙已形成自己的睡眠生物钟，只是宝宝的睡眠生物钟和家长的不太协调而已。

“闹早”起来以后，显得还睡眼朦胧的一类宝宝，脾气暴躁、浑身软弱无力，在醒来后1～2小时内又会昏沉沉地重返梦乡，或者陷在沙发角落里看电视，或者动辄暴躁不已。心理学专家认为，宝宝早起以后表现出这些特征，只是证明还没有睡够。

一个健康、睡眠充足的宝宝，不需要更多的睡眠，所以，宝宝“闹早”起来后一般不会很快又想睡。对于这样的宝宝，最好不要强迫再回去睡觉，但可以适当调整作息时间，以使宝宝睡眠生物钟和家里的人相协调。

如果宝宝脾气古怪，总是缺觉，那么睡觉时间可能需要提前上一小时，有的甚至需要提前得更多。爸爸妈妈往往误认为，让宝宝们早早上床，可能因为睡不着而越弄越晚。事实上，对于那些神经比较敏感，需要长时间睡眠的宝宝来说，早点上床去睡恰恰是非常必要的。

13. 善待宝宝的攻击行为

宝宝也会无缘无故发脾气

1岁的宝宝，偶尔会用拳头和牙齿跟爸爸妈妈或小朋友“交流”，引起许多家庭的烦恼。爸爸妈妈担忧的是，宝宝长大会变得攻击性强、很暴力。

1岁左右的宝宝出现攻击性的行为很正常，一方面，这是宝宝发育的年龄标志，每个宝宝都会经过这个时期，不必担心。另一方面，虽然这是宝宝必经的过程，如果对宝宝的错误行为不做正确的指导，很可能会养成打人的坏习惯。对1岁“暴力”行为，应当知道宝宝为什么会这么做，才能找到解决问题的办法。

宝宝也和成年人一样，不会无缘无故发脾气，如果宝宝咬了小朋友，肯定有自己的原因。1岁左右的宝宝还不会为自己解释，所以“为什么要咬人?”一直令人困惑。家长不妨站在宝宝的角度，看看究竟是什么原因让宝宝动用“武力”。

把自己的感受表达出来，对1岁的宝宝来说是很困难的事。正因为不会说话，无法与人建立有效的沟通，才会选择咬人或打人，来发泄自己的不满情绪。因此，下次看到宝宝急切表达意图，但又弄不明白时，要好好安慰，肯定地告诉宝宝“别着急，妈妈会帮助你的”，宝宝就不会把怒气发到小朋友身上了。

宝宝打人，有时候是出于一种自卫

可能因为小朋友抢了玩具，或先打了自己，或被小朋友抓了头发。宝宝不能容忍被欺负，会全力维护自己的利益，出自一种本能。

1岁左右的宝宝，口腔内牙齿、肌肉都不同程度地发育，很喜欢把东西放到嘴里咬，用以帮助缓解口腔发育带来的不适感。在学习说话时，宝宝很喜欢把能抓到的一切东西放到口中咬一咬，包括小朋友的胳膊或手，这仅属于宝宝感知事物的一种方式。对宝宝来说，打人和咬人只是认识周围事物的一种平常的方式。家长要做的是保证宝宝的安全，让宝宝在这些攻击行为中免受伤害。当宝宝打了小朋友时，最好给受伤的宝宝更多关注，吹一吹受伤宝宝的伤口，询问有没有问题。然后，用坚定的语气对欺负人的宝宝说：“不许咬人。咬人会让别人很疼。”如果宝宝被别人咬然后又去咬别人的话，千万不要惩罚宝宝。

爸爸妈妈很想知道，为什么一旦宝宝们和玩具在一起时，就会出现乱哄哄的哭闹声，为什么每个人拿到自己的玩具还不能安静呢？答案很简单，宝宝在玩的过程中，除了知道玩具带来乐趣之外，还意外的发现自身行为可以带来不同的后果，“如果我打了其他的小朋友，就一定会有事发生”，因此而不断尝试用自己的行为影响周围事物。

宝宝也需要有自己的空间

1岁左右的宝宝，不能准确的把握空间关系。经常会发现自己被小朋友挤到一个小空间里。出自条件反射，会不自觉地推开挡在前面的宝宝，或是对身边的小朋友采取武力进攻的方式，用以确保自己有充足的活动空间。如果宝宝像大海里的沙丁鱼一样，挤在一起玩，就不必对宝宝间的互相攻击的行为产生惊奇，因为即使成年人也不能容忍自己活动的空间过于狭小。

宝宝在心情不好的时候，会选择自己的方式发泄不满情绪

比如在饿了、累了、尿布湿了时心情会很糟糕，这时候最容易出现宝宝之间打闹。另外，宝宝正在学习各项技能的时候，遭遇失败后心情会跟着变坏，打人的行为就很容易出现了。宝宝在发育过程中，会遇到很多挫折，如走路、说话等。这时需要家长提供一些温柔、积极的安慰，以防止宝宝变得暴躁。比如，洗一个舒服的温水澡，宝宝在洗澡时可以忘记不愉快，再加上熟悉的玩具，会让宝宝对自己重新树立信心。

当宝宝行为可能发生危险时，家长应当及时制止

用最简单的语言清楚、严肃（但不是威胁）地告诉宝宝“不可以打人，不可以咬人。会受伤的。”然后把宝宝的注意力吸引到别的有趣事情上，比如，一个动画片。除此外，在宝宝烦躁想攻击别人的时候，可以为宝宝提供其他选择，比如，可以教宝宝使劲跺脚来发泄自己的不满；或者教会宝宝，如果下次生气了可以到家长身边寻求帮助。

宝宝并不是故意选择使用武力争夺玩具，只是出自本能的自卫或生理特征

一旦从这种行为中获得利益——得到了想要的玩具，就可能把攻击别人和取得玩具联系起来。会越来越喜欢用攻击的方式和人交流。当宝宝没有依靠攻击来解决问题，就应该鼓励正确行为，让宝宝意识到这样做才对，应当表扬宝宝“你把玩具让给小朋友玩，你是个好宝宝。”

对待宝宝的攻击行为要注意

不要训斥打人的宝宝，宝宝并没意识到自己的行为是错误的，突如其来的训斥只会让宝宝感到莫名其妙。

早教启蒙小贴士

宝宝很会模仿，家长要注意

家长和宝宝玩的时候，不要咬宝宝，更不要打宝宝。如果说“我要吃了你！”并把小家伙的脚趾或手指放到自己的嘴里，那么宝宝会很自然地尝试对别人这样做。

不要因为宝宝打人而揍宝宝。宝宝不会理解家长的用意，只会觉得受伤害，会让宝宝不再信任家长。

不要鼓励宝宝报复小朋友，如果“受害人”反过来报复，最终结果只会是“受害者”越来越多。

14. 左撇子宝宝不必烦恼

1岁之前的宝宝，左右脑的功能尚未分化

一般说来，爸爸妈妈中如果有人是左撇子，宝宝习惯使用左手的概率也相对提高。习惯用左手，表示宝宝的右脑比较有优势，应该顺其优势让宝宝尽情发展，而不要强迫宝宝一定要改用右手，造成宝宝的适应不良，反倒会得不偿失。

从左右手的惯用来看大脑的发展，当人的左手、左脚碰触到东西后，会把感觉传回右脑，右手、右脚碰到东西的感觉会传回左脑。左右脑会把所有的讯息统整后，再发出命令，执行动作。因此，左手和左脚的动作命令是来自右脑，而右手和右脚的动作命令则是来自左脑，所以不论是左手或右手，都会刺激大脑发育，同时帮助左右脑的发展。

1岁之前的宝宝，左右脑的功能尚未分化，左右手尚未分工，所以这个阶段的宝宝经常是用双手来拿奶瓶，用双手、双脚来爬行。到了2岁时，左右脑逐渐分化，可以隐约看出宝宝习惯用哪一只手拿东西，用哪一只脚做动作。3岁时，宝宝的动作更协调，身体的各种动作反应变成反射性行为，不再需要大脑皮质来控制，此后，大脑皮质转而负责较高层次的学习认知工作了。

人的左脑负责逻辑、文字、数字等思维活动，偏向理性思考，被称为“知性脑”。右脑则掌管颜色、图像、感觉、想象、创造力、音乐、舞蹈等功能，负担多种情绪处理，称为“艺术脑”。聪明的妈妈应该从用手习惯去了解宝宝是左脑优势，还是右脑优势，然后给予适当的训练和刺激。

有时候家长会听别人说：左撇子的宝宝比较聪明，但是个性比较叛逆。其实这是无稽之谈。宝宝一两岁的时候，妈妈可以试着把东西放在宝宝的右边或右侧，尽量制造宝宝多使用身体右半侧的机会。

到宝宝3岁以后，使用左手或右手的习惯已经很明显

强迫改变用手习惯，虽说不至于阻碍宝宝发展，但长久下去会让宝宝处于挫折与无助感中，容易造成宝宝说话结巴、神经紧张、情绪不安等，这都是妈妈不愿意见到的情况。至于左撇子学写字的问题不用太担心，宝宝在刚开始学写字时，写出来的字的确会左右颠倒，但是只要让宝宝多观察几遍自己写的字和书上的字有哪些不同，宝宝很快就会自我纠正，写错的机会就越来越少。

妈妈们了解宝宝惯用左手的原因后，一般都能接纳宝宝的行为，不再会用打骂的方式强迫宝宝改用右手。不过可以多刺激宝宝不常用的那只手，左撇子的宝宝可以学着用右手捡球。惯用右手的宝宝可以学着用左手捡球，在双手操作中，同时刺激左脑和右脑的活动，多刺激脑部活动对宝宝的发展会有相当大的帮助。遇到宝宝要操作精细动作时，例如，吃饭、画图等，不要强迫宝宝一定要左右开弓"右手写字、左手做事"。

早教启蒙资料库：适合左撇子宝贝玩的小游戏

摆弄：递给宝宝的右手一块小积木，然后再递给宝宝右手另一块积木，教宝宝把原先右手拿的一块积木递给左手，再用右手拿另一块积木。两手都拿到积木时，家长也双手各拿一块积木，做放下拿起的动作，让宝宝模仿。

敲打：家长示范用右手，拿一块积木对着地板或其他地方敲出声响，让宝宝也模仿用右手做敲打的动作。

俯卧支撑练习：使宝宝俯卧，两臂屈肘于胸前，鼓励、诱导宝宝将头、前胸抬高，直至能用一只右手支撑身体抬起头，每天数次。

画圆圈：给宝宝准备一张大纸放在桌上，让宝宝右手握蜡笔，左手扶纸，在纸上涂画。爸爸妈妈示范在纸上用右手画圈，然后握住宝宝的右手在纸上做环行运动。游戏的目的是让宝宝学会用右手画圆圈。

只要顺应宝宝的自然发展，接纳宝宝与生俱来的特质与能力，从旁协助与引导，宝宝惯用左手或右手都可以发展得一样好，大脑也会全方位的发展。

15. 应对爱咬手指的宝宝

有不少的宝宝喜欢成天把手指放在嘴里含着，这是一种不良习惯。既不卫生，又

不利于牙齿的发育和排列，还会使颊肌收缩，引起牙弓狭窄，上前牙前突，以致开唇露齿，影响美观。宝宝一旦咬上手指，会满足于咬手指的乐趣，不愿参加其他活动，对智力和心理也有影响。这种习惯，多数从小养成，较大宝宝也可能突然会出现这种现象。

宝宝发生咬手现象的原因

宝宝吸吮的需要没有得到满足。宝宝出生后就具有吸吮的本能，如把乳头放进嘴里就会猛烈地吸吮。如人工喂养宝宝，乳头孔太大，母乳哺喂时间过短，没有满足宝宝吸吮的需要；另外，乳量不足，宝宝没有吃饱，也可能发生这种情况。

生活单调。如醒着的时候，没有吸引宝宝兴趣的玩具；没有人陪着玩闹说笑，宝宝感到寂寞无聊，便以吸吮手指解闷、自慰和引人注意。

小手接触刺激面颊，无意中开始吸吮，渐渐养成了习惯。

突然受到精神刺激和情绪创伤。主要发生在较大宝宝中，如爸爸妈妈离异、教育方式不当等外界精神刺激，使宝宝感到失去护佑和情感伤害，宝宝会以此来获得精神安慰。

丰富宝宝的生活内容

这种习惯一旦形成会比较顽固，需较长时间才能纠正。家长要有耐心，全家配合，坚持不懈。

从小开始，家人应经常和宝宝说笑逗趣，激发欢乐情绪。为宝宝创造各种游戏活动的条件，准备一些发展视、听、触觉和想象力的玩具及锻炼动作发育的器械。对待不会走的宝宝，除睡眠之外，不要总是让宝宝独自待在小床上玩，应放到大床上，引导宝宝玩一些适合年龄特点的玩具，并不时地和宝宝说说笑笑，让宝宝自由地翻滚和爬行。随着月龄的增长，游戏活动的内容更可多样化。准备一些可以自由取拿、动手动脑的玩具。总之，要让宝宝感到一天生活丰富多彩，有可玩的，有可听的，有可看的，还有人交往，不感到孤独无聊。这些方法既是预防措施，也是矫治手段，让宝宝没有机会把手指放到嘴里；对已养成咬手指习惯的宝宝，可以淡化对手指的依恋。

睡眠时加强照顾

宝宝上床睡觉后，家人要在旁陪一会儿，把小手掖在被窝或睡袋里，宝宝入睡后再离开。发现宝宝睡眠时咬手指，要及时纠正，可以给宝宝戴上宽松的无指手套，但要注意手腕部不要扎得太紧，毛边放在外面，防止棉线缠绕手指，影响血液循环，损害手或手指。可以为宝宝做一做抚触按摩，睡前给宝宝讲轻松愉快的故事，唱一支儿歌，让宝宝愉快地入睡，时时感受到安全、幸福、满足。

转移注意，正面教育

3岁以前的宝宝自我控制能力差，可以在宝宝咬手指时，把手强制性拿出来，并给宝宝玩具，或提示宝宝做特别感兴趣的游戏。随着宝宝自我控制能力的增长，可以给宝宝讲明咬手指的危害性，培养宝宝自觉克制能力，切忌简单粗暴、责骂批评，如“这么大的宝宝还吃手指，真没出息！”“把手拿出来，没记性！”这样会产生负面的强化作用，使宝宝大脑中对咬手指的印象更深刻，反倒会经常想起把手指放到嘴里去。

哺乳期不要匆忙结束

宝宝期应根据需要随时哺喂，以后也不必过于强调定时，以满足宝宝吸吮本能的需要，并保证让宝宝吃饱。另外，尽可能采用母乳哺喂，因为宝宝不仅存在饥饿温饱的生理需要，还有心理上的需求。母乳喂养的宝宝，因为与母体接触较多，接受妈妈直接慰抚多，情绪较稳定，神经质较少，对吮指癖会有一定的预防作用。

伙伴多多，活动多多

家长可以安排让宝宝多和小伙伴一起玩耍，鼓励宝宝广交朋友，多接触外面的新鲜世界；为宝宝安排丰富多彩的活动，尽量不让宝宝一个人闲着，他就想不起来咬手。

请医生帮帮忙

如果宝宝满4岁还咬手指，应当带着宝宝一起咨询心理医生，和医生一起分析宝宝吸吮手指的原因，根据不同原因进行纠正，或指导爸爸妈妈满足宝宝情感需要等措施，重者采用行为矫治方法。

厌恶疗法：在宝宝经常吸吮的手指头上抹黄连素等无毒的苦味剂，或缠上纱布，让宝宝吸吮时产生厌恶感，减少或消除这种不良行为。

负性疗法：让宝宝在一段时间里反复不停地吸吮手指，直到宝宝感到不舒服、不愉快为止，促使宝宝慢慢改掉这种习惯。

在矫治过程中，家长的态度要和蔼，语言动作要轻柔，以关爱鼓励为主，不要大声呵斥、打骂宝宝，宝宝有进步时，要及时给以表扬。

16. 纠正宝宝的口吃

口吃的宝宝

在幼儿神经系统快速发育时期，会因为某些精神因素影响，容易出现语言功能障碍。2～3岁的宝宝，正是口头语言发展的关键时期，对周围事物的兴趣很浓，不断发现新鲜事，不断掌握新词汇。但宝宝的言语功能尚未成熟，还不会选择恰当的词汇，造成说时迟疑不决，好重复，哼哼哈哈地不流畅。这种状况会随着发育自然好转。

有的宝宝上了学，说话还是结结巴巴；有的宝宝说出一个字后还要延长这个字的发音时间；有的宝宝每一个字重复多次后才能说出第二、第三个字。医学上称为口吃。但也有宝宝平时说话口吃不严重，仅仅是在紧张时表现得非常突出。

口吃，初发生在2～4岁的幼儿，这段时间是幼儿学习说话的最佳时期。宝宝希望用较多的词汇来表达自己的意思，但却因为掌握的词汇量太少，有时候要边想边说，往往会把第一个字重复多次。这个阶段宝宝还会出现用字不当、发音不准、语法结构错误等问题。家长对宝宝语言表达能力往往会要求过高，宝宝出现表述困难时，会遭到家长的训斥和惩罚，这样一来，容易使宝宝产生焦虑不安、紧张烦躁等不良情绪，从而引起口吃。另外，有的宝宝会在无意中模仿口吃者的发音，时间一长，反倒成了习惯。还有个别宝宝，虽然已经进了幼儿园，但说话时喜欢用重叠音来表达意思，如“饭饭”、“肉肉”等，长久下去，也容易引起口吃。

应对口吃的宝宝要注意

要主动关心宝宝，宝宝说错了不要紧，要耐心细致地反复纠正，教宝宝正确地说话。不可以嘲笑和训斥、责怪，切忌打骂，以消除宝宝紧张、焦虑情绪。要劝阻周围人不要嘲笑或模仿有口吃的宝宝。此外，还要注意：

叮嘱宝宝说话时不要太用力，要放低音量，用轻柔的音调讲话，要有节奏地发音，恢复语言的正常节律。

说第一个字时要进行诱导，要缓慢地、轻轻地诱导宝宝发音，并逐渐变响，然后过渡到第二个字。

平时要有意识地培养宝宝慢慢说话的习惯，还可以让宝宝每天朗诵几首儿歌或诗歌。

尽可能让宝宝与人多交谈，尤其是谈一些愉快的话题，宝宝不紧张，就不会出现口吃。

当宝宝口吃有所改善时，要给予鼓励，以巩固成绩。

一般来说，只要经过这几项措施耐心细致地逐步矫正，宝宝的口吃习惯会慢慢纠正的。

早教启蒙小贴士

最常见的早教游戏：丢进去

准备一只纸箱子，让宝宝把各种玩具丢到箱子里去。从箱子里拿东西比较容易，把东西丢到箱子里需要一定的智力发展才能做到。

17. 应对难管教的宝宝

多去了解你的宝宝

从教育学的观点来看，没有任何可以配套成龙的管教方式适合所有宝宝。每一个宝宝都是不同的个体，每一个宝宝都独一无二。爸爸妈妈应该了解自己的宝宝的个性和情绪，采取合适的管教方法。

宝宝对于家长责骂与处罚的反应也不一样，有些宝宝不爱说话，当然也不会哭闹，但是宝宝们通常对于家长说的话或做的事极端敏感、并且深受影响。因此，对于出现反抗家长现象的宝宝，最好是多去了解宝宝，而不要轻易责骂或处罚宝宝，以免引起相反的作用。

有一些宝宝被家长责备时，会号啕大哭，不停地对家长说自己“再也不了”，让家长觉得惩罚确实有效。然而，如果是那种爱闹情绪的宝宝，家长的责备也没有用。此外，批评或惩罚某些任性、倔强的宝宝时，小家伙可能会反抗，而且会坚持下去。管教这一类型宝宝，最好避免硬碰硬或长期对抗，简单扼要地指出宝宝哪里做错了，然后很快转移宝宝的注意力。

“难管教的宝宝”的特征

活动力很强，任性，无法自制，容易兴奋冲动；

非常不专心，注意力不集中，不专心听人讲话；

显得极度紧张，会用很喧哗的方式表达自己的情绪；

缺乏规律的生活习惯，要求宝宝正常作息很难；

最初的冲动，是离开现有的一切；

对任何转移、变化、不同的东西都感到恐惧，还拥有一种根深蒂固的负面情绪——闷闷不乐、暴躁、不快乐、不高兴，也很容易伤心落泪或轻易发脾气。

如果您的宝宝属于上面所指的“难管教的宝宝”，便要准备接受挑战，并且重新审视自己的管教措施，根据宝宝的个性去思考，然后试着直接去处理宝宝的行为。

应对“难管教的宝宝”

在有效处理任何不满意的行为之前，家长必须先采取一种客观的态度——保持中立。如果宝宝做错事，首先不要情绪化或直接地加以反应，而要退后一步，尽可能保持中立。

作为出现第一反抗期宝宝的家长，应当有效地思考宝宝的行为。要尽量多地思考宝宝的行为，而不是动机。要把注意力放在宝宝不愿意换衣服的事实上，而不要想成宝宝不愿意换衣服，是因为要想照自己的方式穿着。宝宝出现与家长的对抗情况时，先不要气恼，而要先问自己：“这样的行为是否真的很重要？”再问一问自己，对待宝宝的行为够不够客观，宝宝的行为究竟有多可气，是常常发生，还是偶尔为之？

面对宝宝的负面或对抗行为，如果爸爸妈妈经常用的管教方式是常常对宝宝咆哮或大声叫喊、常常拒绝宝宝的要求、常常并非出自本意地惩罚宝宝、常和宝宝争吵、要宝宝承诺下次不再犯了、威胁宝宝、严厉惩罚宝宝偶犯的过失、觉得无力管教宝宝、或者常常向宝宝让步……这些情况如果出现，说明您的管教方式不好，需要加以改进。

18.“管教”攻击性强的宝宝

避开爱欺负人的宝宝

有一些宝宝从 2 岁左右起，变得好斗，开始爱与人打架。一般说来，家长不要介入宝宝们之间的纠纷，因为宝宝们通常不会把纠纷甚至打闹看得很严重，有可能宝宝走到一起就要打闹，但仍然会很喜欢在一起玩。只有个别宝宝有“小霸王”性格，无论什么情况下都会恐吓别的宝宝，

养成了欺负别的宝宝的习惯，那么，让自己的宝宝避开爱欺负人的宝宝，不要在一起玩就成了。

训练攻击性强宝宝的自我控制能力

如果自己的宝宝总是欺负别的宝宝，那么，在每一次宝宝跟别人玩以前，都应当告诉宝宝，家长要求宝宝要与小朋友们和睦相处，并且尽量照看在宝宝们的近旁，防止自己的宝宝欺负别人。

有一些宝宝天生具有比别人更多的攻击性行为，必须要训练宝宝的自我控制能力。一般说来，攻击性强的宝宝，问题很可能出在家庭，因为爸爸妈妈婚姻关系不稳定、家庭关系复杂，家长的不和无意识地酿成了宝宝的攻击性行为。如果发现类似情况出现，不要让宝宝感觉到因为自身攻击性行为而使爸爸妈妈不再爱自己了。当宝宝表现出良好的行为举止时，要及时地鼓励和夸奖宝宝。

不要太多干涉宝宝的行为

宝宝们之间一旦发生打架斗殴行为，只要没有人受到伤害或被打倒，最好让宝宝们自己停止打架行为。如果成年人介入干涉，一定要亲切、细心地处理。必要时，给予适当批评，然后把宝宝们的注意力转移到意见一致的事情上去。这样做，宝宝们很快就会重归于好。

随着宝宝长大，力气增加，会出现真正的身体伤害，如把玩具扔向对方、揪了对方的头发，特别是大宝宝加入打架斗殴行为时，往往会发生“流血事件”。开玩笑的打闹与真正的打架截然不同，宝宝们天性喜欢打打闹闹，但在打闹过程中，如果受到伤害，会为了防卫而进攻，演绎成真正的打架。但无论遇上什么恼人的事情，家长都不要怂恿宝宝们互相伤害。宝宝们往往不知道把玩具扔向对方的一瞬间会造成什么样的危害，因此打起架来会没有轻重。发生类似情况，家长必须让宝宝们明白，打架是荒唐的行为，不为社会所容忍。

不能允许宝宝养成不讲道理的行为

真正的打架，要坚决给予处理。不能允许宝宝自幼养成不讲道理和野蛮、荒唐的行为。然而，身教胜于言传，如果说家长在自己的家庭教育中，总是以打骂的方式教育宝宝，或者爸爸妈妈经常打架吵骂，那么，宝宝会从家长身上学习这些行为，您得检讨自己的榜样行为。首先家长要学会在家庭中建立民主的气氛，通过讨论，和平地解决家庭争端，为宝宝树立良好的榜样。渐渐地让宝宝懂得，在生活中不能够随心所欲，与人相处要懂得相互忍让。

19.怕生的宝宝

了解宝宝的“怕生”

宝宝的性格不同，有的宝宝“见面熟”，在陌生人面前毫不拘谨，表现得热情大方；有的宝宝则不愿意见陌生人，在陌生人跟前不敢说话，甚至怕见陌生人。

一般来说，宝宝在陌生人面前有点拘谨是正常的，随着年龄的增加和社会交往的增加，会逐渐变得大方起来。但宝宝见到陌生人就特别紧张，一提起到朋友家串门，宝宝怎么也不肯去，就是一种缺点了。应该早加注意，帮助宝宝克服“怕生”的缺点，养成热情爽朗的性格，提高交际能力，以便能适应未来的社会。

避免宝宝“怕生”的方法

宝宝在1~2岁时，就应当有意识地带宝宝出去走走，让生人抱一抱、逗一逗，使宝宝习惯于见到陌生人的脸孔。到了适合送幼儿园的年龄和条件时，应该送宝宝到幼儿园去过集体生活，这对宝宝是大有好处的。平时在家里，也可经常鼓励宝宝和邻居、亲友的宝宝一起玩，经常带宝宝到朋友家串串门，或者到公园等处玩玩，以便增加见识，开阔宝宝的视野。

如果发现宝宝已经存在“怕生”缺点时，不要强迫或用训斥等方法来改正，应该逐步地为宝宝创造条件，帮助宝宝克服。如果采取强制的手段逼着宝宝去见陌生人，只会增加宝宝的恐惧，对身心健康是有害无益的。

20.“傻大胆”的宝宝

了解“傻大胆”的宝宝

有的宝宝“天不怕、地不怕”，什么事情都敢做，别的小朋友不敢干的事情，他敢干，别的小朋友不敢去的地方，他敢去。这样的宝宝，大部分

早教启蒙小贴士

最常见的早教游戏：给爸爸送去

这个游戏可以全家参加，让宝宝把手里的玩具送给爸爸。妈妈可以说：“把这个苹果送给爸爸。”如果宝宝照做，爸爸一定要说：“谢谢。”

是由于家长过分迁就造成的。无论做什么事情，无论后果如何，都用不着担心、害怕，因为宝宝不知道产生的后果，不知道会对他自己有什么影响，听任发展下去很可能变成“无法无天”。

人具有社会属性，人人都应该有健全的恐惧感，人的行为有可能对别人、对自己、对家庭、对社会产生什么不好的影响？正常人对这点有一种担心或惧怕的心理状态，这是一个人的道德感和责任心的体现。勇敢，并不是什么都不怕。“傻大胆”的宝宝是容易发生危险的，或者损害别人，或者伤及自己。

避免“傻大胆”宝宝发生危险的方法

让宝宝知道怕什么，应该让宝宝具备正常的恐惧心理。健全的恐惧感，要从小培养。要让宝宝逐步认识到自己的行为可能有好的后果，也可能有不好的后果，要争取好的后果，避免不好的后果。

“我爬上这墙头，万一摔下来会摔伤的。”

“我打了小朋友，爸爸妈妈会批评我的。”

“我不把玩具收拾好，爸爸妈妈是会批评我的。”这样，宝宝会逐步学会无论干什么事情前，都考虑一下可能的后果，对不好的后果有恐惧感——这种惧恐惧感，有助于激励宝宝的积极行为，抑制消极行为。因此，逐渐让宝宝形成健全的恐惧感是非常必要的，可以避免宝宝干一些“傻事”。

21.“眼馋”的宝宝

了解“眼馋”的宝宝

俗话说：“别人家的饭菜香”，为什么宝宝总是爱要别人家的食物呢？

宝宝爱吃别人的东西，是由宝宝的年龄特点所致。宝宝年龄还小，不理解“从属关系”，分不出“你的”、“我的”，宝宝才不管是谁的，想要了就伸手。另外，家人的教养不当，表现出家人的娇宠，形成宝宝以自我为中心，加上对宝宝的自控能力的培养不够。

处理好这个问题，要做到

❶ **备一些必需的食品。**现实生活中，有些家庭一味强调不给宝宝吃零食，在这方面限制过严，增加了别人家的食品对宝宝的诱惑力，致使宝宝“眼馋”、“嘴馋”，形成不良习惯。同时，家人要把握住分寸，不能用零食代替主食，不能有求必应，无原则地迁就宝宝。

❷ **平时注意给宝宝讲道理。**逐步让宝宝懂得这是“自己”的，那是“别人”的。自己的东西可以自由支配，别人的东西不能随便要、随便吃。即使在对方盛情难却的情况下，宝宝也要征得家人的同意，才能接受别人的食物。在日常生活中，家长应培养训练宝宝学会控制自己的某些需要。

❸ **出门前要先备好一些食物带在身边。**如果宝宝讨要别人的东西吃，可以拿出准备好的食物说：“妈妈这儿有，宝宝不要别人的”。以此满足宝宝的需要。

应对“眼馋”宝宝的技巧

在宝宝看到别人吃东西，自己非要不可时，不妨这样试一试：

❶ 告诉宝宝，向别人讨要吃得东西不好，大家会不喜欢。如果想吃，跟妈妈回家去拿。

❷ 转移宝宝的注意力。可以带宝宝离开，或用其他事物吸引注意力。如对宝宝说：“宝宝，我们去看汽车”；“宝宝，你看那花多漂亮”。

❸ 争取对方家人的支持，协同教育。应取得周围邻里的谅解和支持，当宝宝向别的宝宝讨要食物时，请宝宝们不要随便给，协同做好对宝宝的教育。

22．帮助孤僻的宝宝

独生子女中，胆小孤僻性格者较多，主要是因为参与社会交往的机会少，宝宝怕见生人，遇上问题不知所措，不会躲避伤害，缺少朋友等，这样的个性显然不利于宝宝成年以后在社会中的生活。

对待孤僻的宝宝，应当首先给予锻炼机会，不要剥夺宝宝应当具有的社会交往机会。比如，和小朋友们一起玩，自己去作一点力所能及的“冒险”的事。当然，是指爸爸妈妈们眼里看起来有“危险”的事。由于爸爸妈妈对宝宝过分的担心和忧虑，对危险的可能性估计往往过高，以至于总是放心不下让宝宝自己去体验一下自己做事的快乐。家长总是替宝宝把什么都做了，长此以往，宝宝当然就习惯于依赖，冒险精神也会消失得无影无踪。

当带着宝宝到一个陌生环境时，可以预先告诉宝宝一些应该注意的事，然后，就让宝宝自己去闯荡。当然，爸爸妈妈可以在一旁悄悄地观察宝宝，如果宝宝真正有危险时，不至于毫无准备。这样反复做的次数多了，宝宝就不再会惧怕陌生人和陌生环境了。

当然，如果有条件，最好让宝宝上托儿所、幼儿园，在集体环境中陶冶性情。集体环境的优点，是可以给宝宝以适当的压力，使得宝宝经常自己独立地、毫无依赖地处理问题。一些胆小孤僻的宝宝承受外界刺激能力差，很小的压力刺激都容易使宝宝感到害怕，无法适应。而与之相反的是，胆大的宝宝受刺激的能力高，以致习惯于承受外界刺激。因此，多给宝宝一些机会，让宝宝习惯于外界刺激，在幼儿成长教育中的作用十分重要。当宝宝对于陌生的环境感到不陌生时，承受能力会在不知不觉之间提高，宝宝也会由胆小、孤僻而发生根本的改变。

另一方面，宝宝处在集体环境中，与人交往多了，也会受到一定的挫折，经受一些不愉快的体验，而所谓的挫折体验，能从反面教育宝宝，有利于加速宝宝的心理成长。

23. 喜欢小动物的宝宝

幼儿喜欢小动物，想要饲养小猫、小狗之类小动物的愿望和要求非常强烈，因为觉得它们“可爱”。这种心情也是出自对自己弱小、幼稚的小生命一种爱怜的表现。平时，自己总是处在成年人的照料之下，只有小动物和小弟弟、小妹妹的存在，才能使自己显得优越。

仔细观察一下幼儿爱抚小动物的表情，就能够发现，小动物具有诱发宝宝爱心的“功能”。宝宝平常接受爸爸妈妈家人之爱，处于被动地位，现在地位变了，宝宝积极主动地爱护小动物，把爱心给予了对方。这个道理，宝宝本身并不知道，也根本没有必要知道。宝宝心里想的，只是喜欢小动

早教启蒙小贴士

常见的早教游戏：找一找在哪里

这时候的宝宝已有记忆力，如果当着宝宝的面藏玩具，宝宝会很快找到。大一点的、藏得比较近的容易找到，小的玩具、藏得较远的找起来会很困难。玩这个游戏可以逐渐增加难度，找到以后一定要表扬和鼓励宝宝。

物而已。

宝宝抚爱小动物时，爸爸妈妈千万不要对宝宝和小动物吹毛求疵.成年人总是喜欢泼冷水，挑剔小动物脏、脱毛、乱拉乱尿地收拾起来麻烦等，这些都应当避免。

幼儿的爱心，体现在“给予”和“接受”两方面。接受爱心不可缺少，但给予爱心也很重要。饲养小动物的目的，就是为了培育宝宝在这两方面的感情。当然，现代城市住在住宅区单元楼的家庭，受到对小动物欲养而不能的限制，即使在这样的条件下，至少应当允许宝宝能够饲养一只受限制较少的小鸟儿。如果说连这一点也做不到，就尽量想办法让宝宝在幼儿园里或托儿所里管一管小动物也好。

当然，宝宝毕竟还是宝宝，肯定会常常忘记给宠物喂食，也不会打扫小动物的排泄物，这需要爸爸妈妈来帮助宝宝做。对此，爸爸妈妈不要埋怨和嫌麻烦，为了能把宝宝培养成一个有爱心的人，麻烦一点是应当的。

第二节 1岁~1岁3个月的宝宝

一、亲子互动——方位感训练

整理物品

应该让宝宝自己把玩具放回原来的位置。完成这个任务，需要爸爸妈妈正确的语言提示，比如“记住动物园里小动物的家在门边衣橱最下边的一层”。只有当宝宝听到规范的、细致的描述时，才能理解这些词汇的意义。

可以和宝宝玩一个游戏，叫做“我是一个侦察兵”，这个游戏可以让宝宝熟悉周围物体的位置和名称。

捉迷藏

有意识地创设可以让宝宝藏身的“设备”，比如，宝宝可以钻进去的大盒子等。

四处走着找宝宝时，要将走过的地方高声向宝宝做“实况报道”，包括找到宝宝的地方。

修建“公路”

找一块空地，和宝宝一起在几个点之间修建一条“公路”，比如为一个小木偶修房子，在房子和超级市场之间修公路，可以用木块或塑料作为铺路的材料。

修好公路后，让宝宝描述小木偶从房子走到超市需要经过的路线。然后，可以再增加一些停止地点，比如，红绿灯或斑马线，增加宝宝的词汇量，使任务更复杂些。使用短句如“走斑马线穿过马路”和“在红绿灯处向左拐”等，使任务多样化，可以要求宝宝描述使用不同的“交通工具”走上“公路”时的不同路线。

描述房间布置

通过画地图，宝宝可以学会大量的方位知识。在一张大纸上，让宝宝画出房间的墙，并标出窗和门的位置。让宝宝剪出不同颜色，形状的粘贴纸片，代表房间的不同区域，比如，书柜和玩具抽屉，并把这些小纸片贴到大纸上。

鼓励宝宝做一张比较精确的室内地图。这将会是宝宝理解绘制一个区域图的良好

开端。然后宝宝就能用相似的方法，来介绍自己小卧室的内部陈设。

绘制地图

用讲故事的方法，能激发宝宝绘制过程地图。可以读一则著名的安徒生童话故事，如《一个小姜饼人》：他的生命开始于一个老婆婆阁楼上的煎锅里。他从煎锅里跳到地板上，溜出厨房，跑出门去，然后沿着小路逃跑。他穿过花园，看见一个园丁正在干活。然后他跑到田野里，看到一头牛和一匹马。因为所有的动物和人都在追他，他就跳进了一条很深的河，一只狐狸救起了他。

讲故事时，要鼓励宝宝参与到故事的想象场景中，可以不断地重复那句有名的对白：“跑啊，跑啊，你能跑多快就跑多快，但你追不到我，我就是小姜饼人。”

让宝宝画一幅图，表现事件的顺序。当宝宝描述每个事件发生的过程时，要向宝宝强调正确的词汇用法。

二、启智与能力训练

1.动作训练——走路训练

练习走路，爸爸妈妈需保护

12～16个月，是宝宝学会独立行走的阶段，也是宝宝从摇摇晃晃走几步到掌握身体平衡行走的阶段。宝宝学独自行走时，爸妈在一旁的保护和鼓励必不可少。

训练宝宝走路的方法

1. 让宝宝面对家人互握住双手，双脚踩在家人的脚背上，左右交替向前迈步；
2. 宝宝背对着家长，扶住宝宝的腋下向前行走；
3. 训练宝宝扶床沿、栏杆移步；
4. 训练宝宝双手扶扒车学走；
5. 双手或单手牵着成人手走；
6. 爸妈面对面蹲下，两手伸出作保护圈，让宝宝在中间来回学独走；

❼ 让宝宝独自站立，在宝宝面前用玩具逗引他独走。按以上方法训练，让宝宝每天有机会多练习，很快地就学会独立走路。当宝宝会走几步时，要给予赞扬，以鼓励宝宝继续前进的勇气。

2. 语言训练——开口训练

了解宝宝说话所需要的基本技能

宝宝能发出各种声音，音调能高能低。

能听和辨别声音的方向，有听觉选择性，对某些声音关注，对另一些声音不理睬。

有模仿性行为，特别是模仿发音和发声的方式。

会想象，对不呈现在眼前的事物，能用假想性的游戏反映出来。

认识熟悉的事物，当家长盖住眼前的实物时，宝宝会寻找。

让宝宝开口说话，犹如打破坚冰一样，是宝宝成长发育过程中的一项重大突破。开口说话看似简单，但只有具备以上技能时，才可能有语言的产生。

现代多数爸爸妈妈对宝宝的语言发展赋予极大的关注，尤其是那些开口迟、说话少的宝宝，更是令爸爸妈妈忧心忡忡、焦灼不安。对此不必急躁，宝宝说话需要有一个较长的学习过程，没有捷径可走。要耐心地观察，促进这个过程的发展，哪怕一段时间内看不到宝宝在语言上的丝毫进步，也不要气馁。

让宝宝感到快乐和有趣

实际上，宝宝语言的进展，在开口说话之前是悄然进行的。教给宝宝语言，并不是一味地枯燥模仿。仅靠爸爸妈妈说，宝宝学的模式单调不容易奏效，常遭宝宝拒绝。有些较难理解或较难发音的词语，宝宝一时半会儿讲不出来，如果硬逼着“鹦鹉学舌”，只会让宝宝感到紧张和痛苦，从而失去对学习语言的兴趣。

如果发现宝宝对什么感兴趣，可能包括冰淇淋、糖果或饮料等。当宝宝按照要求完成了某件事就可以奖励。更多的是要用语言、用爸爸妈妈快乐的表情、用拥抱或亲吻的动作对宝宝表示鼓励。还要根据宝宝的年龄特点安排游戏时间的长短，同时要不断变换游戏内容，以吸引宝宝的注意。

控制教学情境

如果教宝宝学习新的语言，首先要会控制宝宝学习的情境，使宝宝能够配合，注意力集中并感兴趣。

年幼的宝宝在学习时分心很常见，关键是如何把握住节奏，切忌硬逼或训斥。如果宝宝在学习中不合作或表现不好，可以不予理睬，最好什么也不说，只管让宝宝自己继续游戏。如果宝宝把玩具乱扔在周围，可以拿走他手中的玩具，离开房间几分钟后再继续。如果宝宝仍调皮，就收拾好全部玩具，结束游戏。这样，宝宝很快会懂得自己做错了，不等玩具收拾好，就会回到爸爸妈妈身边并安静下来。

注意语言内容

在教宝宝学说话时，不要自顾自地说，这会使宝宝只听而无机会说。同时不要提问题太多，宝宝在“这是什么”一类提问中不能学到语言，反而会紧张。此外，不要使用复杂的语言教宝宝，要使用短句，突出所教的单词，把它放在每一个句子中，不要只说不演示。教宝宝说话时，要充分调动视、听、嗅、触等各种感觉器官。还要辅以相应动作，让宝宝懂得表达出的意思。

每天定时教

每天抽出一定的时间和宝宝游戏，在游戏中教宝宝说话。固定的时间因人而异。开始可以定得短一些时间，如2～3分钟，然后逐步延长，形成常规。

选择最佳学习时机

最佳学习时机，是宝宝精力最充沛、注意力较集中的时候，这样效果会好一些，宝宝学的东西也会更多一些。在宝宝疲乏困倦的时候教语言，往往事倍功半。

重点突出，反复练习

在一段时间内只教宝宝学习一个特定的词语，让宝宝有足够的练习时间，要一步一个脚印地扎实学习。

小步快进

学习语言时，要把目标化整为零，每一步都要分得较细致，使宝宝在学习中容易获得成功，成功的喜悦能激发学习热情和兴趣。如果一步与下一步之间跨度较大，宝宝遇到困难，会挫伤学习语言的积极性。例如，宝宝不会发“渴”音时，爸爸妈妈可以训练宝宝的口舌运动，先发“啊”或“哦”的音，逐渐过渡到“渴”音等。

不轻易放弃

一段时间内尚未看到明显的效果不要急躁。因为宝宝的开口，是需要“千呼万唤始出来”的，是一个厚积薄发，润物无声的积累过程。

记录进步

在宝宝开口之前，很难看到进步，常常会影响爸爸妈妈教宝宝的积极性。为避免这点，建议您经常记录宝宝的行为表现。对于能说话的宝宝，要记录使用词汇的性质，是名词还是动词，是一个字还是两个字的词语，是短语还是句子……由此，可以得到宝宝语言学习的准确信息，循序渐进地安排计划。

3. 个性训练——任性的宝宝

了解宝宝的成长

宝宝长大了，开始有了自己的主见，不再是那个特别听话的小天使，会变成让爸爸妈妈无可奈何的淘气鬼。倔强的小家伙往往不肯听招呼，让东偏西，母子间一次又一次的过招，会使喜欢把一切事物都控制得有条不紊的爸爸妈妈没有办法，开始会产生莫名的失落感。

要知道，在这个年龄段，宝宝必然会经历个性发展的阶段，属于正常现象，以下这些情况，做爸爸妈妈的必须了解，才能够应对成长中宝宝的变化。

玩，宝宝的“圣经”

在宝宝的心里，总以为生活是由无穷无尽的游游荡荡、糖果和玩具、拥抱和喜爱构成的。习惯体会非常简单的快乐，第一次出去玩，第一次骑旋转木马，第一次去踏青。有时追着宝宝满地跑的时候，他会觉得自己是世界上最开心的人。所以宝宝有的时候逆反、任性一下子可以理解，一件不开心的事可能背离宝宝对美好游乐生活的想象。

界限里外

尽管宝宝的独立意识开始萌发，但还是很容易被一些新的情况和情绪弄得不知所措，这种情况在1岁左右常常出现。宝宝需要爸爸妈妈来规范生活，需要有清楚的和前后一致的信息，需要告诉他可以做什么，不可以做什么。

界限的存在。可以让宝宝有安全感，但同时界限也应该跟年龄结合在一起，不要指望着一两岁的宝宝可以在教室里或者图书馆里保持安静。

“让我来吧”

日常生活中有很多事情吸引着宝宝，宝宝都希望自己亲自试一下。从1岁开始，宝宝就有了想自己管自己的想法，因为刚刚学会走路，就觉得自己有了“独行天下”的本事。总会觉得自己能做得到，在这时只要可能，就应该放手让宝宝自己去做事，不要因为怕做错而阻止甚至替代宝宝，这样会扼杀宝宝尝试一切、亲历亲为的信心。

喜欢异想天开且信以为真

宝宝的想象力令人吃惊，简直是天马行空，而且会因为得到家长的信任和理解而特别开心。然而，当宝宝们的想象力开始增长起来时，其余的一些感受；如害怕、不安和噩梦也会随之而来。千万不能对这些不理不睬或小看它们，如果宝宝需要家长的帮助，如果宝宝说床底下有鬼，那就告诉宝宝说已经把它一脚踢出了窗外，现在可以好好地上床睡觉了。

谦让并非宝宝本性

宝宝喜欢和别的宝宝一块玩，在一起唧唧喳喳，美滋滋地一块跳舞，做游戏。但是不要以为宝宝们会自愿地分享玩具。因为懂得分享和给予，不是人类与生俱来的本性。需要引导并且告诉宝宝：要轮流和小朋友玩，不要霸道地抢小朋友的东西，只有这样，宝宝和小朋友一起玩的时候，才会不至于“化游戏为干戈，挂彩收场”。还有一个不让宝宝吵架的办法就是，给每个宝宝足够的玩具。

挑食绝对专有

很少有爸爸妈妈不为宝宝挑食而发愁，这可是宝宝典型的通病。宝宝不爱吃的东西都显得平淡无味，比如，米饭、面包、土豆泥、黏糊糊的粥，其实只要宝宝能从每一样菜中吃一点点，就不会缺乏营养。如果强迫宝宝去吃各式各样的东西，结果只会事与愿违，不妨试一试从颜色和式样上变化一下，投其所好！

时间观念等于零

这个年龄的宝宝做什么事都会优哉游哉，无论穿衣，还是吃饭，包括做游戏——这会让爸爸妈妈干着急。宝宝是不可能懂得抓紧时间的，因为他对时间毫无概念，需要把时间穿插到每个活动中去。可以用游戏的办法来比赛穿衣服，或者在正在播放的一首歌曲结束前把衣服脱掉，当然，偶尔需要小糖果或一个夸奖作来犒劳。

宝宝是“自我迷”

宝宝已模糊地知道自己喜欢什么，想说服宝宝改变自己的习惯会很难，宝宝会只坐在某一个椅子上，只用某一个茶杯喝水，然而这种固执是宝宝的一种特殊方式，宝宝希望控制自己和自己的世界。所以不要跟宝宝较劲，要分散宝宝的注意力，或者给宝宝另外的选择，而不要下命令。

语言使宝宝文明

如果每天跟宝宝说话、讲故事，就会潜移默化地教给宝宝一些语言技巧，而这些语言反过来又会帮助宝宝管理自己的情绪。宝宝们常常不懂得怎样用语言把情感表达出来，只会直接采取行动，不会说“我要”而直接去抢，不会说“我生你气了”而是动手就打。想让宝宝做“动口不动手”的君子，就教宝宝多说话，多认字吧。

“事事关心”

宝宝有与生俱来的好奇心，而且理解力远比可以表达出来的要多。一旦语言技巧开始丰富起来，就会用连珠炮似的问题来纠缠家长。比如说很小的事情便会引发一连串的问题：“为什么天会下雨呢，它在哭吗?”“小草变绿了，我会变绿吗?”“花草和树也需要喝水呀。它的嘴长在哪里?”“为什么只需要喝水，它不吃饭吗?”“它们会和我一样长大吗?”“它们长得为什么不像我?”……有时候回答宝宝的问题，会让您感觉到生命是件令人惊诧不已的东西，当然也会把您的耐心逼到“走投无路”。不过，相信这是世界上最甜蜜的磨励，而且您会乐此不疲。

让宝宝去做自己想做的事情

每个宝宝都是独一无二的个体，宝宝的个性不同，这些差异伴随着成长开始浮现出来。宝宝会开始显露一些特殊的才能，兴趣和个性特征，会在某些领域非常出色，但也有可能在一些地方有些笨拙，而且这些特征无时无刻在变化。宝宝无论是喜欢体育还是喜欢文艺并不重要，明智的爸爸妈妈会让宝宝去做自己想做的事，而不是爸爸妈妈要求宝宝成为什么人。就这一点而言，无论宝宝 18 个月还是 18 岁，并没有太大区别。

4. 情商训练——认知自己的情绪

"情感商数"高的人，能够控制自己的感情冲动，不会追求一时的痛快和满足。懂得如何激发自己不断努力。与人交往中善于理解别人的暗示，这样的人能理解人生遇到的荣辱成败。

宝宝的情商所具备的能力

了解和表达自己情感的能力，即真正知道自己确实感受的能力；

控制自己感情和延缓满足自己欲望的能力；

了解别人的情感以及对别的情感作出适当反应的能力；

能不能以乐观态度对待挑战的能力。处理人际关系的能力。

训练情商的 3 个小方法

❶ 培养宝宝正确的情绪反应，令宝宝及早形成正确的情绪习惯。比如，给宝宝讲专门的情商培养故事，告诉宝宝自己的高兴、生气等情绪，认知自己的情绪。

❷ 学会准确表达自己的感觉。人与人沟通，往往因为不能准确表达各自的感觉和想法，因而造成偏见和误会。

❸ 帮助宝宝学会控制自己的欲望。家长可以通过生活中的事例让宝宝明白，一个人想实现自己的愿望必须要经过不懈的努力，去克服种种困难，否则是不可能的。

5. 创造能力——给宝宝适度"破坏"空间

了解宝宝的求知心理

1 岁的宝宝，对世间万物充满好奇，在认识世界上万事万物的同时，什么样的东西都要动一动，碰一碰，试一试，加上这时的宝宝已经具有独立性，能走，会灵活运用双手，因而，也往往是一个令爸爸妈妈头痛之极的"淘气包"和"破坏大王"。

在这个年龄段的宝宝，往往会把家里能拿到手的一切东西都来摆弄一番——当然，最终会毁坏掉不少东西，爸爸妈妈为此又爱又恨。一旦急了，难免让宝宝饱尝一顿揍，给宝宝一点教训。然而，对待宝宝这种无知的探索行为的苛责和管教，会损坏宝宝正在萌发中的好奇心，同时毁掉了宝宝的创造性能力。

宝宝睁着一双无知的眼睛，对生活中的各类陌生事物充满新鲜感，合理利用宝宝的这种天性，多方引导、鼓励，有利于宝宝的大脑发育及日后处事能力的提高，更重要的是从小培养了宝宝浓厚的求知欲望，为今后的发展道路奠定基础。

宝宝爱搞“破坏”是天性使然

关于宝宝的破坏能力，有一则老故事对教育和培养宝宝来说，极其发人深省：一位妈妈，因为宝宝把自己刚买的一块金表当新玩具摆弄坏了，狠狠地揍了宝宝一顿，并把这件事告诉了宝宝的老师。这位老师却幽默地回答说：“恐怕一个中国的‘爱迪生’被你毁掉了。”妈妈不解其意。老师分析说：“宝宝的这种行为是创造的一种表现，你不该打宝宝，要解放宝宝的双手，让他从小就有动手的机会。”其实，宝宝爱搞“破坏”是天性使然，也是创造力萌芽的一种表现。

给宝宝一点“破坏”空间吧

给宝宝适度的“破坏”空间，满足和培养宝宝的好奇心，在家庭教育中是一个极其重要的方面。其实，宝宝如果对某种物件产生兴趣，不妨加以正确诱导，使宝宝在破坏的过程中懂得更多的知识。比如说，可以当着宝宝的面，把一只汽球从空瘪的原状吹鼓起来，再把气放掉，甚至拍破，还可以让宝宝自己试试。再比如说，做爸爸的可以和宝宝一起动手，把机械玩具拆开来，看一看玩具为什么会动，然后，再当着宝宝的面一一装好。当然，最好能让宝宝自己动手装，装不上时再帮助他。这样一来，既满足了宝宝的探索心理，又培养了宝宝的动手能力，一举两得，何乐而不为呢？

爸爸妈妈来互动

观察“小自然”

最简单的办法，是抓一把绿豆，拿一个小盘，用浅浅的水泡起来，等着它们发芽儿。如果还想增加一点儿难度，还可以找一些花花草草的种子，在小花盆里种上。或者弄一点小金鱼、小乌龟之类的小动物在家里养一养。或是找一点黑色的小小蚕卵来和宝宝一起经历孵化、采桑、换食一直到吐丝结茧，再到化蛹成蝶的生动养蚕过程。这些小生命个头不大，花钱不多，却足以培养起宝宝的观察能力和爱心。

6. 沟通能力训练——与宝宝“对话”

宝宝连句子都说不清楚，怎么能“对话”呢？——您可能因此觉得和宝宝“对话”

太难。其实，只要把“对话”看成交流，无论宝宝说话的能力怎样，只要亲子之间能有交流，就实现了互相之间的思想表达。爸爸妈妈与宝宝之间可以是动作形态的交流、眼神的交流、语言形式交流等，但最轻松的交流形式还是语言交流。

促进宝宝的言语交流能力的方法

(1) 促进言语交流能力最有效的方法，是和宝宝多说话。学习语言也和学习其他东西一样，最好在宝宝有所注意、有兴趣时进行。

(2) 可以利用多种形式来训练宝宝的语言交流能力，但一定要灵活多变、讲究趣味、生动活泼，应当把这种训练贯穿到日常生活和游戏中。

(3) 结合生活事件和具体活动教宝宝说话。例如，早上边起床穿衣边聊天，也是一种很好的交流形式。

(4) 短小、内容浅显的儿歌容易引发宝宝的兴趣。可以多给宝宝读儿歌，然后逐渐教宝宝跟着学念。

(5) 睡觉前给宝宝多讲讲故事、看图画书，在看一看和讲一讲中，与宝宝对话、提问，让宝宝模仿、复述。

(6) 创设宝宝之间的游戏环境，让宝宝在做游戏的过程中对话，这种形式是学习讲话、提高语言交流能力最自然、最有效的方法。

和宝宝玩语言交流能力训练游戏

❶ 耳语传话：先在宝宝耳边说一个词汇，比如：宝宝比较熟悉的“大高楼、塑料球”；宝宝不熟悉的词汇“核战争”；四字的词汇“宝宝玩具、三维动画、科普教育、恐怖事件”；多字词汇“中国的万里长城、昆明的茶花”，然后让宝宝传话给爸爸，看宝宝能否传达正确。

同样的游戏方式，还可以尝试在宝宝耳边说一个简单的、有并列结构的句子，比如“我要吃苹果、香蕉，到商场买牛奶、蔬菜”；或增加数字的句子，比如“天上有3只鸟、地上有2只小白兔”；或增加空间方位名词的句子，比如“柜子上面是花瓶，桌子下面是皮球”。旨在培养亲子关系，让宝宝养成认真听人说话的习惯，提高宝宝的语言瞬时记忆力和理解能力。

❷ 听音完成动作：是和不是。妈妈说，宝宝做，提前准备好相关的物件来充当道具。

拿毛巾给洋娃娃洗脸：不是拿香皂，不是给小熊洗，是给娃娃洗脸。

拿盒子里的果冻给小熊：是盒子里的果冻，不是盘子里的果冻；果冻是给小熊，不是给洋娃娃。

拿茶几上面的书讲故事：不是床头的书。

在这类游戏中，家长只需要结合日常生活过程来设计就行。宝宝比较配合时，在给宝宝下指示的时候，不妨想一想用什么语句，才能收获好的效果。

❸ 儿歌和动作：它们走路真奇怪。给宝宝准备一些有应答形式的儿歌，让宝宝配合儿歌完成动作，比如：

"小白兔，真可爱，两只耳朵竖起来，白兔走路真奇怪，白兔怎么走过来?"

"春天到，春天来，洞里的小蛇要起来，小蛇走路真奇怪，小蛇怎么走过来?"

"春天到，花儿开，美丽的蝴蝶飞过来，蝴蝶飞飞真可爱，宝宝也学着飞过来！"

每念完一句，先引导宝宝讨论一下这些小动物是怎样走路的，教宝宝模仿动物走路。然后再反复练习儿歌，提问"白兔怎么走过来?"引导宝宝完成动作，在一旁配音回答"白兔这样走过来！"反复几次以后，让宝宝边做动作，边配音回答。

这个游戏旨在用儿歌的形式让宝宝在游戏中产生应答，促进宝宝言语交流的兴趣。

❹ 听话音拍手：随意选择词组，要求宝宝听见能吃的东西就拍手。

香蕉、大象、青蛙、饼干、蝴蝶、奶油、小狗、面条；

桌子、铅笔、牛奶、台灯、果冻、苹果、橡皮、白纸；

可乐、哥哥、警察、果汁、医生、酱油、牛奶、工人。

完全凭借语言词汇，就做出快速反应是比较难的，宝宝对词汇可能有印象，但要回忆它是什么东西又需要一个思维过程。这样的训练方式，促进宝宝对所学知识的巩固和形象记忆，发展宝宝语言的快速反应能力。在设计词组的时候，可以把同类词组安排在一起，促进宝宝的分类和归纳能力。

❺ 过家家：准备过家家的玩具，如果能有其他小朋友参与更好。在玩的时候可以做这样的引导："能把你的小锅借我用一下吗？"看宝宝怎么回答。宝宝可能会说："这是我的，不给！"也可能会痛快地答应："好的！"

根据宝宝的年龄，可以准备一些宝宝可以听懂的话，穿插在游戏中。游戏最终的目的不是让宝宝回答问题，而是通过引导的方式，让宝宝和宝宝之间、宝宝和成人之间形成平等的交流关系。这样的游戏最好是宝宝之间玩比较好，旨在创设游戏环境，让宝宝在群体游戏中学会交际语言。一旦能够走进宝宝的言语世界里，您会发现宝宝是多么的可爱。

7. 心理素质训练——塑造感恩

感恩之心

"滴水之恩，当涌泉相报"，这句话的原意是告诉人们要知道回报。感受和感激他人恩惠能力的成长，是个人维护自己的内心安宁感、提高自己的幸福充裕感必不可少的基本心理能力。

感受生命，感受母爱，感受人生，感激社会与自身的和谐，无不基于一个共同点——感恩之心。然而，感恩能力并非天生，是人在成长过程中培育出来的。

感受满足

新生宝宝在饥饿时从妈妈那儿得到了乳汁，对宝宝是一种"安定状态"。1岁左右的宝宝已经养成了听妈妈唱歌或讲故事的习惯，听歌或听故事时，宝宝那甜甜的表情所反应的"安宁"，已经具有了可以被称为"幸福感"的色彩。

这就是感恩能力发展的第一步——即感受满足。感受满足，是必须以"感受缺失"为前提的。没有对缺失的意识，就不会有对需要的意识，也不可能有弥补缺失——满足需要的安宁体验。许多爸爸妈妈看不到这两种感觉间的相互依存关系，为了避免宝宝因某种缺失而产生焦虑体验，会过于卖力地超前预计宝宝可能面临的缺失，然后对宝宝实施"超前满足"。殊不知："缺失经验"的获得与"缺失体验"能力的成长对宝宝的整个成长来说都是必不可少的。被剥夺了缺失——焦虑——满足——安宁经验的宝宝，感受他人恩惠以及感受幸福的能力成长都会受到阻滞。

对“恩惠来源”的认知

感恩能力成长的第二步，是发展对“恩惠来源”的认知能力。换言之，即亲子间认知能力。固然，爸爸妈妈对宝宝的爱是最无私的，不要任何回报的，但是，正确地让宝宝认识、培养应有的感恩意识，是培养宝宝完整人格的一个有机组成部分，不可缺失。

对“施恩者”的回报

感恩能力成长的第三步，则是发展对“施恩者”的回报意识。3～4岁的幼儿能够大致理解妈妈上班、妈妈辛苦等内容，也能够理解和做出搬张椅子请妈妈坐、亲亲妈妈等行为。这些成长，是与感恩能力的第二步、第三步的教育和发展密切相关的。

早教启蒙小贴士

培养宝宝的感恩能力

一个拥有完整人格的人，会感激他人能接受自己的帮助、让别人看到自己的价值，并以更加努力的奉献回报社会。而这些完整的人格培养，则基于自幼家庭对于宝宝的感恩能力培养和教育。

第三节 1岁4~6个月的宝宝

一、亲子互动——“过家家”的角色

从“过家家”游戏中发现的现象

几个宝宝在一起玩“过家家”游戏——当然，模仿家庭，一般都是游戏的主要内容。宝宝们相处得很不错，分工明确，谁当爸爸很快就定下来了，但谁来当妈妈却引起争执。原因在于，某一个男宝宝很固执己见，坚持要求来争当妈妈的角色。别的宝宝似乎对于男女角色性别都很明确，只有这个男宝宝好像完全不清楚似的。

对待这种情况的出现，应当检讨的是宝宝的爸爸妈妈。把宝宝心中爸爸和妈妈的形象做一个比较后，就会清楚。如果让宝宝先扮演一个爸爸的角色，然后再扮演一个妈妈的角色，两者一比较，就会发现，宝宝完全自然地扮演出妈妈的角色，却不能很好地扮演爸爸这个角色为什么呢？

这是因为宝宝没有扮演爸爸的信心，因为，平时，宝宝和爸爸待在一起的时间很少，在宝宝的思想里，没有培植出与爸爸一体化的感受。

当然，做爸爸妈妈的，总会希望男宝宝有个男宝宝样，女宝宝像个女宝宝样。但是，对于尚且处在幼儿期的宝宝来说，这种要求显然有些早。

爸爸需多和宝宝待在一起

如果宝宝整天只是和妈妈待在一起，几乎没有和爸爸在一起生活的体验，心目中就很难建立起与爸爸的一体化感受，因此，在游戏中，才会提出要扮演自己熟悉的妈妈的角色。因为自己对爸爸不了解，不知道应当怎么样去做。

这类情况的出现，是值得现代家庭中爸爸妈妈们思考的。做爸爸的尤其应当反省一番，多与宝宝待在一起，和宝宝玩一玩，不要因为自己的压力大，工作忙而忽视了宝宝的心理发育和家庭教育。

爸爸妈妈，是宝宝成长过程中直接学习的榜样，爸爸妈妈自身所为，无时无刻不在影响宝宝的心理发育和人格形成，多亲近宝宝一些，努力把爸爸的形象牢固地培植在宝宝的心目中，不仅是一种责任，更是育儿百年大计中不可或缺的环节，一旦注意做到了，定会其乐无穷。

二、启智与能力训练

1. 动作能力——爬楼梯运动

爬楼梯运动，为以后的跑步和跳跃打下基础

这个年龄的幼儿已开始独立行走，独立性和主动性有所提高，对宝宝进行爬楼梯锻炼，可以增强其腿部力量，为以后的跑步和跳跃能力打下基础。

爬楼梯运动训练

在幼儿能够独立行走后，可拉着宝宝的手练习爬楼梯。刚开始时，宝宝跨腿很费力，身体不平衡，家人可以双手扶在宝宝的腋下，用较大的助力，帮助宝宝两脚交替迈上楼梯。然后可以逐渐减少助力，锻炼宝宝用自己的力量爬上楼梯。

还可以把宝宝喜欢的玩具放到楼梯的台阶上，引发宝宝去拿玩具的念头，或者站在楼梯上，向宝宝拍手，喊宝宝的名字，另一个家长扶着宝宝慢慢爬上楼梯。下楼梯也这样做，这个年龄的宝宝还掌握不好身体的平衡，需要家长先扶助着宝宝，体悟和培养对于高和低的感觉。

训练一段时间后，可以鼓励宝宝自己扶着栏杆，慢腾腾地迈上楼梯，但刚开始时要注意保护，先从2~3阶楼梯开始练习。可以在楼梯台阶上面逗引，并给宝宝鼓励，使宝宝逐渐地增强力量，自己能扶着栏杆迈上台阶。待宝宝能稳定地扶栏杆上楼梯后，可以教宝宝学习下楼梯，开始可扶着宝宝练习，使宝宝掌握深浅高低的概念，然后教宝宝练习自己扶着栏杆迈下阶梯，下楼梯一般比较危险，幼儿不好掌握，家人要特别慎重，防止失手跌落。

2. 智力开发——手指益智游戏

训练手对智力的重要性

手，是宝宝认识物质世界的重要工具，也是触觉的主要器官，通过活动手指来刺激大脑，远比死记硬背更能增强大脑的活力，延缓脑细胞的衰老。所以，手的动作，特别是手指的动作，越复杂、越精巧、越娴熟，就越能在大脑皮层建立更多的神经联系，从而使大脑变得更聪明。训练宝宝手的技能，对于开发智力十分重要。对待不同月龄的宝宝，可以进行不同的手指游戏训练。

穿成串

准备一根线和一些带孔的玩具，让宝宝把这些玩具一一用线穿起来。这个看起来很简单的游戏，对宝宝来说却是挑战。玩具的孔不要太大，要是宝宝的小手都能伸过去就不能做。这样做可以训练宝宝用两只手共同完成一项任务，对培养身体协调能力有帮助。给宝宝提供的玩具不要太小，时刻注意不要让宝宝吞咽手中的小玩具。做之前，应先示范，如果失败可以手把手地教，直到宝宝自己能独立完成。一定要注意保护宝宝的自信心，让宝宝体会到手指精细动作游戏的乐趣。

套杯子

找几只大小各不相同的杯子，依大小次序把杯子套在一起，先让宝宝把小杯子从大杯子中一个个拿出，全部拿出后再把大杯子一个个套在小杯子上，反复几次。宝宝两只小手配合着拿杯子、放杯子，锻炼小手的同时能了解到大与小的区别。杯子最好不要用玻璃的，以免打破划伤宝宝。还可以选择不同颜色的杯子，让宝宝将同样颜色的套在一起，玩起来会更有趣。

爸爸妈妈来互动

看橱窗锻炼记忆力

爸爸妈妈带宝宝外出路过商店橱窗时，先让宝宝仔细观察一下橱窗里陈列的东西。离开以后，要求宝宝说出刚才在橱窗里看到的东西。

3. 游戏训练——用纸盒玩游戏

利用废旧的空纸盒做游戏

利用废旧的空纸盒做纸盒游戏，是一种饶有兴趣、其乐无穷的亲子游戏活动，还可以有很多种玩法，家人可以和宝宝一同开发。

资料库：空纸盒游戏

❶ 将大小不等的方形、长方形等各种废弃的、清洁无毒的纸盒放到一起，堆成高塔，把这些不同形状、不同规格的纸盒上中下移动，变成多种形状和大小的纸盒塔。和宝宝一同给塔命名，共同创建各种模型，以激发宝宝的建造情趣，认识一些几何图形。

❷ 用一根绳子把纸盒串连起来，让宝宝牵着绳子朝前走。“开火车了！”宝宝一下变成了“火车头”，当上了“火车司机”，会感到很开心、很自豪。会非常高兴地、长时间地开“火车”。

❸ 挖去纸箱的一面，在纸箱里面放上小枕头、玩具娃娃、小被褥等，可用小块方布代替，纸箱就变成了“一张床”，和宝宝一起玩“过家家”。

❹ 在纸箱一侧剪出一扇门，宝宝可以玩开门、关门的游戏，纸箱又变成了一座“房子”。

❺ 在大纸箱的四边，各摆上一个小纸盒，大的纸箱成了“桌子”，四边的小纸盒就变成了“板凳”。

❻ 在小纸盒上挖一个或几个形状大小不同的孔，让宝宝的手能自由地进去。宝宝可以把石子或小瓶之类的东西从小孔里扔进去，又可以从小孔伸手进去捡出来。这样，扔进去，捡出来，反复地玩，使宝宝体会不同物体和不同小孔之间的对应关系。

❼ 把小物件或能发声的小铃铛放在纸盒中摇动，纸盒就变成“拨浪鼓”，发出不同的声响来，通过这个办法，让宝宝学会辨认什么东西会发出什么样的声音。

4. 语言训练——和宝宝“对话”

多使用规范语言

多使用规范语言，多使用连接词，既有助于宝宝的语言发展，又可以培养宝宝的逻辑思维能力，妈妈和宝宝对话，应当使用规范语言：

“因为天气很好，所以我们去公园好吗?”

“这几天你表现很好，但是睡觉还不乖！”

给宝宝说这么复杂的句子，会让1岁半的宝宝听得一头雾水，宝宝会不明白妈妈到底要讲什么。

对于宝宝来说，多使用规范语言，多使用连接词，固然有助于语言发展和逻辑思维能力的培养，但也不绝对如此，需要看宝宝的具体年龄，年龄小的宝宝还是适合儿化语言。

年龄小的宝宝适合儿化语言

宝宝在1～2岁时，常常喜欢用单词或简单句表达自己的想法，如“糖糖”、“蛋蛋……要”。细心的爸爸妈妈会发现，宝宝在这段时期所用的语言，一般只有名词和动词。有时候一个词可以表示多种意思，名词也会作为动词来用。这种现象只会在宝宝1～2岁时出现，所以又称“儿化语言”。

千百年来，几乎所有的妈妈都自觉地用“儿化语言”与宝宝交流，并逐渐教会宝宝掌握母语，这种方法相当有效。其实，当爸爸妈妈与宝宝以“儿化语言”交流时，会有意放慢说话的速度，复杂的长句也会被拆分成简单的短句和单词，同时还使出夸张的身体语言。这样，宝宝更容易理解词句的意义，从而使学习语言的速度明显加快。

事实表明，宝宝更喜欢这样的说话方式，它有助于母子间打破语言的隔阂。不过，这并不表示宝宝不能从规范化语言中学习，只是用“儿化语言”可以使宝宝学得更快一点。不过，爸爸妈妈在使用“儿化语言”时，应当尽量避免过多地模仿宝宝无意识的发音或一味地简单重复，减弱家长在语言学习中的引导作用。

使用规范语言，需要看宝宝的成长过程

什么时候对宝宝使用规范语言，还得看宝宝的语言发展过程。幼儿语言发展的过程：

❶ **儿化语言期：** 1～1.5岁，宝宝多使用单词句，且为名词，如“饼饼”、“凳凳”等。1.5～2岁，宝宝多使用简单句，表现为“名词＋动词”的形式，如“狗狗跑”、“妈妈抱”等。这一段时间，正是幼儿语言发展最迅速的时期。正因为儿化语言的简单，不必考虑复杂的语法结构，这个时期的宝宝，学习的词汇量会猛增。因此，2岁的幼儿期，被称为“口语爆炸期”，这一时期，宝宝每90分钟就能学会一个新词。

❷ **规范语言萌芽期：** 宝宝从2岁开始学习语法结构，了解把用词组织成句子的规律。从这个意义上来说，宝宝就是在2岁以后，才开始学习并掌握最基本的语言应用的。这段时间，宝宝的进步显而易见：使用的句子结构从简单到复杂；句子结构从不完整到完整；句子长度从短到长。

在宝宝1～2岁期间，爸爸妈妈使用“儿化语言”可以和宝宝处在平等的基础上，

给宝宝一种受尊重的感觉，有利于培养宝宝的自信；更容易和宝宝交流；重点突出名词和动词，有利于宝宝把物体或动作和词汇联系起来，对周围环境进行分化；有利于增加宝宝的词汇量。

在宝宝长到2岁以后，就应当逐渐使用规范语言，这样做才有利于宝宝语言能力的发展。使用规范语言的环境，更容易帮助宝宝完成语法结构的学习；有利于宝宝的认知发展，“因为……所以……”“虽然……但是……”这样的句子中含有一定的逻辑意义；规范的语言环境，对宝宝的认知水平有潜移默化的影响；有利于宝宝人际交往能力的发展。

语言是一种沟通工具，口齿清晰、表达清楚的宝宝才能与人很好地进行交往。成年人的日常会话，常常是宝宝的模仿对象，只有自然的、规范的对话才能给宝宝良好的示范。

综上所述，既然儿化语言和规范语言各有各的用处，爸爸妈妈就不用急于使用规范语言，只需让宝宝顺其自然地发展。但千万要注意的是，2岁前后的宝宝一定要分别对待。

早教启蒙小贴士

给予宝宝良好的语言环境

从宝宝的语言发展过程来看，在1~2岁的时期里，和宝宝的语言发展相呼应，爸爸妈妈也可以使用“儿化语言”，不必急着使用规范语言。但是，由于宝宝从2岁开始学习用比较复杂的句子表达想法，与此相对应，爸爸妈妈最好使用比较规范的语言，给予宝宝更好的语言学习环境。

5. 学习能力——3个小方法

认识周围环境

在带宝宝去户外活动时，可以结合实物，给宝宝讲解环境中的事物。

理发店：理发店的标志是红蓝白三色的转筒，人们的头发太长或不好看的时候，要去理发店理发。理发师用剪刀、梳子、推子等工具给人们理发。理完头发以后，人就会很漂亮。

幼儿园：幼儿园里有很多小朋友和阿姨、老师。幼儿园里的小朋友们上课、做游戏、做操。小朋友们在幼儿园里能学到很多知识，有很多小伙伴。老师和阿姨对小朋友像妈妈一样。

商店：人们日常的生活用品都是从商店里买回来的。商店里有各种各样的吃的、用的、玩的东西，商店里边的东西不是谁家的，而是商店的，要付了钱，才能从商店里买回东西来。

给宝宝讲述

宝宝活动范围大了以后，会遇到各种各样的人，宝宝还没有注意观察，也还不懂得区分，可以给宝宝讲述：

医生：医生是在医院里给病人看病的，人们生了病以后，要到医院去看医生。医生穿着白色的工作服，用听诊器听诊。医生为大家检查身体，给病人开药、打针治病，帮助病人解除难受的病痛。医生都非常关心和爱护生了病的人。

司机：驾驶车辆的人都是司机。开公共汽车和出租汽车的司机，接送人们上班下班、上学放学等。乘坐公共汽车和地铁要买票。

警察：警察指挥交通，能让马路上的车辆和行人安全通行，大家都要听警察的指挥。警察还抓坏人，遇到危险了可以找警察叔叔帮助。警察叔叔的电话是“110”。

结合讲述上面这些常识，可以从识字卡片中挑出医生、警察、公共汽车、红绿灯、听诊器等，扣在桌上，让宝宝翻开一张，说出是什么物品有什么用，或是干什么的人，识别人和象征性物品并归类。

认识交通工具

宝宝到户外活动，常常能见到各种交通工具，可以教会宝宝识别各种车辆。但要注意，不宜带宝宝在马路边待得时间太久，因为马路边的空气污染特别严重，加上噪声污染和各种不安全因素，对宝宝不利。

自行车：自行车有两个车轮，需要人用力踏脚踏板，车才能走。

公共汽车：公共汽车里有许多座位，能乘载很多人。乘公共汽车时，不要把头和手伸出窗外。乘坐公共汽车要买票，见了老年人和怀孕的阿姨要让座。

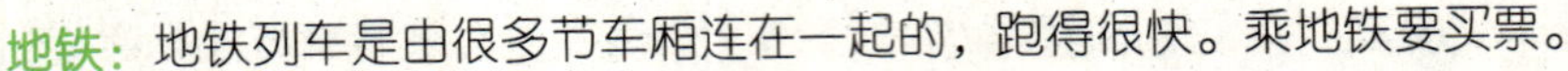

地铁：地铁列车是由很多节车厢连在一起的，跑得很快。乘地铁要买票。

6. 交流训练——给宝宝讲故事

讲故事的学问

首先，讲的故事内容要适合宝宝的智力水平。这表现在时间上不能太长，一般控制在 20 分钟内为好。如果是给一两个宝宝讲，就可以因人而异。宝宝思想能集中，多讲一会儿也无妨，宝宝一旦分心了就赶快打住。

在内容上，给幼儿讲一些动物、植物和童话故事，故事要短，形象要生动，情节不要太曲折。等到宝宝有想象力了就可以讲些神话、童话、民间故事。形象可以丰满一些，词汇量要逐步增加。为了丰富宝宝的想象力，要多用夸张的手法，甚至荒唐一些也未尝不可。再大了就应讲些历史人物的故事和成语、谚语故事，这些故事富于哲理，是启蒙宝宝思维和言语的好材料。

家长对胆小的宝宝多讲些勇敢者胜利的故事；对自私的宝宝讲些自私者孤独的故事。从这一点来说，家长讲故事比保育员和老师更为重要，因为老师讲故事其对象是一群，他一般只能照顾到一个班的共性，而家长可以根据自己宝宝的个性进行针对性强得多的教育。

还应注意的是，讲故事的语言要生动。有的家长故事选材很好，但是，他们不是在讲故事，而是在念故事，是按照书上的文字一个字一个字地念。由于宝宝们对书面言语不熟悉，有的甚至听不懂，听听就感到没有意思了。所以，给宝宝讲故事，最好在讲的过程中要多用象声字、象形字，必要时应手舞足蹈，眼睛、嘴巴连同脸上的肌肉一起调动起来。只有家长自己讲得津津有味，宝宝才能听得津津有味。

讲故事的多种功能

让宝宝用自己的语言来复述故事——让宝宝复述故事是一个好方法，复述不是照

早教启蒙小贴士

讲故事也要学问

有不少家长认为，讲故事是最容易不过的了，只要看一本书，再消化一下，然后再讲出来就行了。其实，讲故事需要注意“讲故事的学问”的。

背，而是要用宝宝自己的言语来表达故事里的人物和情节，这对宝宝的言语、记忆、思考、逻辑、想象等诸方面的能力是最好的锻炼。

7. 独立能力训练——应对小小“尾巴”

了解小小“尾巴”

妈妈走到东，宝宝就跟到东；妈妈走到西，宝宝就跟到西；妈妈出门，宝宝死缠烂磨地要跟着去。对于这类缠人的宝宝，人们戏称为小小“尾巴”。

宝宝是家庭生活中幸福和快乐的源泉，可是这个小小“尾巴”较起劲来，真让爸爸妈妈吃不消。不知道您有没有遇到过以下这些尴尬的场面：

妈妈出去买菜，一会儿就能回来，宝宝却不依不饶，一定要跟着妈妈一起去，而且眼泪鼻涕一起来，妈妈只得带上这个麻烦的“尾巴”去菜场。

看到妈妈穿衣服准备出门，小家伙就着急：“妈妈，你要去哪里？我也要去！”还抱着妈妈的腿不放手。妈妈只好带上小小“尾巴”。

应对小小“尾巴”之做客

对于缠人、爱跟着爸爸妈妈出去的小小“尾巴”，可以注意从外出做客、去商店、上菜场、随家长参与聚会活动等地点的不同，区别对待。

在好说歹说仍不见效的情况下，爸爸妈妈通常会无奈地带上“尾巴”。让人头疼的是，如何让宝宝在大人的活动中不感到无聊呢？如果在无奈中带宝宝去做客，可以采取以下的办法：

事先电话通知对方：在带宝宝去别人家做客之前，最好事先打电话通知主人，要带宝宝去，让对方有所准备，如果主人家有小孩，那就有个伴，可以一起玩。如果没有，一方面可以请他们准备一些小宝宝玩的东西；另一方面，可以根据自己宝宝的兴趣，带上一两本小朋友喜欢的图画书或画笔什么的。

给宝宝心理准备：在去别人家之前，还必须给宝宝介绍一下要去的地方：比如主人家住在哪里？家里有哪些人？告诉宝宝去别人家里要懂礼貌，不可以太吵闹。

尽量照顾宝宝：在和朋友聊天的时候，可以让宝宝在一旁玩玩具、看书、画画或和别的小朋友、大人玩。宝宝喜欢看图画书，对他说：“妈妈和阿姨有话要说，你在这里自己看书，看完再讲给妈妈和阿姨听，好不好？妈妈就坐在你旁边，有事就叫妈妈，好吗？”

需要注意的，是要尽量让宝宝坐在自己附近玩，这样可以看到并照顾到宝宝，宝宝万一有什么需要，可以随时说，宝宝也会感觉比较安全，不会因为陌生环境而感到寂寞。

应对小小“尾巴”之超市和菜场

对宝宝来说，那里就好像一个琳琅满目的知识大宝库。带上宝宝去超市或菜场，可以适时地利用环境开展一次认知和游戏之旅，让宝宝乐在其中。

在去超市或菜场之前，可以先跟宝宝说这次要买什么东西，让宝宝帮您一起去寻找并挑选，同时告诉宝宝不可以在里面跑和玩，也不要因为东张西望而走丢了。根据宝宝的年龄，还可以利用超市或菜场，给宝宝做一些相应的认知游戏。

由于年龄比较小，可以让宝宝坐在购物车里，和宝宝一边挑选商品，一边教宝宝认识各种各样的商品或物品。如果宝宝对某种物品感兴趣，可以详细地解释，如有必要的话，可以买下来，还可以问问宝宝：为什么喜欢这种物品。选择完某样物品之后，可以交给宝宝，让宝宝放到购物篮里。

应对小小“尾巴”之聚会

如果宝宝硬要缠着跟随参加家长和朋友的聚会，要事先通知朋友，看有没有机会把宝宝也带上，这样既是大人的聚会又是宝宝的聚会，宝宝就不会感觉很无趣了。

聊天时，要记得把宝宝介绍给朋友认识，同时可以针对宝宝的特点和兴趣让他觉得开心，比如，你的宝宝喜欢听故事，就可以告诉宝宝：某某阿姨最喜欢讲故事了，她有很多有趣的故事可以讲给你听，可以去找她玩。抓到了宝宝的兴趣点，宝宝就不容易感到无聊了。

如果只有你一个人带宝宝出来，可以让宝宝和朋友轮流说话、玩游戏，这不仅能提升宝宝的语言智能和人际关系智能，还是减少宝宝无聊感的好方法。

总之，带这样一个小小“尾巴”外出，一定要耐心和细心，不能置之不理，要尽量创造条件让宝宝有所认知、提升，让宝宝有安全感，并乐在其中。

防止产生小尾巴

小“尾巴”产生的原因之一，是宝宝缺乏安全感、信任感。爸爸妈妈需要给宝宝提供安全感，离开时爸爸妈妈要告诉宝宝：自己什么时候回来，是什么原因要离开，要尽量跟宝宝讲道理。要给宝宝一种足够的安全感，就是家长出去以后很快就会回来。如果说服不了，就带上宝宝一起出去。但是必须要事先说明，要去的地方可能会出现的状况，比如，宝宝要去超市，要告诉宝宝“超市人很多，很容易走丢，要小心”，而不能一味地迁就。

缠人的宝宝产生的原因之二，是宝宝独立性比较差，这跟爸爸妈妈教养过程中陪伴式的教育息息相关。主要是对宝宝的干涉性过强所造成的，因此要多给宝宝一点独立做事的机会，经常请宝宝帮个忙，比如，让宝宝取个杯子或其他什么东西。

宝宝通常觉得爸爸妈妈是最值得信赖的，所以，和宝宝在一起要给予充分的关注，要有足够的耐心。

解决问题的根本，是不要事事以宝宝为中心。在日常生活中，可以让家庭的每个成员都有机会成为中心，形成一个良好的家庭氛围。比如，奶奶过生日，就可以和宝宝商量：“奶奶快过生日了，我们一起来给她买些东西，好不好?”这样可以让宝宝学会关心他人，提高独立性，减少依赖性。

8.心理素质训练——不要对宝宝说的话

宝宝的心理承受能力

著名的爱迪生，小时候被老师列入“笨宝宝”之列，但他妈妈却一直在鼓励他，认为他会成功，终于，爱迪生成了一位伟大的发明家。其实，每一个宝宝都是天才，只是家长缺少发现，缺少培养的方法，才会使天才的发挥与宝宝擦肩而过。

宝宝是这个世界上最单纯、最不应当受到伤害，却又最容易被伤害的群体。弱小而又敏感的宝宝对爸爸妈妈的评价，可以形成一种心理反应。爸爸妈妈的肯定，会让宝宝心花怒放，爸爸妈妈一句无心的责备，也会在宝宝幼小的心里形成难以磨灭的阴影和影响。

宝宝的心灵是脆弱的，希望得到支持和理解，每一句鼓励的话语，都会使宝宝信心百倍。但是一句粗暴的呵斥，足可以使宝宝的自尊心受到极大的伤害。如果爸爸妈妈轻易否定自己的宝宝，对宝宝的能力表示怀疑，是非常可怕的。“傻、呆、笨、坏”

一类定语，在宝宝的心中是最严厉的判决，无情地把宝宝变成了一个家庭或学校的“另类”，在与周围环境格格不入的同时，宝宝的心灵世界也会变得一片灰暗。

不能对宝宝说的话

为了给宝宝的心灵留下一份快乐的记忆，无论宝宝做错了什么事，爸爸妈妈永远记住不要对宝宝说这些话：

“傻瓜、没用的东西！”

“你简直是个废物！”

“你可真行，竟能做出这种事情！”

“住嘴！你怎么就是不听话呢？”

“我说不行就是不行！”

“我再也不管你了，随你的便好了。”

“求求你别再这样做好吗？”

“你若考了一百分，我就给你买……”

“你做这种事，真让我伤心透了！”

“又做错了，你简直是坏透了。”

第四节 1岁7~9个月的宝宝

一、亲子互动——陪宝宝做游戏

通过游戏了解宝宝

有一些家长把和宝宝一起做游戏，看做是“哄宝宝不哭”。其实，哄宝宝只是一个方面，更主要的是家长应当通过游戏了解宝宝，帮助自己的宝宝学习。对宝宝的许多情况，可以通过陪宝宝一起做游戏，观察和了解到。

在与宝宝一起做游戏时，可以观察宝宝是不是合群，与小朋友打交道，是主动还是被动。

陪宝宝做游戏爸爸妈妈要注意的是：

做游戏时，爸爸妈妈不要敷衍宝宝和应付宝宝，但也不要指挥宝宝，应当作为平等参加游戏的一员，跟宝宝一起玩。

爸爸妈妈应当知道，和宝宝一起全家做游戏，不仅能享受到天伦之乐，更能增加亲子之情、夫妻之情和和睦的家庭气氛。

可以精心设计一些自己家庭独特的游戏，甚至准备一些道具，通过轻松愉快的游戏方式，教给宝宝知识和伦理。

爸爸妈妈来互动

拼比眼力

买一大盒拼图扔给宝宝，并不能稳住宝宝的心。作为爸爸妈妈，在宝宝身上花多少时间和心思，就会有多少收获，还不如两代人趁机坐下来和宝宝一起完成这一项“伟业”。然后，把亲子间共同的作品贴在硬纸上，装进镜框，挂在墙上。这样做，肯定比送给宝宝任何一件礼物都管用。因为，那上面每一条曲曲弯弯的缝隙里都浸透了对宝宝的爱，做这样一件事，比一本正经地跟宝宝谈心要简单易行，而亲情收获的效果不可低估。

二、启智与能力训练

1. 交流训练——宝宝模仿妈妈

模仿，交流的一种方式

宝宝从一出生，就开始模仿家人，在学习中形成自我。那么，反过来说，爸爸妈妈在宝宝模仿的过程中，是否也能有所收获呢？

喂宝宝吃饭时，把小勺递到宝宝面前，宝宝自然地张开了嘴，等着品尝美味。那么您注意过自己吗？妈妈自己的嘴是否也张开着？母子俩谁先张开嘴？是谁在模仿谁？社会心理学家解释说：“在绝大多数的情况下，是宝宝看到伸过来的勺子后先张嘴，然后爸爸妈妈才模仿宝宝的动作；余下 1/5 的情况是爸爸妈妈先演示，宝宝再模仿。”

这个简单的喂饭的例子说明，模仿不是单向的，模仿可以理解为爸爸妈妈和宝宝之间的交流的一种方式。

宝宝和爸爸妈妈，一开始就通过模仿互相交流

社会心理学家说：“如同水中的鱼群群居、群嬉一样，人也时时参照周边的人们，互相观察、互相模仿。我们需要一种归属感和获得认可、接受的愿望，而模仿可以满足我们的这种愿望。”

很多爸爸妈妈都知道，如果在很小的宝宝面前做吐舌的动作，宝宝也会模仿。可以和自己刚刚出世不久的宝宝做一个特殊的游戏：爸爸或妈妈在宝宝面前做出亲吻的口型，看看宝宝是否也会模仿出同样的姿势？结果表明，在刚刚出生不过 40 分钟的宝宝身上，就能观察到这种行为。

当宝宝模仿时，面前似乎有一面镜子，爸爸妈妈做什么，宝宝也做什么。当然，这种模仿也会起到不好的效果：如果宝宝看到成年人在抽烟，观察到手在嘴前往复，宝宝或许会用一块积木代替香烟来模仿这个动作。

不管宝宝模仿抽烟的动作令人感觉如何，但宝宝模仿时却毫无恶意。宝宝模仿爸爸妈妈，是因为爸爸妈妈是宝宝的偶像，宝宝对爸爸妈妈的爱是无条件的，宝宝毫无保留地信任爸爸妈妈。把宝宝抱在怀里，宝宝同时也抱着爸爸妈妈，贴在身上表达自

己的爱，如同爸爸妈妈对待宝宝一样。

如果一名6个月的宝宝得到一面小摇鼓的话，宝宝会立刻意识到，不仅可以把小鼓攥紧，也可以松手扔掉。因为这么大的宝宝开始有意识地抓住东西，想怎么玩就怎么玩。因而宝宝突然意识到，自己可以“有所作为”，影响什么了。于是宝宝会开始非常热情地练习，把事物与目的结合起来。此时，模仿可以起很大作用。例如，妈妈把礼品纸揉成一团发出声音，宝宝会好奇地学着尝试，是不是自己也可以用手和纸制造出同样的音响效果。

宝宝在9～12个月时，达到模仿的高潮阶段，理解他人行为的能力也得到了发展。成年人能知道别人的行为意义，比如，看到一个人进了厨房，会推测去那儿的目的。2岁的宝宝是否同成人一样思考呢，宝宝会对模仿事物的意义有自己的理解：成年人若是像宝宝一样把玩具塞到嘴里的话，宝宝先是会很吃惊，却并不会去模仿。

如果宝宝头天晚上因为肚子痛而整夜睡不安稳，第二天早上，爸爸妈妈的情绪通常会有些烦闷，这是人之常情。但假如宝宝此时冲着爸爸妈妈微笑，那么所有的爸爸妈妈都会不由自主地喜笑颜开，一夜的疲劳会被宝宝童真的笑容驱赶得无影无踪。这是因为爸爸妈妈在模仿宝宝的笑时，向神经中枢传输了愉悦的信息，大脑立即分泌出营造快感的激素。

爸爸妈妈在和宝宝说话时会不自觉地用“儿语”，改变通常讲话的节奏，几乎像唱歌一样跟宝宝说话。语速相对缓慢，句子之间停歇较长，还会经常重复所说和所做的。在爸爸妈妈模仿宝宝的方式进行交流，仔细观察宝宝的反应时，会发现宝宝在“密切注视”并且会“回答”爸爸妈妈，尽管宝宝可能还不会说话。宝宝大一点后，模仿能力更强，比如，虽然还不会说话，却已经能学着爸爸妈妈，拿起电话听筒煞有介事地“打电话”。

宝宝的每一次模仿，都会加强与爸爸妈妈的交流

对于新生的宝宝来说，不存在昨天或明天，只有现在。给宝宝穿衣、洗澡、哺乳时，对宝宝最重要的，只是妈妈正在做的事情。可以在宝宝观察妈妈的时候望着宝宝，

用两三分钟来营造一个小小的永恒，一段美妙的时间。要把动作的节奏调整到宝宝的频率上来，“慢动作”有时候恰好是合适的速度。这些做法全都有助于宝宝的时间感和记忆的形成。

能从宝宝身上学到的时间和永恒观念也至关重要：有的爸爸妈妈全天候、24小时为小小的“大人物”服务，忙得焦头烂额，总会担心自己支撑不了多久。宝宝却有能力让爸爸妈妈坚持下去，就像宝宝自己一样，保持旺盛的精力，不停地挥舞手臂，趴着时不断向前爬，只为够到一只红色的球，也可能毫无目的。宝宝的这种耐力、耐心和集中注意力，恰恰是爸爸妈妈应当效仿的。宝宝可以引导爸爸妈妈，竭尽全力去生活，日复一日。

2. 智力开发——10类适合宝宝的启智玩具

响环

3个月的宝宝就能一只手握着“响环”玩。宝宝开始尝试触觉、感觉、视觉或味觉的作用。用手摸一摸，体会一下手上感觉如何；用眼睛看玩具的各种色彩；用口尝一尝玩具的味道；摇动“响环”时的声音可以训练宝宝的听觉。这类最简单的玩具是宝宝开发智力的第一步。

球

6个月的宝宝对能动的一切东西都感兴趣，能滚的彩色球对宝宝最有吸引力，用小手去推一推，球就会向前滚，宝宝还会爬着追逐小球，如果妈妈能陪着宝宝一起玩就更妙。

积木

8个月的宝宝已有了不少的发现，宝宝已经能认识玩具、家具等多种用具，宝宝能了解到有一些物体软绵绵的，有一些硬邦邦的，有一些有棱有角，有一些圆滚滚的。面对积木，宝宝会开始运用两只手，能使两块积木相碰发出响声；一块叠在另一块上面会比单独一块积木高；而且还能用积木叠成多种不同的形状。

复合形状套盒

这是用来训练宝宝观察物品形状的玩具，通过这种玩具，宝宝能够认识到，一种形状的开口只容许同一形状的物品通过；宝宝能够了解生活用品各种不同的形状，这类玩具给18个月大小的婴幼儿玩较合适。

玩沙

所有的幼儿都爱玩沙、玩水。18个月以后的幼儿已经懂得，不能随便把什么东西都往嘴里塞，这时就可以提供各种小工具，如小铲、小耙、小桶等让宝宝去玩沙子，可以让宝宝把沙堆砌成各种形状，充分发挥宝宝的创造能力。

娃娃

2岁左右的幼儿已经开始有个性表现。这时的宝宝已能表达自己的喜爱和厌恶。如果有了娃娃玩具，特别是女宝宝，可以像妈妈对待自己那样对待娃娃，为娃娃洗脸、穿衣、喂食、赞扬或责备娃娃。

叠杯

对一个2岁的幼儿来说，叠杯玩具是最变幻无穷的游戏，既能叠成高塔，又可缩成一只单杯，还可以把小积木或其他小东西藏在叠杯内再寻找一番。通过这类游戏，宝宝们能够知道有些东西虽然眼睛看不见，但却是实际存在的。

图画书

2岁的幼儿已经通过眼、口、手认识了不少物品，如果能在图画书中找到自己认识的物品，该会让宝宝有多大的乐趣！当然，爸爸妈妈还可以通过图画书教导宝宝认识更多的物体。这类图画书的选择，当然应线条简单，色彩鲜明，一眼就能认出是什么来。

玩具车

到了2岁，幼儿已能基本能控制自己身体的各部位，可以驾驶“小车”了，可以开快、开慢，也可以骑“大马”了。如果“小车”还能载上宝宝自己的一些小玩具，而自己又能充当“运输司机”，那真是其乐无穷。

拉着走的动物玩具

幼儿拉着能走动的小“动物”玩具，会让宝宝着迷。宝宝慢慢能理解，一根绳子原来有牵动力量，这比用电池的电动玩具车更富于启智作用。

3. 动手能力——学做家务

宝宝做家务的技巧

从19个月开始，培养宝宝开始做一点家务劳动，给宝宝一块抹布——让宝宝在身边忙碌，远比厨房里被宝宝打碎的漂亮酒杯有价值！可以随着宝宝逐渐有能力有信心，不断介绍做家务的技巧给宝宝。

不要苛求宝宝把家务做成技巧娴熟

的艺术。宝宝能不能以最快的速度把餐桌摆得井井有条不重要，重要的是两岁的宝宝能够慢慢学习怎么样布置餐桌，能在自己做好以后绕着桌子走来走去，体会劳动的快乐。

要让宝宝尽早地了解并且参与日常生活模式，哪怕刚开始宝宝根本理解不了在做什么。要告诉宝宝，有哪些家务要做，以什么样的顺序来安排家务，随后可以给宝宝分配工作。购物的时候也可以问一问宝宝："你来看看，牛奶买得够不够？""面包买了吗？"等问题。

在新鲜感和持久度之间找到平衡

工作要常常变花样，让宝宝总是帮忙做同样的事，还是让宝宝每天自由选择更好。因为变化会给人带来乐趣，了解不同方面的知识。让宝宝一会儿是"浴室专家"，可以找到各人专用的毛巾和浴液，一会儿又成为"美厨助手"，认识各种蔬菜和瓜果。宝宝除了体会到乐趣之外，更需要学会能长期承担一些义务。比如，照料家养的几盆花，可能会需要宝宝每天浇水呵护，这种定期的浇水和看护，对于宝宝形成专注持久的习惯非常有帮助。就连做洗碗、倒垃圾、准备餐桌等家务琐事，也需要持之以恒的能力。

不能对宝宝的所作所为吹毛求疵

如果宝宝们把勺子塞到了糖罐里或者把碗打碎了，都没有那么糟糕，宝宝必须有机会去发现和接受不完美的地方，自己想办法解决问题。当然可以问宝宝："你给花儿浇水了吗？"如果宝宝忘记了，家人也可以偷偷地给花浇上水，但对大一点的宝宝，必须学会自己承担责任，哪怕是存在这样那样的问题，比如，宝宝买了谁都不爱喝的酸奶，花盆里的植物也干枯了。这样的经验对于宝宝来说，比家长不停地唠叨埋怨更有效。

要学会给宝宝一些夸奖和鼓励，不要总是挑毛病、找缺点、嫌哪儿做得不够，要对宝宝所完成的事情表现出欣喜。比如，拍拍宝宝的肩膀，或者对宝宝说，真不错，这一周你已经是第三次自己刷牙，并且把小白牙刷得这么干净了！如果宝宝帮着家里倒了垃圾，可以把宝宝搂到怀里说："这些天你帮着倒垃圾，我很高兴。"

选择适合宝宝做的家务。一定要避免犯这样的错误，如果打算用收拾房间来训练宝宝的责任感，很可能会碰壁。因为如今宝宝都有太多的玩具，而通常没有很合适的玩具箱。晚上宝宝们会很疲劳，但又不想上床睡觉。这种情况下最好不要勉强宝宝收拾自己的玩具。可以对宝宝说：“你先在厨房里帮我忙，一会儿我再帮你一起收拾玩具。”

4. 个性训练——矫正任性

宝宝任性需纠正

一般说来，宝宝由于心理发育还不成熟，对许多事情缺乏认识和判断能力，多少都会有一点任性。从心理学角度来看，这是个性偏执、意志薄弱和缺乏自我约束能力的表现。环境是导致宝宝产生任性心理的主要原因。宝宝的任性心理不是天生的，而是家长不加约束，放纵教育的结果。孩子的任性如果发展到一定程度，就有必要加以纠正。

有家长说：“我家宝宝闹起脾气来，任何人都吃不消，他吃饭从不按时三餐，想吃时就吃，而我们吃饭时，他准在一旁玩个不停，最好还得由人陪在身边，如果硬阻止他，就会哭闹不止。”像这样的宝宝就可以被认为有任性心理症结。

如果宝宝任性心理得不到纠正，会妨碍宝宝的心理健康和心理的正常发育。因为任性会导致无法正确认识和

早教启蒙小贴士

不同年龄段的宝宝，可以做的家务活有所不同

1 岁半时，能为自己拿尿布；把用完的尿布扔到垃圾箱里；从地上捡起小东西；关上柜厨的门锁；取报纸。

2 岁时，能玩完后收拾玩具；把勺子放进洗碗池；帮助喂养小动物；收拾玩具；把塑料杯子、碟子收好。

2 岁半时，照图解布置餐桌；折叠围巾；收拾餐具；削胡萝卜；把一定量的食物盛进不同碗里；用小扫帚扫地；收拾扫帚和垃圾箱；拖小块地；整理杂志、沙发垫。

3 岁时，宝宝能自己刷牙洗脸穿衣脱衣；擦掉家具上的灰尘；叠餐巾；把一堆堆衣服搬运到房间里；把衣服放进洗衣机里；把衣服从甩干机中取出；擦抹低层架子；倒空小垃圾箱；起床时叠好被子。

4 岁时，可以清扫卫生间，帮助爸爸妈妈把清洁剂倒入便池；收拾书本；除尘；分类物品。

5 岁时，整理床铺；摆放餐桌；做房间一般清扫卫生。

6 岁时，能为全家人倒牛奶；清扫桌子；折叠整齐一般衣物。

判断事物，个性固执，不明事理，妨碍生活能力的发展，不善于与人交往，难以适应环境，不被别人接受而陷入孤独之中，经不起生活的考验和挫折，对宝宝健康成长不利。严重的还会由于易冲动而犯罪。

资料库：纠正任性的方法

宝宝任性的表现千差万别，因此，解决任性的方法也应当因人、因时、因事加以实施，旨在给宝宝提供适当的约束，增加其心理自控能力，可以参照以下几种方法：

（1）转移注意力。宝宝注意力集中的时间比较短，爸爸妈妈可以利用这一特点想办法转移宝宝的注意力，改变宝宝的任性行为。例如，一名跟着妈妈购物的宝宝，在商场里玩得很上瘾。妈妈急着赶回家，可宝宝就是不愿意走。如果妈妈说："我们回家吧。"宝宝可能会坚持要在商场玩。如果妈妈说："走，妈妈带你去坐汽车。"宝宝可能就会愉快地答应，然后由妈妈领着坐公共汽车回家。

（2）在情绪上表示理解，但在行为上要坚持对宝宝的约束。如在吃饭的时候，宝宝忽然想起爱吃的菜今天没有，生气地拒绝吃饭。即使冰箱里有材料，妈妈也不应该迁就宝宝，马上就给宝宝做，应当明确地表示，饭菜准备好了不能随便更换。如果宝宝继续闹，可以饿上一顿，等到宝宝感到饥饿时，自然会找食物吃。

（3）暂时回避。有些宝宝会因为自己的不合理要求没得到满足而纠缠不休，这时，家长可以暂时不去理会宝宝，要让宝宝感觉到，使用哭闹的方式是无效的，宝宝就会停止这种方式。事后可以与宝宝坦诚地交流，跟宝宝讲明白道理。

当然，解决宝宝任性的方法很多，但解决任性问题的关键，在于培养宝宝认识和判断事物的能力。

5. 动作能力——让宝宝多走一级楼梯

对于宝宝来说，走楼梯这项简单的活动好处很多

从出生起，每一个宝宝都必须经历躺、抬头、翻身、坐、爬、站的发展。1周岁以后，宝宝身体发展的内在驱力，使得宝宝开始迈开步伐练习走路，变得较独立，活动范围也越来越大。专家们把幼儿1~3岁阶段称做"用脚思考"的阶段，因为宝宝迈开两双小脚，走到哪里，探索到哪里。上下楼梯是这个阶段幼儿动作发展的重点之一。

18个月大时，宝宝就可以开始学习走台阶和上下楼梯。现实生活中，有些爸爸妈妈却喜欢抱着、背着宝宝走楼梯，这样能保护宝宝不会跌倒，也节省上下楼梯的时间，

但却让宝宝失去了锻炼的好机会。

人在上下楼梯时，必须活动膝关节，同时必须调节身体的平衡。因此，对于急需发展自我动作技能的幼儿来说，上下楼梯不仅能活动关节，还是一项很好的平衡运动。

刚学上楼梯的宝宝，只能借助楼梯的扶手或家人的牵引才能使自己保持平衡，因为3岁以前的宝宝重心偏高，肌肉缺乏锻炼，站立不稳。但如果经常锻炼，宝宝膝关节慢慢就会变得灵活，肌肉会结实有韧性，大脑控制系统经常受到动作指令的刺激也会变得特别敏捷，眼、手、脚协调能力增强，宝宝逐渐反应灵敏，活动自如、轻松，能够自然地甩动双臂在楼梯上跑上跑下。

楼梯越爬越高，意志越练越强。从某个角度讲，两者之间有一种天然的默契。刚开始学习上下楼梯时，宝宝会有一定畏难情绪，但如果能从家人的鼓励、支持中得到勇气，克服害怕摔跤带来的心理恐惧和身体疼痛，能勇敢地迈出第一步，登上第一级。随着级数的增加，宝宝的视野渐渐扩大，不用再仰头看着楼上在心里发怵，也可以自由自在地上楼去看个究竟，宝宝会充分感受到控制自己身体所带来的喜悦，体验到成功的快乐。新的发现，不断激发宝宝克服困难继续去攀登、探索，日复一日，会渐渐培养出胆大、勇敢、坚强、不怕困难的优良品质。

既然走一走楼梯，能给宝宝带来这么多的好处。不妨在学会走路后，让宝宝自己上下楼梯吧，多走一级楼梯，会多一分锻炼、多一分收获。

宝宝学习上下楼梯的技巧

宝宝刚学习上下楼梯时，四肢的灵敏度尚不足，常常无法控制身体，若一时站不稳，就容易跌落下来。因此，一开始并不适合在楼梯上学习，可以利用婴幼儿常用的泡沫积木，堆成阶梯状，让宝宝先做一做练习。

动作做得熟练后，家长可以在幼儿身后，以双手牵着宝宝的上臂，让宝宝利用四肢的力量向上移动，切记在扶着宝宝时，须以上手臂为主，千万不要只抓住手肘以下的部位，因为幼儿的骨骼太脆弱，容易造成损害。扶宝宝上楼梯时，可以看到宝宝上身挺直，而脚已经比身体早一步往上走了，因为宝宝本身的力量不足，必须借力使劲的关系。

以四肢爬行方式上下楼梯，对幼儿的颈部神经或大小肌肉都有明显的帮助，很多7～8个月大时爬行不足的幼儿，会在爬楼梯时显得较为笨拙，应当多利用四肢爬行上楼梯的机会，加

早教启蒙小贴士

不同年龄段的宝宝，爬楼梯动作上有所不同

13个月：大部分宝宝能在这个时期，开始练习用四肢向上爬楼梯。

1岁半左右：可以自己爬楼梯，只是前后脚朝同一级台阶前进，还需要扶着墙或扶手。

2岁左右：虽然仍然前后脚同一级台阶向上前进，但不太需要扶手，可以随时停下来、转身。

2岁半以后：慢慢地能每阶一步地迈上楼梯。不过，下楼梯时还得两脚同一级台阶下，等下到最下面一阶时，只要台阶不是太高，宝宝都喜欢并拢双脚往下跳。对于这个阶段的宝宝来说，楼梯是一个能带来快乐的地方。

强宝宝身体运作的能力，对宝宝未来动作技能的学习，也会有密切的影响。

6. 动作协调能力——集体活动的游戏

了解宝宝的动作能力

1岁以后幼儿的活动场所主要是地面上，在这个时期，球是幼儿最好的玩具，家人可以与幼儿相互扔球、捡球、接球、滚球、踢球等，还可以让幼儿与小朋友一起玩球，促进幼儿行走、跑、滚动、扔、投掷、弯腰捡拾等基本动作的发展，使幼儿上、下肢肌肉得到锻炼，动作更加灵活协调，培养幼儿的注意力、观察力。

动作协调能力训练

几个宝宝一起玩球，可通过游戏的集体活动，建立良好的关系，培养相互合作的意识。给宝宝玩各种套叠玩具、穿绳玩具、积木、积塑等，有助于锻炼幼儿小肌肉动作和手指的灵活性、准确性、培养注意力和观察力，套叠玩具有套塔、套碗、套环等。穿绳玩具包括木珠和塑料珠、塑料管、木线轴和花片等。玩这些玩具时，可先给幼儿做示范，然后让宝宝学会自己玩，家长可在旁边作指导。玩的时候可教幼儿学会把铅笔插入笔筒内，开始用大口的笔筒，逐渐教宝宝学会插入小口的笔筒，还可以教幼儿把小的物件装入小口径的容器中等。

还可以利用走平衡木、滑滑梯来发展宝宝的平衡动作，既培养宝宝注意力，还能培养勇敢精神。开始走平衡木或滑滑梯时，家人要在旁边扶持和鼓励，逐渐放开手，让宝宝自己玩，自制的平衡木可选择宽度约30厘米，长约1.5米的木块，两头搭在两块大积木上，把大块木板的一头架高，自制成滑梯。

7.游戏训练——玩水玩沙乐不疲

玩水玩沙的好处

宝宝天生喜欢玩水玩沙，如果带宝宝去河边、沙滩上往往会开心之极，这些大自然赋予人类的天然玩具，可以给宝宝带来无穷的乐趣，宝宝可根据自己的意愿随意玩耍，充分发挥自己的思维和想象能力，还能锻炼手脚和全身的动作协调能力。

对1岁半以上年龄段的幼儿，在家庭中玩水只须注意到基本安全、防滑防摔。家庭中可以用小盆、小瓶、小碗、小杯和小漏斗等容器装上水，放手让宝宝去玩。家人可以先做给宝宝看，把盆子装满水，把瓶子压沉到水底下装满，然后拿起瓶子里的水倒进碗里。如果宝宝灵活运用手的技巧进步，可以让宝宝把小碗伸进水里，然后用小碗舀水再缓缓地倒进瓶子里。碗口大，瓶口小，容易洒漏，可以教会宝宝把碗拿高一些、离瓶子远一些再倒，多次训练，宝宝就能学会，达到手、眼和全身的协调、准确无误。

这样做，可以训练宝宝手的控制能力和手、眼协调能力。还可以用一个大盆，装上半盆水，把一些可漂浮的玩具如小船、小鸭子、小乌龟或机械游泳娃娃、青蛙、轮船等放入大盆，让幼儿放手去玩，去做各种游戏，如小鸭戏水、娃娃游泳等。开始玩时，宝宝可能会把水弄得满身满地，只要及时在旁边指导，提醒宝宝不要弄湿衣服免得着凉，帮助幼儿卷起衣袖或裤腿。

玩水玩沙的技巧

家庭里让宝宝做玩沙游戏，可以选用沙箱玩具（小动物、房子、花、树和草等）模型、小铲子、筛子、桶、和一些瓶瓶罐罐等。让宝宝用小铲把沙子装到小桶里，把小动物、房子、花、草等摆在沙箱的适当位置，布置成一个微型动物园或微缩的公园。在家庭用沙箱玩沙子时，要特别注意提醒宝宝，不要用带沙子的手去揉眼睛、鼻子。如果空气干燥，可以给沙箱中沙子加上一定湿度，避免尘土飞扬。如果宝宝因玩沙手臂等部位出现过敏，要立即停止玩沙。

当然，周末和节假日，带上宝宝一起，去海边、沙滩上做堆沙、玩沙游戏，更是令全家一起开心愉悦的好时机，有益宝宝身心健康的良好发育和锻炼。

8. 学习能力——数的概念培养

开始培养宝宝数的概念

数，是很抽象的，教宝宝计算时，得事先准备一些教具。比如实物、图片、瓶子盖、小盒子、计算筹码、扣子等。玩的时候，动手数一数，摆一摆。在学习“多、少、一样多”的概念时，可以摆一摆看，妈妈摆出 3 个瓶子盖，让宝宝摆扣子。先把扣子摆在瓶子盖里面，数上一数，看一看是不是一样多。再要求宝宝把扣子摆在瓶子盖下面，一个对一个的摆齐，反复练习，让宝宝知道，3 个瓶子盖和 3 个扣子一样多。

还可以为宝宝专门制作一些教具，可以在卡片的一面写上数字，背面涂上相对应的圆点，让宝宝从少到多，逐步形成数字的概念，用以引导宝宝对数的认识由感性到理性，由具体到抽象，反复练习一段时间后，使宝宝懂得数字的意思。通过实物反复练习，使宝宝逐渐摆脱实物的支持，只需要在语言的引导下，就能运用头脑中已经形成的数的概念进行判断。

培养数的概念的技巧

开始时，宝宝的思维活动不能脱离具体的物体和自己的动作，脱离了实物和动作，就不会想，不会记忆，因此，一定要广泛地采用教具来教给宝宝数的概念。在教宝宝计算的过程中，一定要把动作和语言讲解结合起来，一边摆放实物，一边说着、数着。做完示范后，让宝宝摆，摆放实物时，也要求宝宝边摆边说，把动作和结果都说出来。

教会宝宝不管做什么，都应当让宝宝把动手做和口说、眼看、耳听等多种感官活动起来，只要让宝宝既动手又动脑，必定能提高学习效果。

9. 记忆力训练——宝宝也有自己的办法

宝宝自己的记忆方法

别看幼儿年纪小，记忆能力却很是高超，成年人记不住的东西，宝宝能毫不费力地记进大脑，储存起来。

幼儿的无意记忆占优势。宝宝利用这种方法，获得大量的识记材料。在看电视、听收音机的同进，就能把其中的音乐和插曲储存进大脑细胞里。

无论在家里，还是在幼儿园，宝宝都会自然而然地记录成年人的语言、故事、儿歌、歌曲，在与成年人交往的过程中，记忆大量的词汇。宝宝往往会令家长吃惊：小家伙还不到 3 岁，怎么净说一些大人的话？宝宝们把画册上、影片中、美术展览、生活用品中的图形能够反映到自己的个体意愿画中来，创作出生机勃勃的宝宝作品。聪明能干的小家伙，不会写字，也不识字，却能到广播电台熟练而生动地讲故事、唱歌、表演……而且往往是一次成功。

宝宝这种高超的记忆，功劳在于家长和幼儿教师的培养。在家里，根据宝宝无意记忆的特点，爸爸妈妈可以使用大量直观而形象的教具，吸引宝宝的注意，加强宝宝的记忆。在讲故事前，制作一些相应的图片，生动活泼地讲述能使宝宝入迷地听，讲不到 3 遍，宝宝就能记住。还可以教给宝宝做各种科学小实验，让宝宝在亲自动手的实验活动过程中，观察千变万化的现象，在富于趣味性的学习中，把各种自然现象记进脑海里。每学一首歌儿，不光教宝宝唱，也教宝宝跳，在舞蹈动作的配合下，在活动中记忆歌词。学习计算时，要准备各种绒布图片、实物，教会宝宝运用实物运算，然后，给宝宝一只计算袋子，让宝宝伸手摸一摸，里面装着宝宝平时喜欢玩的小石头、小瓶盖、计算筹码，让宝宝动手摆弄摆弄，3 个加上 2 个，应当是几个？宝宝很快就能记住 10 以内的加减法运算。

在有计划的教育下，幼儿的有意记忆不断得到发展，使记忆和智力发生初步的质变。有意记忆的发展，也标志着语言系统的调节机能出现新的水平。

根据宝宝的情况，家长可以不断地向宝宝提出新的识记任务。讲完故事以后，反问宝宝：故事里面都有些谁？他们都说了些什么？做完实验后，可以问：水变成了什么？知道它是怎么变的吗？在不断提问的启发下，使宝宝的记忆更有目的性。

宝宝记忆力训练的方法

从记忆的方法来看，幼儿的意义识记好于机械识记，那种认为宝宝死记硬背能力强、只是靠机械记忆的看法是不准确的。

在理解的过程中，有很多实际经验参与，使各种神经联系之间形成连锁反应，并且经过大脑活动进行了概括性处理。这样的记忆，要比孤立的记忆联系更加巩固。因此，教会幼儿理解，然后再教宝宝记住，会记得牢固。教宝宝唱一首儿歌时，可以先联系宝宝自身理解和经历、认识，给宝宝先讲明白内容，再教宝宝朗诵就会事半功倍。再如，教宝宝学数字，可以利用形象记忆的方法：1像小棍子，2像小鸭，3像耳朵，4像小旗，5像钩子，6像豆芽，7像镰刀，8像麻花，9像小勺……让宝宝在形象化、趣味性的记忆过程中，很快就能掌握数字的外形和写法。

在整个幼儿期，宝宝的形象识记效果都好于词汇的记忆，因为具体形象鲜明，直接感知，能在头脑中形成表象。而词汇往往比较抽象，属于第二信号系统，在幼儿期还不能起到主要支配作用。当然，随着宝宝年龄的增长，语言能力的发展，词汇的记忆能力也会不断增强。

10. 社交能力——旁观游戏

了解宝宝的旁观游戏

这个年龄段的宝宝，喜欢站在一边静静地观看大宝宝们的游戏。在成年人看来，宝宝自己并没有参与游戏，可宝宝自己却说："我在玩儿呢！"看起来，让人感到很奇怪。

在宝宝自己看来，自己正在享受"旁观游戏"的乐趣，的确也是在玩儿。当宝宝专心致志地观看别的宝宝做某一种游戏的时候，自己也沉浸在游戏的氛围中。由于同龄宝宝之间的人际关系还没有形成，宝宝在心理上还处于不会积极主动地参加小伙伴们的游戏的状态。宝宝的心中，似乎有一种看不见的心理屏障还没有打破，暂时只能看着别人玩，自己处于"旁观游戏"的阶段。

从小在家里只和妈妈或养育者打交道的宝宝，还不可能马上与外界的宝宝们建立起友好关系。这种旁观游戏的行为，并不是由于宝宝胆怯或懦弱，而是正在培育人际关系的抵抗力。

宝宝社交能力的训练方法

宝宝处在这个阶段的时候，绝对不要催促。最好的办法，是等待，等到宝宝自然习惯。此时，家长可以把宝宝带到公园之类的地方，然后自己尽管读书或者织毛衣，放开宝宝，不要管，任宝宝自由行动。

宝宝暂时还会处在旁观状态，这是幼儿游戏的一个发展阶段，必须让宝宝充分体验这个阶段，因为，幼儿的智力发育，是不能越过任何一个阶段的。

等到宝宝心理抵抗力培植起来以后，宝宝会很自然而然地加入到小朋友当中去玩，并且过渡到下一个阶段——“平行游戏”阶段。

11．模仿训练——是想象力发展的起步

培育幼儿的想象力，需要扩大幼儿的视野，丰富宝宝的感性知识

任何想象都要以感知材料为基础，离开感知无法想象。生活是感知的源泉，也是想象力的源泉。2 岁左右的宝宝可以多多认识周围环境、托儿所和家庭附近地区的新鲜事物，认识一定的社会环境，如商店、邮局、图书馆、影剧院、当地的名胜古迹，有条件的可以去看一看乡村辽阔的田野，看一看农作物是怎样生长、成熟和收获的过程。应当常常带宝宝出去，让宝宝观察大自然的变化，经常与宝宝交谈，启迪思路，唤起丰富多彩的想象力。

模仿，是想象力发展的起步

鼓励宝宝学会模仿也很重要。模仿，是想象力发展的起步。幼儿常常从模仿开始自己的再造想象，模仿得越像，再造得就越是自如。在模仿的过程中，逐步学会抓住事物的本质特征，建立本质间的联系。在此基础上，逐步把各种事物间的必然联系重新组合起来，进而发展创造性的想象能力。

喜欢模仿，是幼儿的突出心理特征，爸爸妈妈应当在扩大宝宝观察视野的基础上，引导宝宝做更多的模仿。例如，爸爸在家里写东西，宝宝也会拿起笔来乱画一气，这时就应该给宝宝一个专用的本子，让宝宝自由地画，想画什么就画什么，乱画中能画

出智慧来。爸爸在家里干活儿，可以有意识地让宝宝帮个小忙；妈妈做饭时，也可以请宝宝看一看，满足宝宝模仿的心愿。

想象力，在各种活动中进行

给宝宝丰富多彩的活动机会，是发展想象力的有效辅助性活动。游戏，则是最好的活动。宝宝们之间只须说一声："咱们假装的……"便能开始有趣的构思，创造出爸爸、妈妈、解放军、哨兵、警察、医生等各行各业的形象；表演游戏中，进入小猫、小狗、小兔的神话世界，创造出奇异有趣的角色和形象，使再造想象得到更快地发展。

早期教育应当把着眼点放在发展宝宝的观察力、想象力方面。看图讲述、编故事的结尾、说说画画、做做说说等，在成年人的启迪下，学会有系统地描述事物、描述人物的内心活动、再现人与人之间的关系，把想象能力提高到新的水平。

适当做一些美术活动，让宝宝动手画，动手做，动手创作。两只大公鸡昂首对话、太阳底下做早操、帮助妈妈做事情、用泥塑造自己的玩偶、剪纸粘贴，手指尖的活动会使想象力更加新颖、更别具一格，富于创造性。

让宝宝多多参与丰富多彩的活动，给宝宝表演的机会和锻炼条件，充分发挥每一位宝宝的创造才能，给宝宝插上想象的翅膀，让活泼愉快的宝宝尽情大胆地想象。

12. 创新能力——涂涂画画

涂画须知

在涂画前，给宝宝先穿上一件旧罩衣或大围裙。如果在户外活动，可以给宝宝准备彩色粉笔，让宝宝尽情地在地面上任意涂画。在家里，可以给宝宝准备彩色笔和旧挂历，让宝宝在背面乱涂乱画。

可以先给宝宝示范，然后让宝宝随意去画，爱怎么画就怎么画。偶尔可以参与一下，宝宝如果画了一条曲线，可以提示宝宝怎么样使用手和手臂转变方向，画出螺旋形圈子，鼓励宝宝"一圈又一圈"，也可以去画出一个圆形来。等到宝宝有了兴趣自己乱画乱涂时，家长就可以离开宝宝，在附近做自己的事情。当然，宝宝肯定会兴致勃勃地拉着家长去看自己画的东西，不要不耐烦，要给予相当的肯定和鼓励。宝宝会越画越多，越画越好，手臂和手腕的控制能力也就越来越强。也可能宝宝画一会儿，又去玩别的，过一会儿又回来再画，不要干涉宝宝，因为这个年龄段的宝宝关注一件事情的注意力，只有10～15分钟。

涂涂画画的好处

让宝宝涂涂画画，可以训练手的精细动作，在反复的涂画过程中，学会如何控制使用手，越来越精巧熟练。在乱涂乱画的过程中，宝宝可以建立起对自己能力的信心，发现自己可以用双手创造各种各样的图形，增强对自己能力的信心。因此，家长不要轻易评论宝宝画得像不像，幼儿的涂涂画画，没有像不像的问题，爱画什么就画什么，是培养宝宝创新精神的开始。只需要多鼓励宝宝自由地去表现出自己的感觉和想法。

13. 沟通能力——与宝宝沟通的技巧

早期沟通能力的培养

宝宝不满1岁的时候，只能发出一些含糊不清的声音。有些爸爸妈妈费尽心思去猜想宝宝在说些什么。实际上，宝宝只不过是在学习说话。要想真正进入宝宝的世界，请您按下面的步骤试试：

❶ **与宝宝皮肤接触：** 最简单的办法就是多抱抱宝宝，温柔地抚摸宝宝的头、脸和身体等，让宝宝感到舒适愉快。稍微复杂一点的是进行宝宝按摩。爸爸妈妈可以借着按摩宝宝的过程认识小宝宝所发出的种种信息，进而增进彼此的了解。

在按摩的过程中，宝宝可以看到爸爸妈妈熟悉的脸庞、闻到爸爸妈妈身上特有的体味、听到爸爸妈妈发出的独特的声音和体验肌肤之亲，宝宝会感到无比的满足。学一下5～10分钟的简易宝宝按摩操，是与宝宝建立早期亲情交流和沟通的有效途径。

❷ **与宝宝聊天：** 宝宝睡醒的时候，可以用缓慢、柔和的语调对宝宝说话。如“乖宝宝，爸爸妈妈好喜欢你呀！”“宝宝饿了吧？妈妈去做好吃的！”等等。还要温柔地看着宝宝的眼睛，轻轻地呼唤着宝宝的名字。聊天活动可以每天进行2～3次，每次2～3分钟。

❸ **模仿宝宝的声音和动作：** 对宝宝伊呀学语时发出的呢喃声，要尽可能去模仿。这样的回应会使宝宝很兴奋，就像拿到一个新玩具。为得到应答，宝宝会更积极地学发声。爸爸妈妈还可以发出别的声音等宝宝的回应，让宝宝认识声音与人的沟通作用。同时也可以去刻意模仿宝宝的动作与表情，宝宝同样会因此而兴奋不已。反过来，假如爸爸妈妈做一些夸张的动作，宝宝也能学得惟妙惟肖。

❹ **用笑声和音乐去感染宝宝：** 1岁的宝宝已经具有了一点幽默感，喜欢看着别人对自己笑，也喜欢对着别人不停地笑。这时候的爸爸妈妈要毫不吝惜地对宝宝展露笑

颜，并且用笑声来表示赞许。另外，宝宝开始懂礼貌了，会挥手跟别人告别。千万不能忽视，与宝宝分别的时候，一定要亲吻宝宝，和宝宝愉快地道别；回来后，要向宝宝问好。平时，可以随着轻松活泼的节奏，拉着怀中小宝宝的手翩翩起舞。宝宝入睡的时候，爸爸妈妈可以轻拍宝宝的身体，吟唱动听的摇篮曲或播放轻柔的催眠曲。

拒绝而又不伤害宝宝的技巧

宝宝到了2岁，已经能够说很多话了。同时变得越来越不讲道理，喜欢跟大人捣蛋，还时不时提出一些无理的要求。这里提供几种策略性对待宝宝的沟通妙计：

❶ 巧用“冷处理”： 2岁左右的宝宝会故意做一些恶作剧，以观察爸爸妈妈的“紧张”反应。比如，爸爸妈妈说：“别打开电视机，我们干点别的事。”话音未落，宝宝会故意跑过去把电视打开，然后在一旁幸灾乐祸地等着爸爸妈妈发作，好看“热闹”。这时，应当故意装做看不见，自己去干别的事。当宝宝故意的逆反行为讨了个没趣后，就会渐渐停止这种恶作剧。

❷ 转移注意力： 对待宝宝不合理的要求或有危险的活动，可以采取转移注意力的办法进行软处理。如宝宝已经吃了很多冷饮，还想再吃。爸爸妈妈先不要正面回答他，可以让宝宝打开电视机看一些有趣的节目，也可以给一件宝宝最喜欢的玩具，或者干脆带宝宝到外面去玩，等等。当然，对于一些无关紧要的小事，可以故意让宝宝赢上一两个回合，也可以满足宝宝“当家做主”的愿望。

❸ 适量的“维生素N”： 除了委婉地给宝宝吃“闭门羹”之外，爸爸妈妈也应当向宝宝提供学习服从的机会，即坚定地对宝宝说“不”，这是所谓的“最佳挫折训练”。当然在此之前，爸爸妈妈要充分衡量宝宝的心理承受能力，切忌对宝宝的心灵造成伤害。

必要时对宝宝说“不”，等于给宝宝适量的“维生素N”（即NO，英文“不”），对宝宝的心理健康是一种有益的营养素。

与宝宝平等沟通

2岁的宝宝喜欢独立做一些事情。宝宝的感情很丰富，对待爸爸妈妈比以前体贴和乖巧得多。爸爸妈妈在备感欣慰的同时，开始考虑是否该用更尊重的态度、更平等的方式与宝宝交流。不妨学学这几招：

❶ 耐心当听众： 无论宝宝讲什么，爸爸妈妈都要表现出认真聆听的样子，让宝宝感觉到爸爸妈妈很喜欢听自己说话，以此激发宝宝的表达欲

望。在宝宝漫无边际的讲述中，爸爸妈妈可以了解宝宝的真实想法，发现事情的真正原因，便于说服教育。所以，和宝宝交谈时，爸爸妈妈不要只注重自己怎样说，更重要的是学会聆听。

❷ **分享想法：**有时候宝宝的心理能量不可小觑，宝宝有时可以帮助爸爸妈妈解开心结。爸爸妈妈遇到烦恼的时候，不妨向宝宝坦露自己的想法，当然要用比较形象的方法证明，否则宝宝会听不明白。比如，有一位妈妈在工作单位挨了批评，回家问自己的宝宝："假如你做一件事情做了很多次就是做不好，妈妈骂了你，你会怎么想？"宝宝可能会说："那我就再做，做好了妈妈就会表扬我的。"这样的回答，使这位妈妈一下子感到心情舒畅、海阔天空。

❸ **参与家务劳动：**这个时候的宝宝特别想为大人做点事，但往往成事不足，败事有余。爸爸妈妈应该给宝宝提供一些机会好好表现。比如可以让宝宝自己穿脱衣服、上厕所、自己吃饭、收拾玩具等。还可以主动提出要宝宝帮忙做事。比如打扫卫生的时候，爸爸妈妈在拖地板的时候，可以建议宝宝拿一块小抹布擦擦自己的小凳子。

❹ **共商家庭事务：**如果家里想换一台新的彩电，不妨参考一下宝宝的意见。宝宝可能会拍手说："好啊！"也可能指着旧电视说："我喜欢这台。"如果家里正重新装修，爸爸妈妈忙着讨论每个房间的涂料颜色，这时候宝宝同样应当拥有发言权。宝宝可能会兴奋地说："我的房间要粉红色，爸爸妈妈的房间要淡淡的黄色……"

学会沟通也是为人父母的一门必修课，顺利地通过这门课程后，家庭生活中教育宝宝的行为会变得其乐融融。

第五节 1岁10个月~2岁的宝宝

一、亲子互动——陪宝宝玩“过家家”

陪宝宝玩“过家家”游戏，是没有什么规矩的

您一定还记得自己小的时候是怎么玩这个游戏的，碎瓦片、雪糕棍儿、小药瓶、废盖子……就是全部“家当”。现在的条件好多了，可以花很少的钱就买全一套“家当”，还包括燃气灶、冰箱、锅、微波炉、小餐具等。

可以准备真的原料给宝宝玩，也可以用任何东西代替某种“菜”，比如用大纽扣当做藕片、用小卫生纸团当鸡蛋……

陪宝宝玩“过家家”游戏，是没有什么规矩的，不需要干涉宝宝应该怎么做。只要把自己变回小时候，很兴奋地参与宝宝的游戏就成。例如，宝宝把做好的“鸡蛋”给您吃的时候，要装出一副特别香的样子来“品尝”。要适当地给予宝宝一些赞赏或提议，引导宝宝去学会解决问题。比如：宝宝给您吃东西的时候，您也可以皱着眉头说：“太咸了！”问问宝宝怎么办？只要时间容许，您应当尽情地陪宝宝玩一玩。

玩“过家家”游戏的多种体验

2岁左右的宝宝可以开始简单的角色扮演过程。角色扮演是一种特殊的游戏动作，是幼儿以自身或他物为媒介对他人或他物的动作、行为、态度的模仿，也可以说是一种象征性动作。宝宝通过这样的游戏可以增强对生活过程的了解，再现宝宝自己的生活经验。同时在这样的游戏中，宝宝还能有这些体验：

兴趣性体验： 宝宝会自发地进入游戏，而不是物质诱导进入游戏；

自主性体验： 宝宝可以自由选择怎么玩、玩什么，不像模仿性游戏，需要宝宝尽可能和被模仿对象一样；

成就感体验： 在这类游戏中，宝宝自己可以决定游戏的内容和方式，不用担心做得不好或不对而受到什么批评。

用同样的方式，还可以和宝宝一起玩玩“小医生”、“小导购”、“小司机”、“小警察”等多种角色游戏。如果有可能让宝宝和小朋友一起玩效果更好，在玩的过程中

宝宝们会有更多的语言交流，相互之间会产生争执、协商。不要过多干涉，让宝宝在游戏中更好地体会生活。

生活中的角色游戏：直接参与生活过程是认识生活的最佳方式，所以，只要有机会，尽可能让宝宝参与没有危险性的生活过程。比如，购物、扫地、洗衣服等，在这些生活过程中，家长要帮助宝宝以角色游戏的方式参与进来。比如，给宝宝准备适当的“工具”，安排一些“工作”，无论宝宝完成情况怎样，都不要表现出烦躁，而应给予鼓励。

千万不要制止宝宝的角色扮演过程，也不要用强制的方式来“纠正”宝宝的表演过程，宝宝的角色扮演不需要逼真，宝宝理解角色、参与活动更加重要。

尽可能准备适合的材料，宝宝的参与程度会更高。要知道，生活和游戏一样有趣，宝宝会在参与日常生活中更热爱生活，更了解生活。

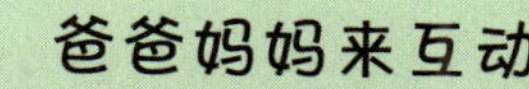

爸爸妈妈来互动

依次说出名称锻炼记忆力

把几样东西按先后次序排列在桌上，让宝宝看上几十秒钟，然后遮起来，要求宝宝凭着刚才的记忆，依次说出这几样东西的名称。

二、启智与能力训练

1. 观察力训练——让宝宝了解已知和未知的世界

宝宝通过观察了解已知和未知的世界

宝宝们都很喜欢通过各种方式，去探索、了解自己四周的人、事、时、地、物。这是幼儿的共同特征，经过好奇、探索和寻找，可以让宝宝更了解已知和未知的世界。

宝宝一出生，就对于周遭的事物充满了好奇，观察力就开始与日俱增。相信您一定有过这样的经验，盯着宝宝无邪的脸庞，看着宝宝眼睛四下里转，观察周遭环境。再大一点时，宝宝会用小手触摸好奇又陌生的事物。等到宝宝渐渐成长，开始尝试许多新鲜的活动。会走了的宝宝，在追逐、游戏中不小心摔倒以后，会号啕大哭，但也学习到了什么是疼痛。

幼儿所有的感官能接收的讯息，都是一种观察力，包括视觉、听觉、嗅觉、触觉、味觉以及痛觉等六大感官。

观察力对于宝宝的帮助，在于产生好奇心，于是会主动地去看、去听、去触摸，在这些观察人和事物当中，形成一种循环的认识过程。由观察产生兴趣，从兴趣中又开始思索，再从思索中学习，在学习中成长知识，从知识中了解事物，由此周而复始，一次次地循环，一次次地了解、学习。

“观察力”虽然只是生活中的琐小细微，但却掌控宝宝成长、学习的成败。因此，有效培养宝宝的观察力，是爸爸妈妈责无旁贷的使命。

观察能力训练方法

观察能力是由人体的五官出发，透过视觉、听觉、触觉、痛觉、味觉、嗅觉来达到学习。可以利用家里平常的人和事物来训练宝宝。鼓励宝宝亲身体验，陪宝宝克服困难，给宝宝提供适度的环境。

❶ **昆虫学习法：** 蚂蚁的踪迹无论在南方和北方都随处可见。这种小小的昆虫，是训练宝宝观察力的好教材。因为，蚂蚁是一种相当有组织的生物，种群的分工相当精细，每只蚂蚁各司其职。可以在蚂蚁出入的地方，放一些饼干屑，然后和宝宝一起观察蚂蚁把饼干屑搬入窝的有趣情形，是引导宝宝观察的一种最自然、且最方便的教材。

❷ **游戏学习法：** 可以运用图片、卡通、玩具积木等道具来训练宝宝的观察力，例如把一大堆不一样形状的积木倒在地板上，让宝宝找出同样形状的积木，并且分类放好。或是拿两张相似的图片，让宝宝找出细微不同的地方，这样不但训练宝宝的观察力，也培养宝宝归纳和分析能力，培养成为一个细心且有组织能力的人。

❸ **家务学习法：** 做家务事，也能够训练宝宝的观察力。2 岁左右的小朋友，已经可以开始分担一些简单家务事。可以把洗净、晒干的衣物收进家里，然后请宝宝一起做分类工作，哪一些是爸爸的，哪一些是妈妈的，哪一些又是宝宝自己的。别小看这些简单的分类工作，如果宝宝从小做这样的分类游戏，不但可以培养观察力、秩序感，还能经过耳濡目染，在无形之中培养出宝宝爱整洁、做事有条理、并且具有责任感的良好素质。

2. 记忆能力训练—— 4 个阶段的不同方法

记忆能力和人的其他各种能力一样，可以经过后天训练而加强。这个月龄的宝宝，正处在记忆训练最佳时期，只要训练方法得当，一定会收到意想不到的效果。可以把记忆力的训练分为 4 个阶段。

注意力的训练

人的注意力，是贯穿于人的一切活动中的一个复杂而重要的心理过程。离开对识记材料的注意，是不会有记忆的，因此，训练注意力应作为整个训练的第一步。

无意识记的训练

宝宝的记忆以无意识记为主，凡是直观、形象、有趣味、能引起宝宝强烈情绪体验的事物，大都能让宝宝自然而然地记住，特别是与自身情感相联系的事情。所以，必须为宝宝提供一些色彩鲜明、形象具体、富有感染力的识记材料，使材料本身能吸引宝宝，以充分发挥宝宝的无意识记和机械识记能力，促进宝宝有意识记和意义识记能力的发展。如各种材料制作的、不同形状的、有趣的小卡片，各类汉字卡片、能活动的计数器、玩具和实物等。对一些杂乱无章的材料，可采用歌谣式记忆法，把需识记的材料编成歌谣和顺口溜，形成一种节奏顺序，以提高记忆效果。

有意识记的训练

这个阶段要让宝宝有意识、有目的地去识记，有意识记的发生和发展是宝宝记忆发展过程中最重要的质变，为了培养宝宝有意识记的能力，在日常生活和宝宝的活动中，要经常有意识地向宝宝提出具体明确的识记任务，促进宝宝有意识记的发展。如在听故事、外出参观、饭后散步时，都应该给宝宝提出识记任务，如果没有具体要求，宝宝不会主动进行识记。

记忆与思维协同训练

人的记忆能力与思维能力密切相关，好的记忆是正确思维的保证，好的思维能力是快速识记和长久保持的

早教启蒙小贴士

训练时要注意提高宝宝的积极性

值得注意的是，在训练宝宝的记忆力时，对宝宝完成识记任务的情况要及时肯定和赞扬，以提高宝宝识记的积极性与主动性。必须识记的内容也应当在反复训练过程中加以巩固。

条件。这个阶段要帮助宝宝把不同的事物联系起来，使周围的事物有意义。因此，需要运用各种方法，如趣味记忆法和特征记忆法，尽量帮助宝宝理解所要识记的材料。如可提出一些问题，如“鸟为什么能飞？”“鸭子为什么能在水中游？”等，引导宝宝通过积极的思考，在理解意义的基础上进行记忆。

3. 智力训练——背诵诗词

背诵诗词益智

就智力发育的内容看，幼儿的记忆力也是其中之一，通过背诵古诗词来训练宝宝的记忆力，是幼儿益智的一个重要方面。从生理学的角度出发看，宝宝的记忆能力很强，不仅对理解的东西，即使是不太理解、甚至完全不理解的东西也能很快记住，尤其对那些没有内在联系的记忆内容，更能反映宝宝的记忆优势。“熟读唐诗三百首，不会吟诗也能吟”，就是对背诵唐诗后智力全面提高的明证。

爸爸妈妈来互动

1. 在院子的树枝上，挂垂下一个用绳系住的橡皮小球，球的高度略高出宝宝的头顶，以宝宝伸手能碰到为宜，然后给宝宝一个球拍，让宝宝用力、准确地击球，训练全身协调发展能力。

2. 把旧报纸或废纸揉成纸团，在一定的距离里，让宝宝把纸团一个一个地扔进废纸篓里。这种简单的游戏，能给宝宝带来乐趣，同时能锻炼宝宝眼、手、脑的协调能力。

3. 让宝宝数一数家里有多少盏灯、多少把椅子、多少张床；让宝宝算算一家人吃饭时，饭桌上要摆几双筷子、几个汤匙，几个碗等。这些计算练习，能增强宝宝的数字计算能力和学数字的兴趣。

4. 让幼儿复述爸爸妈妈讲的故事，对记忆词汇、训练听觉和模仿能力都有很大帮助。

5. 敲打某种节奏叫宝宝模仿。

6. 在颠簸的汽车中，给宝宝一支铅笔和一根细线，让宝宝把线缠绕在铅笔上，并教会宝宝打上结，最后看宝宝能不能解开结。

7. 在桌子上放几样东西，然后依次轮换拿走一样，再问宝宝少了什么。这种近似游戏的训练方法，对培养幼儿的记忆力和观察力颇为有益。

智力内容中还包括语言表达能力，这也是综合智力的表现之一。只有经过记忆、想象、思考等全面智力活动后，才能形之于语言。汉语属于具有声调和韵律的语言，而古诗词的声调和韵律都比较严谨，堪称母语规范。只要正确引导宝宝背诵古诗词，幼儿的语言能力、节奏感和对音韵的感受能力都会大幅度提高。

从生理上来看，因为古诗词韵律严谨，朗朗上口，具有音乐性，读起来节奏鲜明，对宝宝的听觉器官是一种良性刺激，并能通过大脑产生良性生理效应。

朗读古诗句，是一种口腔运动，而口腔运动具有健脑作用。此外，反复吟诗，可使大脑皮层的兴奋、抑制过程达到相对平衡，血液循环加速，体内的生化代谢更加旺盛，能增加一些有益的激素及活性物质的分泌，这些物质能使血流量、神经细胞的兴奋趋于最佳状态，十分有益于体力和智力的发育。

4. 与人共享能力——与人友好相处

与人共享能力训练

培养宝宝与他人共享能力，是家庭教育中的一项重要内容。让宝宝自幼具备与人友好相处的能力，是培养宝宝社会交往能力和完整人格的重要方面，有利于宝宝将来走向社会以后，具有较强的适应能力和自觉接受规范约束的社会性，与他人能够友好、和睦相处，进而拥有组织才能及社交能力，适应各种不同情况变化会显得从容不迫，游刃有余。

共享能力训练方法

在与宝宝游戏时，要让宝宝逐渐懂得与别人在一起时的快乐。和别的宝宝一起玩，不仅是共同游戏，还有相互信任、相互配合，才是游戏的意义所在。当宝宝独自玩时，家长尽可能抽出时间陪着宝宝一起玩，指导宝宝玩出新的花样，例如，玩具小汽车不光可以推着走、或机械动或电动开着跑，还可以给汽车建一个车库；各种各样的动物玩具不一定要一件一件地玩，可以建一个动物园。家长可以对宝宝正在玩的玩具表示出兴趣来，顺着宝宝的思路和要求一起玩，会令宝宝很愉快。跟宝宝一起玩时，要占用宝宝的玩具，玩一会再还给宝宝；家里的糖果或水果，让宝宝分一分，分到最后的全部给宝宝自己。通过这些游戏过程，逐渐使宝宝学到与人分享的道理，知道分享就不能独占，了解分享是一件很愉快的事，懂得给予别人，就能得到别人的信任和爱，使他人高兴，自己也会很快乐。

爸爸妈妈来互动

宝宝也有审美能力

现在的宝宝个个素质高、聪明伶俐，上幼儿园时就开始要求自己选择要穿的衣服，想做小主人的苗头早有显现。既然宝宝有自己的审美标准，对家庭环境又有一番深厚的感情，爸妈不妨听听宝宝的意见，让宝宝亲手参与自己房间的重新设置和改动，小家伙一定会乐晕。如果全家一齐动手改一改居家环境，共同享受成就与亲情的喜悦时，在家里与宝宝共处的日子也就变得乐趣盎然，小家伙突发的灵感和智慧、主见，往往会令人称奇和惊叹。

5. 语言能力与智力发展——语言对智力的作用

语言能力与智力发展

幼儿的语言能力，是智力发展的重要标志，凡是充满自信心、敢于大胆交谈的宝宝，智力发展的速度远远地超过语言迟钝的宝宝。语言对于发展创造性思维能力，起着直接而重要的作用。

2岁左右的宝宝，体格和神经的发育日趋完善，思维方式由直觉行动性逐渐向具体形象性发展。词汇量也不断增加，并出现积极词汇。但宝宝在这时候，听觉辨别能力还不够精确，对发音器官某些部位的控制方法不当，发舌尖音有一定困难。因为宝宝尚小，生活经验贫乏，消极词汇较多。对各类词语及语法结构的掌握都还有一定的困难，所以，说起话来会断断续续，想说又说不太明白，有时喜欢用手势来示意，加上一定的肢体语言，或摇头、或点头及附加手势动作来示意。急了时，个别宝宝还会用哭声来替代语言。因此，这个阶段宝宝语言发展和培养的具体要求应当是：发展语言听觉能力，训练宝宝能听懂别人说话；教宝宝学会正确发音，学会难发的音；丰富词汇量，掌握简单的语法结构。

能力训练技巧

2岁左右的宝宝最爱说，小嘴会不停地讲个没完。喜欢同周围的人交谈，说话速度很快，说起来滔滔不绝，实际上却说不出几件事来。此时的宝宝多数语句不成句，虽然胡乱瞎扯一气，自己却说得很起劲儿，才不管别人爱听不爱听，总会说个没完没了。有时候，小家伙会自言自语，也会对着玩具说话，对着图画书说，自己对着自己说。特别是学会一个新的词汇后，表现得非常高兴，到处滥用一气，反复重述多次，说个不停。总的看来，这时的宝宝已经掌握了基本语法结构，说的句子中有主语、谓语。而且，熟悉宝宝的人，基本上可以听懂小家伙在说些什么。

对待这个年龄的宝宝，家长要多准备一些小故事，这个年龄的宝宝最喜欢听故事，听得也会极为认真、极为细心、极其耐心，听一遍不行，两遍也不满意，一个故事听上十几遍也不厌其烦。但给宝宝每次讲故事时，都不能马虎，更不能改变内容，小家伙总会及时挑出给自己讲述故事中，与上一次讲得不一样的地方。而且，在家庭中，谁喜欢给宝宝讲故事，谁就能成为小家伙最信赖的人。

能力训练过程中需要注意的

这个年龄的宝宝说话最富于"创造性"，会强行应用刚刚学到的新词汇，甚至于生造词汇，这种造词现象并非真正的创造能力，而是词汇贫乏的表现。因此，这个阶段要注意多多为宝宝丰富词汇量。

在宝宝之间的交谈中，常会出现逻辑错误，比如会说：我睡了天就黑了！我长大了妈妈就长小了。出现类似的语言逻辑性错误，是因为宝宝没有掌握事物之间的因果关系。

宝宝说话也经常会出现发音错误和发音不清现象，因为宝宝发音器官的调节功能还很差，特别是平舌音和卷舌音很难发，宝宝往往发不准音，说不清话，可以在这个时期多教宝宝学唱儿歌，学说绕口令，锻炼和纠正发音。

根据这些特点，家长应当多与宝宝交谈，培养语言能力。在交谈过程中，注意丰富宝宝的词汇，正确恰当地使用词汇，成年人语音要准确无误，不要用方言教宝宝说话，给宝宝提供标准的语音。

6. 协调训练——追光影

"追光影"与协调训练

让宝宝玩"追光影"游戏，可以提高运动协调性和灵活性。

训练方法

选择有太阳的天气，在室外平坦的地面上进行。家人和宝宝一起在太阳下玩儿，太阳照在地面上会在地上出现一个影子，叫宝宝用脚踩影子，家长可以变换方向慢慢跑动，宝宝就追着影子跑。过一会儿，可以跑到房子旁或树荫下休息一会儿，影子就被遮挡住，告诉宝宝影子不见了，让宝宝也休息一下。几分钟后，可以再次跑到阳光下，并告诉宝宝影子又出来了，让宝宝继续追赶影子。这个游戏可以练习宝宝的奔跑，同时又有家长在身边保护。

除了在白天阳光下，还可以在晚上灯光下做这个游戏，但游戏的房间一定要比较宽敞，家具应尽量靠旁边放，以便有足够的空间让宝宝跑动。如果房间不够大，可以让宝宝一人跑，把房间的灯灭掉，用手电筒或激光教鞭照出光影，让宝宝去捕捉、踩踏。注意手电筒的光不要摇晃得太快，也不要对着宝宝眼睛照射，只能照在房间里的空地上。

7. 自我控制能力——捉迷藏

捉迷藏的好处

如果宝宝自我控制的能力很差，常常表现为容易分心，情绪表现有很多自发性，易冲动，具有攻击性。1岁以前的宝宝缺乏自我控制能力，1岁后有了一定的自我控制力，如果大人经常和宝宝玩“捉迷藏”游戏，可以提高宝宝的自我控制能力，培养宝宝的耐心。

训练方法

和这个年龄段的宝宝玩“捉迷藏”游戏的方法是：家长先作示范，预先找一个比较隐蔽的地方躲藏起来，如躲到门背后，不让宝宝看见，然后学猫学狗叫，叫宝宝去寻找，找到后互换角色，家长闭上眼睛，让宝宝自己选择角落藏起来，宝宝第一次也会选择妈妈藏过的地方去躲藏。可以故意装作找不着，让宝宝控制自己不出来，直到家长找到自己为止。只要不断变换躲藏的地方，宝宝就会想办法找到家长不知道的地方去躲藏。但要注意宝宝不懂得危险，有时会藏在一些危险地方如，大衣柜内等，游戏前要和宝宝讲明哪些地方危险，不能躲藏。

幼儿是在与外界环境的互动中发育成长的，成年人的关注是宝宝们的生理需要、安全需要得以满足的首要条件。同时，幼儿也通过成年人的关注来确认自己的存在。大多数情况下，宝宝会用积极的办法引起成年人的关注。

第一节 家庭教育，宝宝最好的“学校”

一、家庭教育训练课堂

1. 尊重宝宝的自尊

幼儿在成长发育过程中，有一种强烈的尊重需要——对于自尊、自重和来自他人的尊重的需要或渴望。这种需要的满足与否，对幼儿积极自我的确立、和谐人格的发展具有重要意义。但由于年龄心智阶段的限制，幼儿内心中被尊重的渴望需求，无法像饥、渴、睡、泄等生理需求那样简单明了地表达给家人，而要通过一些具体的行为展示。对家长来说，通过宝宝的行为表现，识别宝宝的真实意图很重要。

要求得到成年人的关注

幼儿是在与外界环境的互动中发育成长的，成年人的关注是宝宝们的生理需要、安全需要得以满足的首要条件。同时，幼儿也通过成年人的关注来确认自己的存在。1岁之前，宝宝借助哭闹、微笑等手段吸引成年人的注意力。学步以后，则通过自我表现来达到目的。大多数情况下，宝宝会用积极的办法引起成年人的关注，如主动招呼爸爸妈妈来看自己搭的积木、画的画、做的某个动作，要求爸爸妈妈帮自己数跳绳、拍球的次数等，宝宝迫切地希望爸爸妈妈或老师看到自己，从成年人的关注中，获得自信和自尊。有时候，宝宝也会用一些消极的办法来引起注意，会把整洁的房间搞得乱七八糟，把某件物品打烂，当有客人来访时大吵大闹生事。有时候，幼儿还会借助一种更为隐蔽的方式表达自己的需要。比如，会反复强调自己不舒服，“我被虫子咬了”、“我肚子好痛”等，其实并非实情，只不过是宝宝又一种想引起成年人关注的信号，宝宝是想通过爸爸妈妈对自己的关心，感觉到自己的重要。

要求自主，对抗成年人的意志

就整个幼儿期来讲，接受成年人的旨意，服从成年人的安排，构成了幼儿生活的主要内容。然而一味地顺从听话，势必会抑制幼儿的天性，阻碍幼儿个性发展成为独立自我。为此，幼儿会在尊重需要的支持下，表现出一些自主性行为——不依赖他人，自由地作出判断和主张。比如，宝宝会自己选择穿哪一件衣服，自作主张看哪一部卡通片，玩哪一个玩具，把爸爸妈妈的要求当做耳旁风。在成年人看来，也许幼儿的行为理由根本站不住脚，宝宝的标准也令人难以捉摸，但宝宝却会在尽可能大的范围内坚持自己的主张，一旦如愿，就像打了胜仗的战士一样自得满意，而绝不会对成年人的失望与无奈有丝毫歉意。当然，在幼儿阶段，宝宝对成年人意志的反抗能力是极有限的，如果爸爸妈妈真严厉起来，宝宝也会收敛自己的行为，但宝宝的自主性却不会随之而消失，一旦时机成熟，便会再度凸显出来——这是宝宝在“捍卫”自己作为一个人的尊严的标志。

要求被赞扬和被认可

“宝宝都爱听好话”、“哄宝宝”等日常用语，从经验层面上反映出幼儿的一种普遍倾向，即喜欢被成年人赞扬和认可，出自这种需要，幼儿除了要求爸爸妈妈对自己的各种“杰作”、“本事”给予关注外，迫切希望得到成年人的夸奖和表扬。一句“你真能干”，往往会让宝宝美滋滋的神情持续很久，并能激励宝宝充满信心地去做别的事情。反之，如果幼儿从爸爸妈妈那得到信息是自己做得很不好，则会使宝宝兴趣索然，不愿、不敢再去做别的事。因为爸爸妈妈的认可与赞扬，直接作用于幼儿的尊重需要，正面的鼓励和肯定，可以激发幼儿的积极情绪，增强幼儿的自信心，满足幼儿的尊重需要；反面的批评与否定，则会导致幼儿消极情绪和情感的产生及尊重需要的匮乏。

负责要求

要求负一定的责任，是幼儿自主性行为进一步发展的表现。最常见的现象，是宝宝不再顺从于成年人对自己生活的包办代替，而总是会要求“我自己来”。

于是，从自己吃饭、穿衣、洗澡到帮助家人烧饭、擦地，宝宝什么事都想“插一手”。小家伙会跑来跑去、忙个不停，即使被称做“帮倒忙”、“添

乱”也乐此不疲，除非遭到强令禁止、训斥，被赶到一旁才肯罢手。限于发展的水平和已获得的社会经验，宝宝能完成的负责行为毕竟很有限，但宝宝却能从这有限的行为中，看到自己的力量，通过自己对这个世界的操纵和控制，得到成就感、自尊感的愉悦体验。

要求有自己的空间

幼儿行为控制能力虽然很弱，却渴望拥有一块领地，这块领地既是空间上的，也是心理上的。在那里，宝宝可以随意摆放自己的物品、玩具，任意给玩具分配角色、安排任务，可以讲述自己的故事、宣泄情感，还可以保存自己的小秘密。这块领地是幼儿精神发展的庇护所，也是宝宝作为个人尊严的重要堡垒，就和成年人的隐私一样，不容得别人随便刺探。

在成年人眼里，也许宝宝这块领地里的一切、连同宝宝的小小心计都会一目了然，但绝对不要轻易地把它点破。因为，一旦让宝宝发觉自己的秘密全在家长的掌握和控制中，宝宝的尊重需要就会遭受挫折，滋生出自卑、弱小、无能感，从而丧失基本的自尊与自信，对性格造成极其不利的影响。

2. 在游戏中学习

游戏，是幼儿生活中最基本的活动，也是最有效的学习形式和教育过程

游戏以无比的魅力，唤起宝宝们极大的热情，特有的情趣，快乐的情绪，强烈的求知欲望，使宝宝们对千变万化的世界表露出浓厚兴趣。在游戏当中，宝宝们以自然方式进行学习，从而学会怎样使用工具，怎样说话，怎样思考。在游戏乐园中，宝宝随心所欲地以自己的方式，满足好动的天性。在游戏的大课堂里，宝宝们模仿怎样劳动、工作，怎样尽社会义务，怎样遵守社会公德。

幼儿时期就是“游戏时期”，游戏成为幼儿的主导活动，是向幼儿进行体、智、德、美全面发展教育的独特形式，是幼儿认识世界的重要途径，是发展幼儿创造才能、打开智慧之窗的最佳手段。

游戏促进脑功能发展

游戏可以促进幼儿各种能力的发展，模仿、想象、刺激着幼儿大脑的发育。因为愉快的情绪、积极的态度、浓厚的兴趣、多变的动作、丰富的语言以及多彩的内容，促使大脑不断兴奋，整个神经系统可以更加协调地工作，增强了大脑的反射机能，提

高了大脑的活动功能。

游戏中，充分发挥作用的是两只小手，宝宝们在摆弄玩具的过程中，促使手的动作不断提高。双手在活动时，所产生的运动感觉，发展了手的触摸感觉，常用右手的宝宝，左手起支持作用，右手便增强活力和机能。手的发展，对脑的发育影响很大，双手完成复杂的动作，自然要引起大脑两半球皮层的迅速发育。因而，手这个操纵对象的器官，同时也就成了认识事物的器官，在各种实践活动中，更加完善起来，从而，使大脑的活动机能不断增强。在这个意义上说，手指尖上可以出智慧。

游戏促进智能发展

游戏中，宝宝摆弄玩具的同时，需要分辨各种事物的属性，如颜色、形状、大小、轻重等。实践证明，在游戏中，宝宝们的视觉敏感度比较高，加上语言的作用，使观察力增强。在有趣的活动中，宝宝调动手、眼、耳、鼻、舌、身的各种功能，促进分析器官相互作用，在大脑里形成各类表象。为了达到游戏目的，宝宝们更努力地接近事物，从而养成独立地、主动地观察习惯，会使观察越来越深刻。

游戏使幼儿注意力集中

幼儿平时以无意注意为主，而且容易转移。但是在游戏中，由于兴趣的角色、规则的要求，宝宝不仅能高度地集中注意力，而且比较稳定。比如平时注意时间，3 岁幼儿仅能坚持 5～10 分钟，而在游戏中可坚持 20 分钟；四五岁幼儿平时为 10 分钟左右，在游戏中可达 30 分钟；五六岁平时为 10～15 分钟，游戏中可坚持 1 小时。

游戏使幼儿记忆更牢固

幼儿记忆以无意为主，但是在游戏中，由于极大的兴趣性，便促进了有意记忆发展，给识记和再现以强烈的情绪上的强化，因而有助于记忆的巩固。由于各种感官参加活动，手摸、眼看、耳闻、口尝等协同活动，会使印象更加深刻，特别是在玩具的作用下，促进直观形象的记忆，加上语言的强化，使记忆增强了有意性。实验发现，在角色游戏里，无论记忆的数量，还是质量，要比平时高得多。

游戏使想象更丰富

想象是游戏活动的支柱。幼儿在游戏中的一举一动、一言一行都要凭借想象进行。在幼儿看来，不可能的事情是没有的，因为宝宝们还不知道什么是可能，什么是不可能。也常会把想象与现实混同起来，年龄越小，这种特点越突出。到幼儿后期，游戏活动出现了计划性的萌芽，开始提出目的，并且会寻求达到目的的方法，有意构思，努力使想象的内容与现实更加接近。游戏中的动作也都会要求逼真、形象。在宝宝的游戏里，自己是主人，一切都由自己支配。幼儿的动作、语言和角色更相适应，因而促进想象力、创造力更快地发展。从这个意义上看，好的游戏，便是想象最丰富的游戏。

游戏促进思维更敏捷

低龄幼儿思维的产生，总是与外部具体活动分不开，以动作的形式进行分析、综合。例如，宝宝在摆积木时，不是先想好了再摆，而是边摆边思考。在进行比较时，总是要用手指头点着那些分出来的东西，连同自己要做比较的东西，才能比出相同或不同。用动作和直接感觉进行思维，是幼儿初期思维的特点。但是，在游戏当中，可以加速这种特点的转化，使这种低级形式的思维更快地发展为具体形象性思维，进而更快地向抽象逻辑思维过渡。

游戏，是幼儿最好的学习形式，是宝宝们的生活，也是宝宝们的主导活动。

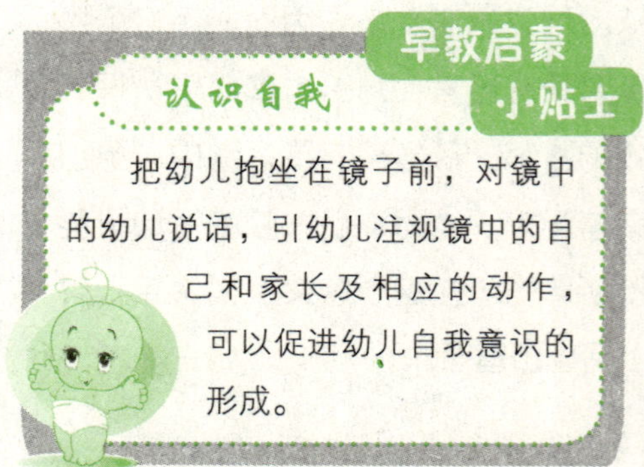

早教启蒙小贴士

认识自我

把幼儿抱坐在镜子前，对镜中的幼儿说话，引幼儿注视镜中的自己和家长及相应的动作，可以促进幼儿自我意识的形成。

3. 教会宝宝随遇而安

学会随遇而安，是教会宝宝正确对待全新生活环境的一种优良素质

宝宝的新环境是指新的生活环境，最主要的是幼儿园环境。

从家庭的个体生活走向幼儿园的集体生活，对宝宝来说是一个巨大的变化。由于生活环境、生活方式，特别是接触的对象不同，宝宝开始会感到不习惯、不适应，产生怯生、恐惧心理，出现哭闹、逃跑、不肯吃饭、不肯午睡等现象。类似现象有时候会持续两个星期甚至更长的时间。

让宝宝尽快地适应新的环境

首先，需要做好宝宝进入新环境前的准备工作。

心理准备。入幼儿园前，先带宝宝去幼儿园玩一玩，与老师交谈交谈，消除宝宝的怯生心理；通过参观幼儿园的活动室、玩具橱、游戏室等设备，增进宝宝的羡慕和

愉悦情感；让宝宝通过看一看幼儿园小朋友们欢乐的活动场面，从旁边体验一下幼儿园富有情趣的集体生活，促使宝宝产生“我不久就上幼儿园了”、“我是大宝宝了”的自豪感。宝宝产生了进入新环境的意愿，就能为将来适应新环境奠定良好的思想基础。

培养生活习惯。给宝宝安排与幼儿园相适应的作息时间，早睡早起，每天中午定时睡午觉等，进入新环境后，宝宝就容易适应新的生活制度。

培养生活能力。注意培养宝宝的自理、自立能力，放手让宝宝自己吃饭，自己大小便，自己脱衣上床睡觉。家务劳动时，可以让宝宝在身边学着剥一剥豆子，拿一拿工具；外出时可以带上宝宝，尽可能让宝宝多接触外界的人和事，以增进宝宝的独立性，减少依赖性。

通过以上几个方面的准备工作，宝宝进入幼儿园的新环境，很快就能适应。值得注意的是，进入幼儿园前，切忌使宝宝产生恐惧心理。例如，不要用“不听话就送你去幼儿园”之类的话来恐吓宝宝。

宝宝进入新环境后，如果出现不适应、不习惯现象，家长不应当过度溺爱心疼，舍不得、放不下，更不应当在一旁当陪伴。爸爸妈妈们应当信任幼儿园教师会亲切地关心宝宝，尽量避免自己同宝宝多接触。宝宝回家后，应该从多方面夸赞新环境，促使宝宝心理上的转变。

4. 教宝宝学会自我肯定

不要过高地要求宝宝

爸爸妈妈以完美主义的态度，过高地要求宝宝，往往会让宝宝变得越来越自卑。宝宝有可能时时处处被包围在家长的批评和埋怨中，长此以往发展下去，自信心会丧失殆尽。宝宝往往会每做一件事，在潜意识中对自己做出否定，产生“我不行”、“我的脑筋不好使”、“别人就是不喜欢我”等负面意识和情绪。

所有的宝宝都需要从心理上不断的自我肯定，来获取进步所必不可少的原动力。对于有自卑感的宝宝来说，要摆脱自卑阴影，树立自尊和自信，自我肯定无疑特别重要。家长要帮助宝宝学会自我肯定，找到自信，有几种简单易行、行之有效的方法。

适当降低对宝宝的要求

对待已经有自卑心理的宝宝，应当适当降低对宝宝的要求。假如宝宝画了一匹马，最好不要挑剔这里不好、那里不像，而应当对宝宝的每一点成功之处及时发现，进行由衷地赞赏：“看，那马尾巴画得真好呀，好像是在

风中飘舞一样！”或者“你为马涂的颜色真漂亮！我敢说它是世界上跑得最快的马！”

需要强调的是，应该让宝宝觉得：爸爸妈妈的赞赏完全出自伴真诚，而不是应付、客套，更不应该是虚伪、做作的。为了实现这样的目标，必须在方法上作出调整，讲究语言表达艺术。

让自卑宝宝学会自我肯定的首要目标，应当是帮助宝宝，从自己的行为中获得满足和动力。让宝宝懂得，做该做的事，把它做好就是成功，就是对自己最好的肯定。

变更表扬的主语

让宝宝多作自我肯定，有一个最简单方法是变更对宝宝做出的所有的表扬的主语：只要把“我”改成“你”，把“我们”（爸爸妈妈）对你（宝宝）的表扬改造成你（宝宝）对自己的表扬。这种简单的变化，能够更充分、有力地让宝宝认识到自己的行为正确，起到一种增加对宝宝赞赏的效果。例如：“你今天用积木盖起了这么高的大楼，我真为你自豪！”可以改为：“你今天用积木盖起了这么高的大楼，你一定为自己感到自豪！”

鼓励宝宝确立主见

爸爸妈妈应当对自卑的宝宝多作表扬，但别人，包括小伙伴们却不一定能做到这一点。宝宝们或许会“实话实说”，或许会故意挑剔，甚至讽刺挖苦。此外，宝宝不可能永远依赖别人的评语来寻求动力，或迟或早要依靠自己内心的动力来进步。假如宝宝完全依赖成年人的赞许，不知道怎样认可自己，如果长大了去做个球员，就可能在比赛时每打出一个球就回头去看看教练的脸色，当然就很难以成为一个成熟的好球员。因此，对宝宝来说，指出做的好的地方以后，要提醒宝宝不必过分看重别人的评论。

如果宝宝由于做了一件错事而遭到批评，会一下子感到丧失信心。此时应该告诉宝宝，对待批评的最好办法，是承认错误并改正。宝宝主动承认了错误后可以告诉他：“你这样做很不容易，因为这需要很大的勇气，你可以对自己说，你做了一件了不起的事。”

努力强化宝宝的自我肯定

对自卑情绪严重的宝宝来说，心目中的自我肯定往往会很脆弱和飘摇不定，极需要得到外界经常不断的强化。强化宝宝的自我肯定的方法很多。例如：可让宝宝为自己记一本“功劳簿”，让宝宝每周花几分钟时间，写出或画出自己的“功劳”。告诉宝宝，所谓“功劳”，不一定非得是了不起的成就，任何小小的进步以及为这种进步做出的任何小小的努力，都有资格记录下来。还可以为宝宝准备一些小小的奖品，如画片、玩具、图书等，每当宝宝做出一点成绩、一件自己感到自豪的事，就有可能获奖。还可以教宝宝学会以“自言自语”的方法，不断对自己作出赞扬和鼓励，当宝宝遇到困难、正踌躇畏缩时，不妨鼓励宝宝自己给自己鼓劲：“来吧，你是一个不怕失败的好宝宝，再做一次努力吧！”

自我肯定不宜过度

鼓励特别自卑的宝宝，多作一些自我肯定，并不意味着应该让宝宝“滥用”自我肯定。不要鼓励宝宝在任何时候、任何情况下都采用自我肯定。自我肯定也应当有度，要分时间、分场合，更要有一定的原则、标准和尺度。再好的良药也不能用过量，宝宝的自我肯定如果用过了头，有可能变成一个自负高傲、惟我独尊的偏执者。

5. 不要攀比别人家宝宝

攀比的坏处

有些妈妈喜欢拿自己的宝宝和别人的宝宝比较，结果往往会造成母子两人都感到压力和形成自卑。

妈妈们是为了鼓励自己的宝宝才与别人相比，以此来指出自己宝宝的不足之处，原本是想要激励宝宝努力去做，去争取进步，出自一片慈母心肠。但如果尽做一些不利于宝宝的比较，哪一个宝宝也都忍受不了。宝宝成天在“不如别人”的心理压力下过日子，自然会产生自卑感。总是拿自己宝宝攀比别人的优点，不会让宝宝受到鼓励，而会给幼小的心灵播下自卑的种子，再让宝宝去努力，等于束缚住宝宝的双脚后，再让宝宝飞跑一样不明智。

自卑感在宝宝的心灵上留下重创后，每当再做一次比较，就等于向宝宝再猛击一掌，让宝宝感到自己的“无能”、“无助”，陷入“无自我价值感”之中，会产生对什么都不感兴趣、破罐子破摔的心理。

将自己的宝宝与别人相比，特别是用自己宝宝的不足之处与别人的优点相比，这种做法有百害而无一利，因为这样做只会打击宝宝的自信心和自尊心。

每个人都有自己独特的个性

“阳光下每一片树叶都散发着自己的光芒”，人也一样。每一个人都有自己独特的个性，世界上绝对没有两个相同的人。因此，“人与人相比”的做法，不仅毫无意义，而且最好不要拿自己的宝宝去做这类比较。对于宝宝的缺点，不要总是谈论和指责。

如果一定要拿比较的方法来促进宝宝，最好用宝宝本人作为比照标本，也就是说，把宝宝的现在与过去作比较。这样一来，就会发现，宝宝总是在进步、有提高，宝宝自己也感觉到了自己的成长，有成就感，从亲人这儿得到赞赏和表扬，会增强自信心，效果才会好。

6. 从小懂得“爱惜”

良好的习惯，需要在日常生活中天长日久、耳濡目染地形成，应当注意到这些方面：

让宝宝从爱惜自己的玩具、图书做起

宝宝们喜欢各种玩具，家长在为宝宝购买玩具后，必须教会宝宝玩具的玩法和保管的方法，督促宝宝在玩过后，把玩具整理好，放在固定的地方。

对一本喜欢的图书，宝宝会爱不释手，应当及时教育宝宝，在看书时要一页一页小心地翻，不要弄破，看完后放回原处，整理好。

通过参观成年人劳动的过程，来培养宝宝爱惜劳动成果

如参观服装厂，看到漂亮的服装要经过多道复杂的工序才能制成；参观装修工人怎样粉刷墙壁，让宝宝了解到每一件劳动成果都来之不易，宝宝就不会再往白色的墙上乱画。

以身作则

家长自己对一切物品都要很爱惜，不浪费粮食和水电，不乱扔书籍；在公共场所不踩踏坐椅和栏杆，会给宝宝留下深刻的印象。

让宝宝参与力所能及的家务劳动

只有让宝宝通过自身的劳动，克服困难，付出辛劳，才能体会到劳动成果来之不易，进而尊重别人的劳动。

不要轻易满足宝宝的要求。不要宝宝要什么就给什么，否则会使宝宝对物品不爱惜或持无所谓的态度，觉得损坏了没关系。如果宝宝不爱惜食物、玩具、图书等，可以通过故事等来讲明爱护物品的道理，同时延缓添置被损坏物品的时间，让宝宝充分体会到损坏东西后所带来的不便。

早教启蒙小贴士

要教会宝宝爱惜物品

有的宝宝把吃不完的馒头、点心随手一扔，或故意把娃娃的胳膊拧坏；有的宝宝摇晃小树、践踏草地；有的宝宝在雪白的墙上乱涂乱画、在椅子上任意踩踏……这些现象，让人看了十分不舒服，而宝宝自己却满不在乎。造成这些现象的原因，是家庭教育中没有使宝宝养成“爱惜”的好习惯。

7. 适当鼓励冒险精神

2 岁的宝宝，自主意识不断增强，渴望能独立活动。这个年龄段的宝宝喜欢自己走路，家长应该多给予鼓励。宝宝看到路边成堆沙子、石头或别的什么东西，都会有强烈的兴趣，总是想走到跟前去看一看，摸一摸。宝宝也许不会像成年人那样感到危险，因为正处于对任何事物都感兴趣的阶段——宝宝这种对环境充满好奇，积极探索的态度极其可贵，可以帮助宝宝通过对感兴趣事物的观察，发展自己的两大项智力：注意力和认识能力。

这时候的宝宝，因此会特别容易跌跤、闯祸，应当在注意宝宝安全的同时鼓励冒险精神和探索兴趣。可适当采取一些安全措

施，也可以通过看图片、讲故事等方式，提醒宝宝注意安全，小心跌跤。这个时期是培养宝宝的勇敢性格和冒险精神的关键时候，决不能随意阻止宝宝的行动，从而使宝宝形成胆小怕事、处处退缩的性格，从而失去对环境积极探索的可贵精神和兴趣。

8. 适当“劣性刺激”

应当给予宝宝适当的“劣性刺激”

家庭过分娇惯，爸爸妈妈过度宠爱，宝宝从小就养尊处优，会造成宝宝身心脆弱，表现出怯懦、任性、自私、孤僻、懒惰等心理状态。究其原因，是家庭“给予”的太多，“约束”的太少，因此，在幼儿教育中，除了给予宝宝们生理和心理上必需的“良性刺激”外，应当给予宝宝适当的“劣性刺激”。

所谓“良性刺激”，是指能够满足人的生理、心理需要，使人愉快的外界刺激。与此相反，“劣性刺激”是指令人不满意、不舒服、不愉快的外界刺激。适当的“劣性刺激”对于通常被娇惯宠爱的宝宝来说，是必需和有益的，会对宝宝成长后适应复杂的社会，经受各种挫折和困难的磨砺起到良好的作用，可培养一定的心理承受能力。

2~3岁的宝宝虽小，也可以根据宝宝身心发展特点，给予一些“劣性刺激”。

“饥饿”刺激

让宝宝感受一下饥饿的滋味。有些宝宝的营养品、补品多，零食不离口，经常挑食拒食，饭到嘴边没胃口。不妨有意识的给一点“饥饿”刺激，宝宝饿了就能使食欲旺盛。同样，宝宝在心理上也需要“饥饿”刺激。每个宝宝都有欲望和要求，家长如果无限制的满足宝宝的一切欲望，宝宝的兴奋感会处在饱和状态，就会失去追求事物的热情。因此，就应当给宝宝适当制造欲望的“空腹”状态，让宝宝有“饥饿感”。例如，给宝宝买很多玩具，宝宝反而会东挑西捡，兴趣不专。相反，宝宝玩具少了会专心地玩，还玩得津津有味。

“困难”刺激

在家庭温暖中长大的宝宝，生活一帆风顺，长大后稍遇挫折就会束手无策，表现得胆小怯懦、依赖成性、意志薄弱。因此，有必要在幼儿时期有意识地给宝宝设置一些障碍，增加宝宝的心理承受能力和克服困难的意志。例如，宝宝学走路时，会摔跤，在克服多次摔跤困难后，终于能独自行走。要让宝宝独自一人关灯入睡，就需要克服胆小、惧怕的心理。喜欢睡懒觉的宝宝，早上不肯起床，不妨安排好日程早起早睡，跑步锻炼。从日常生活琐事中，让宝宝认识到人生的道路并非畅通无阻，碰到困难和障碍是常有的事。

“劳累”刺激

家长总是认为宝宝小，做不了什么事，处处包办代替，而宝宝从小不劳动，不知道苦和累，会变得懒散、依赖、怕苦，活动越来越少，越来越缺乏锻炼。长此以往不仅对身体发育不利，还会影响智力发育，促使不良性格的形成。因此，尽管宝宝小，也要做一些力所能及的事，如学习自己穿脱鞋袜、洗手洗脸、整理玩具，还可以帮助家人拿报纸、浇花等。

“批评”刺激

谁都喜欢听好话，听到批评就不高兴，要让宝宝从小学会能分清是与非，知道对与错，明白做了不对或不好的事情后，要听从劝告，否则要受到批评。使宝宝从小就能感受到“约束”，不敢随心所欲。比如，宝宝乱翻爸爸的抽屉，把里面的东西扔一地，挨了批评就大哭，这时妈妈耐心地给宝宝讲道理，要求宝宝把东西拾起来，并且对爸爸说“对不起”，此后，宝宝再也不乱翻爸爸的抽屉。

“劣性刺激”是一种科学的教育方法，能锻炼宝宝的心理承受能力。宝宝就像小树一样，经受了风霜的刺激和考验，才能长得更茁壮。

9. 游戏中的输和赢

宝宝不在乎输和赢

做游戏，免不了输和赢。输和赢不是目的，也不是什么大问题。无论输了还是赢了，都感到有意思，这是正常的宝宝心理。

然而，成年人却不行，特别计较胜负，往往会忘记了奥林匹克精神是“重在参与”，甚至于还教宝宝去斤斤计较输赢。

从表面上看，宝宝的游戏似乎也是计较输赢的，但实际上宝宝们并不真的计较输赢。可以证明这一点的是，即使输了，还要再玩，而且玩得很开心。

宝宝玩，不是为了胜负，而是为了游戏本身。游戏本身就是目的，游戏便是一种活动。其实，成年人似乎应当学一学不以胜负为目的的宝宝心理。着眼点放在游戏本身上，跟宝宝说：“你玩得很好呀！”至于胜负，附带问问就可以了。

家长不计较，宝宝也就松一口气

若是宝宝们在游戏上也表现出竞争心，那么，对待其他的“学习”岂不更变成一个竞争主义者了吗？如果斤斤计较与人攀比，这种人生会变得乏味无聊。游戏之中得到快乐，人生之中有乐趣。做爸爸妈妈的，应该领悟到这方面的意义。

如果一个人被迫为了竞争或胜负去做某件事，那么，他将会成为竞争和胜负的奴隶。人被迫去充当手段、工具，是可悲的。爸爸妈妈在平时就应当很好地处理好目的与手段的关系，让宝宝有一种正常的心理成长环境。

10.“恐惧教育”不可取

恐惧对宝宝的危害

有些家长总爱用恐吓的方法来吓唬宝宝，诸如讲鬼、狼、怪物之类的东西，这种教育方法对宝宝的身心发育不利。

作为一种不良情绪——恐惧，对人体健康的危害极大。强烈的恐惧气氛和突发的恐惧事件，会使人的神经中枢受到强烈的劣性刺激。处在生长发育阶段的宝宝，各种组织器官较脆弱，功能也不完善。受到惊吓后，即使不出现危急症状，因为抗御恐惧的能力较弱，也会有恐惧情绪滞留在大脑中，使内分泌功能受损，导致发育减慢，语言障碍，听、视力下降和消化系统发生疾病。

恐惧对幼儿的心理危害更大，更持久。极小的恐惧刺激，比如，一条形状怪异的虫子爬在成年人身上，成人的反应仅仅只在当时受到惊吓，过后便会渐渐淡忘掉。但幼儿却会因为这类情景深印脑海中而昼夜不安，在晚上会异常恐惧，甚至需要给予心理安抚和药物治疗。如果治疗没有达到预期效果，或者根本忽略了治疗需求，幼儿会发生性格负向转变。原本活泼、伶俐的宝宝，会逐渐变得内向、胆小和忧郁，会把这种不良性格延续到青春期和成人期，以致由恐惧心理诱发社交恐惧症，发生不同程度的社会交往障碍。

因此，幼儿期要尽量避免让宝宝遭受恐惧的袭击。受到意外的恐惧打击之后，家长要在医生的指导下，对宝宝进行必要的心理和药物治疗。

避免日常生活中的恐惧教育

现代生活中，使幼儿造成恐惧的心理原因多而复杂。最主要的来自于家长平时经常性的恐吓性语言和行为；其次是意外事故造成的恐惧；另外则是观看恐怖影视作品造成。恐惧是造成宝宝身心损害的重要因素，应当在家庭生活中尽量摒弃这些不良影响，让宝宝茁壮成长。

早教启蒙小贴士

多听多练

随时随地教会幼儿认识周围事物的名称，宝宝的言语能力很快就会发生惊人的变化。爸爸妈妈多多和幼儿说话，不仅有意识地给宝宝予不同的语调，还应当结合不同的面部表情，如笑、怒、淡漠等，训练幼儿分辨面部表情，使宝宝对成人不同语调，不同表情有不同的反应，并逐步地学会正确表达自己的感受。

11．培养学习兴趣

学习，并不单纯是指读书，应当包括所有对世界和事物的认知能力。宝宝们最大的特点是爱玩，而寓教于乐，则是让宝宝们学习的最佳方法。

玩中学习

游戏，是最容易也是最乐意被宝宝们接受的学习方式，玩具则是宝宝们最直接和最易接受的教具。那些有无穷玩法的玩具，是最佳的智力玩具，可以让宝宝们学到许许多多的知识。

快乐阅读

为了鼓励宝宝的阅读兴趣，爸爸妈妈可以每天拿出一段固定的时间，和宝宝一起看书，不仅是家长讲宝宝听，也可以让宝宝设想下一步故事情节，积极的参与和分享，有助于提高宝宝的理解能力和语言能力，更重要的是，使阅读的过程更加有趣。

你问我答

爸爸妈妈不仅可以当问题的解答者，也可以充当提问者，比如，问宝宝“你看，树上的叶子落到地上了，这是为什么呀？”类似的问题，可以有多种答案，启发和鼓励宝宝从多种角度思考。

知识分享

爸爸妈妈看到了什么有趣的节目或图书时，可以用简单的语言向宝宝讲一讲书或节目的内容，即使宝宝不能完全理解里面的主题，也能从爸爸妈妈的表情和语言中感受到兴趣和热情，会传输给宝宝这样一个观念：学习是一件充满乐趣的事情！

12．教宝宝慷慨助人

家长们喜欢在很小时候就教宝宝慷慨大方，常常会让小宝宝把手里的东西送给别人。有时候宝宝玩腻了手里的玩具，或者是吃饱了，会把手里的东西递出去。还有的情况是，宝宝被成年人逗玩习惯，知道没有人要自己的东西，也会递出食物去，假如有人真把这食物咬上一口，必定会惹得宝宝哇哇大哭不止。因为宝宝还不懂得与他人分享的道理。对于宝宝期的宝宝来说，家长不必要强迫宝宝把东西送给人，也完全没有必要认为宝宝“小气”、“自私”，更不要因为宝宝“小气”，家长觉得没面子。

宝宝逐渐长大到了幼儿期，会和小朋友们一起玩之后，可以让宝宝开始理解与他人分享的乐趣，体会到互相交换的好处。在宝宝做出与他人分享的事情之后，要多鼓励，多赞扬，让宝宝感到自豪，体悟到新的乐趣，明白慷慨并不会让自己失去了什么。

在这个年龄阶段，应当鼓励宝宝多帮助他人，特别是值得同情的人。让宝宝乐于助人，也是教育宝宝慷慨大方的一种方法。家长经常带着宝宝帮助别人，参加社会公益事业活动，让宝宝学会关心他人。对弱者的关心，会激发宝宝乐于助人的愿望，使宝宝从小具备富于同情心和乐于助人的行为。

13．让宝宝“喜欢”自己的性别

宝宝的奇怪现象

——“六一”儿童节，男宝宝看到女宝宝漂亮的发夹后特别羡慕，说：妈妈，我也要留长头发，我也要穿花裙子！

——小男孩突然变得很反常：穿衣服要穿漂亮的，颜色要鲜艳的，袜子要穿粉红色的，还变得只跟姐姐妹妹玩，不跟哥哥弟弟玩！问他为什么？回答说：我不想当男生，我是女生！

——和小朋友们一起玩了几次以后，早先一直很乖的女宝宝突然变了，她拒绝再蹲下小便，要像男宝宝一样站着小便，理由是：我要当男宝宝！

类似现象，在宝宝成长过程中出现属于正常现象，说明小家伙开始成长，进入了需要性别理解和性别角色认同阶段。

性别认同——宝宝成长的必由之路

在宝宝对“我是谁”开始有了初步的概念之后，性别意识，开始成为宝宝自我意识发展的一个重要部分。宝宝对生理上的性别认识一般容易掌握，能够明确地知道自己是男孩或女孩。但是，随着宝宝成长，还需要在心理上理解性别的概念，理解自己在社会行为中扮演相应的性别角色——这就是人们所说的性别理解和性别角色认同。

人们对于生理上的性别，与心理上的性别认同有时候并不一致，有一些人会发生性别认同混乱的现象，这会使他们非常痛苦，常常会觉得自己生在了一个错误的身体里。

如果在幼儿这个阶段的认同教育不当，甚至会导致宝宝成人以后的性别认同偏执。因此，教会宝宝很好的认识性别和理解性别角色，是这个年龄阶段宝宝的爸爸妈妈不可忽视的重大课题。

性别认同发展的3个阶段

宝宝性别认同发展的过程，有3个较为显著的阶段。从呱呱坠地的那一刻起，宝宝就有了性别的烙印，从姓名、服饰、玩具，到以后的行为要求、生活方式、爸爸妈妈对宝宝的期望，婴幼儿正是从爸爸妈妈对待自己的态度和行为要求中，逐渐地理解自己的性别。

认同性别的第一阶段是3岁前，幼儿对性别的理解只是外部特征层面。3岁前的宝宝能够很响亮的说出自己的性别，但宝宝对性别的理解只是外部特征层面的。开始时，宝宝会好奇地问妈妈，自己是男生还是女生？是和妈妈一样，还是和爸爸一样？

逐渐地宝宝们学会了从发型、衣着等外表特征上，来辨别男性或女性，不过，此时宝宝们还不大能真正明白男女的不同，同时也不能够理解性别一旦确定，就是恒定不变的。

认同性别的第二阶段是4岁，宝宝对性别的意识开始丰富。到了4岁，宝宝的性别意识开始丰富了许多。宝宝们对性别的差异也比3岁时更加好奇。比如，宝宝发现男女上厕所的方式不同时，通常会好奇地问“为什么男生要站着尿尿，而女生要坐着尿尿？”同样，宝宝对自己的生殖器也产生了好奇，想看看自己的和别人的长得有什么不一样。

在性别意识丰富的基础上，宝宝们开始感受到男性和女性在生殖器上的差异。有

时候，听到人说“小鸡鸡”等字眼，会觉得神秘而逗得“咯咯”地偷着笑。有的宝宝会因为实在太好奇，甚至玩起脱裤子之类的游戏。

在这个阶段里，宝宝的性别刻板印象开始加强，宝宝们会坚定的认为，男宝宝玩洋娃娃是不正确的，女宝宝也不应当玩那些打仗游戏。

认同性别的第三阶段是5岁以后，此后宝宝们开始真正了解两性的差异。知道除了外表的不同外，还包括生殖器官的不同。如果问宝宝，男孩和女孩有什么不一样，最常听到的答案可能是：“男孩不可以穿裙子”，“女孩可以留长发”等。

出于对性别的理解，这时的宝宝对性别也开始敏感起来，开始懂得害羞和回避。宝宝也开始真正地理解性别不会随着时间、外部特征、个人愿望的变化而发生变化。

学龄前的宝宝在性别角色理解方面，会把许多玩具、衣着、用品、工具、游戏、职业甚至是颜色与一种性别联系起来，而与另一种性别严格隔离，形成非常刻板的性别角色印象，这种现象直到宝宝中期才会得以缓解。

引导宝宝性意识的健康成长

了解到从婴幼儿期到宝宝期，宝宝对于性别理解和性别认同的认识过程以后，正确引导宝宝性别意识就能够容易做得多了。

要帮助和引导宝宝正确认同性别意识，健康成长，并且能在成年后正常享受性别角色的欢乐和愉悦，形成正常的性心理，建议家长们要注意：

爸爸妈妈影响最重要。爸爸妈妈们应留意自己对性别角色的认识，可能对宝宝造成的影响。家庭中，要注意养育方式对宝宝性别意识的影响。爸爸妈妈从宝宝一出生便不断地以养育方式影响宝宝，如果单单只考虑到自己对男孩或女孩的喜好，因为自己生男想女，或生女想男，就把自己的宝宝装扮成相反的性别，误认为反正宝宝年纪小，意识不到其中的差异。事实上，这些模糊的态度非常容易使宝宝发生性别认同上的混乱，阻碍性别意识的正常发展。从小给幼儿造成性别错位概念和误区。

爸爸妈妈对性别的接受程度，会影响宝宝对自身性别的认可。例如，如果妈妈因为工作和家务过于繁忙，有时抱怨“做女人真累”，这种观点则有可能引起女儿对自己性别的悲观。性别是有差异的，却没有好坏优劣之分，爸爸妈妈应当对人生抱有积极的态度，应该让宝宝理解：每一个人都是独特的、值得尊重的、有价值的，不论性别如何，每个人都能发挥自己的潜能，施展才华。只要努力，都可以成为最好的自己。

要想让宝宝从小正确认识性别和认同性别角色，爸爸妈妈是宝宝最好的性别角色榜样，在日常生活的身体和视觉接触中，宝宝可以从妈妈身上认识女性角色，从爸爸身上认识男性角色，从爸爸妈妈身上发展对异性的信任。所以，爸爸妈妈身上的性别特征，甚至性格特征，对宝宝的影响是终身的。爸爸妈妈可以利用生活中的自然情景，让宝宝理解不同的性别角色，比如，在爸爸工作辛苦时，妈妈和女儿一起安慰爸爸，体现女性的温柔和理解；爸爸和儿子一起来完成繁重的劳动，让儿子感受作为男子汉应有的坚强和力量。

此外，要注意尊重宝宝先天的气质类型，不要给宝宝套上性别的枷锁。虽然，在社会的发展过程中产生了许多性别刻板印象，但随着社会的发展，男性和女性在所扮演的角色上已经呈现了一定的中性化。人为地做出严格的界定性别角色标准是有害的，男性化和女性化是同一程度上相对的两极，人本身具有双性化倾向。因此，在性别认同正常发展的前提下，不宜过多的限制宝宝的爱好，以免阻碍宝宝的个性发展。

最后，还要重视爸爸在宝宝性别意识发展中的独特作用。心理学家发现，一般说来，爸爸对待儿子和女儿的态度与行为方式有较大差别，而妈妈对子女的态度与行为差别远不如爸爸那样明显。例如，在游戏中，爸爸会严格地按照社会所规定的性别角色标准来要求男宝宝，玩那些适合其性别的游戏，而妈妈却总是怕宝宝磕着、碰着，会以温柔的方式不加区别的对待宝宝。

在游戏活动中，爸爸总是处在一个独特的位置上，来影响宝宝的活动和对活动的选择，爸爸总是比妈妈更多地鼓励宝宝的独立自主精神、从事探索活动、帮助宝宝掌握技巧和获得经验。在这些游戏活动中，逐渐培养男孩的阳刚之气，也会使女孩逐渐摆脱只能进行安静游戏的传统束缚，使女孩在温顺的性格中增添开朗、果敢、自信等优良品质。

二、宝宝入园前的必修课

1. 给宝宝选择幼儿园

选择称心如意的幼儿园，对于家长来说是一件很重要的事。给宝宝选择幼儿园时，不要光看招生广告做得怎么样、幼儿园介绍做得如何，最好是亲自到幼儿园去看一看，需要了解的

内容有：

幼儿园的教职员工是否都受过专业训练。

幼儿园内的气氛如何，是很活跃，还是管理过严、死气沉沉，把宝宝管得像小学生一样。

教职员工们能否和宝宝们亲切相处。

幼儿园所有的角落是否都充满温暖的爱护。

幼儿园的教学是否组织得很好，各种活动是否具备教学目的。

幼儿园的硬件设施，包括环境、设备、教具是否很好。

幼儿园的营养师是否具有专业水平。

2. 宝宝的心理卫生

给宝宝上好心理卫生课

进入幼儿园，是宝宝从家庭走向社会的第一步，宝宝有那么多需要适应的问题：没有爸爸妈妈，没有亲人，只有陌生的老师和同龄的小朋友；没人整天围着自己转，相反，吃点心、玩玩具都必须等待和排队……

年幼的宝宝天天要应对陌生情境的挑战和冲击，真是会让爸爸妈妈心疼和担忧。可是，这个适应期是宝宝成长所必需的，绝不能因为心疼和担忧而让宝宝逃离和回避。明智的做法应该是为宝宝及早做好充足的准备，帮助宝宝更容易、更迅速地喜欢上集体生活。

宝宝上幼儿园，对于每个家庭来说都是一件大事，任何焦虑、不安、恐惧等不良因素，都会让宝宝不愿意去幼儿园。要使宝宝顺利地适应幼儿园的生活，入园前的心理准备是首要的。

提前做好相关心理卫生准备，目标要让宝宝达到最佳心理状态，培养宝宝拥有——

自豪感： 我已经长大了，所以我要上幼儿园了！

向往感： 幼儿园里可以学好多本领，还有很多小朋友一起做游戏，可开心啦！

熟悉感： 我知道幼儿园是什么样子，做什么事情，妈妈都告诉过我。

安心感： 爸爸妈妈很爱我，老师也会喜欢我。

看一看幼儿园的生活

参观班级活动，观看小朋友们的上课、游戏；瞧一瞧盥洗间、午睡房间等地方；喂一喂饲养的小动物；玩一玩幼儿园里的大型玩具……

让宝宝感觉到，幼儿园是一个美好的地方，知道小朋友在幼儿园中做什么，逐渐建立“幼儿园里真开心”的概念。

讲一讲幼儿园的故事

全家都对宝宝去幼儿园的行为表示肯定和赞赏。在和邻居小朋友玩耍时，故意大声表扬某个宝宝认识的小朋友，并得出结论："难怪呀，原来是上了幼儿园呀，宝宝如果上了幼儿园也会很棒的……"让宝宝对幼儿园产生一种期待的心理。

把宝宝要入园当做家里的一件喜事来讨论、迎接："我们宝宝长大了，要到幼儿园里去学本领啦！"让宝宝觉得入园是件高兴的事，使等待入园的过程充满乐趣。

常常给宝宝描述幼儿园的有趣之处，比如，上幼儿园可以认识新朋友，可以跟老师学本领，可以参加各种有意思的活动等。在任性、不听话时，对宝宝说："如果你表现好，才能让你进入幼儿园。"与之相反，千万不可以说："你这么不听话，真该去幼儿园了！"

还可以利用故事和儿歌，使宝宝向往幼儿园的生活。比如，讲一些小动物离开妈妈独立生活的故事，让宝宝知道幼儿园是宝宝们的乐园，是学习本领的地方。

玩一玩"幼儿园游戏"

在参观幼儿园、了解幼儿园里的日常要求和活动内容后，在家可以和宝宝玩"在幼儿园上课"的模拟游戏。使宝宝了解将要在幼儿园里面对的规则，帮助宝宝今后更容易适应。

交一交新朋友

多带宝宝出门接触小朋友，鼓励宝宝主动地和他人进行语言沟通，鼓励宝宝与同伴分享食物和玩具。常请小伙伴们到家里来做客，让宝宝当小主人，招待好客人们。

在宝宝正式入园前，最好帮助宝宝认识一两个同班级的小伙伴。宝宝进入幼儿园后，班级里有熟悉的同伴，陌生感和不安全感会减少很多。

相信宝宝和老师

要给宝宝一份安心。不想与爸爸妈妈分开，是很多宝宝不想上幼儿园的主要原因。上了幼儿园以后，宝宝就得独自面对、处理问题，很容易产生失落、焦虑与不知所措的感觉，甚至会担心爸爸妈妈不要自己了。所以在宝宝入园前，爸爸妈妈要努力和宝宝

之间建立起良好的亲子关系，多陪宝宝游戏，听宝宝说话，对宝宝耐心些、细心些，让宝宝对爸爸妈妈的爱感到放心和安心，并告诉宝宝，老师会像爸爸妈妈一样喜欢他的。

相信宝宝。家长们特别是祖父母，可能对宝宝上幼儿园不放心，会在言行中有意无意地流露出来。宝宝是很敏感的，会从成年人的态度中认为幼儿园并不是一个有趣、安全的地方。家长们应当坚信，去幼儿园是宝宝走向社会的重要一步，对宝宝的成长有很多好处。宝宝们都有很强的适应能力，只要给予适当的帮助，上幼儿园就会是一件快乐的事情。

相信老师也很重要。幼儿园里的老师都经过专业培训，了解幼儿的心理，其中绝大多数很有爱心和责任心。家长的尊重、信任和配合对老师会是良好的激励。

3. 宝宝自理能力训练

在宝宝入园前，家长要调整宝宝的作息时间，培养宝宝各项生活自理能力，以减少宝宝入园后的焦虑和自卑。

睡眠训练

选择好幼儿园以后，家长应当详细了解幼儿园的作息制度，如早上入园时间、上下午吃点心的时间、午餐时间、午睡时间等，然后在入园前的两三个月中，逐步把宝宝在家的作息习惯调整到与幼儿园一致。

早睡早起：合理安排好宝宝早上起床的时间，要考虑到穿衣、盥洗、吃早餐和路上所需的时间，保证从从容容，家长上班、宝宝上学都不会迟到。晚上入睡的时间，则根据宝宝需要的睡眠量来定，保证宝宝有充足的睡眠。

每天午睡：幼儿园的作息制度中都有午睡，时间一般为 2 个小时，这是

早教启蒙小贴士

不可以对宝宝说的话

“看你这么调皮，送你到幼儿园去，叫老师好好收拾你。”

“你再不听话，就把你送到幼儿园，让老师把你关起来。”

“唉！到幼儿园你就没这么开心了。”

诸如此类的话，会让宝宝感觉幼儿园很恐怖、老师很严厉，从而对幼儿园生活产生抵触甚至恐惧心理。

为了保证宝宝有充足睡眠，有利于宝宝健康成长的措施之一。在家里没有午睡习惯的宝宝，最好在上幼儿园之前养成午睡习惯。

独立入睡： 有些宝宝在家里往往要抱着、拍着、哄着才能入睡，而幼儿园的老师不可能守在每个宝宝身边，因此宝宝入园后会不适应，一到午睡时间就会特别想妈妈。

应当培养宝宝独立入睡，不抱不拍也不哄。为了让宝宝安心，可以告诉宝宝，妈妈（或老师）虽然不在身边，但一定在附近（或教室里）；有什么需要（上厕所或身体不舒服）可以随时叫妈妈（或老师）寻求帮助。另外，注意把宝宝的入睡习惯告诉老师，争取老师的帮助。

吃饭训练

自己吃饭： 不要给宝宝喂饭，鼓励宝宝自己吃。多多鼓励，耐心一些，可以让宝宝对自己产生信心；宝宝吃得好时，要及时奖励或肯定；如果吃饭过慢，可以用竞赛的方式逐步限定吃饭的时间，还可以一次少盛一点饭，吃完了再添，这样让宝宝在吃完后享受一种成就感。不要在旁边逼着、催着宝宝吃，以免破坏宝宝尝试自己吃饭的热情和兴趣。

固定时间和地点： 吃饭时间要固定，而且要求宝宝一定要坐在餐桌旁吃饭。不能边看电视边吃饭或边玩边吃，吃饭的时候不能随意走动。

不偏食不挑食： 如果家中的食物品种单一，宝宝的口味习惯也就往往比较单一，碰到自己没有吃过的东西就很难接受。所以家长要鼓励宝宝对各种不同的食物都愿意尝试，并适当吃一些较硬的或纤维较粗的食物。

如厕训练

宝宝入园时天气还较热，一般穿的是单裤，可以训练宝宝自己脱、提裤子。入冬后穿得较厚时，老师会帮忙的。

有的幼儿园使用的是幼儿坐便器，宝宝用起来比较方便。如果是蹲坑，

由于宝宝没用过，可以在家庭中事先以游戏的形式进行训练：在平地上摆两块砖，间隔一定距离，和宝宝比赛蹲下、起来的动作，并逐渐加大两块砖中间的距离和高度。然后训练宝宝双脚踩在砖头上站立、脱下裤子下蹲、站起来拉上裤子等一系列动作，反复练习，直至熟练。同时，要注意观察宝宝大便的规律，养成定时大便的习惯。

自己穿脱衣服、鞋子

认识衣服：教宝宝认识自己的衣服，分清上下、前后、左右。必要的话，可以在衣服上缝上名字。

穿脱衣服：宝宝到幼儿园穿的衣服和鞋一定要舒适，方便脱穿，如宽松的、有松紧带的裤子，前面系扣的衣服，纽扣大一点，扣眼也开大一点，套衫的领口要松一些，最好是前面或肩上有2个扣子，鞋子最好选择有松紧带的。如果穿脱过于烦琐，会给宝宝增加很多困难。

此外，宝宝会因为穿衣服比别人慢而自尊心受挫。家长要有耐心，及时鼓励宝宝的点滴进步。可以通过儿歌、比赛的方式，使穿、脱衣服变成一种有趣的游戏。每个宝宝都可能有自己穿脱衣服的方法，只要宝宝穿得快，穿得好，不必拘泥于一种模式。

学会大声清楚地表达自己的需求

在口渴时，会向成年人要水喝，或自己主动去喝水。

身体不舒服时，会说出或用手指出具体的地方，例如：头痛、肚子痛等。这一点非常重要，利于入园后宝宝出现类似情况时，老师能够及时采取应对措施。

告诉宝宝憋便的害处，出现便意时，要及时告诉老师，万一已经拉出，也要告诉老师，让老师帮助换裤子。

平时可有意识地叫宝宝做一些这方面的练习。“告诉妈妈，你想干什么?”“你刚才玩什么呀，给爸爸讲讲好吗?”……

其他

养成喝白开水的好习惯；

饭前便后自己洗手。

宝宝掌握一些独立生活的本领后，会更顺利地适应幼儿园生活，增强自信心。

4. 准备入园物品

和宝宝一同准备上幼儿园时所需的衣服和用品，可以增强宝宝去幼儿园的意愿。

书包

带宝宝一起去商店挑选一个可爱的小书包，在书包表面绣上或写上宝宝的名字，利于老师辨认。其实对于刚入园的宝宝来说，书包里装些什么是无所谓的，但只要每天能背着心爱的小书包上幼儿园，就会有一种成就感。

衣服

给宝宝准备一些适合在幼儿园穿的衣服，把那些不易穿脱的裙子和背带裤收起来，也不要给男孩穿前门襟装拉链的裤子，以免夹伤生殖器；衣服或裤子上最好有放手帕的口袋，因为手帕用别针别在衣服上不安全，也容易扯坏衣服。还要另外准备一两套内衣裤，因为宝宝年龄小，换了环境容易因紧张而尿裤子。

鞋子

为宝宝挑选一双舒适合脚的鞋子，因为幼儿园户外活动较多。可在鞋子上贴上卡通图片，帮助宝宝分清左右。如左鞋贴上猴子的左半脸，右鞋贴上猴子的右半脸，穿对了合在一起就是一个完整的猴子脸。有特征明显的鞋子，还能避免宝宝之间穿错鞋。

手帕

由宝宝亲手挑选小手帕，买上四五条轮换使用，最好同一花色，以便识别。

玩具

一般幼儿园都允许初入园的宝宝带一两件自己特别喜欢的玩具。手里拿着自己熟悉的东西，宝宝会有一定的安全感。让宝宝挑选自己喜欢的、体积小于宝宝脑袋而大于拳头、无尖锐突起、表面光滑或柔软的玩具2～3个，轮流带上去幼儿园玩。

刚开始时，不宜带图书和可拆卸的玩具去幼儿园，因为宝宝整理、管理起来不方便。也可以根据宝宝的具体情况准备其他物品，比如，有的宝宝用奶瓶喝水，有的宝宝有定时喝奶的习惯，可以准备奶瓶和适量的奶，使宝宝的生活习惯不被完全打乱。所有带去幼儿园的私人物品都应标明班级、姓名，以便遗失后及时找回。

5. 应对入园"哭潮"

幼儿园的"哭潮"

每年9月1日是学校的开学日，也是幼儿园的新生入园日，这一天，

所有的幼儿园里必定是家长聚集，一片哭声。幼儿园方面为了应对一年春秋两次的“哭潮”也是绞尽脑汁。

一方面，幼儿园的新生报到日，场面真可以用“惨烈”两个字概括。充耳所闻此起彼伏的哭闹声，满目所见皆是饮泣抹泪的小孩。更多时候不仅仅是宝宝在教室里面哭，送宝宝入园的妈妈、外婆、奶奶都可能在教室门外偷着抹眼泪。一时心软的妈妈会不顾一切地冲入教室把宝宝领走，送宝宝入园的坚定信念，可能会在这一片哭声中烟消云散。

另一方面，老师的日子也不好过，面对一群满脸涕泪的宝宝们，压力之大可想而知。传统手段“以老生带新生”，期望已经习惯幼儿园生活了的宝宝不哭，能对新来的宝宝起到带动和表率作用，但如果遇到入园高峰期、新生比例高时，很有可能起到反作用，会把入园一年的“老生们”也带哭。

为减少宝宝们的眼泪，幼儿园方视入园“哭潮”为头等大事，群策群力想出各种方法帮宝宝们尽快适应幼儿园生活。

家长陪同适应

让家长陪同宝宝适应，少则半天，多则3天。爸爸妈妈、外公外婆、爷爷奶奶选一位。有熟悉的人在身边，宝宝比较有安全感，能尽快适应陌生的环境、老师和同学。老师的照顾压力会比较小，从旁观察、与宝宝爸爸妈妈交谈，更快地了解宝宝。

预先举办亲子班

有些幼儿园会在开学前几周，就举办双休日亲子班，让爸爸妈妈带着宝宝去幼儿园参加各项活动，亲身体验幼儿园里的一切。等到开学时，宝宝已经对幼儿园的生活充满向往，环境熟悉，哭闹自然就会少一些。宝宝的爸爸妈妈也可借此机会，直观了解幼儿园，为择园做出最终的抉择。

鼓励循序渐进

部分幼儿园鼓励家长采用循序渐进方式入园。从假期班开始，幼儿园会安排大小宝宝混班，每周增加3～5个新生，以老生做新生的表率。宝宝可以从亲子班到半日班，再到全日班，根据宝宝的适应状况逐步入园，比较容易减少宝宝因为分离焦虑而大哭大闹的状况。

开学前家访

在开学前，让带班的老师对新生逐个家访，既可以让老师与宝宝混个半熟，又能较细致地了解宝宝的情况。但也有些幼儿园生源住得分散，实施家访难度很大，就会采取入学前开家长会的办法，把新生的爸爸妈妈请到一起，填写详细的宝宝情况表。

允许带慰藉物

如果宝宝在家有习惯使用慰藉物的习惯，如毛巾、小毯子、小熊娃娃等，入园时正是放弃它的好时机，因为环境变化大，宝宝很可能忘掉了它。但如果宝宝不带太痛苦，也可以让宝宝先带几天，对安定情绪有好处。

6.入园生病的怪圈应对

了解宝宝的变化

从开始为宝宝考虑入托的时候起，要选择合适的时间入园，更要选择一所合适的幼儿园，是让家长们颇费脑筋的问题。除此之外，家长们最担心的是宝宝不能适应幼儿园生活，一入园就生病。

很多宝宝平时在家里身体很好，养到两三岁几乎没生过什么病，可一进幼儿园就不对劲了，没完没了地生病，严重的甚至每月都得往医院跑，有没有办法帮助宝宝们摆脱这个怪圈呢？

在入托之前，宝宝大都是单独生活在各自的家庭中，交叉感染的机会少，宝宝受关注的程度高，这些是生病少的原因。入托之后，宝宝与十几甚至几十个同龄宝宝生活在一起，无形之中，受感染的概率相对增加。

在决定是否上幼儿园之前，家长应当首先要知道宝宝是不是具备了某些能力。比如，自己控制大小便的能力，能不能在出现情况之前先行报告，并在成年人的帮助下顺利完成，如果还不具备这一点，最好暂缓入园。否则，容易因为尿湿了衣裤而引起感冒。另外，宝宝是否已经能够区分玩具与食物，不会轻易去撕咬玩具；是否有良好的卫生习惯，不吮吸手指、不挖鼻孔等，这些习惯都有助于减少交叉感染的机会。

在选择幼儿园时，不要只关注硬件是否先进，教育上是不是抓得紧，更应该注意的是一些日常的细节问题。家长可以暗中观察老师在清洗餐具或玩具时是否上心和仔细；每天晨检的卫生老师是否认真负责；冬天室内是否注意通风工作等。这些细枝末节虽然是每所幼儿园都应该做好的日常工作，但其中的差异，却足以影响到宝宝的身体健康。

宝宝初入园都有一个适应的过程，不仅是心理上从排斥到接受，进而喜欢，还有一个生理的适应期。

应对方法

刚刚入园时，几乎没有一个宝宝会立刻喜欢上幼儿园，宝宝们或是哭闹不休，或是无声抗议，这个阶段是宝

宝心理上的断乳期。在初入园的一两个月里，家长应该多花一些时间来陪伴宝宝，给宝宝心理上的安全感，这样宝宝才会慢慢去对待新的生活安排，逐渐接受。

在这段时间内，家长不要出自对宝宝补偿的心理，在双休日带着宝宝东奔西跑游山玩水，要让宝宝好好休息。因为初进幼儿园时宝宝难免忧郁与哭闹，都是非常伤神的事，宝宝更需要的是精神上的安慰与身体上的休息，而不是新的感知与刺激。

每天晚上，要尽早安排宝宝上床睡觉，因为幼儿园里的午睡，对有些宝宝改变了作息时间，睡眠质量难以保证，晚上的睡眠就显得更为重要。

另外，不要总是担心宝宝在幼儿园没吃饱、没吃够，在餐饮问题上要保持一颗平常心，就像以前一样安排即可，对宝宝而言，宁可饿点，也不要撑着。

7. 宝宝的“侵略”行为

了解宝宝的行为

在幼儿园，这样的现象经常可见：爸爸妈妈到幼儿园门口接宝宝的时候，有一些小小“武功派掌门人”宝宝，总会低头坐在教室一角，腔势强硬或昂首挺胸怒视着与自己产生纷争的小伙伴。紧接着会引发老师与爸爸妈妈的一番沟通。妈妈们头痛的事情莫过于此，特别是知道自己的宝宝对别的小朋友造成“伤害事故”，更不知如何应对。

3岁左右，宝宝的自我意识开始萌芽，自我中心意识，是宝宝早期自我意识发展的一个必然阶段。也就是说，宝宝往往从“自我”出发来进行行为选择，宝宝的意识发展规律决定了不能顾及他人。也正是这个因素，使宝宝们不如成年人一般具有忍耐力和社会适应性。

对于宝宝的“侵略”行为，家长不必过度担心，这是处于这个年龄段宝宝的正常反应。但也不要放弃对宝宝的教育。

容易受到“侵略”的宝宝

胆小的宝宝往往比较自卑，在受到“侵略”时不知所措。

不受宠爱的宝宝，成年人的评价容

易提供给小伙伴信息，从而影响别人对宝宝的态度。

长得胖的宝宝，往往比较容易忽视小个子同伴的推推搡搡，反而成为“侵略”的对象。

动作缓慢的宝宝，容易在集体活动中跟不上节奏，被同伴轻视嘲笑。

爱哭的宝宝，对喜欢“侵略”的宝宝来说，哭声更容易激起“侵略”的成就感。

小气的宝宝，不愿意跟别的宝宝分享玩具和情感，容易引起伙伴们的排斥。

不合群的宝宝，不能注意到周围对自己的需求，无意中会让小伙伴的热情受到拒绝。

看不起别人的宝宝，老是觉得别人不如自己，往往会激怒同伴。

为自己“侵略”行为的辩护

我拉了拉她，她就哭了。（我看她的辫子很好看）

我从他的手里拿红积木，他不肯给。（我搭房子用的红色积木不够，都被他拿走了）

我要挤到他的前面去，给老师看看！（我跳舞比他好）

我拉了她的衣服，叫她跟我们一起看小蚂蚁。（我没有打她）

我打他是为他好！（爸爸打我时就是这样说的）

他拿了我的小枕头！（我喜欢我的小枕头，谁也不许碰它）

给爸爸妈妈的建议

转移家庭的注意力：爸爸妈妈和爷爷奶奶不要把全家的注意力全集中于宝宝身上。溺爱会强化宝宝的自我中心意识。

让宝宝“移情别恋”：当宝宝因为喜欢别人的玩具不肯罢休，而自己又没有更好的玩具时，可以用更精彩的事情吸引宝宝，让宝宝学会主动地退出，避免“侵略”别人。

树立卡通榜样：用一些正面的卡通形象告诉宝宝，它们是怎么友善地与

早教启蒙小贴士

让宝宝多参加集体活动

让宝宝有机会参加集体活动，是发展宝宝交往能力最好的手段。让宝宝在交往中调节和克服自己的“霸道”、“侵略”行为。家长也可以通过平时的观察，及时地纠正宝宝的行为，让宝宝在集体中渐渐体会到与人合作和受人欢迎的快乐。

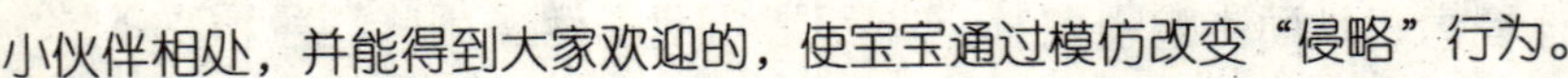

小伙伴相处，并能得到大家欢迎的，使宝宝通过模仿改变“侵略”行为。

8. 接送宝宝上幼儿园

宝宝上幼儿园了，接送宝宝就成为家长每天重要的生活内容之一。按时接送宝宝，让宝宝感到上幼儿园不是一件随便的事，就像爸爸妈妈上班一样，要守时、守纪律。在接送宝宝上幼儿园时，要注意以下几方面：

不管天冷、天热、刮风下雨，都要坚持按时送宝宝上幼儿园

不要以为这仅仅是去不去幼儿园的事情，经常强调客观原因不去幼儿园，会养成宝宝怯懦、娇气、任性、自由散漫的不良品德和行为。这些品德和行为形成以后，对一生都有不利影响。长大以后，宝宝会把这些品德和行为不自觉地带到学校乃至生活中去。因此，要按时接送宝宝，培养纪律性，同时也培养坚强的意志品质和勇于克服困难的精神。

如果家长工作忙，单位制度比较严格，那么可请家里其他人帮助接送

有条件的单位会安排“幼儿接送车”，帮助接送本单位幼儿。既节省家长的时间，又让宝宝上幼儿园有伴儿，从而更乐意上幼儿园。

要养成准时接送宝宝的习惯

对于宝宝“早点来接我”的愿望，不能盲目满足，应当养成准时接送宝宝的习惯，尽量不要破坏常规。万一不能按时接送宝宝，要及时向宝宝解释原因，免得宝宝误解。

总之，既要养成按时接送宝宝的习惯，又要培养宝宝每天按时入园和离园的习惯，让宝宝认识到无论刮风下雨、酷暑严寒都要一如既往，把该做的事情做好、做到底，决不能退缩或半途而废，因为这样做，对于宝宝健康成长至关重要。

9. 五要五忌，接宝宝上幼儿园需要知道的

“五要”：走路回家，保持平静，分享快乐，主动沟通和积极配合

❶ **走路回家。**宝宝刚刚进入幼儿园，离开家一整天，见到亲人会有“撒娇”的表现。家长在接宝宝时，可以适当给予宝宝亲热的拥抱，但要注意坚持让宝宝自己走路回家。一方面，这个年龄段的宝宝完全能够做到自己走路回家；另一方面，坚持让宝宝自己走回家，也是给宝宝一种自己已经长大了的心理暗示，有利于宝宝的心理独立与成熟。

❷ **保持平静。**宝宝进入幼儿园，是家庭中的一件大事。刚开始有种种不适应表现是正常的。宝宝对幼儿园生活的不适应，往往受环境和成年人态度的影响。家长接宝宝回家后，最好尽量保持家中往日平静的氛围，不过分渲染对宝宝入园问题的关注，以免造成宝宝的紧张情绪。家长平和的态度，是宝宝很快适应幼儿园生活的良好外部环境。

❸ **分享快乐。**宝宝到全新陌生的环境中，会有一些心理压力，减轻宝宝压力的最好办法是缓解宝宝紧张的心理。回到家后，有意识引导宝宝回忆幼儿园一天的快乐。例如，认识了哪个小伙伴？老师带你们做了哪些游戏了？……家长以平静、略带羡慕的态度与宝宝分享快乐，有利于宝宝建立良好的情绪体验，尽快适应幼儿园的生活。

❹ **主动沟通。**为帮助宝宝尽快适应新环境，家长主动与宝宝沟通。聊一聊幼儿园一天的生活，谈一谈结识的新朋友，陪宝宝玩一玩游戏十分必要。

❺ **积极配合。**宝宝在幼儿园的集体生活，与家庭生活有许多不同之处，家长要主动了解宝宝在幼儿园的生活、游戏和学习情况，进一步了解幼儿园对宝宝的要求，积极主动配合幼儿园，让宝宝坚持与幼儿园保持“一致”、“一贯”的要求十分有益。

“五忌”是：忌甜水等待，忌刨根问底，忌迁就放纵，忌零食补偿，忌偏听偏信

❶ **甜水等待。**常常能见到家长在接宝宝时，拿着一瓶甜饮料，惟恐宝宝在幼儿园喝水不够。如果每天都有“甜水等待”，会影响宝宝在幼儿园里正常饮水。而且长此下去，会影响到宝宝健康。要倡导宝宝喝白开水，因为白开水中有饮料里没有而人体需要的微量元素。

❷ **刨根问底。**宝宝离家一整天，亲人的惦念可以理解，接宝宝回家后，全家人

围着宝宝问这问那，不仅令宝宝厌烦，还会强化宝宝的不适应感。宝宝的情绪受客观环境影响，家人的紧张和反常表现会直接影响到宝宝，让宝宝产生焦虑情绪。

❸ 迁就放纵。宝宝心情不愉快时，常常会莫名其妙地发脾气。刚入园时宝宝也会出现“撒娇”或“耍赖”现象。这时候家长不要表示同情，要用转移的方法排解宝宝心中的不快，不可以顺着宝宝性子娇纵。

❹ 零食补偿。家长惟恐宝宝在幼儿园吃不饱，回到家就把各种零食摆在宝宝面前任其挑选。这样做的结果会促使宝宝在幼儿园里更不好好地吃午饭，因为每天回家都有零食做补充，宝宝会在幼儿园吃午饭的时候留有余地，时间长了，会影响宝宝健康。

❺ 偏听偏信。家长对刚刚入园的宝宝都会不放心，会向宝宝提出这样那样的问题。而这个特殊阶段的宝宝，常常会把想象与现实相混淆，会说出与事实不符的答案。如宝宝之间发生不愉快，往往会说“某某小朋友打我了”，遇到这种情况家长不可“偏听偏信”。此外，宝宝回答问题时往往把问题的结尾作为答案，如家长问：“你今天吃没吃饱?”宝宝回答：“没吃饱。”家长接宝宝前，要多与老师沟通，客观地了解宝宝在园的情况，避免产生误会。

三、2~3岁宝宝成长知识速查

1. 掌控宝宝的体态

幼儿时期，是宝宝迅速生长发育的阶段

宝宝在这个时期骨骼里钙、磷等无机盐含量少，有机物质含量多，因此骨骼硬度小、弹性强、柔软、不容易骨折、断裂，但却很容易变形。如果家长缺乏育儿知识，不注意宝宝学步、学坐时的正确姿态，等到宝宝因从小养成的习惯导致走相难看、坐相不正时，已经后悔不已。

幼儿时期的另一个重要特征，是各器官功能均不定型，容易发生变化。因此，在这个时期注意保持宝宝的体形健美极为重要。

保持宝宝健美体形最重要的原则

一是合理营养，让幼儿身体各部分正常发育。在日常生活中供给足量的蛋白质、脂肪、糖类、维生素、无机盐以及各种微量元素。

二是要注重让宝宝保持正确的姿势，坐有坐相、站有站相、走有正确姿势，而且坐、站、走都要有一定的合理时间分配，防止某种姿势持续时间太长。例如，宝宝久站、持续久坐或连续走，对培养宝宝健美体形均不利。

宝宝开始走路时，往往会站不稳、走不正，需要爸爸妈妈扶一扶。扶宝宝的时候要扶腰背，还要采取对称的动作帮扶，不能只扶一侧，否则难以让宝宝形成正确的走路姿势。

宝宝学走路，尽量不要扶，不要怕宝宝跌跤，只要适当注意安全既可。

学会走路以后，要让宝宝走得全身自然，两臂稍向前摆，腰背挺直，两肩展开放平，不要歪肩弓背，头颈保持端正，双眼前视，把全身重心放在脚掌上，保持步态稳重均匀，着地力量均衡。

要注意培养宝宝长期采取这种正确的走路姿势，并养成习惯，对保持健美体形很有好处。走路时双脚不要向外撇，避免形成“八字脚”，双脚也不能向里钩，这样也容易形成异常走路姿势。

养成良好的坐姿也很重要。注意教宝宝坐时要端正，上身坐直，两肩放平，手放在两腿上，挺胸稍向前倾，抬头目视前方。正确的坐姿对于保持上身、胸廓、腰背的健壮极重要。

俗语说“站如松”，是说站立的时候要直立端正，犹如挺拔的松树。收腹、挺胸、抬头、前视、站直。不弯腰、不侧弯，两肩平面对称，两手自然下垂，两足靠拢，自然站立。这种正确的站立姿势，可以使胸腔容量扩大、腹腔压力减小，有利于顺畅呼吸和血液循环，有利全身健康。

从小培养宝宝包括站、坐、走在内的各种良好的体态，不仅是为了外形美观和养成优良的仪态，更是有利于宝宝全身健康，特别是内脏器官的健康发育。

2. 自得其乐的“小唠叨”

2～3岁的宝宝，独自一个人玩儿时，总是会咕咕哝哝地说个不停，有时对着书本说，有时对着玩具说。别人也听不清宝宝说什么，更弄不明白宝宝在想些什么。爸爸妈妈见到这种现象往往会很担心，宝宝怎么成了“小唠叨”了？不会是有什么问题吧？

自言自语很普遍

其实，这样的担心是多余的。自言自语在3岁左右的宝宝中是很普遍的正常现象。

3岁，正是幼儿语言发展的关键阶

段——从外部语言过渡到内部语言。其实宝宝的自言自语，正是把外部语言转为内部语言的一种表现，宝宝是把内心思考的内容用语言表达出来。3岁宝宝的思维能力正在飞快地发展，却没有完全成熟，所以无法像成年人那样只用大脑思考就可以了，宝宝需要用语言具体地来帮助自己思考，慢慢地理顺思路。所以，才会发现宝宝经常地“自言自语”。

自言自语形式多

宝宝自言自语的内容，往往包括很多不同的形式，如问题语言、故事语言等。

问题语言是宝宝日常遇到新奇事物或者不知道该怎样应对时产生的疑问。比如画画前，宝宝可能要寻找蜡笔：“咦，哪里去了？”这些信息可能是宝宝曾经看到过、听到过的，现在通过语言来再次唤起记忆并强化它们。

在游戏中，宝宝随着游戏的进展，需要做很多思维活动。宝宝在游戏中，会思考自己要先做什么，再做什么，这原本是一个思考过程，宝宝会把自己要做的每一件事情，像讲故事一样说出来。这就是故事语言。

抓住时机学语言

宝宝经常自言自语，是幼儿思维发展的重要阶段，也是学习语言的有利时机，应该善加利用。家长应当抓住时机，多跟宝宝说说话，随时随地告诉宝宝一些常识：这是什么，那是什么，干什么用的，为什么这样做……时而给宝宝提一些能理解和应答的简单问题。

在这个阶段，多给宝宝讲故事，可以增强宝宝思维的连贯性和逻辑性，也是训练语言的好途径。给宝宝讲完

爸爸妈妈来互动

区分早上和晚上

早上起床时，对宝宝说“宝宝早上好”，让宝宝回答说“爸爸妈妈早上好”。一边起床一边向宝宝介绍“早晨天亮了，太阳也快出来了，咱们穿好衣服出去看看。”白天要开窗户，使宝宝享受新鲜空气，让宝宝知道白天天很亮，不用开灯。到晚上要向宝宝介绍“天黑了，外面什么都看不见了，要开灯才能看得见。咱们赶快吃晚饭，洗澡睡觉。”爸爸妈妈这样互动，可以让宝宝能分清早上和晚上，并让宝宝学习说“晚安”才闭上眼睛。可以多说几遍晚安，让宝宝把词汇说得熟练。

故事后，可以让宝宝说说自己的想法，还可以帮助宝宝一起把故事简要地复述出来，最终达到能够独立讲述的程度。

3．“手巧”才能“心灵”

“手巧”对大脑发育的好处

手的灵巧程度，是人的大脑发育状况的标志之一。在人的大脑中支配手部动作的神经细胞有 20 万个，而负责躯干的神经细胞却只有 5 万个，可见大脑发育对手的灵巧有多么重要。而“手巧”，又会反过来促进大脑各区域的发育。重视培养宝宝的巧手，可从 3 个方面做起：

指导宝宝做手工

两岁半的宝宝从简单的一个步骤折纸学起，到 3 岁时可学 2～3 步骤的折纸，3 岁开始学拿剪刀，先学剪纸条，后学剪图形，可以用纸条贴成链条或方纸贴成花篮等。4～5 岁可以剪更复杂的剪贴和图案。

锻炼宝宝自己动手的能力

培养宝宝的自理能力，需从日常生活做起，家长要刻意培养宝宝自己倒水喝，用筷子吃饭，学习擦桌子、扫地，自己整理玩具，洗手绢等，既培养了用手的技巧，也锻炼了宝宝的自理能力。

从游戏中培养宝宝的动手能力

顺应宝宝喜欢动手的规律，拿来一些废纸让宝宝撕，给一些木头和棍子让宝宝敲，买来蜡笔教宝宝学画画，找一些不用的小瓶、小盒让宝宝配盖子，为宝宝准备一些积木和自制拼图、橡皮泥、七巧板等玩具，让宝宝既动手又动脑。宝宝在动手的过程中，学会技巧和专注解决问题的能力。

4．对待宝宝的过错

宝宝的过错大大小小，几乎每天都发生，家长首先应弄清情况，然后根据具体情况采取适当的措施进行教育。如果对宝宝的过错不闻不问，甚至过于纵容，对宝宝的健康成长是有害的，显然是错误的。但是，如果对宝宝说错一句话、做错一件事也要严加训斥，甚至又打又骂，也是不对的。干预过

多，会让宝宝变得胆小怯懦，会影响宝宝心理健康成长。应当根据宝宝过错的不同性质，采取宽严相结合的方式进行教育，才能取得好的效果。

如果宝宝是在做好事，由于缺乏经验而出了错，家长要肯定宝宝的良好愿望和正确行为，然后再向宝宝讲明在做这件事的过程中需要注意什么，宝宝会比较高兴地接受。例如，宝宝自己洗手洗脸，弄湿了衣袖，家长应耐心地告诉宝宝，在洗手洗脸时要挽起袖子，并做给宝宝看，很快宝宝就会记住，从而避免类似的过错再次发生。

宝宝出于好奇而损坏了一些物品，比如把电动汽车玩具拆得乱七八糟。家长应看到宝宝这种行为中的积极因素，加以正确引导，可以给宝宝讲讲为什么电动汽车会跑，打开汽车的外壳，让宝宝看看里面的电机和其他传动装置，同时告诉他这些东西不应自己随便乱拆，乱拆了以后就不能跑了。这样，既纠正了宝宝的不正确的做法，又保护了宝宝的求知欲。

宝宝做了故意损害别人或破坏东西的错事，家长一定要严肃对待。首先问清宝宝为什么要这样做，然后仔细耐心地和宝宝谈谈，讲一讲为什么这样做是错误的，这样做的后果是什么，启发宝宝认识到自己的错误，促使其以后改正。如果宝宝在外面欺负了小朋友，家长除进行批评之外，还可用一些正面的事例来启发宝宝，应该怎样与小朋友们相处。这样才能使宝宝得到深刻的印象，引起足够的重视。

5. 逆反心理

宝宝变得不听话了

宝宝怎么变得这么不听话了呢？——家长好说歹说、软硬兼施，怎么也不奏效。

如果有这种感觉，意味着宝宝开始暗暗地挑战家长的权威了。

个中缘由，当然绝对不是宝宝故意对爸爸妈妈“以怨报恩”、“忤逆不孝”，而是宝宝开始形成自己的个性，开始学习揣摩和理解人与人之间的关系，哪些权限是成年人的，哪些权限是宝宝的，彼此之间的需求与规范又应该如何磨合，各取所需。

宝宝开始有了自己的个性

2岁以上的宝宝，开始与家长进行较量与磨合。宝宝的反抗行为，固然是令人头疼的事，更令人担忧的是矫正这种不良习惯面临一个大难题——爸爸妈妈的教育权威受到挑战。宝宝心目中家长的地位和威信，是接受管教和建议的心理基础，一旦家长的权威动摇或者受到“创伤”，亲子之间的合作关系就变得不顺畅，常常会闹得不愉快。

2岁之后的宝宝，开始懂得家长与自己愿望不同。2岁之前的宝宝，只知道自己是有愿望的，并认为自己的愿望就是别人的愿望。现在的宝宝已经开始懂得，家长有自己的愿望，感觉到家长的要求与自己的愿望不符合的时候，宝宝总想探个究竟：这是为什么？我能不能使爸爸妈妈的愿望变成自己的愿望？一定要试一试，因此，宝宝的各种反抗都是这一种心理驱动力的反映。

过分溺爱的家庭里，宝宝会觉察到，跟随、哭喊、翻滚、撕咬等反抗行为，是一种控制家长的手段。以前的宝宝是很“纯洁”的，完全受生理功能的支配，冷了、饿了、湿了，才会用哭声招引家长，自己的生理需要满足后就不闹了，如果还有什么想法，顶多也只是想让爸爸妈妈对自己哄逗和爱抚一会儿。现在就不同了，小家伙的“想法”和“心事”多了，碰到不如意的时候，又调节不好自己的情绪，于是就尝试缠着家长，如果家长不顺从自己，就会使出各种“绝招”来控制家长，达到自己的目的。

从2岁开始，宝宝进入第一反抗期：听话的宝宝常常变得急躁、不听话、调皮。一般家长都知道，宝宝第一反抗期的苗头从2岁开始，可能会持续到5岁，这个时期的宝宝，什么事都要自己做，一贯温顺听话的宝宝常常会变得急躁、不听话、固执。不让做的事情偏要做，宝宝也会试一试挑战家长神圣的教育权威。

6. 咬人的宝宝

咬人，是一种攻击性行为，它是宝宝成长过程中的一种行为，也是心理上不平衡的表现。例如咬人，是试图引起注意，或者身体和心理上受到痛苦而表现出不友好的行为。咬人，作

早教启蒙小贴士

家长给宝宝的度要适当

开始挑战家长的权威，是宝宝发现了“人各有志”的现实，在自我与家长需要之间的矛盾中找到自己的合适位置。大自然没有赋予宝宝实现自我的本能，主要得看家长教给宝宝什么样的自由与规则界限。在独立的自我个性与社会、家庭规范之间，教育和培养宝宝的适应能力，培养完整的人格和个性，是这个年龄段幼儿教育的关键所在。

为一种攻击性行为，在2岁或者较大的宝宝中是很常见的。咬人，是宝宝感情发泄的一部分，包括发脾气、大声喊叫、踢人、打人等。

对两岁的宝宝来说，咬人行为往往会发生在宝宝的要求没有得到满足时。对于大一点的宝宝来说，这种行为可能是从同伴那里学样子学来的。解决这种攻击性行为，要和宝宝咬人发脾气的动机联系起来处理，观察宝宝与别的宝宝、家庭其他成员之间有没有误会或者矛盾。

对待出现类似咬人的攻击性行为的宝宝，不宜采取消极反应。如果爸爸妈妈以恼怒或惩罚来对待咬人的宝宝，对宝宝加以种种限制，这样做只会带来消极的、相反的结果。宝宝在成长过程中，因为自己的表达能力有限，出现咬人一类攻击性行为，要加以疏导，弄清宝宝的想法，让宝宝发泄出自己的不满，而不要加以压制，对宝宝性格形成压抑。

对待宝宝类似咬人的行为，既不能过于大惊小怪，也不可当做小事，可以去看一看儿科医生和心理医生进行咨询，探讨对症解决的措施。

7. 防止精神发育不良

生活要有规律

要防止婴幼儿发生精神发育不良，必须加强对幼儿的生活管理，把宝宝每天的生活安排得丰富多彩，但又不过分劳累，以保证有规律地活动。

在家庭生活中散居的宝宝，同样要做到生活内容充实，饮食、睡眠、活动安排合理。缺乏精神营养的宝宝，会把心理需要全部寄托在母爱上，陷于宝宝期的喜欢妈妈怀抱，有的到三四岁还不能断奶，一会儿也离不开妈妈，稍离一步就好像无法生活，这种现象称做仍处于“共生期”，不能独立，严重影响到心理发育。枯燥、单调的家庭生活，会影响到宝宝正常发育，这类宝宝不长个头矮小，面黄肌瘦，食欲不振，严重偏食，除了母乳，对什么美味佳肴都不感兴趣，实在难以喂养。

防止幼儿神经疲劳

幼儿高级神经活动的特点是兴奋强于抑制，两者还很不平衡，抑制机能很差，过久地抑制自己的行动，或从事过分细致的学习，绝大多数不能胜任。过分抑制，会导致大脑兴奋，容易造成精神疲劳。

很多爸爸妈妈希望自己的宝宝握笔学写字，认为这样会使宝宝及早成才。

有一些幼儿教师也总是喜欢把宝宝束缚在小椅子上，不许跑，不许说，不许动，认为安安静静地好管理，结果造成幼儿活泼好动的天性被压抑。

幼儿时期本来就是“游戏时期”，许多知识是在游戏中学到的，感知能力、注意力、记忆力、想象力和思维能力也都是在各种活动中得到充分发展的，如果硬是要让年幼的宝宝像小学生一样坐板凳上学习，要求宝宝死背唐诗，不顾宝宝实际能力过高地要求，会加重宝宝的精神负担。

幼儿长时间的集中注意力，会降低脑功能。在过分紧张时，要消耗大量的能量，使大脑过度疲劳。枯燥无味地静坐，也要消耗能量，不仅有碍幼儿学习兴趣的培养，还会造成神经衰弱，影响智力发育，并影响到入学后的学习。

因此，在幼儿教育中，各个方面都要避免负担过重，不能过高过严地要求。以幼儿适应的方式和方法组织幼儿学习，才会收到良好效果。

8. 宝宝不愿待在家里

了解宝宝

宝宝不愿意总是待在家里，老闹着要出去，可能是因为家长总不带宝宝出去，宝宝在家里待得时间长了，就会闹着出去。也可能因为带着宝宝总在外面玩，宝宝的心玩“野”了，回到家里就像小鸟被关进了笼子里，浑身不自在，总想出去。还可能因为家里生活单调、枯燥，宝宝在家感到无聊、寂寞，就闹着要出去。

家长应该多带宝宝走出去，到户外活动，不能让宝宝总待在家里。因为好动、好奇是宝宝的特点，爱玩是宝宝的天性。多把宝宝带出去，在广阔的天地尽情地玩，能增强宝宝的体质，发展宝宝的个性，满足宝宝的需要。平时可以带宝宝到公园玩，与别的宝宝一起游戏，增进宝宝之间的交往。还可以带宝宝到街上散步，观察认识城市建筑物、路上行人和交通工具等，也可以利用休息日或节假日到郊外观赏大自然，使宝宝接受外界刺激。这样能扩大宝宝的眼界，丰富宝宝的认识。

户外活动时间太长，宝宝容易玩“野”而不愿回家。要合理地安排宝宝的一日生活，注意动、静交替，室内、外相结合，适当地带宝宝出去玩。一旦生活有规律，宝宝心情愉快，就不会老闹着出去了。

给宝宝创造一个丰富的活动天地，充实宝宝的生活

可以买一些宝宝喜爱的玩具、色彩鲜艳的图书以及爱听爱唱的歌曲磁带等，也可

以亲自为宝宝制作玩具。比如，宝宝喜爱玩娃娃，可以和宝宝一起用布和棉花缝制一个，亲眼看着娃娃从无到有的“诞生”过程，宝宝会更珍惜。然后再为娃娃做个小床，在家里为宝宝

布置一个“娃娃家”。买一个小书架，放上宝宝喜爱看的图书等。平时，家长在家时要多和宝宝交流，陪宝宝一起玩。一起背儿歌、讲故事，一起看图书、听音乐，一起唱歌、跳舞等。还可以请邻居的宝宝到家里来和宝宝一起玩。这样，宝宝就不会感到无聊寂寞，而愿意待在家里了。

9. 爱“争第一”的年龄

了解宝宝的行为

在幼儿园门口，总能听到宝宝们唧唧喳喳地对“接驾”的家长邀功请赏：“妈妈！今天我跑步得了第一名！”“今天老师夸奖我的被子叠得最整齐。”总之，宝宝们差不多把每个小游戏都当成一试高低的比赛。3岁的宝宝为什么喜欢和别人比赛呢？

3岁起，宝宝的竞争意识日益强盛。这个年纪的竞争是本能的，也是不可或缺的。宝宝在竞争中受益匪浅：学会评价自己和别人的能力；学会与他人相处——竞争也是人类交流的一种方式；学会面对压力；学会自信；学会应付失败和成功；学会自我表现和肯定等。

当然也要注意，如果事事竞争、时时竞争，会拔苗助长，压抑宝宝的天性，导致偏执。

不要阻止宝宝的竞争

竞争，标志着宝宝的成长，以及衡量成长是否适龄，所以阻止宝宝的竞争没有意义，爸爸妈妈需要给予宝宝一定的鼓励，或者予以疏导，比如，宝宝在某一方面的竞争中失败了，应该告诉宝宝“你虽然在幼儿园跑步很慢，但是你的手工做的特别漂亮。”

成功与失败，在这个年纪表现得很直接，虽然宝宝在“失败”时的挫折感很真切，但是只要评判标准是天然的，或者是小朋友们自己定的，而不是老师或家长强加的，宝宝们就会特别快地摆脱挫折感。

竞争鼓励也不宜过多。由于竞争是

这个年龄的宝宝的天性，宝宝们在幼儿园也适应了竞争机制，如果爸爸妈妈把比赛当成手段来使用，宝宝往往会乖乖上钩。但是，如果家庭中类似的竞争鼓励过于频繁，甚至处处都以成败论赏，宝宝就会有过大的压力，还会产生一种错觉：爸爸妈妈的爱，与我的成绩、能力有关。

如果竞争的动力来自宝宝自身，最好听任宝宝自己去处理。如果以爸爸妈妈的虚荣来鼓励宝宝，或者禁止宝宝参与竞争，都是有害的。

10. 学写字不宜过早

为开发早期智力，许多家长很早就教宝宝写字，这种做法不妥。因为教宝宝识字和写字，是两码事，写字，对幼儿的要求要高得多。

从幼儿的生理、心理发展来说，幼儿期宝宝神经抑制机能还很差，不能过久地抑制自己的行为，或从事过分细致的活动；在知觉方面，常常表现出笼统、不精确的特点，宝宝较难区别相似的文字；在空间方位知觉方面，幼儿尚无法掌握左右方位的相对性和角度，3～4 岁的幼儿对上、下方位掌握还不很稳定；在手的运动感觉方面，幼儿手上骨骼肌肉远远没有达到成熟程度，手部关节骨化过程还没有完成，手部肌肉的力量也很差，不能胜任持久用力的动作。再加上幼儿的手、眼、脑的协调能力也差，写字时，眼睛总要盯住笔尖。为了能看到笔尖运动，便会歪着身子，侧着脑袋，尽量使右侧的肩、肘、腕向前。因此，过早地要求幼儿学习正确的姿势，学会从左到右、从上到下的笔顺书写文字很困难。

2～4 岁的幼儿，90%处于涂鸦状态；5 周岁的幼儿，95%能准确地临摹画画，但却有 75%的幼儿还不能以正确的笔顺、姿势稳定地书写简单的汉字；6 周岁以上的幼儿基本上能以正确的姿势、笔顺准确地书写简单的汉字。因此，宝宝学习写字基本上属于进入小学以后的事，不宜在幼儿期提倡。

11. 早用筷子不好

有人认为，宝宝应从小养成用筷子的习惯，有助于宝宝的智力开发。其实，筷子的使用是人手部的精细协调动作。大脑控制手活动的区域要比其他肌肉运动区域大得多，肌肉活动时刺激了脑细胞，有助于大脑的发育。

然而，用筷子夹菜这一动作，需要牵动多个关节。它不仅是 5 个手指的简单屈伸动作，腕、肩及肘关节都要参加，完成这一动作的过程相当复杂。如果宝宝的年龄小于两周岁，刚开始学用勺子吃饭，就不能很好地完成用筷子吃饭的动作。手动作的训练虽然

可以促进大脑发育，但也要以大脑发育至一定水平为前提，“越早越好”的“早”也应有一定的度。

一般情况下，对宝宝的智能训练要遵循宝宝大脑发育的客观规律。幼儿可以从3岁起练习使用筷子吃饭。如果过早地逼宝宝用筷子，由于宝宝手部的动作还未发育完好，不但学习起来困难，还可能会因为动作不协调把饭碗弄翻、饭菜弄撒。如果家长不够耐心，不能控制自己的情绪，责怪或训斥宝宝，就会挫伤宝宝进餐的积极性，影响进餐情绪，酿成厌食的后果。

12.“贪心”的宝宝

物欲较重，人们一般称做“贪心”，幼儿时期的宝宝有所谓的“贪心”现象并不鲜见，这种宝宝容易被人认为是对“物”的贪婪。

表面上看来，宝宝的表现的确是对物的贪恋。但是宝宝尽管霸占玩具可是却既不爱护这些玩具，也不拿它们玩，更看不出宝宝占有了这些玩具有什么快乐的样子，对这些玩具也没有流露出心爱、珍惜和体贴之情。

宝宝独占了玩具，果真就满足了吗？坐在玩具中间，既不表示欣赏，也不显示高兴，这种现象不能称做“贪心”，宝宝本身也并不明白，自己为什么会那么“贪得无厌”。

在幼儿表现出“贪得无厌”时，家长的眼光不要只顾去看重“物”，而是要把注意力放在宝宝的感情方面。

在很多情况下，宝宝并不是对“物”本身贪恋和执著，而是为了用这种“物”的“贪占”行为，来“补偿”别的某种东西。

例如，宝宝如果感觉到妈妈的爱被小弟弟夺走了后，宝宝会感到不满而又寂寞。因此，会一心一意去夺取自己能夺到的“物”来替代母爱。但是，“物”只不过是一种补偿，无论拿到多少，都得不到真正的满足，于是，就会越发起劲儿地去抢夺东西。越是这样，越容易被人看成是一个“物欲很重的宝宝”或者“贪得无厌的宝宝”。

理解了这一点后，就知道，妈妈应当经常与宝宝谈谈心，增强母子之间的感情交流，充分给予宝宝抚爱。

实际上，宝宝“贪”是一种需要母爱、害怕失去爱抚、内心恐惧感的物化表现。

13.适合宝宝的体育运动

开发宝宝的运动潜能

按照我国传统的育婴习惯，只重视宝宝的营养和智力开发，很少有人充分认识到宝宝强身健体的重要性。我国的幼儿因此在体能和体质上落后于发达国家的婴幼儿，这与育儿观念和方法上的落后有关。

婴幼儿先天具有运动潜能，开发得好，会变成后天的技能。如果不注意开发，这种潜能就会在几个月内慢慢消退。

3 岁前是开发婴幼儿运动潜能的敏感期。适宜的运动不但能强体健身，而且可以提高身体活动的准确性、灵活性和协调性。运动能力的高低，是衡量大脑成熟度的一个重要指标，宝宝期的健身运动，锻炼宝宝的胆量、毅力、自信、自控能力，对未来良好个性的形成会起到积极的作用。

运动，能使骨骼强健，肌肉发达，促进身体健康发育。运动，能加速血液循环，促进新陈代谢，为大脑提供高质量的营养，使头脑更灵活，从而促进智力的发育。对于这个年龄段的幼儿，步行训练、跳绳活动和学骑自行车、游泳和爬山都是适合的体育运动。

步行训练不可轻视

“走路”，对幼儿发育具有十分重要的意义，走路是典型的全身运动。走路的时候肌肉的运动，总是一张一弛，节奏感极强，能使幼儿的大脑活动顺畅。2～3 岁的宝宝，每天可做走路练习，开始时走 150～200 米，3 岁时能走 250～300 米。家长早上送宝宝入幼儿园时，可以早一些出门，让宝宝步行走到幼儿园。路上不让宝宝过分出汗，可根据气温增减衣服。

跳绳能健脑

跳绳是一项全身性的活动，训练宝宝手脚协调配合，可促进幼儿的协调性。同时，跳绳时呼吸加深，手握绳头不断地甩动，又会刺激拇指的穴位，对脑下垂体产生作用，进而增加脑细胞的活动，提高思维能力。脚，又是人体之根，六条经脉在这里交错汇集。跳绳可以促进血液循环，使人精神舒畅，行走有力，更主要的是可以起通经活络、健脑的作用。

骑自行车可提高反应的灵敏度

经常骑自行车，可以发展宝宝腿部和足部肌肉的力量，提高宝宝运动的速度、反应的灵敏度和平衡能力等。可以给 2 岁半的宝宝准备一辆三轮自行车，这种车的重心较低，不容易倾倒，幼儿很快就能掌握骑车的要点。宝宝一旦发现自己能很快掌握一门新技术，还会有助于增加自信心。

游泳、爬山是很好的体育项目

游泳可以增加肺活量，提高身体对外界环境的适应能力，增进对疾病的抵抗力。爬山可以锻炼宝宝的毅力，开阔宝宝的视野，使宝宝形成心胸开阔，乐观向上的性格。

走路和攀登运动

可以让宝宝在宽 20 厘米、长 2～2.5 米、高 30～35 厘米的斜坡上走。宝宝快到 3 岁时，宽度可缩小到 15 厘米。

在地板或地面上用粉笔画一条宽 30 厘米的直道，让宝宝双手平举前行。快到 3 岁时，可画成弯道，让宝宝顺着走。

让宝宝上下 20 厘米高的台子，接着可提高到 25 厘米。

在离地板或地面 20～30 厘米高处，立个横杆或拉根绳子，让宝宝迈过去，接着可提高到 30～35 厘米。

利用圆台架的两侧斜面，让宝宝抓住斜面扶手从一侧上去，再从另一侧下来。也可在院子里修个土堆，让宝宝上下跑动。

让宝宝学爬梯子或肋木攀登架，熟练后，可做铁栅栏游戏。

过了两岁半的宝宝，可练习用脚尖或脚后跟走路。为了使宝宝走路的姿势优美，可以训练让宝宝双手反剪在背后，挺着胸走。

投掷运动

在离宝宝 80～120 厘米处放一个高 40 厘米的小筐，让宝宝往里面抛球。

在离宝宝 80～120 厘米处，挂一个齐宝宝眼睛高的球网，让宝宝向网里投球。

快到 3 岁的宝宝，可以在地板上滚排球，让球从放在 2～3 米远处、间隔为 40 厘米的椅子中间滚过。

体育运动对幼儿健康成长发育是极重要的，要让宝宝从小热爱体育运动，必须让宝宝掌握更多的体育技能。身体状况、体育特长虽说与遗传因素有关，但如果不进行训练，宝宝的这种遗传的潜能也是开发不出来的。相反，不具备遗传优势的宝宝，如果在幼儿期得到适当的训练，往往会展示超水准的体育技能。

14. 幼儿的想象世界

无意想象占优势

幼儿想象还没有什么目的性，所想内容很简单，多半是在刺激物的影响下直接引起。想象的主题不固定。外界事物千变万化，直接影响到幼儿，幼儿也常常因为客观事物的变化而转移。因此，想象的主题也就忽而这样，忽而那样，很不稳定。比如，在角色游戏“宝宝医院”里，看到听诊器就是医生，看到注射器又成了护士。在“玩具工厂”里，当工人做玩具，但玩具做好后又不是工人了；做成照相机后，就当摄影师；做成长枪，就变成了战士。

宝宝的想象主题随时改变。年龄越小，变化越快。画个圆圈一会说是鸡蛋，一会儿又会成了苹果，再过一会还可能变成饼干……随着经验的丰富、语言的发展，内抑制力增强，想象的主题逐渐稳定下来，到六七岁时，一个角色游戏可以连续玩一周，一张主题画可以先想好了再动笔。

没有固定目的和预想

幼儿常常以想象过程为目的。在一个“玩具工厂”里可能看到：一群男孩用拼塑材料做玩具，问宝宝们在做什么，谁也不回答，只是一块接一块的往上安装。拼得很长，就挂在腰里，说是子弹袋。一会又拆开，变成一支长枪。玩积木，一个幼儿往高处堆，哗啦啦一声倒塌了，却并不着急，听到倒塌的响声也觉得很有趣。然后接着再搭，再倒。在宝宝们的想象过程中，非常快乐，然而这“快乐”，并不是事先预想到的。

想象受情绪和兴趣影响很大

男孩总是喜欢用木棍当长枪、当大马、火车……喜欢提枪带棒玩打仗游戏。女孩总是喜欢抱娃娃，当妈妈。兴趣不同，想象内容也不同。宝宝们看小人书时，很容易激动，看到画面上出现老狼叼走了小白兔时，会急得大声喊叫起来：“快打死老狼！”当看见坏蛋时，便气得要把坏蛋的头揪下来。

在想象中，总是喜欢快乐的情景。在幼儿那里，似乎不该发生忧愁和悲伤，只能允许出现好的、美的和愉快的事。到了幼儿后期，开始出现有意想象，减少了盲目性。喜欢大家商量，事先安排，不愿意随随便便、草草了事。

难辨真假

在幼儿的想象中，难辨真假，有时候会把想象当做现实，有时半真半假，想象与现实混淆在一起。比如，两三岁的宝宝玩娃娃，给娃娃喂饭，喂着喂着，就喂到自己的嘴里去了。宝宝

们在一起谈话也非常热闹，常常会把真真假假混在一起。不了解宝宝们想象特点的人，还会以为宝宝们在扯谎、吹牛、说大话，胡乱指责和训斥，会委屈了宝宝。

当然，幼儿的想象，多属再造想象，把现实中看来的东西，反映在自己的活动当中，如果宝宝看不到，就难以作出反应。

15. 挨打会产生心理偏差

爸爸妈妈打宝宝，往往是出于一时冲动，然而，却会对宝宝的心灵造成不可弥补的严重后果。常挨打的宝宝，会出现一些不良心态和心理偏差。

说谎

有的家长在发现宝宝做错事后，以打骂宝宝做为惩罚。宝宝为避免皮肉之苦，瞒得过就瞒，骗得过就骗，如果能骗过一次，就可减少一次“灾难”。可是宝宝说谎，往往站不住脚，容易被家长发现。一旦被发现后，为了惩罚宝宝说谎，家长态度更加强硬。为了逃避挨打，宝宝下一次做了错事更加恐慌，更有可能会说谎，构成恶性循环。

懦弱

如果宝宝经常挨家长的拳打脚踢，时间一久，宝宝一见到家长，就会感到害怕，不敢接近。因此，不管爸爸妈妈要求做什么，也不管爸爸妈妈的话是对是错，都只得乖乖服从。在这种不良的、绝对服从的环境下成长的宝宝，常常容易形成自卑、懦弱性格。这种宝宝往往会惟命是从，精神压抑，学习被动。

孤独

挨打的宝宝，常会感到孤独无援。尤其是爸爸妈妈当众打宝宝，会使宝宝的自尊心受到伤害，往往会怀疑自己的能力，会自感“低人一等”，显得比较压抑、沉默。因为被小朋友看不

早教启蒙小贴士

宝宝已经有了创造性想象

个别聪明的宝宝，非常富于想象，已经出现了创造性想象。例如，创作出在月牙上荡秋千的画。在宝宝们的绘画作品中，能看到坐在飞机上飞，在建筑游戏中看到能搬走大楼，在宝宝们的故事里，能听到对于未来的幻想。幼儿的想象萌芽，是培育各行各业科学人才的基础。

起而抬不起头。于是宝宝往往不愿意与家长交流，也不愿意和小朋友一起玩，性格上会显得孤僻。

固执

有的家长动辄打宝宝，损害宝宝的自尊心，使宝宝产生对立情绪、逆反心理。于是，有的宝宝会用故意捣乱来表示反抗，存心让家长生气。有的宝宝爸爸妈妈越打越不认错，犟劲越大，甚至会用离家出走、逃学来与家长对抗，变得越来越固执。

粗暴

由于宝宝模仿性很强，在家里挨了爸爸妈妈打，到外面就去打别的宝宝，尤其是比自己小的宝宝。爸爸妈妈打宝宝，实际上起了教自己的宝宝去打人的坏榜样作用。

怪僻

有的家长打了宝宝以后，还硬要宝宝“认错”，表示宝宝接受教训了。这样做，只能促使宝宝的排他倾向加剧。表面上看，宝宝似乎是依照家长的要求去做，实际上，抵触情绪很大。在被打之后，宝宝会不知所措、惶惶不安，久而久之会变得越来越怪僻。

喜怒无常

有的家长打过宝宝以后，又觉得心痛、后悔，即去抚慰宝宝挨打的痛处，甚至抱着宝宝痛哭，并加倍给宝宝以物质上的补偿。这种情况，开始宝宝会感到莫名其妙，时间一久会习以为常，慢慢也变得喜怒无常。

家长期望通过打来教育宝宝的做法，肯定是错误的。打骂，只会造成宝宝种种不良的心态和心理偏差，决不能获得教育宝宝的效果。

爸爸妈妈来互动

学习广交朋友

爸爸妈妈带宝宝到户外散步时，鼓励宝宝与别的小朋友交往，互换玩具，一起背儿歌。选择讲述小朋友团结友爱的故事给宝宝听，告诉宝宝和小朋友一起玩时，要做个好宝宝，不打人、不咬人、不哭闹。

16. 悉心调教“忌妒”的宝宝

宝宝的“妒忌”心理

不要以为“妒忌”心理只是成年人才有，是心胸狭窄的表现，宝宝其实也有“妒忌心”。尤其是在宝宝进入集体生活以后，老师的称赞和表扬，会引起宝宝在内心的不服和忌妒，如果不加以疏导，会引发宝宝之间的矛盾甚至敌意。

幼儿的妒忌心基本上还处于萌芽期。但有妒忌心的宝宝在集体生活中往往不受欢迎。一个人妒忌另一个人的时候，就不会对人友善、热情，两人的关系必然冷淡。宝宝妒忌的对象越多，关系冷淡的对象也就越多，给宝宝的社会交往能力的发展带来极大的障碍。因此，妒忌心是宝宝的人际智能发展道路上的一大障碍。

妒忌心强的宝宝会过分自信，甚至自大。但时间一长却会适得其反，容易产生自卑，甚至可能采取不当手段去伤害别的宝宝，使自己陷入更恶劣的处境。因为宝宝对自己和别人的认识过于主观和偏激，所以有妒忌心的宝宝在发展人格与智能方面会出现困难。

宝宝出现这种情况，不仅家长、老师着急担心，宝宝自己也难受。帮助宝宝克服妒忌心要加以正确疏导，提高宝宝自我认知能力，培养移情能力和努力奋斗的能力。

提高自我认知能力

帮助宝宝提高自我认知能力，是克服妒忌心理的基本途径之一。家长一旦发现宝宝忌妒心强就很生气，故意说：“××比你强多了，你应该向他学习。”这样做只能加深宝宝的妒忌心，使宝宝产生敌意。正确的做法，应该跟宝宝讲清楚，每个人都有长处和不足，如果家长平时就能做到这一点，就等于给宝宝的妒忌心理打了预防针。随着宝宝认知能力的发展，会逐渐懂得每个人的能力都有限，谁也不可能什么事情都比别人强。为人爸爸妈妈者，可以先拿自己做例子，然后再帮助宝宝认识自己，告诉宝宝自己既有许多优点，也有不如人的地方。这样做宝宝比较容易接受，克服妒忌心也能比较有效。如果能学会经常这样去想问题，宝宝的妒忌心理就会慢慢打消，变得能够客观地评价自我、评价别人。

培养移情能力

自我认知能力较强的宝宝，也比较容易培养移情能力。简单地说，所谓移情，就是能设身处地为别人着想。移情能力，是宝宝心理成熟的重要标志，而心理成熟的宝宝才具备自我排解妒忌心理的能力。

2岁的小甜甜，一个人看动画片，已经会被剧情感动得哭，说明宝宝已经会站在剧中人物的角度想问题。但看到妈妈抱别的小朋友，甜甜却妒忌的不得了，这说明宝宝的移情能力还比较弱。对此，家长不妨经常带上宝宝去有相仿年龄宝宝的朋友家做客。事先，告诉朋友，看到甜甜以后抱一抱她。回到家里，家长就可以问，“××的妈妈抱你，甜甜是不是也很开心？”让宝宝明白，别人的妈妈抱自己，是表示欢迎自己和妈妈，宝宝自己开心，宝宝的妈妈也开心。接下来进一步引导宝宝懂得，同样，别的宝宝到我们家做客，我们也应该让他们都开心。移情能力强的宝宝，在人际交往中，更受周围人的欢迎。

把妒忌心转化为努力

可以尝试着把宝宝的妒忌心理转化为竞争意识。先让宝宝明白自己落后的原因不在于别人，而在于自己。如果宝宝一时还无法接受，家长不妨先赞扬宝宝哪些方面做的好，在宝宝情绪平静后，再一起看看哪些方面没有做的很好，需要努力。此外，家长平时也要注意自己的言行，因为成年人自己不自觉流露的妒忌心，很容易感染宝宝。

多参加竞赛类游戏

可以鼓励宝宝多参加一些竞赛游戏，比如，飞行棋、国际象棋等棋类游戏。对于忌妒心强的宝宝来说，游戏的功能在于，能多一些体验成功与失败交织的矛盾感受。多经历一些这样的心理上的矛盾冲突，可以锻炼宝宝的心理自我调适机能。

开始，可以一边教宝宝学习游戏规则，一边和宝宝一起玩。然后，试着鼓励宝宝跟小朋友一起玩。宝宝赢了比赛，家长可以在和宝宝一起开心的时候，多问问宝宝，为什么会赢，人会一直赢吗？宝宝输了后，家长不要表现出很难过的样子，应该尽量平静，让宝宝明白，比赛中输赢都很正常。输了可以再赢，赢了也可能再输。

17. 感情脆弱的宝宝

了解宝宝的行为

有一些宝宝感情脆弱，遇到一点小事爱哭。听故事、看电视、听到或看到可怜的情节时，也是眼泪汪汪的。出门同小朋友玩耍，稍稍被人斥喝一下，就会哭着跑回家。

进幼儿园以后，幼儿园的老师教宝宝们用橡皮泥做泥娃娃时，别的宝宝做完了，宝宝若不赶快做，就会影响宝宝们的集体活动，老师着急地问：

“你怎么做得这么慢！”。换到别的宝宝至多扭捏一下，摇摇头而已。可是这种宝宝却会委屈的眼泪往下掉。

这样的宝宝不仅感情脆弱，而且感觉上也容易过敏。宝宝的嗅觉很灵，不爱闻煤油炉的味儿，不喜欢吃葱或葱味食品，不喜欢闻公共汽车上新涂的油漆味。坐公共汽车时间稍长一点就想吐。出门旅行时，要是听到别人发出呕吐声，这类宝宝常常会随声附和，也会作呕。这样敏感的宝宝，进幼儿园后连午睡都睡不好。

对待善感爱哭的宝宝，应当予以特别注意

决不可以视做劣等性格，妄加评论宝宝缺乏自尊心、心眼儿小等，最好不要给宝宝下结论。对待有这类性格倾向的宝宝，妄加评论往往会拔苗助长，强化宝宝的弱势，不利于宝宝健康成长。而多一点关照，多一点爱心，会让宝宝倍感温暖，培养自尊与自信。

社会当中的人们有各种各样的性情，也会有这种生性敏感的人。对待这类宝宝所具有的善感心灵，应当慎重。即使等到长大成年以后，也要继续加以保护。当然，也要加强锻炼。晕车的宝宝坐公共汽车，最好逐渐增加乘车里程。在托儿所内午睡时，让宝宝睡在最靠近老师的床位，让宝宝放心去睡。睡不着也不要训斥，可以启发宝宝想象一下童话故事中的情节。宝宝从外面哭着回来时，不要反复追问为什么，而是跟宝宝讲讲愉快的事。让宝宝感到，人生中不仅有伤感事，更有很多很多愉快的事。

18. 淘气的宝宝

好动、好奇、好模仿是幼儿的特点。随着年龄的增长，个性的形成，兴趣爱好的

早教启蒙小贴士

不要袒护也不要苛求宝宝

过分袒护宝宝固然不好，但为人爸爸妈妈、为人师长者，绝不能因为幼儿感情脆弱而责怪宝宝。人生并不是集体旅行，只要能健康成长，高高兴兴地生活下去就行。无论是坚强的人，还是感情脆弱的人，只要善于利用自己的天性，来共同组成多彩的社会，正是各种各样的天性，才使人性完美，使世界呈现多样化的美丽。

逐渐广泛，模仿力增强，宝宝探求尝试活动越来越多，以满足其身心发展的需要，是发展的自然规律。但由于认知能力不高，自我制约力不强，宝宝往往会做出令人哭笑不得、应接不暇的蠢事或恶作剧，在“淘气包”中尤以男孩居多。对待淘气的宝宝，可以借鉴下列方法：

转移注意力

东西，不管是有用还是无用，不管危险还是安全，拿来当做道具，兴趣十足地做游戏。在这种时候，如果强迫、威吓宝宝中止游戏是不明智的。可以利用幼儿注意力的自控能力较弱，稳定性差的特点，转移宝宝的注意力，随后把不可以玩的东西拿走，放到宝宝不易拿到的地方。

正视现实

宝宝的个性和兴趣由于年龄阶段不同，体现的程度也有差异。家里如果真有一个“小淘气”，家长要正视现实，理解宝宝的心情，走进宝宝的心里，与宝宝平等相处交朋友，及时发现宝宝的优点，给予肯定及表扬，使宝宝得到正面的强化教育，以利改正错误。如果仅仅对淘气的宝宝一味地责备、批评，会导致宝宝心理偏差，效果适得其反。

利用兴趣、爱好因势利导

宝宝精力旺盛、想象力丰富，加上好动、好奇的特性，是出现“淘气”现象的主要原因。可以根据宝宝的兴趣爱好，引导幼儿进行有益的活动。如宝宝爱玩打仗的游戏，可以讲一讲邱少云的故事，教育宝宝既要勇敢，又要守纪律。宝宝喜欢玩动手动脑的游戏，可以为宝宝准备一个玩具箱，放一些废旧的锁、手电筒、收音机等物品，给喜欢飞机的宝宝一架飞机模型专门拆、装，引导宝宝进行探索，培养兴趣。这些有益的活动，既丰富知识，又满足愿望，同时能帮助幼儿克服“淘气”。

19. 宝宝的特别行为

宝宝从出生起，就开始接受周围环境的复杂刺激，在家人的教育影响下逐渐形成自己的个性。受到良好的刺激，则形成优良的品德行为习惯，若接受到不良环境刺激和错误的影响，可能造成宝宝精神和心理上的种种问题，导致一些特别行为。

模仿脏话

有的宝宝还没学会说多少话，却一开口就是脏话、粗口，起初家人听了哈哈一笑认为好玩，等到宝宝开始学

习用语言进行交往时，讲脏话和粗口已经形成习惯，家长束手无策，难让宝宝改口。因此，要矫正宝宝说脏话和粗口，必须有一个文明的语言环境，以美的语言熏陶宝宝。在宝宝牙牙学舌之初，就要教会宝宝文明礼貌用语，结合适当的语言情境，反复多次地进行训练，给予正面强化。在宝宝语言成长发育的运用过程中，逐渐理解词义，培养文明友好的情感。经过正确的训练，让文明优美的语言在宝宝头脑里形成牢固的网络，指导良好的行为，才能说出话来动听，做事也招人喜欢。

攻击性行为

宝宝还不会走路，更不能跑，就会“打架”，一旦发生争端还很难劝解。

幼儿在发育过程中，随着手部的精细动作和大动作的发育，社会群态心理也不断增强，如果教育得法，宝宝会形成良好的群体心理，喜欢与同伴交往，设法用玩具吸引小朋友们，在共同的游戏中体验友好交往的乐趣，从而养成友爱行为习惯。

幼儿出现攻击性行为，大多数是模仿的结果。如果家长经常对宝宝进行体罚或变相体罚，或是大喊大叫、怒斥、打骂宝宝，宝宝也会不知不觉地学会动手动脚，对宝宝的惩罚成为幼儿攻击性行为的示范，作为一种模式映入宝宝大脑。婴幼儿时期受到严厉的惩罚，攻击性行为就更加强烈。到了两三岁时，一不称心就学会用语言攻击，向对方大喊大叫以示威胁，或用身体攻击，打骂小朋友。攻击性行为男孩动手动脚多一些，女孩口骂较多。

由此看来，防止幼儿攻击性行为，关键在于稳定宝宝的情绪，对不讲道理的幼儿，不可施加强制性手段，否则强制会激怒宝宝的情绪引起暴躁。而和蔼可亲的语言、抚爱的动作、慈祥的表情能给宝宝以安全感，稳定情绪，就能愉快地接受教育。用正面强化的方法来培养良好行为，乖僻行为很快就能矫正。

执拗和任性

有些宝宝常会因为某种需要稍不满足，就大哭大闹、满地打滚，一闹好半天，闹得妈妈不知所措，爸爸怒不可遏而无可奈何。

这类行为的宝宝多表现为神经质，源于教育方法不当，过分溺爱，从小事事得到满足，样样符合心愿，家人对宝宝百依百顺，造成宝宝过分执拗，易激怒，不能适应外界条件变化，缺乏自我克制能力和意志。每当自己的要求得不到满足，就会大发威风，往往会因为妈妈忍耐不住而顺从宝宝，会让宝宝更加得意，加倍“霸道”。因此，对于宝宝的无理要求，要耐心诱导，适当采取注意力转移法，让宝宝移开不适当的要求。如果闹得太凶，可以暂时不予理睬，让宝宝感到无聊，自己就会不再闹。每次大闹以后，不要重提闹的事，而以正确的行为引导，逐渐让宝宝形成良好习惯。

总之，用耐心、和缓的正面教育，可能会有效地矫正各种不良行为。

20. 幼儿"性早熟"问题

存在的现象

近年来，随着人们生活水平的提高、幼儿营养状况的改变和一些其他因素，宝宝甚至低龄幼儿发生性早熟情况常有发生，在3岁以上到少儿期的宝宝中更较为常见，甚至成为仅次于肥胖症的儿科病症。普遍存在的幼儿性早熟现象，引起众多育儿家庭的不安。

从心理角度讲，发生性早熟现象的宝宝，会因为身体出现的陡然变化，产生巨大的心理压力。早熟的身体，会使宝宝与同龄人形成强烈的反差，并会遭受同伴的嘲笑，很容易让宝宝由此产生自卑的情绪，做出超乎年龄的行为。

从生理学角度看，性早熟会促使骨骼加速发育。尽管一般性早熟的宝宝早期身高都较高，会比同龄、同性别宝宝高一些，但是宝宝骨骼提前闭合，滞长期提前，大部分宝宝成年后身材会比较矮小。

性早熟的起因

❶ **"长"出来的性早熟：**一名2岁男孩，自出生后生长发育异常增快，6个月时面部已现痤疮，声音变粗，睾丸及阴茎增大，易勃起，宝宝脾气较暴躁，到医院后诊断为下丘脑错构瘤。婴幼儿期，特别是3岁以下宝宝的性早熟现象发生，患下丘脑错构瘤的比例很高，应当引起家长们的高度警惕，一旦发现宝宝有类似早熟迹象，应当到医院检查排除这种病的可能性。

❷ **"喂"出来的性早熟：**一名11个月的还没有断奶女宝宝，乳房已发育，外阴颜色变深。妈妈带着宝宝看门诊，医生查诊病因起于食入激素导致。原来是因为妈妈长期使用丰乳霜，丰乳霜中的激素在人体内积蓄，通过乳汁，在喂奶时传给了宝宝，导致宝宝性早熟。

❸ **"吃"出来的性早熟：**一名女孩偶尔在家拿了一粒避孕药吃，就喜欢上了这个有点像糖的东西，趁家人没发现还偷偷拿出去和小伙伴分着吃。没过多久宝宝直喊乳房胀痛，发现乳晕明显增大。去医院后才知道是性早熟，一起吃过避孕药的宝宝也出现了性早熟的现象。

❹ **“补”出来的性早熟：** 宝宝因为生病住院，外婆听人说蜂王浆可以强壮体格、增加抵抗力，于是把别人送给自己的蜂王浆拿来给宝宝服用。吃了蜂王浆后宝宝食欲大开，身体也长高了，但同时有了明显的性早熟现象，这是因为“进补”结果。

❺ **“激”出来的性早熟：** 爸爸妈妈溺爱宝宝，各种提早上市的水果经常大袋拎回家，只要宝宝爱吃，就尽量满足。然而，早熟水果大多是经过一些含有激素类药物催熟，常食用会导致宝宝发育异常。

❻ **“胖”出来的性早熟：** 缺少运动导致幼儿肥胖，身体过量的脂肪和蛋白质会促使下丘脑——垂体——性腺轴提前启动，刺激生长激素的分泌，而运动则可以消耗体内多余脂肪、蛋白质。但城市宝宝家中玩具成堆，即使不出门，也照样可以享受游戏的无穷乐趣。吃得好却消耗少，多余的能量就只能积蓄体内形成脂肪。而肥胖儿的性早熟比例，比正常宝宝要高出许多。

当然，宝宝出现性早熟症状，还与遗传和其他器质性因素有关。

性早熟症候

细心爸爸妈妈们只要仔细入微地检查，如果发现女孩有以下情况出现就要注意：乳房疼痛，触摸有核状物；乳房外观有隆起现象，或乳头突出，色泽有变；长出阴毛；阴道出现少量分泌物；宝宝身高增长加速。

如果发现男孩有以下情况出现，就要留意性早熟：阴茎增长；睾丸增大；有频繁阴茎勃起现象；宝宝身高增长速度加快。

建议爸爸妈妈可以常常与宝宝一起洗澡，这样，不但可以在很自然的情况下了解宝宝的成长状态，随时观察宝宝发育的情况，同时也可以促进亲子交流。

怎样预防性早熟

幼儿性早熟现象固然会令爸爸妈妈烦恼，可是如果及时加以防治的话，是可以避免的。

❶ 由于宝宝、青少年处在生长发育的重要阶段，要十分注意饮食营养，每天要均衡摄入足够的蛋白质、碳水化合物、脂肪、维生素等，以保证身体增长需要。宝宝不宜药物进补，人参、蜂王浆等滋补品不宜在宝宝期服用。应当引起溺爱宝宝的爸爸妈妈和祖父母的重视。

❷ 教育宝宝不要随便服药。临床发现很多假性性早熟的宝宝，是因误服避孕药而引起的。因此一方面家里的避孕药要妥善保管，杜绝宝宝误服的可能；另一方面，要教育宝宝不能

随便乱服药。

❸ 注意宝宝的生长发育。很多性早熟宝宝，是在洗澡时被发现有异常体征，如乳头色素加深、隆起，出现短小的阴毛等，也有一些发现较晚。有的宝宝往往不是与爸爸妈妈生活在一起，而是由祖父母、外祖父母或找人带养。因此，爸爸妈妈要加倍关心宝宝生长发育的情况，可以通过给宝宝洗澡观察体征，及时发现宝宝的性发育是否异常。

❹ 消除心理顾虑。爸爸妈妈应当懂得一些医学知识，了解宝宝的性早熟不过是生理性发育提前而已，不必惊慌。并且可以把这些知识和道理告诉宝宝，解除宝宝的思想顾虑，减轻思想负担，不必害羞，更不要让宝宝有自卑感。还要教会女孩注意月经期的生理卫生，懂得乳房、生殖器等部位的自我保护。

❺ 药物治疗。已经发生性早熟的宝宝，可以在医生指导下，服用孕激素类药物，如黄体酮、炔诺酮、氯地孕酮等，也可注射甲孕酮。服药目的在于抑制下丘脑－垂体分泌促性腺激素，以停止第二性征发育和月经来潮；预防宝宝的骨骼因过早闭合而导致身材矮小。少数由于肾上腺或甲状腺疾患引发性早熟的宝宝，可以进行相应的激素治疗。如果宝宝的性早熟是由于肿瘤引起，一旦明确诊断，即应尽早进行手术切除。

❻ “晨勃”现象不是性早熟

有一些家长发现，每天早晨醒来后男宝宝阴茎经常勃起，而排完小便后，阴茎便自然松软下来，这是否属于性早熟呢？

“晨勃”即“清晨勃起”现象，是男性的一种正常生理反应，是由于早晨清醒前，膀胱充满尿液，膀胱内压力增加而产生刺激，导致阴茎发生了一种潜意识的反射性勃起，它属于内脏器官反射作用引发的阴茎勃起。有不少男孩早晨醒来，会出现阴茎勃起；有的宝宝甚至会在睡眠状态下出现阴茎勃起，而宝宝自身却不知觉。如果把这种现象当成宝宝性早熟是错误的。

当然，性早熟现象也可能会引起阴茎勃起，这要受意识支配，要通过本

人的性幻想才会发生。男孩如果在睡觉起床后排完尿，勃起的阴茎便松软下来，显然是属于膀胱充盈而引起的勃起，并不属于性早熟，无须担心。

21.“性好奇”应对

宝宝的现象

宝宝从出生起，就对“性”产生自然的好奇，是正常的现象。

应该明白，宝宝对异性的兴趣大多停留男女形体区别、生殖器结构的解剖和行为规范等方面的不同上。与其说宝宝是对异性的兴趣，倒不如说是对异性的好奇心。然而，多数家长只教给宝宝们认识全身其他器官的名称，如耳、眼、鼻等，对性器官却闭口不谈，对男孩的生殖器仅用一个代名词如“小雀雀”，对女孩则不知讲什么好。这样，会使宝宝们对性器官感到神秘莫测。宝宝偶然向爸爸妈妈提到这些问题，会遭到阻止，或避而不谈，或哄骗甚至恐吓宝宝，反而会让宝宝们胡思乱想。

宝宝对异性的兴趣，还表现在性游戏上。在幼儿园或者在家庭中，一些幼儿结伴玩游戏时会做“过家家”的游戏，男孩当爸爸，女孩做妈妈，在性别角色上一般不会发生错位。宝宝们还会模仿影视中的镜头或爸爸妈妈的亲昵情况，互相拥抱接吻；会怀抱洋娃娃喂奶，还会合睡盖一条被子；也有的宝宝会相互观察各自的生殖器等。

宝宝的性游戏是好奇心的表现，并非带有真正的性色彩。老师、家长看到类似情形时，往往会阻止责骂，有的还会因此阻止宝宝与异性小朋友一起玩。这样做反倒容易导致宝宝的性压抑，使宝宝误以为性器官是见不得人的东西，一切与之有关的行为都要受到惩罚，以至于不能以自然的态度与异性接触。

现代的宝宝大都为独生子女，宝宝与异性朋友接触的机会与时间本来就比过去少，所以更要引起家长的重视。

正确的做法

让宝宝既与同性小朋友一起玩，也和异性的小朋友一起玩。特别在幼儿园里，不要形成男孩和女孩分开的风气，更不要见到一个男孩和一个女孩一起玩就嘲笑。在幼儿园里也不宜把男孩女孩洗澡时分开，可以让宝宝看到异性的裸体。如果女孩指着男孩的生殖器官问这是什么东西，为什么自己没有时，应当坦然告诉宝宝：这是男女性别不同的标志，女孩的生殖器是平坦的，男孩的生殖器像“小鸡鸡”一样。这样做满足了宝宝的好奇心，宝宝也就会不以为然、不以为耻。

发现宝宝们玩起不适当的性游戏时，爸爸妈妈和老师应巧妙地用玩具、讲故事或诱导宝宝玩别的游戏等方法，把宝宝的好奇心和注意力吸引到别的方面去。

总之，宝宝对身体认识的自然态度，对与异性接触的自然态度，都有益于宝宝形成健康的性心理，有助于减少宝宝在成年后出现这样那样的性问题。

22. 幼儿性游戏应对

宝宝奇怪的行为

相邻的同单元楼内，住着年龄相近的男女两个小玩伴，两个宝宝经常在一起玩过家家、扮医生和病人，双方家长看着这一对可爱的宝宝如此亲密，都为宝宝的童年有个小伙伴而高兴。有一天却突然发现，两个宝宝脱光了衣服，在一起学电视里的性爱场面，宝宝的妈妈大吃一惊，赶紧呵斥住宝宝，自己非常尴尬，不知道怎么跟宝宝解释，怎么和另一位妈妈沟通。

遇到这种“羞人”的事，家长常常过分地想象夸大宝宝的行为，害怕将来会养出“色情狂”，也弄不明白宝宝究竟怎么回事。

其实，这只是宝宝对异性产生的好奇心和正常探究行为。人们知道，从一出生开始，宝宝就喜欢观察自己的身体，到了幼儿期的宝宝们更爱互相探究对方的身体，这种渴望很难抑制。人体构造的不同，会使宝宝迷惑，也让宝宝们一次又一次地探究，查看自己天生的“装备”，甚至会模仿着从影视中看来的行为，来尝试和探索，满足好奇心。

当一个两三岁的小女孩看见男孩站着小便时，会感到很奇怪，认为自己的身体构造也应该和小朋友一样才对。在幼儿园，宝宝们共用一个厕所，因此而直接地满足了好奇心。进入小学后，宝宝可能看够了，对那些普遍的差异已经不感兴趣，好奇心会更进一步，想实地探查、试验。宝宝真正的需要不是观看或触摸所能满足的，这种需求迫切、持久，而且坚持付诸实

早教启蒙小贴士

正确对待宝宝之间的性游戏

要正确对待宝宝之间的性游戏，不要因为自己大惊小怪或闪烁其辞的态度和对待宝宝的方法上的失误，让宝宝形成性肮脏、性可耻、性下流的错误观念，会影响到宝宝青春期的性意识，乃至一生的幸福。

行的欲望，表示宝宝有了忧虑和恐惧，最需要的是帮助。

正确的引导

家长应该怎样帮助宝宝来认识性别问题，这是当今家庭中普遍讳莫如深的话题。即使很开通的爸爸妈妈，也很难泰然地处理这种事情。家长可能会忍耐着不责罚、也不羞辱宝宝，但是对宝宝在异性小朋友之间的探究行为，却不知道如何应对，甚至会迟疑不决，担心干预宝宝们这种亲密行为后，是否会影响宝宝未来的性生活。类似的担心是很有必要的，因为孩提时的一件事，有可能影响宝宝一生，宝宝长大成人后，内心深处也一直难以排遣童年时期的阴影。

发现幼儿的性游戏，家长的态度必须温柔、和蔼，但立场要坚定不移。不要去问宝宝：“你们在干什么?”，因为如果宝宝照实说出来，反会令家长难以下台。但也不要对宝宝羞辱或申斥，更不应该找托词或借口如：“光着身子在冷风里走，不冷吗?”

正确的做法，是家长应该告诉宝宝：“穿上衣服，找一点别的东西玩。”等小客人离去后，立刻和宝宝就这件事公开、坦白地讨论一下，不要恐吓，也不必说教。应该用简单明白的语言对宝宝说：“你和小朋友这样做是不好的，如果对男孩的身体有疑问，我可以告诉你，但是不可以再这样做。”

爸爸妈妈这种“坚定不加责难”的态度，可以阻止宝宝性试验的欲望，却丝毫不会损失宝宝对性和爱的兴趣。此外，家长平时应注意检查一下自己的行为，是否有过不避宝宝的时候，曾给宝宝造成不好的影响。

宝宝出生后，从第一任老师爸爸妈妈身上开始性别角色的学习。彼此相亲相爱，互相分担忧愁，共同分享快乐，这样的爸爸妈妈形象，被宝宝模仿、学习，会形成日后对异性态度的基础。

几年之后，宝宝进入幼儿园，在老师的指导下从观察公鸡、母鸡、小鸡的生存状态中，认识了什么是家庭；又从上厕所、洗澡的习惯训练中接触到“性”。幼儿逐渐有了对同性、异性的粗浅认识。

上了小学，宝宝们面对又一个转折。自然地在一起学习、游戏，彼此尊重，彼此了解，男孩女孩都需要上好这一课。

与异性交往，是一个需要宝宝们学习一生的重大课题。学着表现社会和道德接受的态度、行为，学着做一个合适的男人、女人，学着去爱、去尊敬、去对他人负责，学着作出决定，是有关“性话题”这一个人人必须面对基础问题的根本内容。

第二节 2岁1~3个月的宝宝

一、亲子互动——与宝宝玩小游戏

以下小游戏有助于帮助和宝宝沟通、交流，不妨抽出一个小时来试一试和宝宝一起做。

打电话游戏

意义：打电话是日常生活中与人交流获取信息的方式之一。除了教会宝宝使用电话外，文明用语的传授是十分重要的。学会通过电话与人交流，是个人教养的重要一环。

方法：先向宝宝介绍电话机的用途；教会宝宝怎样拨号、听声、问话、答话以及对拨号音、忙音等提示音的识别；与宝宝一起模拟打电话。在这个过程中向宝宝传授电话用语，如：您好，请问××在吗？您好，请问找哪位？他不在，需要我为您转告吗？对不起，您打错了等。爸爸妈妈可以带上手机去另一个房间，让宝宝试着打电话和接电话。学得熟练以后，可以给爷爷、奶奶或外公、外婆打电话，让宝宝体验一下打电话的实际操作过程。

这个游戏可根据宝宝的年龄、能力分几个阶段进行。开始仅在爸爸妈妈的对打电话中，让宝宝参与，讲几句话。然后模拟着玩一玩，再正式打，巩固提高宝宝的技能技巧。如果接受能力强的话，可以教宝宝给亲戚或者小朋友打电话。继而学会在紧急情况下如何打爸爸妈妈的手机、如何向“110”报警等。

洗衣服游戏

在游戏过程中，宝宝可以学会归类，掌握生活小常识、使用洗衣机的方法，了解

衣服的原料、干湿的区别，同时也了解爸爸妈妈做家务的辛苦，增进爸爸妈妈与宝宝的沟通。做这个家庭游戏前，要准备好脏衣服、洗衣机、洗衣粉、晾晒衣物的工具等。

方法：和宝宝一起在家庭中寻找脏衣服；分开深色和浅色的衣服，以免染花；数一数衣服有几件，说一说衣物的名称；倒上洗衣粉，接通电源，开启水龙头，启动洗衣机；仔细听洗衣和脱水的不同声音，计算时间，想想等待洗衣结束时可以再干些什么；取出洗干净的衣服，找寻合适的衣架来晾晒；晾晒干后，分清各家庭成员的衣服，再把衣、裤等分类，折叠。

在游戏时遇到宝宝没有弄懂的环节时，可以停下来重复，尽量让宝宝自己动手，家长只需讲解，稍做示范。

逛超市游戏

让宝宝熟悉买卖东西的过程，观察周围人的言行举止，知道在公共场所不能大声喧哗，买东西要排队等社会文明常识，培养节约、科学的消费观念。去超市购物时带上宝宝，但要记住重点是和宝宝做游戏！

方法：先让宝宝观察超市货架上的各种食物以及其他物品。随着宝宝注意力变化，不断地告诉宝宝它们叫什么，引导宝宝多看一看不同种类的食品，如蔬菜水果类、糕点面包类、肉类、饮料类、糖果类、炒货类、调味类等。问一问宝宝：“那是什么？”看宝宝能够知道多少种不同食物的名称，能否从食物标签图形中辨认出食物来。

然后，告诉宝宝今天的购买额度是多少，让宝宝自行选择有用的物品，不用太多限制；根据金额多少，让宝宝最终定下要买的东西，让宝宝自己带着钱去收银台交钱，可以跟在身后帮助，但不要包办。

回家后，让宝宝分门别类把买回来的东西放好；如果宝宝有兴趣，可以在家中模拟超市里的买卖行为，帮助宝宝形成消费的概念。

小小鼓乐队

发展幼儿的能力，可以刺激听觉的发展，培养节奏感；激发好奇心和探索精神；练习手眼协调，促进精细动作的发展。

方法：准备不同质地的塑料碗、不锈钢碗、木碗等，再准备一把木勺或不锈钢勺子，放上一段欢快的曲子，让宝宝配合音乐在碗沿上敲击。妈妈也可以加入到宝宝的游戏当中，更能激发宝宝的游戏兴趣。还可以抱起宝宝，让宝宝拿着勺子敲一敲其他地方，看看有什么样的效果。

注意事项：游戏过程中要帮助宝宝

控制情绪，不要敲伤自己；要教宝宝不能敲打电视机、电脑、音响等电器类家具。

做游戏只是一种形式，在日常生活中注意宝宝思想品质的培养十分重要。尤其是都市的独生子女，与同龄人交流少，得到爸爸妈妈的关注较多，容易形成以自我为中心、骄横任性等缺点。防微杜渐，是家长的责任。而多陪着宝宝做一做游戏，把生活中一些日常事务变成有趣的游戏来做，既能增强亲子情感，又能培育宝宝的能力。

二、启智与能力训练

1. 劳动能力——幼儿参与劳动

幼儿参加劳动如同做游戏一样

一般说来，幼儿非常喜欢劳动，越是不会干的事，越想要去做，宝宝们看到成年人劳动，总是要挤上去帮忙“凑热闹”。如果遭到制止，宝宝会在家长不在家时，乘机表现自己。宝宝们对劳动有一种特殊的兴趣，甚至在不高兴、哭闹时，如果听到家长让帮忙干活儿，马上就会高兴起来。

2 岁左右的宝宝喜欢模仿成年人做事，女孩儿喜欢模仿妈妈做家务，男孩喜欢模仿爸爸做繁重的劳动。在幼儿园里，宝宝们最喜欢帮老师的忙，把能够帮老师拿一拿东西当成最骄傲的事，没有不爱做事的。

劳动可以满足幼儿好奇、好问的求知欲望，满足宝宝爱模仿的需求。在劳动过程中，能增强宝宝幼小心灵向大自然探索的热情，满足其喜欢操作工具的愿望。在劳动中，各种感知能力、语言和思维能力都得到快速发展。因此，劳动活动也是幼儿心理发展的重要途径。

劳动与游戏分不开

幼儿把劳动当成游戏，游戏中有劳动。当妈妈的角色会做得很认真，做饭、收拾屋子、抱宝宝；当医生的角色会做得很严肃，打针、取药、量体温；模仿服务员端茶送饭、模仿公共汽车司机或售票员、模仿警察指挥交通等，样样都当真。但真的一旦要宝宝参与劳动，便会和游戏掺杂在一起，干起来总是会玩一玩，闹一闹，把劳动当成游戏。比如洗手时，会把水龙头打开，两只小手用劲堵水，放起水花来，还会把肥皂搓成泡泡，甩到空中。学着洗洗小手绢，手绢会变成玩具船在水盆里玩个够。劳动工具仿变成了玩具，宝宝的兴趣不是劳动，而是满足心理需求，宝宝会为此感到无比快乐。

以劳动过程为乐趣

幼儿劳动，既无经验，又缺少劳动技能。宝宝体验的是劳动的过程。在劳动过程中，使用工具，运用双手，有复杂的动作，这样一动，出现这种现象，那么一动，又会出现新的现象，让宝宝感到有趣的，是不断变化的事物。宝宝们按照自己的兴趣和爱好，来安排自己的行动，不考虑劳动任务的需要，所以说，幼儿的“劳动”经常会给家长惹麻烦，或闯下祸事，常常会惹得家长十分恼火。

劳动缺乏坚持性

劳动总要付出力量，需要耐力来克服各种困难，才能收到应有的效果。可是，幼儿们对抽象的劳动意义还不能理解，为某种效果而做出努力的目的性不可能明确。因此，不感兴趣就会停止活动，不会干就不干了，遇到困难需要耐力时，就会不想坚持下去。由于幼儿体力、体格都还没有克服更多困难的实力，所以幼儿的劳动内容，只能是力所能及的简单劳动，自我服务，或者有明显效果的劳动。只有适量、力所能及，才便于培养宝宝们的劳动兴趣和劳动技能。

2. 自立能力——如厕训练

宝宝需要学会使用便盆了

让宝宝学会去卫生间或使用便盆，是家长普遍面临的难题之一。

一般家长都知道，培养2岁的宝宝学会使用便盆或卫生间的整个过程：从给宝宝换尿不湿到教幼儿和学龄前宝宝使用卫生间，这本应当是一个积极的过程。但学习上卫生间却往往成了家长和宝宝之间不可避免的矛盾根源。宝宝独立自主的控制排泄能力，却是幼儿成长发育过程当中，一个成熟和成长的重要标志。

什么时候宝宝适合进行如厕训练

实际上，坐马桶、学习大小便，宝宝的年龄并不是关键，而是要看生理与心理方面的成熟与发展情况。

❶ 生理方面的条件。宝宝是否能够顺利地学会如厕，生理方面的成熟是最基础的条件，一般包含以下要素：

宝宝可以灵活地运用双脚走路，能够蹲与坐，并且可以自己安静地玩一段时间玩具，这表示宝宝的肌肉与神经系统已经发展到能够控制自己大小便的程度。

直肠括约肌发育比较完全。

膀胱控制能力有所增加，能够隔30分钟才需要排尿。

这些生理方面的要素具备后，一般而言3岁左右的宝宝就能够自己上厕所，如果这时宝宝仍然不愿意坐在马桶上排便，就有可能是心理方面有问题。

❷ 心理方面的条件。心理方面的条件包括认知能力的成熟度和情绪的因素。认知能力的发展与成熟，主要是指宝宝必须对一些简单的语句与词汇有一定的认知能力，自己能用语言或声音与爸爸妈妈进行交流与沟通，能够听懂爸爸妈妈的指令。

情绪因素，则是指宝宝对周围环境有基本的信任感，能够配合爸爸妈妈的指导来学习控制排便。此外，良好的亲子关系，可以让宝宝的情绪保持稳定，有利于如厕过程的进行。

如果心理方面出了问题，尤其是情绪方面，可以采取以下措施：

早教启蒙小贴士

爸爸妈妈要有耐心、多赞美

对幼儿来说，成功地学会如厕，是一项很重要的成就。爸爸妈妈的耐心和赞美，对于宝宝健康的情绪和身体的发育，是非常重要的组成部分。由于每个宝宝准备作出这种自我控制能力的飞跃性成功时，都会个别地发出信号。而爸爸妈妈及时的赞赏、恰当的期望和一贯的支持，更容易训练宝宝自主控制排泄能力，也是最可靠的成功办法。

运用选择性语句培养宝宝的自主能力。宝宝3岁时，正值发展“自主性”能力的阶段，有时会以不上厕所为借口来表示自己的独立与反抗意识，这时家长就不要强迫宝宝，以免造成亲子间的冲突，可以多用一些选择性语句，如“你要现在上厕所呢？还是玩一会儿再去呢？”让宝宝自己选择，可以培养宝宝的自主能力。

端正自身的态度。如果家长在为宝宝清理大小便时，流露出厌恶的表情或反感的态度，宝宝会认为家长不高兴而害怕上厕所。所以，要为宝宝上厕所营造出安全、信任的氛围，应该和颜悦色地陪在旁边，和宝宝聊天、唱歌或者讲故事，引导宝宝以快乐的心情完成排便过程。

纠正宝宝某些错误观念。有些宝宝认为排泄物是自己身体的一部分，不愿意排出去，当然会不想上厕所，可以采取变通的办法，如在厕所地板上铺些报纸，等宝宝上厕所时，告诉宝宝可以直接蹲在报纸上，然后和宝宝一起阅读有关于上厕所的图画书，帮助宝宝改变原有的不正确的想法，让宝宝逐步学会坐马桶。

3. 美术教育——指导宝宝学画画

宝宝学习画画的准备工作

2~3岁的宝宝喜欢乱涂乱画，但宝宝的画往往带有很大的随意性，画出来的东西只可能是象征性的。有时成年人根本看不懂，通常要宝宝用语言和动作来补充说明绘画的内容。那么，应该如何指导2~3岁的宝宝学画呢？

❶ 应该为宝宝提供纸张、笔等绘画材料。笔最好是蜡笔或油画棒，教会宝宝认识和逐步学会使用这些材料。

❷ 可以用游戏的形式教宝宝画点、画线、画圆圈，例如：下雨了，让宝宝画线条、画点；又如：点蚊香、绕毛线球时，教宝宝顺着一个方向画螺旋线，锻炼宝宝的手腕肌肉。

❸ 在宝宝掌握了线、圆圈、点的画法的基础上，应当启发宝宝观察个别简单的物体，逐渐训练宝宝能画出象征性的图形，用来表示一定的物体形象。由于宝宝比较容易掌握画圆形，一般指导画简单的物体时，应该从圆形开始，如画苹果、糖葫芦等。再逐步过渡到正方形、长方形，例如画手帕、窗户等。

❹ 有意识地在日常生活中引起宝宝对物体色彩的注意，培养宝宝对颜色的兴趣，逐步认识3~6种颜色：红、绿、蓝、黄、黑和褐色，并使用不同颜色的蜡笔绘画。

❺ 宝宝刚开始学画画时，一般都不敢大胆画。画的线条一般都很轻、弯弯曲曲，要鼓励宝宝大胆地画，尽量画大一些，最好每次都把纸画满。

宝宝自己的画画世界

绘画是宝宝最喜欢的艺术活动，是培养幼儿观察力、想象力和动手能力的良好途径。然而一般幼儿美术教育却过多地在“术”字上下工夫，习惯用“标准手法”来束缚宝宝，忽略了幼儿绘画作品中应有的创造力与鲜活的生命力。

幼儿的绘画，基于宝宝童真的视角，往往喜欢把无生命的东西画成有生命的东西，把静止的东西画成运动的东西，把毫不相干的东西混为一体，这种不受约束的表达，是宝宝所特有的，也是最为宝贵的东西，有利于想象力和创作能力的发挥。

4. 社交能力——宝宝的交友

宝宝的交友能力可以培养

有一位妈妈说：“宝宝 2 岁的时候，有了交友的欲望。听到小朋友从楼道里走过，禁不住要开门看看。每次从幼儿园回来，总是恋恋不舍。因为不够勇敢，交友愿望总难满足。妈妈曾经请一些小朋友到家里，结果几个宝宝又哭又闹，效果不佳。”

其实，宝宝与小朋友和睦相处、与别的宝宝交朋友是一种能力，需要培养。宝宝 2 岁时，可以开始培养宝宝交朋友的能力。

对待这种需求，可以在游戏中教会宝宝学习与人沟通的能力。通过做游戏，宝宝能够学会与他人分享快乐，遵守游戏规则。会懂得要轮流来玩，通常情况下，也会礼貌地对待游戏伙伴。试一试通过活动培养宝宝的能力。

❶ 跟我做：在这个游戏中，爸爸妈妈可以组织同龄的宝宝跟随自己一起来做各种各样的动作，这些动作可以自由命名，并且由家长来表演，越滑稽越好。为了增加一些趣味，家长可以在整个过程中设置一些简单的障碍，领着宝宝们爬过障碍，穿过用纸箱做的隧道，或者绕着椅子一圈又一圈地走。

❷ 画大幅的图画：鼓励两个或更多的宝宝一起画画，可以用粉笔在人行道上画，或者在家里用蜡笔在一张纸上涂涂画画。

❸ 跳舞：放一些音乐，进入角色，看着自己的宝宝和小朋友一起投入地舞蹈。

❹ 老鹰捉小鸡：这种很古老的游戏，不仅能增强宝宝们的协调能力，还能培养宝

宝们的团队精神。

培养宝宝与人交往的能力，还需要注意的问题

❶ **排除压力：**当宝宝的注意力集中在回应成年人的问题时，宝宝们的窘态和不自然感觉会急剧加强。家长不应该在这时候才教育宝宝要懂礼貌，应当提前教会宝宝怎么做，比如见了长辈要问好。

❷ **参与其中：**通过和别的宝宝一起参与社会活动，来帮助自己的宝宝交朋友。可以约别的宝宝到院子里，发起一支侦察队做游戏，还可以让宝宝和小朋友一起过家家或参加邻里活动。

❸ **评价幼儿园的环境：**选择幼儿园时，尽量评价一下幼儿园的社会环境。这里的行为规范有哪些？是否对所有的宝宝都是友好而乐于接受的环境？是否鼓励宝宝们相互合作？

❹ **做宝宝的榜样：**家长未必能比自己的宝宝做得更多、更好，但如果回避一些社会问题，或者在处理人际关系方面表现出某些倾向，都会极大程度地影响宝宝。

❺ **忌讳给宝宝定性：**当宝宝交友遇到困难时，不要轻易给宝宝定性，也不允许任何人轻易给自己的宝宝定性。社会技能，应当被描绘为某些人们在努力学习的东西，任何宝宝的社会特性都不应该被描绘成固定的模式。比如说一个宝宝的害羞、迟钝或者好斗等暂时的表现，宝宝正处在性格的形成与培养时期，成年人的任何定性的描述，往往会逐渐成为固定的行为，可能会成为宝宝永久的性格。

❻ **和小一点的宝宝玩：**可以让宝宝与年龄更小的宝宝建立友谊，有机会要让宝宝和年纪更小并且钦佩宝宝的小宝宝交往，锻炼宝宝的领导能力和社会技能，这有助于宝宝获得与同龄人相同水平的社会参与能力。

爸爸妈妈来互动

父子对弈

爸爸教宝宝下象棋、连珠五子棋、围棋。街头疯跑的小家伙通过爸爸的诱导，变成了有章有法的棋迷，不仅转移注意力、提高了智慧，更重要的是懂得了“耐心、细致、等待、全局”等等。对于精力旺盛的宝宝，不妨抽一点时间，和小家伙一起来学一学各种棋类游戏。转移和升华的是过剩的精力，培养的是智慧与耐心，收获的是亲情——何乐而不为呢？

5. 学习能力——学习计算和理解

宝宝学计算

学习计算的意义在于锻炼宝宝的思维，培养宝宝的能力。所以，教宝宝识数、计数不在于多，而在于理解和运用。有些家长以为教得越多越好，把数学当成一种死的知识来教，让宝宝数一百以内的数、背口诀、做加减法。由于宝宝模仿性强，机械记忆的能力好，所以，在家长的指导下不断重复模仿，也可以记住数，记住几加几等于几。但宝宝并不真正理解数和数之间的关系，不是用脑子算出来的，而是背出来的。不信的话，可以试一试，有的宝宝可以背数字背到几十，却不会从一堆扣子里拿出6个扣子。有的宝宝能计算十以内的加法，却分不清6和9哪个大、哪个小。

这种死记硬背的学数学的方法，不仅仅是让宝宝学到了死板的知识，而且还会造成宝宝思维呆滞、不灵活，缺乏举一反三的能力和创新精神，影响到宝宝的智力发展。

例如：在一次幼儿智力竞赛中，要求小选手做出“15＋18=?”这么一道题，有几个宝宝算对了，但在问到怎么算出来的时候，宝宝之间有明显的差异。一个宝宝说，自己是把18变成13和5，用5加上15等于20，再加上13等于33，这个宝宝纯粹是用数的概念在脑子里分析运算。

另一个宝宝说，自己先在纸上画道道，先画了15个，又画了18个，然后一起数，总共是33。这种宝宝不是靠运算，而是靠数实物得出答案。

另外一个宝宝说，自己是靠数手指头和脚趾来算的，从19开始，数10个手指和5个脚趾，这个宝宝和前一个差不多，是依靠具体实物得出答案。

可以看出来，宝宝们的计算能力和智力水平，由于训练方法不同而有着明显的区别。所以，在教宝宝计算时，要教宝宝理解数的意义，弄清数和数之间的关系，掌握数概念。要宝宝动脑子，家长要先动脑子。宝宝虽小，要教好宝宝学习数，也不是一件很简单容易的事。

家庭教宝宝学习计算，可以分成五部分，即计算、测量、形状、空间、时间

❶ 数数。数数最初是用手口一致地、不重复、不遗漏地点实物，然后说出实物的总数。逐渐能够熟练地口头数数字。从1数到10，从10倒数到1。学得快的宝宝，

可以数到20，甚至50，会两个两个的数，5个5个地数，10个10个的数。

❷ 10以内的数。知道每一个数都是在前面一个数上添加1形成的，知道几里边包含着几个1。例如，知道3是2添加1形成的，3里面包含着3个1，3比2多1，2比3少1。

❸ 10以内的序数。能从第一数到第十，从第十倒数到第一。能知道前面是第几，后面是第几，比如第二前面是第一，后面是第三。会从前往后数是第几，从后往前数是第几，从左往右数是第几，从右往左数是第几，从上往下数是第几，从下往上数是第几。

❹ 10以内各数的相邻数。要懂得一个数比它多1和少1的数，就是它的相邻数。比如3的相邻数是2和4。4比3多1，2比3少1。3是4和2的相邻数，3的相邻数是4和2。

❺ 10以内数的分合。能把除过1以外，每一个数分成两个数，把两个数合成一个数，例如3可以分成1和2，5可以分成4和1、3和2；4和1、3和2可以合成5。

❻ 10以内加减法。10以内的加减法是运算的基础，学好练熟10以内的加减法，对宝宝将来的加减乘除法运算的准确率和速度很有好处。因此，不要在宝宝学会10以内加减法以后急于教两位数加减法，而要把10以内加减法学明白、练熟。

❼ 认识10以内数字。认读10以内数字，认识数学加减号，理解其中的含义。

❽ 认识几何图形。认识平面的正方形、长方形、三角形和圆形，立体的球体、正方体、长方体，能认识生活中物体的形状，可以用七巧板、积木拼出各种物体。

❾ 认识各种形状。能区分物体的大小、长短、高矮、粗细、厚薄、宽

早教启蒙小贴士

不要操之过急

这些内容，可以根据宝宝的情况，循序渐进地掌握，能掌握多少就掌握多少，不要急于让宝宝学。另外，不要用小学的课本来教宝宝学习，那里面的内容，绝对不适合这个年龄的宝宝学习。

窄、远近、轻重等。

⑩ **认识方向和位置。**区分上下、前后、左右、中间、两边、里外等。

⑪ **知道日期。**学会看日历，知道星期几；学会看钟表，知道整点和半点。

⑫ **认识货币。**学会认识硬币和纸币。

6. 游戏训练——角色游戏和建筑游戏

角色游戏和建筑游戏，对于宝宝认识社会和提高思维能力极其有好处，因此，家庭育儿对于这个月龄的宝宝，可以准备好相关的玩具，让宝宝的游戏更加丰富多彩，寓教于乐。

角色游戏

角色游戏是一种有主题、有角色、有情节、有规则的创造性游戏。如玩商店、公共汽车、宝宝医院、动物园、邮电局等游戏，这类游戏最能适应幼儿喜爱模仿的心理特点，宝宝们喜欢模仿成年人做事，最好的途径是到角色游戏中去尽职尽责，体验成年人的劳动、生活和道德规范，学习办事的方法，锻炼社会性活动能力。

两三岁的宝宝在玩角色游戏时，仍然近似于宝宝期，反映一些琐事，模仿成年人使用物体的动作。比如在玩医院游戏时，总是会满足于摆弄听诊器、打针等动作，随着年龄的增长，逐渐产生目的性。三四岁的宝宝反映成年人劳动和人与人之间的关系，妈妈怎样照顾宝宝，医生怎样关心病人。四五岁能反映技能和技巧的细节，比如打针时，细心地"消毒"，并能安慰"病人"说不疼，能表现出内心的体验。

两三岁的宝宝玩时，开始有角色，但角色不稳定，看到什么就玩什么游戏，以模仿成年人的动作为主，对规则很难理解，也不容易记清楚。三四岁时，开始注意到角色，有初步计划，能逐步明确规则，但受到外界影响时，还会容易忘掉规则，常常会因为争当角色而争吵；四五岁时，宝宝已经出现计划性、目的性，事先会商量分配角色，理解并能坚持规则，常常会因为违反规则而争吵。

建筑游戏

建筑游戏是一种利用某些材料进行建筑活动的创造性游戏。幼儿非常喜欢用木片、砖瓦、空盒子、沙土等来堆积各种东西，在幼儿园时最常玩的有小型积木、大型箱式积木，进行有趣的土木建筑。这种游戏对于幼儿心理发展好处多多。

培养丰富的想象力，满足表现欲望。积木的特点形状多样，使用灵活，可随心所欲地堆积、排列和调换位置，有助于诱发幼儿的自由想象。

培养喜悦的情绪和表现力。当幼儿拿起一块块的积木进行堆积时，两只小手轻巧地活动，能使内心发出由衷的喜悦。为了不让积木倒塌，需要保持适度的紧张感，从而能培养宝宝较强的表现力。

培养创造性的构造能力。在多种多样的积木里，挑选什么形状、用几块、按什么顺序、怎样排列堆积、怎样组合，甚至还要加哪些美化装饰，都要费一番心血，而且要耐心，不慌忙，细细思索，稳妥地使用手劲，才能建成宝宝想象中的建筑物，从而锻炼宝宝创造的构思能力。

发展对于数量和图形的理解能力。在积木游戏的过程中，通过双手的活动自然分解或合成立方体、长方体、圆柱体等多种几何形体，从而加深了对几何形体的认识，加强了对数学的感知能力。

宝宝玩积木

开始，宝宝一般都喜欢直线向高处堆，当倒塌后，也会因为倒塌而高兴，有时还会故意推倒自己的“作品”来取乐。但是，在这种从搭起到推倒的简单重复过程中，也取得了经验，锻炼了手眼的协调能力。

然后，学会平面排列。摸到哪块就是哪块，不加选择，经过多次练习，

早教启蒙小贴士

让宝宝玩一玩水

夏天，可以让宝宝好好地玩一玩水，因为夏季不用担心弄湿衣服会感冒，反而可以利用玩水消暑降温。同时，宝宝不仅可以从中得到无穷乐趣，还能学到许多知识，锻炼动手能力。

水盆游戏：可以用洗衣盆盛半盆水，给宝宝准备几个大小不一的小杯、小碗、小瓶，最好是塑料的，再准备几个质地不同的小玩具，如乒乓球、积木块等，让宝宝端来小椅子坐在盆边，用这些小玩具尽情地玩水。可以让宝宝把水从小碗里倒进杯子里，再从杯子里倒进小瓶里，看宝宝会不会把水洒出来，锻炼手眼配合能力。还可以让宝宝观察什么玩具能浮在水面上，什么玩具会沉到水里，利用机会给宝宝简单地讲一讲为什么。还可以用纸叠一只小船放在水盆里给宝宝玩。当然，也可以让宝宝随心所欲地游戏。如果不希望家里“闹水灾”，可以给宝宝限定一个活动区域，或是在室外院子里玩。

才会逐渐对于形状、颜色、大小分辨使用。

而后，学会立体组合。多次游戏后，宝宝才能学会使用立体形状堆积，发现立体形状的特征，能搭出各种造型。例如桥梁、亭子、交通工具、宅院、楼阁、宫殿、公园、宾馆等较为复杂的组合型建筑。

幼儿进行建筑游戏，有一个从初级到高级的认识能力、思维活动、身体动作、心理状态的循序渐进的发展过程，是一种极其有利的益智活动。而且宝宝会玩得乐此不疲，兴致勃勃，百玩不厌，在游戏中，增加体能和智能的发展，对于自我能力和自信心也是一种培养和激励。

7. 抽象思维训练——大脑的深度体操

如果仅仅靠自然形成，没有足够的刺激，宝宝的智力发育就会相对缓慢很多。对 3 岁之前的宝宝进行训练，会显得过早，但却完全可以运用各种手段，在潜移默化中对宝宝进行抽象思维的启蒙。

理解力训练

在家里，经常利用各种时机有意识地对宝宝提出一些“为什么”，让宝宝进一步思考、动脑筋，久而久之，养成宝宝自己发问的习惯，这样的方法可以逐步加深宝宝对事物的理解。

还可以检验一下宝宝的理解水平。比如，如果总是把寓言和一般的童话故事混为一谈，宝宝听完以后看不出寓言的意义和隐喻，理解不到寓言所包含的意义或教训，理解水平就不能提高。然而较高的理解水平，正是要能看出寓言中的教训和意义，并能把它转移到自己的身上。更高的理解水平，是能立即理解寓言的含义或隐喻，并能把抽象的教训意义转移到生活中来。可以从宝宝对故事中人物的理解及其因果关系、矛盾关系，以及对数学题意思的领会等方面，来综合考察宝宝理解能力的发展水平。了解以后，就能更有的放矢地针对宝宝的理解水平做进一步启发。

判断力训练

其实，对这么大的宝宝进行锻炼，不必想得很复杂，只要用心，一次游戏，一次对话，一次逛商场，就可收到效果。

宝宝 2 岁以后，拿一本关于兔子的画册，画册上有白兔、黑兔、黄兔、灰兔。问一问宝宝，这些兔子一样吗？宝宝会摇摇头说不一样。那么兔子们有没有一样的地方呢？在家长的启发下，宝宝就能找出长耳朵、红眼睛、短尾巴等特征，归纳地说兔子都这样。显然，宝宝经此知道了“兔子”这个概念，而这个概念已舍弃了具体兔子的个体不同，如白、黑、黄、灰等。认识“兔子”以后，可以用同样的方法帮助宝宝认识“狗”，认识“猫”，再带宝宝逛几次动物园，进行实物跟概念之间的对照。

依此类推，很快，宝宝的脑海里就会不断嵌入“水果”、“蔬菜”等越来越多的事物印象。为了检查宝宝是否清楚这些不同概念之间的界限，可以和宝宝一起做游戏：列出壁虎、葡萄、葱头、蝴蝶、西瓜、茄子等事物，要求宝宝分别把它们归入“动物”、“水果”、“蔬菜”大类里，宝宝很快就能做得很准确。这种训练方法，可使宝宝初步判断掌握事物的属种关系，粗略地知道它们之间的区别与联系。

为了让宝宝掌握的概念更加丰富，还可以亲子一起做游戏：确立一个属概念比如动物，然后每人用交叉的方式，分别说出一个个体类概念，比如说兔子、猫、狗、猴……一次只说一个，不要重复，谁最先说不出来谁就输了。这种对话有时候可以持续很长时间。在说完“鱼”以后又说“泥鳅”，宝宝如果明白，会立即抗议说泥鳅也是鱼。显然，宝宝已经感到鱼隶属于动物，而且又包含着泥鳅，为宝宝懂得属种概念在一定条件下相互转化的逻辑知识做准备。

概括力训练

除了从同类事物中拿出一些实体东西让宝宝判断以外，还可以根据不同事物之间相同的属性，让宝宝概括出一些性质概念。比如，让宝宝寻找麻雀、蝙蝠、蜻蜓、飞机等事物的共同点，找到它们都会飞的特征。还可以把各种颜色归成若干类，使宝宝能够从中概括出有关各种颜色的概念。

推理力训练

逻辑推理也是一项很重要的抽象思维，可以参考一些资料，设计有趣的题目让宝宝做。比如可以区分这样一组概念，让宝宝仔细听一听后做判断：

第一组：①所有的动物都会死去；②狗是动物；③所以狗会死去。让宝宝判断这个说法对不对。

第二组：①所有的桂花都在八月开花；②现在公园的桂花都开了；③所以……让宝宝答出正确的结论来，这是“从总到分”式的推理。

另外还有“从分到总”的角度进行的概念如：

第一组：①苹果、梨、香蕉、西瓜都是水果；②苹果是水果；③梨也是水果；④香蕉、西瓜也都是水果。让宝宝把概念接着说下去。

第二组：①汽车、火车、飞机、轮船都是交通工具；②汽车是交通工具；③火车也是交通工具……

8.游戏开发——引导宝宝玩

角色游戏，旧玩具玩出新花样

只要家长稍稍用心，被宝宝抛在一边的各种旧玩具可以被重新开发出来，再度吸引幼儿。例如，家长和宝宝一起玩开商店的角色游戏。

游戏开始时先分配角色：一个当顾客，一个当售货员。角色的分配，要采取民主的方法，让宝宝自由选择，给宝宝自己做出决定的机会。

接下来，把所有的旧玩具都摆出来，和宝宝一起整理货架。整理货架，是训练宝宝从分类中发展数理思维能力的好机会。要引导宝宝把所有的玩具分门别类地放置在设好的货架上，分别归纳出交通工具类如自行车、小汽车、公共汽车、飞机、轮船等；兵器类如手枪、坦克、大刀等；娃娃类如玩具娃娃和小动物等；炊具类如小盆、小锅、小勺子等。

货架整理好以后，就开始“买卖”。买东西是需要钱的。当然可以用代用品，一些玩具如小画片、小纸片等，只要宝宝能想得出，都可以当钱用。当然，也可使用真的钱，这样能使宝宝对钱币有直观的认识，并从中学习数数、计算和理财。

在“买卖”的过程中，还可以不断引导宝宝认识颜色、大小，学习把“商品”归类等。还可以与宝宝交换角色重复游戏。最后，在游戏结束后，和宝宝一起把玩具收拾好。

玩这样的角色游戏，宝宝参与的热情会很高，游戏既让旧玩具得到了最大程度的利用，又培养了宝宝的注意力、想象力等思维能力，还加强了亲子间的沟通。

回归大自然，天然玩具最神奇

大自然为人类提供了大量的天然玩具，如落叶、树枝、小石块、沙土等。与各种人造玩具相比，这些天然玩具既经济实惠，又更能吸引宝宝。

在大自然当中，宝宝们个个都是天生的能工巧匠。能在沙堆上挖隧道、建城堡、造高楼，会玩得不亦乐乎，浑身泥沙也毫不在意。宝宝会对一个落在地上的小树枝兴趣盎然，还会因为一堆石子而流连忘返。

在宝宝能充分发挥天性的地方，家长需要做的只是放开双手，让宝宝自己去做。宝宝会比成年人更懂得利用天然玩具，这时候，放手让宝宝尽情发挥想象力和创造力，让宝宝自由地在玩的过程中舒展个性。不要跟在宝宝后面不停地唠叨："别弄脏衣服！"、"别伤着手"，只会令宝宝扫兴。

需要多多欣赏宝宝。当宝宝找到一块自己喜欢的小石头向家长炫耀时，不妨夸一夸宝宝的眼光独特；当宝宝造出一条"高速公路"时，不妨装作自己是汽车在上面奔跑。宝宝看到家长的赏识，会更有兴致、创作更神奇的作品。

还需要做一点分工合作。和宝宝一起找一大堆树枝、石子等，按种类、大小等不同的标准分类，一起和宝宝设计图形。如用大一点的石头来造假山，小一点的石头铺路等。

最后，可以带上一堆天然玩具回家。让宝宝把这些天然玩具和家里的玩具混合使用。比如，用积木造一座房子，然后用石子围一圈当做墙。别担心这些东西会把家里弄脏、弄乱，和宝宝的快乐比起来，那能算得了什么。

第三节 2岁4~6个月的宝宝

一、亲子互动——教宝宝识字

最好的办法，莫过于寓教于乐

教宝宝识字，是亲子间一项最重要的交流活动，也是家庭教育中的难题之一。往往会造成亲子间矛盾，让家长伤脑筋。然而，重视早期智力开发，是每个家长的心愿，没有任何人愿意让宝宝输在这个时候。其实，只要运用方法正确，亲子间学习识字可以变得事半功倍、其乐融融。

由幼儿心理和生理特点决定，教宝宝认识字的最佳方法，莫过于寓教于乐，具体说来，要把握宝宝兴趣的时机，根据每一个宝宝的具体情况创造适宜的方法，利用一切可能利用的机会来创造适宜环境，往往能起到意想不到的作用。

把握最佳识字时机：宝宝兴趣正浓时

当宝宝对某事某物具有浓厚的兴趣和好奇心时，记忆力、理解力都被唤醒和激活，此时辅之以知识和技能的传授，往往能收到事半功倍的效果。

比如，宝宝会特别喜欢玩玩具，那么每次买新玩具时都教宝宝认识相关的许多字。一次买一支新的玩具手枪，趁宝宝高兴之际先教宝宝认“手枪”，接着认“子弹”、“扳机”、“目标”、“瞄准”、“靶子”、“喜欢”、“爱不释手”等。这一连串与新玩具相关的字在边说边玩中，宝宝很快就会说、会认、会用。

自己制作识字用具：生字卡片

为宝宝准备一些大小不等的卡片，可以用双面胶纸、绳子、彩笔，放在随时能拿到的地方。还可以把家里各种物品的名称都写在卡片上，贴上去，还可以把价格也写上，与宝宝轮流当营业员和顾客来玩购物游戏。出门散步或到超市购物，随手带上几张卡片和彩笔，以便见到宝宝感兴趣或不知道的物品及时记下来。

有效识字方法：组词与游戏

这种方法可以教宝宝懂得字与字之间的联系，字的用法，丰富宝宝语言表达能力，并且让宝宝感到认字是游戏，也有快乐。傍晚散步时，带着卡片，把卡片当飞碟向前扔一个，让宝宝捡一个，并迅速地认出这个字，再组成一个“词”，这样会不知不觉地认识许多字。

创造识字环境：生活处处有情境

教宝宝识字并不仅仅局限于家中和看书，生活中处处都有宝宝识字的情景和教材。

常带宝宝去菜市场和超市。经常带宝宝到菜市场和超市，在这种真实的情境和环境中认识各种蔬菜和水果。教会宝宝分类认识，对比认识，认形状，认颜色。每次回来除买水果和蔬菜之外，还可以带回识字卡片。回家后，摆卡片超市，做购物游戏。在这种情境中，不但能把字与实物对应，而且能认得快，记得牢。

利用广告和商品包装。带宝宝出门，见到广告就读；买任何东西先让宝宝自己看包装，买回来后便把包装上的标志和一些有用的东西剪下来，作为宝宝识字和了解各种物品的素材。广告、包装标志一般都设计巧妙、色彩鲜艳，很容易吸引宝宝的注意力和兴趣，何况还有许多奇妙的创意和独到的审美观位于其中。

早教启蒙小贴士

识字和写字是两码事

教宝宝识字是一件益智活动，但是要注意的是，识字和写字是两码事。对于这个年龄的宝宝来说，教宝宝识字可以，但写字还为时过早，因为宝宝的心智发育程度还没有到能够学习写字的时候，无论是大脑、神经系统，还是手部肌肉和神经组织都还不够成熟，过早的让宝宝学习写字，效果只会适得其反。

二、启智与能力训练

1. 独立能力——宝宝表现得很认真

了解宝宝的行为

幼儿时期各种心理活动都在迅速发展，宝宝逐渐能够控制自己的情绪，能做应该做而自己并不喜欢的事。

幼儿独立性最突出的表现是模仿。模仿可以更快地发展个性和才能。幼儿模仿带有很大的独立见解，宝宝模仿自己喜欢、感到新奇的事，表现出自己的兴趣和爱好，也表现出极大的积极性、主动性。

喜欢听故事的宝宝，模仿妈妈讲故事会很逼真，说话的风度、语气、声调、语音、语速都很像。

喜欢跳舞的宝宝，对舞蹈演员的动作会看得极其细心，模仿得相当真切。喜欢武术的宝宝，携枪带棒，手脚动作极其灵巧。

家里来了客人，让宝宝讲个故事，宝宝偏偏要讲自己编的而不说妈妈教的。

由此可见，独立能力促进个性才能的发展，也是个性才能的发展标志。

独立能力的训练

出自这种独立性的需要，应当促使宝宝们事事都要自己试一试，反对成年人过多的干涉和束缚，越是成年人限制的事，宝宝越是要想方设法寻找机会去试一试，而且常常会在家长离开时，自己试着动手，有时不免会闯祸。

在游戏里，宝宝们扮演得非常认真，努力使自己的语言、动作、行为像真的一样，从而满足自由行动的心愿，满足好奇、好动、好模仿的心理欲望。因此，家长应当为宝宝创设游戏的方便条件，吸引宝宝们参加成年人的活动，多给宝宝一些锻炼独立做事情的机会，从正面引导，总会比消极制止的好处多，不仅少惹事生非，更有助于宝宝才能的发展。

2. 语言能力——看图说话、描述表达和传递耳语

宝宝的语言能力

训练这个月龄的宝宝的口语表达能力，尽可能要求宝宝会听、会说，并且养成良好的说话习惯。

具体地说，会听，是要培养宝宝安静、有礼貌地注意听别人讲话，不打断别人的讲话，不在别人说话时乱闹。能够听得准确，对于简单的话和简单的意思能够复述。

会说，一是能对话，培养宝宝能按要求回答问题，不论回答得对不对，但都要切题，不能说东道西。二是要有讲述能力，能够把自身要求和事情经过表达清楚。

培养良好的说话习惯也很重要。培养宝宝喜欢说话，能在众人面前开口说话。讲话时，表情合适，语句中没有过多的停顿和重复，不说脏话。

家庭训练幼儿的语言能力，是较好的训练方式

❶ **看图说话。**与幼儿一起看生活用品图片，一边看画片，一边讲述各种物品的特点和用途，让宝宝模仿家长的语言，边指着画片边练习说。

❷ **描述表达。**和宝宝一起看图画，讲出画面上的内容，让宝宝回答图画内容，如"这是什么动物"，能用语言描述和表达出动物的特点。

❸ **学会传耳语。**妈妈在宝宝耳边说一句话，让宝宝跑到爸爸身边，告诉爸爸妈妈刚才说的是什么，由爸爸把话再讲出来，看宝宝是否把话听懂了并且正确地传出去。耳语是一种特有的方式，它声音低，不让别人听见，同时，听者只能运用听觉去理解，不能同时看眼神和动作。宝宝们一般都很喜欢耳语，因为它有一种神秘感。两岁半的宝宝正处在语言学习阶段，光靠听觉，没有其他辅助方式，要听懂耳语会有一定难度，开始时，可以先说一种物名，或者两三个字的短句子，让宝宝第一次传递耳语成功，增强宝宝的信心，以后再逐渐增长句子并且适当增加难度。

宝宝可以掌握的能力

宝宝到3岁时，可以掌握的词汇量在1000个左右，以名词和动词为主。形容词主要有"小、大、冷、热、红、白、蓝"等常用词，但具体运用还不能十分准确。3岁的宝宝主要应当掌握的词汇范围如下：

名词和动词，掌握生活中常见的物品名，如家具、电器、餐具、食物；环境中的植物、交通工具、建筑等。动词有常见的如吃饭、上街、穿衣、看书等。

形容词，要教宝宝容易理解、能直接感知的词，如大小、方圆、颜色、味道，反映感觉的饿、疼、渴、热等，表示味道的酸、甜、苦、辣等。

数词，10以内的数字应当能够正数和倒数，并且会运用。

副词，能够应用说明时间的先、后、早、晚，能使用"最、很、都、全部、一点儿"等。

3. 学习能力——和宝宝一起敲键盘

宝宝开始学计算机

宝宝开始使用计算机的年龄，最好是在3岁或是更大一点以后。实际上，计算机对于每名幼儿都有重要的好处，包括语言发展、阅读发展、社会发展和解决问题能力的发展，前提是用来学习、使用优良软件、与成年人或同伴一起，以及在老师或是爸爸妈妈指导下使用，才能发挥计算机最大的学习效益。

计算机应该作为补充，而并非取代活动或是工具。不能取代艺术、沙堆、水、书籍、音乐、戏剧、户外活动和与宝宝们之间的社交活动。

爸爸妈妈应该在宝宝使用计算机时在旁指导。在近处随时帮助宝宝，回答相关问题。

花时间观察并参与宝宝的计算机活动，以了解宝宝在想些什么及学些什么。观察宝宝使用计算机，可以对宝宝如何思考、解决问题有更多的认识。

和宝宝一起使用计算机

和宝宝一起使用计算机，并鼓励与小朋友一起做。和他人一起使用计算机可以协助宝宝发展重要的社交技巧，就像是轮流使用工具、相互合作，并帮助宝宝提高说话与聆听能力。

让宝宝多学一些软件的使用，并在宝宝使用软件前小心地检查。尽管市售的多数软件都是高质量的产品，但有一些软件由于过于困难、强调暴力的主题，或是无法促进宝宝的语言能力和学习，并不完全适合年幼的宝宝使用。

把计算机放在全家人可以共享的公共空间里，例如客厅，或电话铃声响起，家长正处在伸手可及的地方。

对计算机使用时间作严格的限制，并

爸爸妈妈来互动

看闲书

课本和辅导材料以外的书，平日里都被家长归入“闲书”的行列。而有益的“闲书”是培养宝宝爱好，激发学习兴趣最佳途径之一。图文类读物更能引发宝宝的兴趣，启发宝宝关注生存环境、培养爱心的优秀作品更是能陶冶心志。男宝宝的爱好似乎从小就具有性别色彩，家长不妨让宝宝敞开了看有关“兵器知识”、“航模制作”、“汽车世界”一类的杂志，只要加以正确指点，看这一类书肯定会受益匪浅。

严格执行。3～5 岁的宝宝一次使用计算机的时间不超过 20～30 分钟。要建立家庭计算机使用守则——不能边使用计算机边吃饭，用完计算机后一定要退出应用软件、关闭电源等。

陪伴是最佳的策略，在使用计算机时帮助宝宝解决问题，或是欣赏宝宝所制作的一个画面。爸爸妈妈也可以和宝宝谈一谈在计算机上面做了些什么，来鼓励宝宝的语言发展，虽然较小的宝宝需要爸爸妈妈直接的帮助，较大的宝宝只要爸爸妈妈就近答询问题即可。不管宝宝几岁，陪在旁边其实是告诉宝宝：使用计算机的时间，是一个可以和他人分享的时刻。

4. 观察力训练——在游戏中训练

幼儿观察力的特点

爱玩，是每一个宝宝的天性，正是在玩耍和游戏中，宝宝的活力得到释放，兴趣也得到最大限度的满足，兴趣是最好的老师。在宝宝感兴趣的游戏中，训练宝宝的观察力才能奏效。

从心理学的角度讲，观察是一种有目的、有计划，而且比较持久的知觉过程，是知觉的高级形态，幼儿在这个过程中所表现出来的稳定的品质和能力，就是人们通常所说的观察力。同时，观察力也是构成人类智力的主要成分之一，是智力发展的基础成分。

众多科学家、研究学者之所以能够在研究领域内有所成就，多数并不是因为比别人更聪明，而在于更善于发现问题、探究问题，在于拥有非同寻常的观察力，在于对身边看似寻常事物的超越一般人的敏锐洞悉。因此，良好的观察力对宝宝的成长与求知十分重要。

具体地说来，幼儿观察力的发展有以下一些特点：

缺乏稳定性。幼儿一般很少会自觉地为某一目的进行观察，常常受到身边事物的较为突出的外部特征及当时的情绪、个人兴趣所支配。常常会在过程中忘记观察任务，或频繁更换观察对象。对策：应当给宝宝提出具体的观察目标，任务描述得越具体，宝宝观察的目的越明确，观察效果就越好。

持续时间短。3 岁左右的幼儿能持续观察图片的时间，只有 5～6 分钟，随着年龄的增长，时间有所延长，6 岁时能达到 12 分钟。对于宝宝们不感兴趣的对象，观察时间会更短，甚至不到一两分钟。对策：训练宝宝的观察力，一定要尽可能选择能够引起宝宝足够兴趣，或在某一方面有显著特点的观察对象。

缺乏系统性和概括性。3岁幼儿在观察图形时，眼球运动的轨迹是杂乱的，4～5岁幼儿的眼动轨迹才越来越符合图形的轮廓。也就是说，幼儿在观察物体时，缺乏系统性；同时，幼儿在观察时，往往也发现不了事物之间的内在联系和本质特征，缺乏概括性。对策：训练的同时，爸爸妈妈应该教给宝宝一些有效观察的方法，引导宝宝遵循一定的规律和线索，更有效地观察事物。比如在寻找两幅图画的不同点时，可以引导宝宝遵循一定的方位顺序，来观察并做适当标记，而不要毫无顺序地胡乱比较。

训练宝宝观察力的小游戏

我爱蔬菜——去菜市场或超市时，别忘了带上宝宝。可以预先和宝宝商量要买哪些蔬菜，然后引导宝宝依据自己平时的观察和记忆，说出这些蔬菜的特征，特别是一些细微的差别，如果宝宝有说错的地方，先不要断然否定，只是表示怀疑，进一步引起宝宝的注意。这样，就能使宝宝随后的观察活动更具有目的性。选购蔬菜的时候，别忘记提示宝宝对刚才说错的地方进行特别关注。回家后，再引导宝宝对蔬菜进行分类，可以按照颜色，也可以按照形状，只要宝宝有自己的分类标准，这样做同样锻炼宝宝的思维能力和创新能力。

我家在哪里——地图，是一种训练宝宝观察力的绝好工具，空闲的时候，便可以把地图平展开来，开始地图探索之旅。地图的选择可以按照本市地图、中国地图、世界地图依次升级；观察的目标也可以从宝宝最熟悉的、自己家所处位置开始，慢慢扩展到幼儿园、小朋友家、奶奶家、动物园等。这种训练对锻炼宝宝观察力的持久度有帮助。

水少了吗——找两个杯子，一个“瘦高”，一个“矮胖”，先在其中任意一杯中倒入半杯水，让宝宝看清楚，然后再把水倒进另一个杯子。因为两个杯子底面积有差异，水的高度会有明显不同，引导宝宝仔细观察操作过程，特别注意观察先后两个杯子的水面高度有何不同，诱导宝宝思考：第二个杯子里的水比第一个里的少了吗？——这便是著名的宝宝守恒概念实验。开始，也许宝宝会对此感到很迷惑，但绝对不失为一种在观察事物过程中，促进思考事物内在联系和本质特征的好方法。

天气好的时候，不妨带着宝宝观察

昆虫，找蚂蚁就是一个不错的选择，既好找又没有危险性。让宝宝观察蚂蚁活动，相信，宝宝一定会兴趣十足。

森林聚会——找来各种动物卡片，模拟一个森林聚会的场景。一边给宝宝讲故事，一边请宝宝给动物进行分类。一开始，宝宝可能会毫无章法地给动物分类，家长可以在一旁耐心地看，然后问："你是按照什么标准给动物们分类的呢？"宝宝可能答不上来，这时不要急，给宝宝一定的思考时间，然后可以按照飞禽、走兽、两栖等的标准给动物卡片分类，再往后，尽量让宝宝观察并说出它们之间的异同。说不上来也没关系，可以用一连串的问题，引导宝宝来观察和总结不同种类动物之间的差别，比如："它们都有几条腿呀？""它们有翅膀吗？"……总之，要尽量给宝宝观察和思考的时间，引导宝宝更好地观察，而不要代替宝宝观察，不要一次告诉宝宝全部，以免减少宝宝观察的兴趣。

早教启蒙小贴士

训练宝宝观察力的原则

给出宝宝具体明确的观察目标，目标越具体越好；要选用能引起宝宝足够兴趣的事物，作为观察对象；训练时，应当随时教给宝宝有效观察的方法；要善于利用日常生活中的事物，随时随地锻炼宝宝的观察力；对宝宝主动和新鲜的发现，要给予及时、恰当的评价和鼓励。

5. 个性训练——"家老虎"和"外豆腐"

宝宝的奇怪现象

这个月龄的宝宝，有个别的会出现一些性格上的奇怪现象，如有的宝宝在家里说一不二，跟一个"小霸王"似的，在外边却很怯懦，胆小得像一只小猫。

这种情况下，宝宝的心情是“我想大声说话，可是怎么也说不出来。我想玩个痛快，可就是不行”。实际上，宝宝在努力去做，却连高声说话的声音都发不出来，身体也不灵活和听指挥，宝宝自己也不知道这是为什么。而且，这种表现，一般只会出现在幼儿园里，一回到家，宝宝就恢复了常态，说话声音也高了，身体也能行动自如了。

为什么在幼儿园里和在家里有这么大的不同呢？这是因为宝宝对幼儿园的集体生活形成的心理压力太敏感，产生了一种压抑感。换句话说，由于过分紧张，使宝宝身体的所有方面功能都受到了抑制。

在家里，宝宝却不会有这种精神压力，身体里的能量能够自由地释放出来。因为外界环境中形成的心理压力，并不是宝宝一个人能够对抗得了的，所以说，家长应该做的，就是培养宝宝对这一种集体生活的压力的承受能力。

应对方法

具体的做法，是和幼儿园的老师商量，请对方帮助，找出性格内向、温驯，也具有“在家是老虎，在外像豆腐”类似倾向的宝宝，把宝宝的爸爸妈妈介绍给自己认识，让两个宝宝在两个家庭之间互相往来。今天到这一家吃点心，明天去那一家洗澡，让宝宝们生活在一起，游戏在一起，因为宝宝都属于内向性格，心理平衡，两个宝宝都能得到人际关系的训练，培养出抵抗力。

同时，寻求幼儿园老师的支持和理解，把两个宝宝的座位安排在一起，让两个宝宝能够共同应对集体生活的压力，逐渐获得抵抗能力。

第四节 2岁7~9个月的宝宝

一、亲子互动——给宝宝奖励

简单地说，就是用画图来表现的奖励制度

宝宝慢慢地长大，有了自己的思想和意志，有时候会不听爸爸妈妈的话，越是批评宝宝就越是反抗。

有一种非常有趣的方式，可以激发宝宝的好胜心和进取心，使宝宝自动自觉地改掉坏习惯或养成一个好习惯。

3岁的宝宝已经有了视觉形象方面的意识，有很出色的灵感，能用纸笔创造出心目中美丽的东西。给一点漂亮的不干胶贴纸，做一些基本的画图工作，可以满足宝宝们独立自主的欲望，让宝宝觉得自己很厉害、很能干。有针对性的绘图方式，可以使“小捣蛋”乖乖地待在自己的房间中不乱跑，听话地每天按时睡觉。它还适用于其他各种情形，想要宝宝做什么，或者不做什么的时候都可以用这种特殊的方式来约束宝宝的行为。

要确保互动图画奖励拥有3种元素

一个简单的目标。图画中要有详细而精确的标志。比方说，想要宝宝每天都在自己的小床上睡觉，可以画一张床，床上睡着宝宝，然后在纸的上方围绕着床画上7个大大的蓝色圆点，代表一周7天。当宝宝达成了这一天的目标后，就被允许在圆点上涂上一个彩色的三角形。

一段合理的期限。要使宝宝不气馁，一个目标的时期不能定得太长。要让宝宝看到自己每天的进步，有满足感。从两天到一个星期，对一个3岁的宝宝来说，已经是很长的时间了。一个星期后，再和小家伙一起重新制定一个新的目标。

一种明确的奖赏。奖励，的确是使宝宝听话的最好的方法。可以先和宝宝约定好，然后在图上画上奖励品，把这张图片贴在宝宝房间的墙上，能够天天见到的地方。一个有互动性的图画会提醒宝宝，自己的目标是什么。

不必花费很多时间，只需要动一动脑筋，画图奖励形式会变得非常有趣

画一个圆筒冰激凌和一些小勺子。每次宝宝顺利完成被爸爸妈妈要求做的事情，就可以把其中的一个勺子涂成自己想要的颜色。当所有的勺子都变成彩色之后，得到的奖励就是一次快乐的冰激凌店之旅。

在一张大纸上画一些空着的小笼子。宝宝乖乖听话时，就可以在笼子中贴上一种动物的粘纸。当纸上动物园住满小客人之后，就奖励带着宝宝去真正的动物园开开眼界。

画一张有一幢蓝色建筑物的图，用笔简单勾勒出海藻的形状和一些鱼的轮廓，买一些鱼类的贴纸，等宝宝把爸爸妈妈所要求的位置都贴满，就该真正去水族馆看鲨鱼了。

这些简单的游戏，都能使宝宝雀跃，宝宝会把游戏当做一件大事去认真地完成。

得来不易的东西，才会令人倍加珍惜，这一点对宝宝和成年人都一样。由此可见，阅读宝宝的心灵并不特别困难，平时多花些时间和心思，一定能建立起开心、健康、和睦的亲子关系。

爸爸妈妈来互动

用一张大纸作为地图贴在墙上，纸上画出一大块地方作为“飞机场”。再用纸做一架“飞机”，爸爸妈妈写上宝宝的名字，上面按上一枚图钉。让宝宝站在离地图十几步远的地方，先允许宝宝观察一下地形，然后，蒙上眼睛，让宝宝走近地图，把“飞机”恰好降落在“飞机场”上。

二、启智与能力训练

1. 运动训练——接球、拍球和踢球

提高动作的协调性，可让宝宝玩接球和拍球、踢球

球类，是宝宝非常喜爱的玩具。球的种类很多，包括小皮球、篮球、足球、乒乓

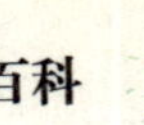

球、汽球、吹塑球等，宝宝可以用不同的球玩出多种多样的游戏。

这个年龄的宝宝，可以学习双手接球和拍球、踢球，提高动作的协调性。开始可以由成年人和宝宝相距 1 米站好，让宝宝先学着接住滚过来的球。滚动的球经地面摩擦减速，使宝宝容易迎到球滚过来的方向，把球捡起来，再用力抛到成年人身边。然后逐渐加大与宝宝之间的距离，使宝宝意识到球滚过来的地方与自己有一段距离，还可以不断变换球的方向和速度，把球滚给宝宝。

第二步，可以让宝宝接反弹起来的球，球经过地面反跳之后弹起来，速度要比直接扔过来慢，因此宝宝能来得及接住反跳的球。家长把球往下掷，等到弹起来以后，再叫宝宝用双手去接。也可以让宝宝自己把球掷下去，再双手接住球。要注意提醒宝宝不要用双臂去接，以免被球弹中胸部，打痛了会影响到宝宝的兴趣。

玩球要注意的

玩球要注意，不要用充气太足、弹性太大的球，防止宝宝因为接球困难而失去信心。还可以让宝宝学着接住抛过来的球，在距离宝宝 1 米远处，把球扔到宝宝胸前，扔的劲不要太大，让宝宝容易接住，然后渐渐加大距离，扔球的部位可以向着宝宝的肩下和膝上之间，便于宝宝接住。训练一段时间后，把球扔在离宝宝一定距离的左右方向，让宝宝转动身体去接球。

练习一段时间双手接球后，就能拍球了。先把球掷在地上，待弹起来后再用手去拍，教宝宝学习连续拍球。由低到高，由轻到重，由慢到快，循序渐进地教会宝宝掌握拍球的技巧和力度，对于宝宝全身协调能力是一种极好的锻炼。

玩踢球时，开始可先把球放在宝宝脚前，让宝宝把球踢出去，然后捡回来再踢。玩到熟练后，可以把球滚到宝宝的脚边，让宝宝踢滚动的球。还可以把球放在距宝宝 1～2 米处，让宝宝加上助跑上前去踢球。然后，家长可以和宝宝相互踢球，还可以让几个小朋友一起踢球，比赛谁踢得远。一定要注意提醒宝宝，不能用脚去踩球，以免摔倒。

2. 自立训练——让宝宝学会独自游戏

1～3 岁的宝宝，还不能很好地和小朋友一起玩。爸爸妈妈又不放心宝宝独自玩，担心宝宝会出什么问题，只好总是跟在宝宝后面。如果家长对宝宝的照料过度，会影响到宝宝个性发展，养成宝宝的依赖性。让宝宝养成独自做游戏的习惯，需要爸爸妈妈的帮助，可以从以下几个方面试一试：

从小安排好宝宝游戏的时间，养成良好习惯

注意观察宝宝喜欢哪种游戏，喜欢什么时间玩，什么时间宝宝的注意力最集中，有针对性地为宝宝安排独自游戏时间和游戏内容。每天都安排宝宝和爸爸妈妈共处的时间，共处时间必须保证，不能随意取消。这样，只要有固定的时间陪着玩，宝宝在别的时间里就不会要求别人注意自己。共处时间最好能安排在每天相同的时刻，以便宝宝养成习惯。

不要随便介入宝宝的独自游戏

这个年龄段的宝宝，需要家长的指导和必要的照顾，但不要随意地介入宝宝的游戏。宝宝在独自愉快地玩游戏时，家长却误认为宝宝一个人玩很孤单，有意介入宝宝的游戏，会夺走宝宝独自游戏的乐趣，反复这样做，会使宝宝刚刚萌芽的自立能力和忍耐能力消失。

采取必要的保护措施

宝宝独自游戏的环境必须绝对安全，收拾好危险物品和易碎品，收拾好硬币、药品、纽扣等宝宝可能吞咽的物品。刚开始独自做游戏的时候，家长还要暗中保护宝宝，让宝宝在安全舒适的环境下，充分体验独自做游戏的乐趣。

控制好独自游戏时间

宝宝独自玩的时间，一般 1 岁幼儿 30 分钟左右，2 岁幼儿 1 个小时左右。刚开始时间可能要稍短一些，如 10～15 分钟。如果宝宝开始扔玩具或把玩具扔得很乱，是玩腻了的表现，可以换一种玩具或换一换游戏场地。

为了让宝宝能够独自游戏，家长要给予适当的表扬。宝宝刚开始独自玩时，耐力很差，家长不能急于求成，不要对宝宝大声斥责，要有耐心。一旦宝宝出色地独自游

戏，一定要给予表扬，宝宝体味到独自游戏的乐趣和爸爸妈妈表扬的愉悦，会更乐意独自玩。

3. 动手能力——从日常生活中学习

培养动手能力对宝宝的好处

培养宝宝动手的能力，对于宝宝的生长发育有着极其重要的促进作用。因此，在平素的家庭生活中，应当有意识地针对宝宝不同的年龄特征，安排适当的动手操作活动，锻炼和促进宝宝手眼协调能力和小肌肉的发育，促进脑部相应区域的发展。

手的操作可以直接促进宝宝视觉、触觉、动觉及感知觉的发展和相互间的协调。

宝宝通过动手玩玩具或动手操作日常生活用品，可以掌握使用物体的方法。以后，便能逐步地掌握成年人使用工具的方法和经验。

幼儿通过手的操作，能够进一步认识同一类物体的共性，使自己的知觉更加具有概括性，并为概括表象和概念的产生准备条件。

在日常生活中，应当及时为不同年龄的宝宝提供合适的动手操作的机会

只要是宝宝表示愿意自己动手做的事，成年人都应当耐心地在一旁指导，而不要自己动手代替宝宝去做。如宝宝希望自己学吃饭的时候，就不要喂；宝宝自己要学穿衣服时，就不要再替宝宝穿衣服；宝宝可以自己握笔时，就应当给宝宝纸和笔画着玩。宝宝刚开始学习这些动作时，难免做得不完善，需要反复地练习。通过反复动手、反复运用，宝宝就能掌握比较复杂的手部动作。

动手练习的内容，一定要适合宝宝的年龄特征，如经常让幼儿做一做手工，包括

早教启蒙小贴士

要特别注意宝宝动手操作时的安全卫生

同一操作活动不应持续过久，以免宝宝手部过度疲劳而失去控制力，造成事故，影响手部正常发育。宝宝在使用金属工具如剪刀、刀子、铲子和榔头等之前，应当先做示范，教给宝宝正确的操作方法，一定要嘱咐宝宝注意安全。宝宝使用的工具，也应当有安全措施。如剪刀最好是圆头的，刀子、铲子不要过于锋利。完成动手操作活动后，要提醒宝宝及时洗手，以保持手部的清洁。

画图、剪贴、泥工、折纸等，能促进幼儿手部动作发展。

发现宝宝有不正确的动手习惯时，应当及时予以矫正。例如，要注意宝宝端碗、拿匙子、拿筷子、握笔、握球拍、用剪刀以及拿其他工具的方法是否正确，发现问题应当及时给以指导和纠正。当然，最好从一开始就教会宝宝采取正确的操作方法，尽量杜绝不正确的动手方法。

4. 心理素质训练——维护心理健康

幼儿的心理健康，主要是指宝宝合理的需要和愿望得到满足之后，情绪和社会化等方面所表现出来的一种良好的心理状态。

良好的心理状态表现为：幼儿对自己感到满意，情绪活泼愉快，能适应周围环境，人际关系友好和谐，个人的聪明才智得到充分的施展和发挥。

现代家庭中的爸爸妈妈，不仅关心宝宝的生长发育和身体健康，对宝宝的心理健康同样也十分重视。这里就如何在日常生活中维护宝宝的心理健康，给几条建议：

情感投资——让宝宝天天快乐

轻松愉快的情绪，能保证宝宝顺利进行各种活动，家长应当使宝宝经常处在兴高采烈状态。幼儿情绪的发展，具有易受感染的特点，为使宝宝拥有良好的情绪体验，家长自身要做到：

1. 为宝宝树立模仿的榜样，以自己乐观向上的情绪时时处处影响宝宝。

2. 爸爸妈妈之间要建立和谐、默契的关系，以便对宝宝产生潜移默化的影响，“宝宝的脸是爸爸妈妈之间关系的晴雨表”，就是这个道理。

3. 进行情感投资。要使宝宝心理健康，家长要做相应的“精神投资”，向宝宝表达爱意，深情注视宝宝，和宝宝进行温馨的身体接触，一心一意关心宝宝，让宝宝感受到爸爸妈妈之爱。

4. 要对宝宝宽严并济。不能为赢得宝宝的开心和笑容，就对宝宝的缺点、错误熟视无睹、听之任之，甚至对不合理的要求也给以满足；也不要苛求宝宝，把宝宝与别的宝宝进行横向比较，甚至拿宝宝的短处去比别人的长处，要注意纵向比较，一旦发现宝宝的闪光处和点滴进步，要及时表扬和赞赏。

以礼相待——让宝宝感到爸爸妈妈可亲可敬

家庭内部民主平等的人际关系，是宝宝心理健康的“维生素”。民主协商型爸爸妈妈与独断专制型爸爸妈妈相比，前者培养出来的宝宝更通情达理，受同伴欢迎，能与人友好相处，乐于助人。为了构建良好的亲子关系，家长要做的是：

1. 尊重宝宝，意识到宝宝也是一个独立的人，有自己的情感和需要。放下做家长的架子，蹲下身来与宝宝讲话，以减少“威严感”，让宝宝觉得爸爸妈妈和自己平等。

2. 爸爸妈妈要礼待宝宝，对宝宝讲文明礼貌，不要打骂宝宝。无论宝宝做出什么成绩，都要表示祝贺，绝不要吝啬称赞和欣赏。

3. 爸爸妈妈意识到自己对宝宝可能讲错了话、做错了事后，要勇于向宝宝承认错误并及时道歉，这样不但不会降低在宝宝心目中的威信，反而会使宝宝感到爸爸妈妈更加可亲可敬。

4. 循循善诱——让宝宝认识自我。宝宝是否能正确地认识自己、估价自己的能力，是心理健康的一项重要指标。为帮助宝宝形成良好的自我意象，发展宝宝的自尊心，提高宝宝的自我意识水平，家长应当使宝宝认识到：世界上只有一个“我”。“我”是独特的，有动听的名字、短短的黑发、小小的嘴巴、大大的眼睛；“我”很能干，能用自己的双手吃饭、穿衣、剪纸、绘画、弹琴，能用自己的双脚行走、奔跑、跳跃、攀登，能用自己的鼻子闻出多种不同的味道，能用自己的耳朵听出各种奇妙的声音。“我”有许多优点，当然也有一些缺点，不过，经过努力，“我”能改正自己的缺点，做一个好宝宝。

可以采用各种具体的方法来帮助宝宝认识自我：鼓励宝宝在镜子前照一照，看看自己的五官长得怎么样、身材如何；启发宝宝通过不同的手段，绘出自己的形象，比如躺在地上，帮助宝宝描出身体的轮廓，然后自己进行剪贴，也可自己画自画像；引导宝宝对自己的照片、作品进行分类、整理，按日期前后进行排列，或按照内容进行编排，建立一套较为完整的成长档案；把各种折纸或绘画作品收集起来装订成册，使宝宝能经常翻阅、观赏，为自己的进步感到骄傲和自豪。

重中之重——塑造良好个性品质

幼年期是宝宝性格形成的关键时期，宝宝性格特征的优劣，直接影响到各个方面的发展水平和未来的工作和生活。培养宝宝的独立性，要寓教于日常生活之中，使宝宝做到自己的事情自己做；培养宝宝的克制力，要和宝宝一起制订规章制度，鼓励宝宝做家庭的“稽查队长”，带头遵守家规家法。

团队精神——培养与人合作能力

为了使宝宝能适应集体生活，从而得到较好的成长和发展，还必须培养宝宝与人合作的意识，训练宝宝的合作行为，增加宝宝的合作能力。要使宝宝意识到与人合作的价值，可以通过游戏来进行。例如，和宝宝玩“扶盲人过马路”的游戏，先让宝宝扮成“盲人”，由家长扶着过马路；再由家长扮作“盲人”，让宝宝扶着过马路。

挫折训练——磨炼意志能力

宝宝成长的道路不可能一帆风顺，应当注意培养宝宝战胜失败、消除恐惧的能力，磨炼宝宝的意志，提高宝宝的抗受挫折的能力。例如宝宝怕黑，不敢独自一人睡觉，可以在 3 岁宝宝的卧室放一盏调光台灯，而对 4 岁的宝宝，则可以关灯，让宝宝边听录音磁带里的故事边进入梦乡。

早期教育的成功与成就感，对幼儿以后的学习有着极大的影响，因此，家长要多创造条件让宝宝体验成功的喜悦，有利于培养宝宝的毅力。

5. 思考能力训练——启发宝宝思考

宝宝的思考能力从每一个“为什么”开始

宝宝提问的时候，培养宝宝学会自己思考，是最有益的。

宝宝问的每一个“为什么”都是对事物的缘由或目的的想象，每一个“怎么样”都是宝宝对事物发展过程与机理的思考。

宝宝问“是什么”时，家长往往随口解答，但宝宝进一步探求事物之间的关系提出“为什么”时，就需要根据宝宝的年龄特点、知识经验，深入浅出地给予解释。

让宝宝去观察和动手验证

对于宝宝提出的一些问题，可以暂时不回答，然后提出建议，让宝宝去观察和动手验证，这样收效会更大。有条件的话，可以多给宝宝创造一些亲身体验的机会，如在节假日带宝宝去旅游，让宝宝观察各种自然现象，增长各方面的知识。在睡觉前讲一些生动有趣的故事，或让宝宝看一些画册、宝宝读物等，并从中提出问题，让宝宝思考、解答。使宝宝的想象力更丰富，眼界更开阔。

在空闲时，还可以利用游戏让宝宝自己寻求答案。宝宝是在游戏中长大，在游戏中满足求知欲的。宝宝热衷于游戏活动时，应当尽量为宝宝提供各种各样的游戏材料，如小纸片、种子、泥土、小剪刀、积木、水、沙、颜料、空纸盒等，让宝宝开动脑筋去做，千万不要害怕宝宝弄脏衣服、弄乱了家庭小环境而约束宝宝。还可以给宝宝介绍各种工具的用法、材料的特点，提醒宝宝要注意安全。

遇到困难时，应当要求宝宝先努力独立自主地解决，实在解决不了再给予帮助。让宝宝在各种活动中，体验生活，学会思考，发展智力。

爸爸妈妈来互动

看图说话锻炼记忆力

爸爸妈妈把几张不同内容的图片放在桌上，让宝宝看一会儿，然后把图片盖上。要求宝宝把所看到的图片内容，尽可能准确地说出来，越详细越好。

6. 个性训练——避免宝宝“小气”

了解宝宝的行为

“小气”的宝宝，表现为喜欢吃“独食”，自己的玩具不让别的小朋友玩等，时间长了，很难与小朋友们相处。在幼儿园及学校里，也很难结交到好朋友。家长都希望自己的宝宝能够豁达大度，能够宽容别人。对于独生的宝宝来说，要避免宝宝“小气”，确实需要家长从一点点小事做起，逐渐培养宝宝豁达的性格。

能力训练方法

首先要让宝宝明白，家里好吃的东西并不是只有宝宝能吃，好玩的玩具人人都能玩。如果家长在宝宝面前，只知道一切为了宝宝，一切都让给宝宝，会使宝宝错误地认为：爸爸妈妈让自己都是应该的，到需要宝宝让爸爸妈妈的时候，那就是违反常规了，宝宝自然不能接受。一开始，宝宝会把好吃的东西让给爸爸妈妈吃，爸爸妈妈不吃，时间长了，会认为这是正常的。一旦家里来了小客人，家长要求宝宝把好吃的东西让给小客人时，就比较困难。所以，宝宝“小气”，还是由于爸爸妈妈的错误让宝宝养成的习惯。

宝宝“小气”，还表现出不能承受任何委屈。比如，和小朋友们一起玩时，小朋友不小心踩了宝宝的鞋，马上翻脸：“把我的鞋踩脏了，我不和你玩了。”这时候，家长应该用大度的态度来影响他，说：“没有关系，不必在乎！我来给你擦一擦，继续和小朋友玩吧！”宝宝就会高高兴兴地继续和小朋友们玩去了。宝宝在外面受了小小的委屈，家长不要太在意，更不要领着宝宝去找小朋友算账。否则，宝宝这种“小气”会表现得越来越明显。

做宝宝的好榜样——宝宝的胸怀是不是豁达大度，受到爸爸妈妈的影响，爸爸妈妈的言行和处事态度，和宝宝有直接的关系。需要家长平时加强自身修养，在家里上敬老，下让小，夫妻之间也不斤斤计较，邻居家来借东西热情地借给人家等，为宝宝做出榜样。

7. 语言能力——掌握说话的节奏

了解宝宝的行为

刚刚学会说话的2～3岁宝宝说话节奏很快，像打机关枪一样，别人听不清楚。这是因为：宝宝的性情比较急躁，做什么事都急于求成，风风火火的，说话也没有耐心，恨不能一口气把要说的事都倒出来；也有可能是因为家庭中的成年人，尤其是爸爸妈妈说话节奏很快，宝宝跟着模仿；还有可能是宝宝向爸爸妈妈讲述事情时，爸爸妈妈经常没时间听或嫌宝宝啰唆，宝宝想表达自己的心愿又怕家长不耐烦，所以加快说话速度；另一种可能，是宝宝与爸爸妈妈说话时，爸爸妈妈总是插嘴或打岔，宝宝怕打断自己的话而会抢着说。

要使宝宝说话速度放慢，可以采取下列措施

❶ 爸爸妈妈和宝宝说话的节奏放慢，宝宝听见爸爸妈妈说话不慌不忙、有条有紊的，会逐渐调整自己的语速来适应爸爸妈妈说话的节奏。

❷ 宝宝与爸爸妈妈说话时，要耐心地倾听，不要插嘴，也不要打岔，先让宝宝把话都说出来。即使宝宝某项要求是不合理的，也要等他说完后再提出批评意见。宝宝不担心爸爸妈妈打断自己的话，心理不紧张，也就不必抢着说了。

❸ 对性情急躁的宝宝，要培养耐心，要求做事说话稳重，不要慌忙。当宝宝说话

急得涨红了脸时，爸爸妈妈要和蔼地说：“别着急，慢慢地告诉我，我想听清楚你讲的事情。”也可以让宝宝喝点水、歇歇气再说。

4 晚上躺在床上睡觉之前，是宝宝精神上放松的时间。可以坐在宝宝身边与宝宝说一会儿话，让宝宝谈在一天中的所见所闻。宝宝觉得爸爸妈妈不急着休息，有时间听自己讲话，就会放慢速度说话。

5 用稍慢的节奏教宝宝念诗歌。教宝宝念诗歌时可把某些字音拉长，每句诗之间的停顿加大，边念边做些动作，有助于纠正宝宝说话的快节奏。例如唐诗《春晓》可以这样念：“春眠——不——觉晓——，处处——闻——啼鸟——。夜来——风雨声——，花落——知——多少——？”（“——”表示把字音拉长）

6 讲生动有趣的故事给宝宝听，讲过几遍后，再要求宝宝复述故事给爸爸妈妈听，培养宝宝有条不紊地叙述事情的能力。

8. 艺术潜能开发——打造艺术才能

让宝宝具有艺术专长或发掘宝宝的艺术才能，是所有家庭的共同希望。即使家长自身对艺术类活动一窍不通，也无不希望自己的宝宝能具备艺术造诣，生活得更加充实和丰富多彩一些。从小培养和开发宝宝们的艺术潜能，最好要注意：

给宝宝机会

在宝宝尚未长大之前，不要过早地给宝宝划出“没有艺术才能”、“艺术细胞缺乏”的条条框框，要多给宝宝创造机会，多接触不同的东西。抓住时机，给宝宝以科学的指导。比如，宝宝 1 岁时可以握笔“涂鸦”，就把笔和纸交给宝宝，特别是颜色鲜艳的笔，不仅使宝宝画画的要求得到满足，也能刺激宝宝视觉的发育，使手指等小肌肉得到发展和锻炼。假如此时爸爸妈妈因为宝宝画得不好，或者把纸笔扔了，就责备宝宝，往往会限制宝宝的创意天性，会使宝宝厌烦画画。

鼓励与赞赏

人的脑细胞网络，是由出生后受到刺激、逐步发展与完善的，每一个人生下来都具有各种细胞，功能最初是潜在的。如果不适当地给予刺激，就不能分裂增殖，很可能在发挥作用之前就告终结。从小培养对艺术的兴趣，就是对这种潜在的种种细胞有效地刺激。如果这种刺激持续而强烈，兴趣就会使细胞增殖。婴幼儿时期，大脑细胞需要多种刺激，从而为具备多种功能做准备。如果宝宝的兴趣出现变化不是坏事，是自身才能增殖的表现。应该鼓励宝宝有多种兴趣，更不应该因为自己的观念而斥责宝宝。

自发的兴趣

要想培养宝宝某个方面的艺术才能，不要过于性急，急于训练宝宝，会打乱宝宝兴趣爱好的临界，使宝宝永远失去某种能力发展的可能。爸爸妈妈急于求成，结果会使宝宝形成逆反心理，逃避超负荷的训练，因为繁重的、强迫的刺激只会使宝宝产生厌恶情绪。

进步的乐趣

切忌嘲笑宝宝的努力。在培养宝宝的艺术才能和开掘艺术潜力时，要随时保护宝宝的积极性。哪怕是一点微小的进步，也要给予宝宝高度的赞赏。即使宝宝提出任何不屑一顾的问题，也要表示关心，承认宝宝付出的努力。

9. 创造性思维训练——6个小方法

不要有问必答

提出问题，是宝宝好奇心的表现。好奇心，是人类对自己不了解的事物感到新奇而有兴趣进行探究的一种心理倾向，它是推动人们主动求异，进行创造性思维的内部动因。好奇心在宝宝身上表现，是不断地提出“是什么”和“为什么”的问题。对待宝宝提出的问题，不要“有问必答”，可以鼓励和引导宝宝自己思考，寻求答案。

赞美宝宝的创造性

每个宝宝都有一定的创造潜能。这种创造潜能就表现在日常生活中，观察宝宝在日常活动中的表现，可以发现宝宝的创造力。比如，宝宝一会儿把扫帚当马骑，一会儿把它当冲锋枪，一会儿又用它来堆雪人，其中有丰富的想象，有“发散思维”，发现了同一事物的不同用处，就是创造性的表现。发现了宝宝的创造性能力，及时加以称赞和肯定，有利于宝宝进一步发挥创造力。

教宝宝有趣地解决问题

在日常生活中，常会碰到一些小困难、小问题，不要急于帮宝宝解决，要让宝宝自己想想办法。例如启发宝宝：小猫把球丢到了河里，很着急，帮它想想办法，怎样才能把球取上来，办法想得越多越好。再如水可以做什么用？（洗头、洗衣服、洗水果等属洗涤类的用途，还有饮用、灭火、饲养、发电、做掺和剂、冷却等变通性用途。）把一块小积木放进一个不能伸进手去的瓶子里，让宝宝在不翻倒瓶子的条件下，想办法把积木从瓶中取出来，宝宝想的办法越多、越合理，越好。

根据故事开头编结尾

例如，在一棵大树下，有一只狡猾的狐狸，它几天没有吃东西了，肚子饿得咕咕直叫。忽然，它抬头一看，树上有一只蹦蹦跳跳的小松鼠。狐狸眼珠子骨碌碌一转，说："小松鼠闭着眼睛跳下来，你会吗？"小松鼠说："我当然会啦。"说着，它闭上眼睛往下一跳。狐狸连忙跑过去，一把抓住小松鼠，刚要往嘴里送，这时……聪明的小松鼠没有让狐狸吃掉，想一想它用了什么办法？

在音乐、绘画中表现

在充分感受音乐的同时，要求宝宝为歌曲配上动作来载歌载舞，鼓励宝宝表达内心的情感；为歌曲填写新词，先让宝宝掌握基本曲调，再启发思考填上自己的新词；让宝宝自由发挥想象画，也可以规定一个主题，让宝宝围绕主题，通过对知识经验的回忆来加工和绘画。比如，要求画小猫，宝宝可能画小猫钓鱼，小猫捉老鼠，小猫的一家，宝宝抱着小猫，"加菲猫"等。

在游戏中想象

游戏，特别是建构游戏和角色游戏，都能够发展宝宝的创造思维。用积木搭各种建筑物时，宝宝可以凭自己的想象和意愿，无拘无束地建构。在玩商店、邮局、医院、餐厅、幼儿园等角色游戏中，宝宝可以在人物和活动情节上，根据自己的经验任意进行创造性想象。

10. 音乐训练——五音不全的宝宝

“五音不全”的宝宝

宝宝稚气的歌声，让人们听了总会泛起会心的微笑。然而，有的宝宝在唱歌时，经常会出现“五音不全”，大致有以下几种情况：

1. 宝宝的“五音不全”主要体现在唱歌的音准方面，唱起歌来会走音跑调。
2. 唱歌时，像在说话、说歌，没有高低音之分，不入调。
3. 唱歌时，发音忽高忽低，唱不准组成旋律的每个音。
4. 宝宝普通话的咬字发音不准，影响唱歌时的音准。

对“五音不全”的宝宝，逐步纠正听音能力的差异

1. 培养宝宝的听音能力：音准和听音能力有很大的关系，听音能力差的，弹和唱完全是两个调。爸爸妈妈可以演奏乐曲，或者用录音机放歌曲让宝宝听后跟着唱，有条件的，可以让宝宝学一种乐器，让宝宝边弹、边听、边唱，听听弹的音和唱的音是不是一样准确。

2. 不要让宝宝清唱歌曲：清唱，往往会让宝宝起音不准，更容易走调，要让宝宝跟着琴声唱，或者跟着录音机磁带唱，刚开始小声地跟唱、练习。对某句歌曲唱不准的，要耐心地逐句教，让宝宝逐句听录音，逐句学唱练唱，直到唱准为止。

如果宝宝普通话发音不准，可以选择一些儿歌，让宝宝朗诵，要注意朗诵时的咬字发音和声调，帮助宝宝提高音准能力。

选择适合宝宝唱的歌曲，使宝宝在自然声区里唱歌，有利于提高宝宝的音准。

第五节 2岁10个月~3岁的宝宝

一、亲子互动——培养阅读爱好

经常对刚学会走路的宝宝讲话，帮助宝宝建立词汇的概念

在给宝宝穿衣服、做饭、带宝宝上商店时，要让宝宝忘掉宝宝用语，用常人和标准的词汇表达认识和感情，这样，宝宝能很快从所处的环境中了解词的真正含义。

有规律地大声朗读，是爸爸妈妈帮助宝宝培养阅读爱好的最重要方法

有规律地大声朗读，也能使亲子之情更加亲近和浓郁。

让宝宝积极参与阅读

教宝宝吟诵喜爱的诗歌或摇篮曲，宝宝听到自己的朗诵声，会受到鼓舞，从而使语言表达能力进一步提高。

让宝宝模仿家长阅读

如果宝宝看到爸爸妈妈经常阅读书籍，也会模仿。

有规律地去图书馆

即使还不会读书，也要有规律地带上宝宝去图书馆，使宝宝幼小的心灵早早地留下概念：读书是生活的重要组成部分。

二、启智与能力训练

1. 活动能力——预防感觉统合失调

感觉统合失调的现象

有一些宝宝在动作较大的运动中，显得不如别的宝宝应对自如，动作不准确，爱

摔跤。精细动作方面不如别的宝宝精巧。独处时还不觉得什么，一旦和小朋友们在一起，就显得笨手笨脚，协调性差，注意力也集中不了，这可能是宝宝的感觉统合失调。

宝宝发生感觉统合失调，有可能是因为出生时经历过难产窒息，曾患脑部疾患或受过外伤等外部因素导致。更多的情况，是由于自幼的不当教育方式：有可能是家长“望子成龙”心切，过度的“智力开发”，限制了宝宝活动能力的发育；也有可能是因为现代城市家庭生活条件下，居住高层楼房内，婴幼儿时期过多的在高层楼房内活动，成天只能看电视，活动量小所引起。类似问题越来越多，也越来越引起人们的关注。

加强运动能力，避免感觉统合失调

在我国的当代家庭中，爸爸妈妈拔苗助长的事情屡有发生，家长往往急功近利，把婴幼儿的养育注意力过度地放在宝宝的营养和所谓的“智力开发”上，只知道早早地让宝宝背诗、识字、学画画、学音乐，忽视了幼儿智力发育是由各方面协调综合的发育构成。因此，从宝宝期开始，就要重视宝宝的各种感觉器官训练，特别是俯卧和爬行，对宝宝的发育有着积极的意义。各种游戏，如在地上翻滚、滑梯、荡秋千、跑、跳等，看似简单，但对于宝宝的空间感觉的训练却是很重要的。

3岁以前，是宝宝加强运动能力，预防感觉统合失调症的最佳时期。家长们万万不可忽视，要多让宝宝尽情地跑跳、打闹、追玩、摸爬滚打，综合平衡。

爸爸妈妈来互动

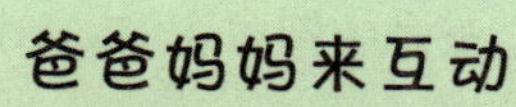

窗外是大好的景色，饭后闲暇，不妨拿起羽毛球拍，跟宝宝到楼下的空地上活动活动筋骨。全家人在住地附近跳跳绳、打打球、踢踢毽子，一家三口来一次记分赛，更能让全家亲子间的关系其乐融融。

2. 特殊阶段发展训练——活动的重要性

幼儿期的活动很重要

幼儿好奇、好动，是成长过程中心理发展的需要。俗话说，“淘丫头出巧的，淘小子出好的”，讲的就是这个道理。环境刺激与人脑的相互作用，是在活动中进行，人类离开活动，无法产生心理，也无法锻炼出各种才能。特别是幼儿期，活动最为重要。

宝宝们的各种感知能力、记忆能力、想象能力和思维能力依靠活动而来

穿针引线、摆积木、折纸、画画，发展视力协调动作；角色游戏使得想象力丰富；唱歌跳舞使得性格开朗活泼。各种使用手指尖的动作对大脑产生良性刺激，手部的反复动作，使大脑产生概括，懂得使用不同物品的不同方式，使用不同的力量，宝宝学会了分析、比较。在活动的同时，产生了直觉行动性思维。

幼儿各项心理活动都需要从活动中得到发展

进入幼儿期，为了让宝宝学会思考，必须依靠具体的东西、玩具和实物，来作为宝宝暂时理解过程的基础。因此，幼儿各项心理活动都需要从活动中得到发展。好动的宝宝往往都聪明伶俐，若是一味要求宝宝傻吃、闷睡、静坐，只会使宝宝变得呆头呆脑。因此，针对幼儿的特点，适宜组织丰富多彩、天真有趣的活动，让宝宝在愉快的活动中长身体，练才能。

宝宝的变化

幼儿自出生到入学前，心理水平发展极快。在这个时期，神经系统发育产生突变，学习能力和掌握行为经验比较容易。宝宝大脑发育有几个激增期：3~10个月，2~4岁，6~8岁，入学前就会出现这么三次激增，入学以后还会有两次。

随着成长，宝宝会出现某种能力的发展敏感期，也就是心理发展的飞跃期。例如，2岁到入学前，是幼儿掌握口头语言能力发展最快的年龄，其中，学习说话最积极、最主动、进度最快是在2岁左右。如果这个年龄阶段不加以培养，语言发展缓慢或不会说话，以后再学习说话就很费力。而宝宝在5岁左右时，掌握数的概念较为灵敏。

3. 生活习惯训练——纠正宝宝用口呼吸

有的宝宝习惯于用口呼吸，则易感冒，易患咽炎

人类的呼吸动作，应当通过鼻子来完成，鼻腔能起到温暖、湿润和洁净空气的作用，能保护呼吸道。不论严冬还是盛夏，空气经过鼻腔到达肺里，都可以接近于体温。鼻腔黏膜上皮有许多腺体，它们能不断地分泌液体。成年人24小时内，鼻腔排出的液体可达1000多毫升，使吸入的空气湿度保持在75%左右。鼻毛能不断地把阻挡住的灰尘、细菌推向口腔。鼻腔中还能分泌溶解细菌的酶，从而增强鼻腔的防病功能。

如果宝宝习惯于用口腔呼吸，不仅鼻腔的作用派不上用场，而且会唇干舌燥，咽喉部发干，容易患上呼吸道疾病。

宝宝用口呼吸，有的是坏习惯，有的是因为疾病，如鼻腔或副鼻窦炎症、慢性扁桃体炎、增殖腺肥大等。如果不及时治疗幼儿这些疾病，纠正宝宝用口呼吸的习惯，长期下去，宝宝容易长成张口、上唇短上翘、露齿型面容，极不美观。

养成用鼻腔呼吸的习惯

因此，如果发现宝宝习惯于用口呼吸，应当及时带宝宝去医院耳鼻喉科检查，诊治相关疾病后，让宝宝自动养成用鼻腔呼吸的习惯。

4. 个性训练——小小“受气包”

性格，是一种人类的个性心理特点，畏首畏尾、缺乏独立性、过分依恋亲人、在生人面前不敢说话等现象，是性格软弱宝宝的突出表现，有人谑称做小小“受气包”。在性格形成时期，宝宝如果表现出性格意志的缺陷，应当引起重视和及时进行帮助、引导。

让宝宝学会生活，把握自己

生活中家长的包办代替，是宝宝形成性格软弱的重要原因之一。有些家长对宝宝百依百顺，不让宝宝做任何事情，等于剥夺了宝宝自我表现的机会，导致宝宝独立生活能力的畏缩。

让宝宝多接触同伴，锻炼自己

宝宝的性格在游戏和日常生活中表现最明显，也是纠正不良性格的最佳途径。爱模仿，是宝宝的一大特点，应当多让性格软弱的宝宝经常和大胆开朗的小伙伴在一起，跟着别人一起，做一些平时不敢做的事，耳濡目染，慢慢得到锻炼。

尊重宝宝，不要揭宝宝的短

性格软弱的宝宝比较内向，感情较脆弱，家长尤其要注意保护宝宝的自尊心。如果当众揭宝宝的短，会损害宝宝的尊严，无形中的不良刺激，只会强化宝宝的弱点。

让宝宝大胆说话

要做到这一点，功夫还是在于家长。家长应该戒急、戒躁，不能当面打骂、责备，逼迫宝宝说话。可以邀请一些同龄小朋友和性格软弱的宝宝一起参与集体活动，在一旁引导或者干脆回避，让宝宝们有一个自由、无拘束的语言空间。如果条件允许，还可以经常带宝宝到一些视野、空间开旷的地带，鼓励宝宝放声高喊、高唱，宣泄情绪的同时形成良好心态。

5. 自我认识——幼儿性观念的引导

早在两千多年前，孔子就指出：食色性也。认为，对于食与色的需求，出自于人之本性。而代表“色”、“欲”的“性”，永远是人生的重要选择——当然，更是宝宝日益成长发育之后必然面临的问题。

教育和引导宝宝树立正确的性观念

首先，要面对现实，而不是回避问题。家庭教育幼儿，随着宝宝身体的发育和成熟，自然要了解到性的奥秘和性的知识，如果宝宝不能从家长这儿了解，就会从别的途径去找，如从书本上、电影上，甚至在街头巷尾、口耳相传之中。爸爸妈妈是宝宝心中的偶像，也是宝宝最信任的人，所以，当宝宝们打听性的问题时，应当早有准备，抓住这一宝贵的机会，简洁、科学地对宝宝叙述两性吸引的道理，如实解答人类生育之谜。面对宝宝的性提问，既不要掩饰应付、欺骗宝宝，更不要斥责宝宝，身为爸爸妈妈，有责任把性的知识传授给子女。

其次，作为家长，对于宝宝的某些“出格”行为要多加理解。社会在发展，观念在变化，爸爸妈妈青年时代的恋爱、性爱方式必然有别于新的一代。现代社会的高度信息化，各种传播媒介已经不在意更大胆地表现相关性的题材，这些因素影响着年青一代，使宝宝们的性意识更加早熟，恋爱的观念也更加明确。有时，宝宝的举止行为可能不符合家长的道德规范，这是社会发展的必然规律。家长进行性教育也不能墨守成规，不能以己度人，胜任的家长是最能够顺应社会发展的人，而不是守旧的人。在性教育过程中，应当以宝宝为中心，真正为宝宝着想，从幸福、健康成长的角度去关心教育宝宝。

约束不是目的，而是教育宝宝的一种手段

作为爸爸妈妈，不要因为宝宝对性的关心而指责、挑剔，而要成为宝宝的朋友，帮助和引导宝宝健康对待异性，因势利导，缩小代沟，以取得更大的成效。

最重要的一点，是性教育宜早不宜迟

不要等宝宝进入青春期后才开始教育，应当在宝宝的幼儿时期起就要及时科学、通俗地解答宝宝的各种有关性的提问，培养宝宝的性别角色，使女孩向女性化方向发展，男孩向男性的方向发展。这样做，会使宝宝的性意识、性观念一致，能够适应未来的生活。

6. 性别认同——男孩，女孩

性别认同混淆

近年来，与“性别认同混淆”的相关问题，日渐成为人们普遍关注的话题，甚至发生成年人坚持要求做变性手术的个例也并不鲜见，屡屡见诸报道。然而究其根源，是从幼儿时期起产生的性别认同混淆矛盾。

“性别认同混淆”可以简单定义为：在性别认同上，有扭曲、冲突和困扰，以至于形成了内在不平衡的压力，也就是说这一类人所渴望的性别，与自身的真实性别产生了冲突。有性别认同混淆的人，同时可能会在人际关系上发生问题，与男性、女性都不容易建立良好的关系。

性别混淆有程度上的差别，在了解了宝宝性别认同建立的过程之后，对于爸爸妈妈给予宝宝“异性打扮”所可能导致的性别认同混淆，应当及时补救。如果宝宝出现了对于自我性别认同的苦恼时，应该寻求各种途径来加以解决。可以先从阅读相关的心理书籍，或与要好的朋友倾吐心事入手，来尝试调整自我心境的想法。进一步的做法，可以到医院的精神科寻求专业心理治疗。

爸爸妈妈在培养宝宝的性别角色方面，起的作用最为关键

人类社会对男性和女性应该表现出什么特征、应该从事什么活动，诸如有“男主外、女主内”一类约定俗成的规定。实际上，社会文化对男女性角色的影响，从宝宝一出生就开始了。到了幼儿期，男孩和女孩选择游戏的方式会明显地因性别不同出现差异，男孩会选与男性有关的事来游戏。例如官兵捉强盗，控制模型飞机、火车和跑

车及模拟战争等游戏。女宝宝选择的游戏总是扮演老师、护士和空姐。

爸爸妈妈在培养宝宝的性别角色方面，起的作用最为关键。家长要做的，首先要客观对待和承认宝宝的性别。以前，有些家庭喜欢把独生的女孩打扮成男孩，买一些男宝宝的玩具和衣服给女孩玩和穿，以满足自己盼望儿子的心理。然而，这一类做法，往往令女孩对自己所扮演的角色和身份感到无所适从。宝宝要么会成为一个“假小子”，要么会在成年后出现性别角色识别障碍，情况严重的，还会影响到宝宝成年以后的正常性心理和人格。反之，喜欢和盼望女孩的家庭，对自己的男孩如法炮制一个“假女儿”，天长日久，耳濡目染，同样也会影响到宝宝一生的性格、心理和性意识。换言之，如果爸爸妈妈因为自己的宝宝是个男孩或女孩而感到高兴，宝宝对自己的性别也会感到满意，在这样的家庭环境中成长，有利于宝宝完整而无缺陷地接受自己的性别角色。

对于成长中的宝宝而言，世界每天都充满新鲜感，宝宝随时随地都会通过观察周围的事物，来建立自我的认知结构，而对于性别的认同，不仅是通过爸爸妈妈，而且每天所处环境的人、事、物也都会成为宝宝塑造对自己角色认识的途径。

爸爸妈妈是宝宝在性角色方面的直接指导者和模仿的对象

爸爸妈妈可以给女孩买花裙子，给男孩买模型飞机等，陪伴和帮助宝宝玩一些“模仿性角色”的活动或有趣的游戏。爸爸妈妈可以利用一起洗澡的过程，来告诉宝宝性别的常识，通常在性别认同形成的过程中，男孩会认同爸爸，而女孩则会认同妈妈，进而通过学习，来逐步地建立起自我的性别特质。同时，爸爸妈妈本身要注意自己的言行举止，自己的个性不仅是宝宝模仿的对象，也很可能成为不同性别的宝宝成年以后寻求伴侣的异性样板。

当然，人类社会是多样化的，对于宝宝来说，在平时的教育中不要过于拘泥和死板，不必强求宝宝一定要百分之百地“男子汉”或“女性化”。

第五章

3~6岁同步启蒙训练

PART 5

感受幸福的模式，在家庭中可以代代相传。有调查发现，爸妈自己感觉到家庭环境和谐的，宝宝自我延迟满足能力绝大多数都发育得更好，证明爸爸妈妈和谐的家庭环境，为宝宝感受幸福的能力奠定了坚实的基础。

第一节

3~6岁早教训练课堂

一、了解你的宝宝

三岁以后到六七岁正式入学以前一般叫学前期。

这个时期是开展早期教育的重要时期，是决定人的一生心理发展的关键期，在3~6岁就初步奠定了人格健全与否的基础。因此，爸爸妈妈应该注意幼儿的心理发展特点，采取合理的教育方式，促进其身心健康的发展。

1. 幼儿的生理和心理特点

幼儿期神经系统进一步发展，3岁时大脑的重量约为成人的3/4。此外，暂时联系的形成和巩固也比以前加快，到六七岁儿童的条件反射形成得较快，并且所形成的反射也较稳定和巩固；同时大脑的控制和调节机能逐步增强。

幼儿期的心理特点，主要表现在认识情感意志和个性的初步形成上。

2. 3岁以后儿童智力、思维和语言的重要发展期

幼儿时期儿童思维的最大特点是它的具体形象性以及进行初步抽象概括的可能性。例如，幼儿看见父母为自己洗澡，他也会学着给玩具娃娃洗澡。

处在幼儿期的孩子思维是在不断发展变化着的。到了五六岁时，开始有了抽象逻辑思维，其突出表现是喜欢提问题。例如，“电灯为什么会发亮？”“电话里为什么会有声音？”这些是好奇心和求知欲的具体表现。

幼儿时期的记忆带有很大的直视形象性和无意性。凡是与儿童生活有着直接联系的、形象鲜明能引起儿童兴趣的具体事物，他们就容易记住，而对词的逻辑识记的能力还很差。幼儿记忆的精确性较差，在回忆叙述时不准确，常常被成人误解为故意说谎，这是不对的。成人要有意识地帮助儿童，促进其记忆的精确性。

3. 幼儿情感特点

幼儿晚期，儿童的情感虽然仍会随着外界事物的影响而迅速发展变化，但是和各种事物有关的稳定情感也在不断发展。例如，打针时可以忍痛不哭等。幼儿晚期，儿童还出现了高级的社会性情感，如道德感、美感、理智感。儿童的道德感是在成人的道德评价影响下形成的。例如，在看电视的时候，他们喜欢问这是好人还是坏人，对电视中的英雄人物表示出喜欢，对盗贼、流氓产生憎恶。幼儿情感的发展在儿童个性形成上起着重大作用。爸爸妈妈应该有意识地培养他们良好的情感，教会儿童实现道德行为的方式和技能，使他们的道德行为能够顺利实现，并不断加强对他们的道德品质培养。

4. 幼儿的意志特点

幼儿的意志是薄弱的，自觉性、坚持性和自制力均很差。例如在游戏中，年龄小一些的幼儿常常有破坏规则行为。而有一个试验要求幼儿自觉维持一定的持枪姿势，3岁幼儿保持时间平均为 18 秒，5 岁儿童为 5 分 12 秒，六七岁儿童为 12 分钟。意志品质是在教育的影响下发展起来的，爸爸妈妈应该通过游戏、劳动等有计划地加以培养，使儿童具有优良的意志品质。

5. 幼儿的个性特点

❶ 自我意识的发展：3 岁儿童已开始有了自我意识，分得清楚你我他。在教育的影响下，幼儿的自我意识进一步发展。其趋势是：从不加考虑成人的评价到对评价持批判态度；从带有极大主观性的自我评价到比较客观的自我评价；从比较笼统的评价到比较细致的评价；从对外部行为的评价到内心品质的评价。在整个幼儿时期，儿童的自我评价能力还很差，因而成人对幼儿的评价要恰如其分，评价过高或过低都不利于他们取得进步的信心。

❷ 目的性、独立性和自觉性逐渐发展：幼儿时期，由于生活条件的变化和成人不断提出的要求，使儿童心理活动的目的性、独立性逐步增长。他们能进行有目的、有计划地观察、注意、记忆、想象和思维，逐渐能控制自己的情感，而且能使自己的行动服从于成人或集体的要求。此外，由于幼儿心理活动的独立性和目的性增长，儿童

的冲动行为相对减少，自觉性相对增加，开始能比较自觉地控制、调节自己的行为。

由于幼儿目的性、独立性的发展，爸爸妈妈应当相应改变对孩子的态度，不要经常向孩子发号施令，而要多做教育引导工作。同时根据孩子喜欢模仿成人言谈举止、待人接物的特点，爸爸妈妈应有意识地让孩子看一些有益的电影、电视等，教育孩子向英雄模范学习，向好孩子学习。

6. 幼儿年龄特点

进入幼儿期的儿童生长发育迅速，机体的组织，特别是大脑处于迅速发展阶段。由于动作的发展，扩大了幼儿的生活范围，幼儿可以从不同的方位去看、去接触不同物体，在操作不同物体的活动中，幼儿惊异地发现了物体之间，以及人与物之间的相互关系。因而，这时期幼儿求知欲旺盛，对周围的事物表现出强烈的兴趣，好奇、好问、好动、好模仿、好游戏，成为显著的年龄特征。而且幼儿要求自己独立活动、成为活动的主人的愿望越来越强烈；但另一方面由于幼儿的知识经验缺乏，活动能力非常有限，还不能很好地控制自己、掌握自己的行动。幼儿游戏正是这一基础上发展起来，它成为幼儿生活中基本活动。在游戏活动中，幼儿主体的内部矛盾逐步得到解决，从而促进了幼儿身心不断向前发展。

7. 重视对话教育

3~6 岁年龄段孩子的心理特点是好奇好问。他们面对这个新奇世界，常常会刨根问底地提问为什么。年龄的爸爸妈妈却常常被问得张口结舌，厌倦不堪，有时候干脆给予不理不睬，甚至骂一通，阻止他们发问。这是不明智的做法。探索性事物，好奇好问是幼儿的提高。做爸爸妈妈的应该不厌其烦地、正确地用浅易简明的道理给予解答。如果要中断提问，不妨说：“你自己动动脑筋，这是什么道理？”“你自己想一想，自己解答问题是聪明孩子的表现”。如果确实难以解答或不属于幼儿认识范围的问题，则说：“这个问题太深奥，现在你还弄不懂，不要紧，等长大后会慢慢懂得的。”

8. 幼儿独立的愿望

孩子三四岁左右，由于自己活动能力大大增强，各方面知识不断增多，就表现出独立的愿望，虽然能力不强也要自己动手自己干，变得不太听话。这是一种意志的自我表现，心理学上称此为第一反抗期。这是有积极意义，爸爸妈妈要因势利导，积极鼓励和引导帮助孩子的独立行动，促进各种生活技能的发展，如鼓励双手使用（如拿筷子、提篮子等）的行为技能，鼓励孩子自己穿衣、自己吃饭、自己整理玩具等。不要应为孩子完不成自己的设想而加以干涉和责备。有时因为孩子经验不足，从善意出发而做出了后果不好的事，爸爸妈妈也应该正确对待。例如，孩子帮助爸爸拿碗不小心打碎了，爸爸既应批评他的粗心大意，也应肯定他的良好动机，使之心理保持平静。如果无视孩子独立的愿望强加压制，不仅影响孩子的心理发展，而且长大后易出现某些心理障碍。总之，幼儿时期，心理卫生十分重要。在日常生活中，良好的或不良的风气习俗，总是潜移默化地影响着孩子。幼儿时期，家庭几乎是孩子的全部环境，家庭成员之间的关系和家庭气氛对孩子来说具有特殊的敏感性。爸爸妈妈给予孩子无私的爱，即所谓“爱的教育”，是幼儿心灵健康地成长所不可缺少的。早期的家庭教育是幼儿心理健康发展的基础，它对幼儿的道德、个性心理品质和行为的形成有着重要作用。

二、0～6岁儿童发展敏感期示意图

敏感期 / 年龄	出生	1岁	2岁	3岁	4岁	5岁	6岁
秩序感							
有意识语言							
大肌肉活动							
走路							
肌肉发展							
独立自主							
感观经验							
感观抽象化							
关心细小事物 肌肉神经协调							
数量经验							
数学概念化							
触觉、书写							
阅读							
潜意识社会化							
人际关系							
创造力							

注：有色块的部分为儿童发展敏感期

三、孩子发展观察记录表

我的孩子的记录

现在的身高	（　　）厘米
现在的体重	（　　）千克
血红蛋白	（　　）克
牙齿	共有龋齿（　　）颗
视力	左眼（　　）右眼（　　）

动作发展

等级A——3~4岁，B——4~5岁，C——5~6岁

★——不太符合，★★——基本符合，★★★——完全符合

指标	等级	评价标准	总结评价(请涂色)
走	A	上体自然直立行走	☆☆☆
	B	上体直立,上下肢协调走动	☆☆☆
	C	听信号自然、协调走	☆☆☆
跑	A	两臂在体侧屈肘自然地跑	☆☆☆
	B	协调轻松的跑	☆☆☆
	C	听信号改变方向和变速跑	☆☆☆
跳	A	立定跳远60厘米	☆☆☆
	B	立定跳远75厘米	☆☆☆
	C	立定跳远90厘米	☆☆☆
平衡	A	能单脚站立10秒	☆☆☆
	B	能单脚站立20秒	☆☆☆
	C	能单脚站立35秒	☆☆☆

续表

指标	等级	评价标准	总结评价(请涂色)
拍球	A	单手连续拍球 10 下	☆☆☆
	B	左右手交替拍球 15 下	☆☆☆
	C	单手运球 10 米	☆☆☆
画	A	能用笔描出画好的直线	☆☆☆
	B	能用笔描出画好的圆圈,并均匀涂色	☆☆☆
	C	能完成点线画并均匀涂色	☆☆☆
剪	A	能沿画好的直线将纸剪开	☆☆☆
	B	会剪简单图形	☆☆☆
	C	会剪较复杂的图形	☆☆☆
折纸	A	会对边折、对角折	☆☆☆
	B	折出比较平整的物体	☆☆☆
	C	用两张以上的纸折出简单的组合	☆☆☆
穿珠子	A	30 秒内穿珠子 5 个	☆☆☆
	B	30 秒内穿珠子 7 个	☆☆☆
	C	30 秒内串珠子 8 个	☆☆☆

认知与语言发展

等级 A——3~4 岁，B——4~5 岁，C——5~6 岁

★——不太符合，★★——基本符合，★★★——完全符合

指标	等级	评价标准	总结评价(请涂色)
空间	A	知道上下、里外	☆☆☆
	B	知道前后、高低、远近	☆☆☆
	C	知道以自身为中心的左右	☆☆☆
时间	A	知道白天、黑夜、早上、晚上	☆☆☆
	B	知道今天、明天、昨天	☆☆☆
	C	知道时间的某一点	☆☆☆

续表

指标	等级	评价标准	总结评价(请涂色)
形状	A	认识圆形、三角形、正方形、长方形	☆☆☆
	B	认识半圆形、椭圆形、梯形	☆☆☆
	C	认识正方体、长方体	☆☆☆
观察力	A	能感知事物的明显特征	☆☆☆
	B	能感知事物的细微特征	☆☆☆
	C	发现相似事物的细致差别	☆☆☆
分类	A	根据事物明显特征分类	☆☆☆
	B	根据物体的功能分类	☆☆☆
	C	根据概念分类	☆☆☆
想象	A	根据图形进行想象	☆☆☆
	B	根据图形进行较丰富的想象	☆☆☆
	C	根据图形创造性地想象	☆☆☆
推理	A	根据图形表面特征推理	☆☆☆
	B	根据图形间的简单关系进行推理	☆☆☆
	C	根据图形的较复杂关系进行推理	☆☆☆
数	A	掌握10以内数的实际意义	☆☆☆
	B	掌握10以内数的序列和数物配对	☆☆☆
	C	掌握10以内数的组合和加减运算	☆☆☆
守恒	A	5以内数的守恒	☆☆☆
	B	10以内数的守恒	☆☆☆
	C	长度和体积守恒	☆☆☆
季节	A	了解夏季和冬季明显特征	☆☆☆
	B	知道四季名称和主要特征	☆☆☆
	C	知道四季轮回顺序与人们生活关系	☆☆☆

续表

指标	等级	评价标准	总结评价(请涂色)
动物	A	认识常见小动物及主要特征	☆☆☆
	B	知道几类动物的习性与生存条件	☆☆☆
	C	知道环境与动物生存的关系	☆☆☆
植物	A	认识常见植物	☆☆☆
	B	知道植物生长的主要条件	☆☆☆
	C	知道植物对人和环境的益处	☆☆☆□
社会角色	A	知道3~4种成人劳动	☆☆☆
	B	知道5~6种成人劳动	☆☆☆
	C	知道8~9种成人劳动	☆☆☆
音乐	A	跟随伴奏唱简单歌,做简单动作	☆☆☆
	B	会听前奏、间奏唱歌,区分乐曲	☆☆☆
	C	根据乐曲有表演手段,表达内心感受	☆☆☆
美术	A	用画、搓、团等方法表现简单物体	☆☆☆
	B	使用2~3种材料表现事物的主特征	☆☆☆
	C	用多种材料反应事物和内心感受	☆☆☆
词汇	A	掌握常用名词、动词和形容词	☆☆☆
	B	掌握部分常用量词和反义词	☆☆☆
	C	掌握较多常用量词和反义词	☆☆☆
句	A	用完整的简单句讲述	☆☆☆
	B	用完整的句子清晰地讲述	☆☆☆
	C	完整的句子连贯的讲述	☆☆☆
问题回答	A	针对提问回答简单问题	☆☆☆
	B	针对提问回答复杂问题	☆☆☆
	C	较准确、简练的回答复杂问题	☆☆☆

续表

指标	等级	评价标准	总结评价(请涂色)
理解文学作品	A	知道简单故事中的角色和发生的事	☆☆☆
	B	能按顺序说出故事主要情节	☆☆☆
	C	能概括故事的主题思想	☆☆☆
阅读	A	会一页一页翻看书	☆☆☆
	B	理解书的主要内容	☆☆☆
	C	知道看文字书的方法	☆☆☆

品德与社会发展

等级A——3~4岁，B——4~5岁，C——5~6岁

★——不太符合，★★——基本符合，★★★——完全符合

指标	等级	评价标准	总结评价(请涂色)
认识自我	A	知道自己的姓名、性别、年龄	☆☆☆
	B	知道自己的爱好	☆☆☆
	C	知道自己的优缺点	☆☆☆
自信心	A	完成简单的事情或任务时有信心	☆☆☆
	B	完成稍有难度的任务有信心	☆☆☆
	C	完成难度较大的事情有信心	☆☆☆
独立性	A	在老师鼓励和要求下能独立做事	☆☆☆
	B	自己能做的事不请求帮助	☆☆☆
	C	喜欢独立做事和独立思考问题	☆☆☆
坚持性	A	能有始有终的做完一件简单事情	☆☆☆
	B	能坚持一段时间完成稍难的任务	☆☆☆
	C	较长的时间主动克服困难完成事情	☆☆☆
好胜心	A	在感兴趣的活动中努力做好	☆☆☆
	B	在竞赛中争取好的成绩	☆☆☆
	C	做任何事情都争取好成绩	☆☆☆

续表

指标	等级	评价标准	总结评价(请涂色)
表达与控制情绪	A	情绪一般较稳定,经劝说能控制情绪	☆☆☆
	B	一般能自己调节消极情绪	☆☆☆
	C	对不同情景做出适宜的适应情绪	☆☆☆
爱周围人	A	热爱、尊敬父母	☆☆☆
	B	亲近班里的老师、小朋友	☆☆☆
	C	关心周围人,喜欢帮助别人	☆☆☆
爱集体	A	喜欢孩子园,愿意参加集体活动	☆☆☆
	B	教师引导下,关心班里的事	☆☆☆
	C	主动关心班级,维护集体荣誉	☆☆☆
礼貌	A	在成人的引导下使用礼貌用语	☆☆☆
	B	主动使用礼貌用语	☆☆☆
	C	不同情况下使用礼貌用语举止文明	☆☆☆
诚实	A	不说谎话,不随便拿别人东西	☆☆☆
	B	做错事承认,捡到东西主动交还	☆☆☆
	C	错事承认并改正,不背着成人做错事	☆☆☆
合作	A	能与小朋友一起游戏	☆☆☆
	B	喜欢和朋友合作游戏和做事	☆☆☆
	C	能成功地与朋友合作游戏和做事	☆☆☆
遵守纪律	A	经提醒能遵守规则	☆☆☆
	B	能自觉遵守规则	☆☆☆
	C	能自觉遵守并维护规则	☆☆☆

习惯与自力能力

等级A——3~4岁，B——4~5岁，C——5~6岁

★——不太符合，★★——基本符合，★★★——完全符合

指标	等级	评价标准	总结评价(请涂色)
入厕	A	能自己入厕	☆☆☆
	B	能自理大小便	☆☆☆
	C	便后整理衣服	☆☆☆
进餐	A	能用勺子独立进餐	☆☆☆
	B	用筷子进餐	☆☆☆
	C	正确使用筷子进餐，进餐时保持桌面、衣服干净	☆☆☆
穿衣	A	能自己穿简单的衣裤、鞋、袜	☆☆☆
	B	能自己系扣子，拉拉链	☆☆☆
	C	会系鞋带，穿多样化的衣服并整理好	☆☆☆
个人卫生	A	□□经提醒能饭前便后、手脏洗手	☆☆☆
	B	饭前便后洗手，主动擦干净会用手帕	☆☆☆
	C	能经常保持手脸干净，衣服整洁	☆☆☆
学习习惯	A	对新奇事物感兴趣并提出简单问题	☆☆☆
	B	对较多的事情感兴趣并问“为什么”	☆☆☆
	C	对事物感兴趣爱动手摆弄寻找答案	☆☆☆
注意力	A	分心时需要老师提醒或暗示	☆☆☆
	B	分心时可以自己控制	☆☆☆
	C	学习时间20分钟，保持集中注意力	☆☆☆
躲避危险	A	不玩、不触摸危险品	☆☆☆
	B	知道躲避危险	☆☆☆
	C	不独自上街，与成人外出不乱跑	☆☆☆
安全意识	A	知道解决常见安全问题的正确方法	☆☆☆
	B	解决可能遇到安全问题的正确方法	☆☆☆
	C	知道解决突发安全事故的正确方法	☆☆☆

四、给宝宝自主权

对于6岁前的宝宝，一般家庭会以宝宝太小为由，事事全都大包大揽，包办代替。其实，只要是宝宝能够做、应该做、做起来安全的事情，就应该让宝宝有机会做决定，在家庭生活中，幼儿有能力决定的事情一般应当给予适度的“自主权”：

1. 自己进食

宝宝想要自己进食时，就应当允许自行尝试，只要系上一个围嘴即可。宝宝在练习自己吃饭时，虽说常常会弄得满脸、满地都是，也是很正常的，不要因此而责怪或禁止，剥夺宝宝学习的机会。

2. 选择衣服

对衣服样式、颜色的选择。天气冷的时候可以要求宝宝戴上帽子、穿上外套，但对于外套里面的衣服和花样搭配，则可以让宝宝自己做决定。

3. 玩具分享

当宝宝不愿把玩具和小伙伴分享，有争吵行为发生时，别急着介入宝宝们的争执，而应当让宝宝自己去解决。

4. 独处的空间

当宝宝心情不好或情绪不佳时，要有选择独处的自主权，其间暂时不要去打扰宝宝，给宝宝独处的时间和空间。

5. 游戏区的选择

让宝宝自己决定在家里或者户外什么地方玩玩具，以不妨碍他人为原则，选择后的一段时间里，这个地方属于宝宝的游戏区，爸妈不要干扰。

6. 哭的权力

当受到挫折或者意外受一点伤时，让宝宝尽情地发泄。宝宝享有哭的权力，哭的时候不要给宝宝任何言语或肢体上的回应，等到停止哭泣、情绪渲泻过后，再与宝宝讨论："发生什么事了？为什么会哭得这么伤心？"

7. 恋物情结

在一定的年龄段，宝宝会对某种小物品情有独钟，如布娃娃、毛巾等，无论走到哪都要带着它，一旦没了它，宝宝的情绪便会焦躁不安。随着年龄的增长，宝宝的恋物情结会自然消退，不要强求宝宝改掉这种恋物的习惯。

8. 午睡问题

大部分家庭或幼儿园在午饭后都会安排宝宝午睡，如果宝宝睡觉时不断想爬起来，不要强迫宝宝继续躺在床上，可以让宝宝自己呆在房间里，以不干扰别人为原则。

五、在一次又一次犯错误的过程中成长

1. 体验错误

不断地在认知世界，探索事物的过程中成长，从这个意义上来说，犯错误，是宝宝的权利。体验错误，也在错误中学习。在养育宝宝的过程中，人们习惯了自以为是地剥夺宝宝体验错误，并且在错误中获得经验的机会，按照成年人的思维方式，总想以最简洁的方式，尽可能让宝宝少犯一点错误，少走一些弯路。然而，正是这一份"好心"，会让宝宝一点一点地变"懒"，一点一点地不再自立，一点一点地不再自信，一点一点变得缺乏了创造力……等到发现问题的严重性，想要从头来纠正，已经成了一项非常艰巨的任务。所以，要多给宝宝一些自我发挥的余地，多给宝宝一些感受犯错误过程、从中汲取极其宝贵的经历和经验的机会。

宝宝们获得知识、运用知识的能力，并不是爸妈在有生之年能够完全传授给宝宝

的。在宝宝还小的时候，多给一些感受错误的机会，让宝宝在感受错误的过程中，探索达到某个目标的正确方法，才是爸妈能给予宝宝的最好礼物。有一句教育名言："每告诉宝宝一个答案，就剥夺了宝宝一次学习的机会。"

在宝宝成长的过程中，犯错误的机会远远不止于此。宝宝所犯错误，可能会十分幼稚可笑，也可能会让成年人十分伤脑筋。在爸妈的眼里，宝宝的错误总是那么显而易见，那么令人无法容忍，而宝宝则会浑然不觉，甚至总是明知故犯。但只要宝宝的错误，不会构成伤害，完全可以用比较平和的心态来面对。给宝宝一个感受错误的机会，让宝宝自己去体验错误，带给宝宝的收获，未必不是好事。

2. 让宝宝自己感受错误的益处

❶ **在感受错误的过程中获得新知：** 对宝宝来说，身处的世界处处充满了未知。如果爸妈只是简单地传授给宝宝一切正确的知识，宝宝就失去了探索未知世界的机会。而探索未知世界的过程，对宝宝来说是一种十分可贵的体验。宝宝在这个过程中，经过自己摸索而获得的知识不再仅仅是知识，更多获得的是一种能力，和一种喜欢探究事物奥秘的良好习惯。

❷ **在感受错误过程中体验快乐：** 如果宝宝在感受错误的过程中意识到自己的错误，通过自己努力，想方设法地避免错误，找到正确的解决问题的方法，那么宝宝在这个过程中获得的那种快乐的体验，通过别的方式无法获得。

❸ **在感受错误过程中锤炼意志：** 感受错误，有时候是很令人沮丧的事情。宝宝在感受错误的过程中，心理有机会不断经受历练，对锤炼宝宝的意志，提高宝宝的挫折感和重新振奋精神的能力意义重大。

❹ **在感受错误过程中提高责任感：** 如果宝宝不听从爸妈的劝告犯了某种错误，给宝宝一个机会去体验犯错误后带来的后果，远远要比爸爸妈妈的训斥和

早教启蒙小贴士

慢慢教宝宝化解危险

如果宝宝对诸如电器、炉灶等可能造成威胁而又无法藏匿的物品感兴趣，一味地约束宝宝不见得是最佳避免宝宝被伤害的方式。倒不如慢慢地教会宝宝各种电器正确的使用方法，或者找一些像蚊子、苍蝇、蟑螂之类的东西，让宝宝亲眼目睹它们被电击的情况，给宝宝一些感性认识等。

说教管用得多。通过这种方式，让宝宝养成自己做事自己负责的良好习惯，能够有效地培养宝宝的责任感。

⑤ **学会正确的行事方式：** 宝宝如果欺负了小朋友，就会失去自己的好朋友和玩伴；宝宝如果以不正确的方式吸引爸妈注意，只能得到适得其反的结果，等等。经过多次类似的体验之后，宝宝会自觉地意识到自己的错误，找出合适的行事方式来达到自己的目的。

3. 适合让宝宝感受的错误

常识性错误： 在探索事物奥秘过程中，宝宝可能会犯很多常识性错误。宝宝犯这些错误其实是积累经验的过程，根本不值得爸妈大惊小怪。如果对宝宝的行为横加干涉，则更不可取。要相信宝宝，多给宝宝一点自由，让宝宝自己去探索，自己去总结，宝宝能做得会比想象的好。

明知故犯的错误： 如果宝宝因为贪玩不好好吃饭，妈妈怕饿着宝宝，总是追着去喂，这样做无疑会助长不良习性。明智的做法是饿上一顿，让宝宝体验体验挨饿的滋味；如果宝宝喜欢攻击别人，用来吸引妈妈的注意，不妨隔离一阵子让宝宝受到冷落……感受这些错误，可能带给宝宝自然后果，能让宝宝很快明白自己应该怎么做，比起苦口婆心地对着宝宝絮絮叨叨有效，能够起到事半功倍的效果。

好奇导致的破坏性错误： 宝宝出自于好奇，可能会把某个玩具敲碎或拆开，看看里面的结构，或者想要了解自己能接触到的事物奥秘等探索，可能采取一些破坏性的行为，来达到好奇和求知目的。只要不对宝宝的安全构成威胁、不是特别贵重的物品，让宝宝尝试着去搞一点破坏未尝不可。宝宝在犯这一类错误的过程中，也许能学到很多平时没有机会接触的知识，这可是宝宝非常难得的一种特质。即便宝宝的探索和破坏行为使自己什么知识都没有获得，至少也会明白某些物品坏了，不可修复，会造成损失的道理。

总之，对于宝宝容易犯错误的习性，只要不构成伤害，尽可以用比较平和的心态来面对。一些不能让宝宝接触的贵重物品，或者可能给宝宝造成伤害的物品，最好藏匿在可靠的位置，避免宝宝发现。

六、幸福能力从小养成

1. 感受幸福的能力

马路宽了，但车却多了，处处堵车，是幸福吗？房子大了，但活动的户外空间却小了，是幸福吗？物质生活充裕了，但是，再好的东西也引不起人们的兴趣和盼望已久的那种愉悦感和梦想成真的快乐，因为生活条件的优越，人们越来越缺少感受幸福的能力了。

幸福，究竟什么？成年人或许因为疲于奔命、终日操劳会神经麻木感觉不到。其实，幸福感是需要培养的，从幼儿时期起，幸福感很早就在人的心里慢慢发芽，渐渐成长……

越来越多新奇有趣的玩具，越来越多花样翻新的游艺活动，越来越高消费层次的物质生活，爸妈的宠爱与娇纵，对于宝宝的每一个要求都及时满足……然而，越来越多的宝宝对幸福的感觉变得淡漠，对于优越的物质生活显得麻木不仁，把优裕的条件视做理所应当，失却了感受幸福的能力。不禁有人提出疑问，能带给人们愉悦的快乐感，就是幸福吗？怎样才能培养宝宝感受幸福的能力？

2. 愉悦本身，并不等于幸福

感受幸福的体验和能力，是不依赖物质而存在的，也不是稍纵即逝的短暂愉悦感和快感，而是克服眼前困难、在心理上战胜自我的巨大胜利以及由此带来的自豪和成就感。由此可见，能得到很多愉悦的宝宝未必能产生相应的幸福感，换句话说，愉悦本身，并不等于幸福。

愉悦，是建立在健康的身体和心理需求基础之上的自然感官享受。幸福则是超越

自然感官限制而获得更大价值的精神愉悦。感受愉悦，比感受幸福所需要的能力低级得多，宝宝只要拥有健康的感官功能和自然的身心需求，一旦得到外界的满足，快乐就到手了；但宝宝如果在家庭中与外界相互作用的时候，未必总是有求必应，来得快去得也快的愉悦感便会不翼而飞，于是有的宝宝就可能与各种消极体验“结盟”：发泄、生气、苦恼、急躁、焦虑、紧张、愤怒、攻击、赌气……

然而，有幸福感受能力的宝宝，则能调动各种积极因素来摆脱困境：发挥想象力幻想一件比眼前更美的事物，自言自语编一则故事逗得自己开心，摆弄一下自己现有的玩具分一分心……总会有办法让自己快乐起来，因为愉悦主要来源于自己的内心，而不是外部世界，能够做到这一点的宝宝，就能够与幸福感“相伴”了。

由此可见，愉悦感是靠不住的，幸福感才靠得住。爸妈不仅要奉送给宝宝快乐，更要培养宝宝感受幸福的能力。

3．培养幸福感，是情商教育的重要内容

❶ **积极应答，但不立即满足：** 1岁以内的幼儿是属于感觉型、冲动型的，有了个体的要求不会用语言表达，通常用哭声表达自己的生理需求，以及渴望妈妈关注、对于母爱的需求，而在成年人理解中，哭声则是难过、痛苦的信号，怎么能让宝贝难过、痛苦呢？妈妈在身边，随时都能响应宝宝的呼唤，于是宝宝的哭声越少，就能越增强妈妈的成就感，一年多以后，妈妈会很纳闷：宝宝怎么那么缺乏耐心、那么不擅长于等待呢？怎么会稍不如意就大哭大闹地发脾气呢？实际上，不要以为宝宝天生就有这么大的脾气，因为妈妈的有求必应，一直在“培养”宝宝的急脾气。

如果用延迟满足的方式，宝宝的耐心和脾气就会锻炼好得多。当宝宝用哭声表示饿了，需要吃奶的时候，妈妈可以远远地用声音答应着：“妈妈就来了——”然后用“蹋蹋踏踏”的脚步声告诉宝宝，妈妈马上就到，到了之后，再拿着奶瓶再跟宝宝聊两句：“宝宝饿了，该吃奶了！”这样拖延几秒钟，以培养宝宝的延迟满足能力，简短的哭声也能锻炼宝宝的肺活量。这种办法，是积极应答宝宝的最佳方式。相反，二话不说，立即满足宝宝的愿望，是充满爱心但缺乏智慧教育用心的方式。

❷ **拒绝而不惩罚：** 2岁左右的宝宝，逐渐懂了一些事，身体运动和语言表达能力也增强，于是可能会尝试用一些方式来挑战爸妈的爱心和耐心，为自己争取更多的权益。然而，宝宝采取的有些方式是不安全、不礼貌甚至蛮不讲理，遇到类似情况，一定要给予拒绝，但拒绝不等于惩罚。研究发现，惩罚，也能培养宝宝的延迟满足能力，

但不是自我延迟满足能力，而是外在的延迟满足能力。自我延迟满足能力，是宝宝内化了成年人的要求，会变成安心和乐意控制自己的行为规则，即使是妈妈不在身边，宝宝也会懂得自己应该怎么做。

拒绝，是明确坚定地告诉宝宝“不”，同时提示给宝宝更好的行为规则和方式。惩罚，则是对宝宝所犯的错误本身特别关注，用大声训斥、打屁股或者打手掌心等方式使爸妈的不满情绪得到发泄、使宝宝感到害怕，但是问题本身却没有得到妥善解决。因此，爸妈要把握好拒绝与惩罚的界限，让宝宝在被拒绝而不受惩罚的教育方式中，滋长自我延迟满足能力。

(3) 维持和谐美满的家庭环境：感受幸福的模式，在家庭中可以代代相传。宝宝成长以后的生活内容，有可能会与当前的爸爸妈妈截然不同，但是对生活内容的评价：是幸福还是不幸福，亲子之间则会有着惊人的相似程度。有调查发现，爸妈自己感觉到家庭环境和谐的，宝宝自我延迟满足能力绝大多数都发育得更好，证明爸妈和谐的家庭环境，为宝宝感受幸福的能力奠定了坚实的基础。

七、培养做家务，生活好习惯

1. 让宝宝做家务

培养“做家务”，对于3岁左右的幼儿来说，并不和成年人所想的家务范围一样，还包括生活处理能力，可以依照宝宝的身心发展，试着让宝宝学习做一些游刃有余，且觉得相当有趣的事。

在生活中培养，让宝宝做家务，是帮助宝宝成长的最好机会，不仅能增加宝宝做事能力，更能培养宝宝的责任心。在培养宝宝做家务习惯时，需要时间、耐心和周详的计划，让宝宝能“自主自发”地去做，才能达到教育的效果。

2. 从个人分内工作开始

不妨让宝宝从日常生活中的个人分内的事开始学习，包括生活自理能力，学习把自己衣服穿好、放好，玩具自己收拾好，脏衣服放进篮子里，让宝宝慢慢习惯做家务，做自己分内的事。

清洁员与收购员。让宝宝假设自己是一位清洁员，开着一辆清洁车，清扫各种玩具和物品，然后交给收购员（妈妈）处理。借游戏培养宝宝做家务兴趣。

过家家。利用玩具、餐具包括杯、盘、汤匙、锅等与宝宝玩做家务游戏。“宝宝，平常都是妈妈做饭给你吃，你也炒个菜给妈妈吃好吗？”“宝宝做的菜真好吃。吃完了，现在我们一起将桌子、盘子、碗收干净好吗？”借游戏达到教育效果。

引导宝宝一起做事：择菜，让宝宝一起参与，从择菜到洗菜，让宝宝知道所吃的菜需要经过哪些步骤才能食用，从学习中诱导宝宝做家务。

洗米、煮饭：从打开米缸舀米，邀请宝宝一起参与，并告诉宝宝舀量多少。洗米时可以告诉宝宝，这水除洗米外，还可以留着做别的用途，例如洗菜，让宝宝除了参与家务外，还能教育宝宝节约用水的概念。

扫地、擦桌子：找出一块宝宝专用的抹布或扫把，让宝宝试着去打扫卫生，或教宝宝如何做才能把桌子和地板弄干净。

晒、收、叠衣服：晒衣服时可请宝宝帮忙拿衣架，由妈妈晾衣服；收衣服时，宝宝还小，可以负责拿自己的衣服；叠衣服时，也可以教宝宝学习折叠和分类放好。

做家务的态度：为了让宝宝以做家务为乐，可以制作一份家务成绩单，逐项打分，给予适当鼓励，也让宝宝了解爸妈平时做家务的辛苦。

3. 引导宝宝学习做家务

各年龄段幼儿的动作技巧、认知程度、体力、耐心均各不相同，对宝宝做家务的要求，应当视宝宝能力范围，不宜超过，以防止宝宝因受到挫折而产生抗拒和畏惧情绪。

一定要和宝宝一起做家务，如果宝宝“越帮越忙”，把现场搞得一塌糊涂、乱七八糟时，更要耐住性子，教会宝宝改正并正确示范方法。

“多容忍、少责备”，指导宝宝的时候，口气要温和，不宜高声斥责，要有耐心、

有步骤，用游戏的方式和心态指导宝宝学习。

爸妈自身对做家务的态度要端正，不能让宝宝从爸妈的言行举止中察觉到做家务是件令人厌烦的事。此外，夫妻间对家务的分工要妥善安排，避免使宝宝产生“做家务是女孩的事”的错误观念，让宝宝有正确认识，“家”是属于每个人的，家里的每一件事，大家都有义务去做。

满足宝宝好奇与学习动机的同时，安全问题也不容忽视。不宜让宝宝单独拿取危险物品，较大一点的可以教给宝宝正确使用方法和动作，以保安全。

无论宝宝做得如何，别忘了给予赞美和鼓励，让宝宝知道，每件“小事”都有成就，宝宝因为年纪小，能力、耐力都有限，不如大人做得纯熟。但没有关系，熟能生巧，只要宝宝已经很努力就达到了目标。

对于年幼的宝宝来说，生活就是游戏，游戏就是生活的全部。所以，学习做家务是一种学习，也是一种游戏。别忽略培养宝宝做家务的习惯，需要时间和耐心，唯有愉快、自主自发地做，才能达到教育的效果，在宝宝做家务同时，灌输给“宝宝种种作为对全家人都有帮助，是不可缺少的一份子”。智慧地引导宝宝学习，能让宝宝在游戏中快乐地学会做家务。

早教启蒙小贴士

不同年龄段的不同特点

1岁以前的婴儿，可以自己拿汤匙吃饭，拿拖鞋或递物品给爸妈，收集垃圾、把衣服、玩具放进篮子里等。

2岁的幼儿可以擦桌子、练习洗自己用过的盘子、杯子，在限定的空间范围内扫地、擦地板，把将同样式、同颜色衣服叠好放在一起、把垃圾扔进垃圾桶内。

3岁的宝宝要开始进入幼儿园过集体生活，可以训练把用过的毛巾挂好、牙刷放整齐，学会清理自己吃完饭后的桌面等，对宝宝来说不是难事，可以放手让宝宝学着做。

1岁半至三四岁左右，是宝宝发展自理能力的阶段，如果发展的好，宝宝的自主性能提高，还有助于建立自信的人格，这个阶段应当尽量让宝宝学习自己动手做，如果这个阶段没有能建立起良好生活自理能力，一旦进入集体环境中，宝宝会对自己能力产生怀疑，在人格的发展上也会出现问题。

第二节 3~6岁宝宝成长知识速查

一、及时发现早慧趋势

1. 日常生活可以发现宝宝早慧的萌芽

现代社会，信息来源广泛，宝宝从小见多识广；加上生活水平提高，使宝宝在脑部发育快速时期获得丰富的营养。因此，众多爸妈习惯把宝宝的表现与自己幼年时期比较，然后发现：这宝宝太聪明了！这是不是意味着家中养育了一个天才宝宝呢？早慧教育研究提示，通过日常生活，可以发现宝宝早慧的萌芽。

2. 早慧幼儿的类型

一般说来，早慧幼儿的四大类型：小教授型、隐藏型、叛逆型、创造型。

早慧幼儿拥有三种特殊的特征：

疑问多、问题多，并且不以获得表象性的答案为满足。

具有广泛的兴趣，且能够专注地去追求。

展现创造性与原发性思考，有寻常一般幼儿不可比的想象力。

3. 及早发现早慧儿很重要

家有早慧儿，如果宝宝生活得快乐而满足，同时幼儿园或学校能提供适当的刺激，并不需要给予特别的帮助。

但是，及早发现早慧幼儿非常重要，如果宝宝的能力被低估，宝宝可能会采取一种被动消极的学习态度，问题行为、退缩、抑郁等性格特性都可能相随而生。当然，也不能过高地估价宝宝，若宝宝无法达到爸妈的期望，失望、挫折甚至反社会的偏执性行为都可能产生。

目前，通常使用的智力测评工具来对幼儿的智力进行测评，测试内容大多着眼于词汇理解、空间推理、图形思考等能力，与宝宝的日常生活能力、环境适应能力、交往能力等综合能力几乎没有关联。

因此，可以预期一个早慧幼儿在记忆力、思考能力、学习能力方面有优势，但宝宝身心发展程度并没有超越一般的宝宝，这一点值得人们的注意——再聪慧的宝宝也是宝宝，宝宝在生活处事能力方面，未必能够同步出现早慧。

二、领会距离空间概念

1. 让宝宝进一步理解空间概念

早期开始对宝宝进行方位概念的引导，让宝宝理解空间概念的第一步，是教宝宝跳、跑、爬等活动，开发宝宝的肢体意识。随后宝宝开始注意到自己身体各部分的位置，如“我的鼻子在脸的中间，我的脚指头在脚掌的末端”等，宝宝发现自己可以通过站立、坐下和爬行，来改变身体高度和形态。然后，宝宝逐渐学会理解自己的身体和外界环境的联系，如何根据不同的指令来移动身体，如站立、蹲下、前进、后退和转圈等。

通常，宝宝会通过与他人的联系，从而学习理解自己的身体位置，然后通过周围的物体比照结果，来学习理解身体的位置。多数2岁左右的宝宝可以区分，周围的物体哪些很容易拿得到，哪些却离得很远。

2岁半到3岁的宝宝的词汇中，已经加入了越来越多的描述空间位置的单词。3岁的宝宝已经知道家里东西放置的位置，知道在哪里可以找到毛巾，找到自己的鞋子；能够正确的回答出猴子住在哪里，用手指出屋顶在哪里。被问到“你住在哪里”，3岁的宝宝一般可以回答出自己家住街道或社区的名字。

实际上，帮助宝宝学习关于空间位置的词汇，是一件十分有趣的事，可以成为日常生活中例行的习惯。宝宝学会说一个单词前，反复让宝宝听到这个单词，并理解含义很关键。教给宝宝学习空间概念时，指令要非常的明确和详细，例如，教给宝宝“我们家在哪里”，“爷爷奶奶家在哪里”，这两者之间有多远，在不在同一个城市，在同一个城市意味着什么，不在同一个城市又意味着什么等。

2. 学习空间概念的有效步骤

和宝宝一起玩滚皮球游戏，与宝宝的距离在不断调整中，宝宝通过活动，可以学着了解自己和爸妈之间的空间距离感。

让宝宝在家里找出3件放在……下面的东西，3件放在……里面的东西和3件放在……上面的东西，有助于宝宝习惯于理解“之下”、“之中”和“之上”的空间概念。

在家里设置翻越障碍的训练，把椅子、桌子和一些纸箱摆放好，然后让宝宝在这些障碍物里，进行钻、绕、爬等肢体活动，身体力行“越过”、“穿过”、“绕过”等空间距离概念。

在宝宝的日常交谈中，循序渐进地使用一些方位名词，或多给宝宝一些带方位名词的指示，例如，“你藏在卧室门后面”、“皮球滚到了沙发下面”、“把水盛到碗里面，勺子放进杯子中”、“盖子盖到锅上面”等，日常生活用语中的方位、空间、距离有助于宝宝理解表示方位的语言。

带宝宝去超市时，让宝宝多留心观察人们的举动，例如，把苹果放进纸袋里；把饮料放到购物车篮子里面；把麦片粥放在面包的旁边等。

在游戏场玩，可以不时提醒宝宝：“头顶上有一架飞机开过。”或是“从滑梯上走下来，到左边的台阶那里去。”

给宝宝穿衣服的时候，可以一边穿一边说：“鞋子穿到你的小脚丫上，把你的小胳膊套进衣服里。”

给宝宝洗澡时，可以给宝宝一些简单的指令如：“把头往后仰；把双手放进水盆里。”

在厨房准备晚饭时，可以让宝宝帮忙：把勺子从抽屉里拿出来，然后放到餐桌上。这些活动可以让宝宝学会听从指示，理解表明方位的词义。

宝宝看图画书时，可以指着书中人物和物体的位置：“看，树上面站着一只乌鸦，它的嘴上叼着一片肉，狐狸站在树底下，抬头看到了乌鸦嘴里的肉。”通过图画故事的

讲解，还可以进行动作演示，不仅能理解表示方位、空间概念的词义，还能够通过对故事情节的描述，使宝宝直观地理解人物动作和方位之间的互动关系。

三、成长的“麻烦”

宝宝要么过分淘气，要么过于安静，要么突然变得容易发脾气，总是“无理取闹”。本来熟悉听话的乖宝宝，忽然变成了一个制造“麻烦”的源头，会使爸妈们愁眉不展。其实，就像人们开车去旅行，会遇到不同的风景，在宝宝的成长道路上，也难免要进入因为身体或者心理发育而产生的不同“麻烦”阶段。

1.“永动机”宝宝

活跃、精力旺盛、几乎没有一刻能闲得住，对学龄前的宝宝来说，这是成长发育的必由之路。宝宝们需要探索和了解周围的世界，也需要学习如何能够把独立起来的自己身体的各个部分“运用自如”。这种活跃的高峰期，通常会出现在2~4岁之间。有一些宝宝则会表现得格外精力过剩。一般来说，随着宝宝神经系统的逐渐成熟，渐渐地就不会总是烦躁不安了。通常情况下，6岁的宝宝会比4岁的时候更加能够“坐得住”，而等宝宝长到8岁时，表现还会好很多。

应对宝宝的“好动期”，良好的行为管理是关键。要为宝宝旺盛的精力找到发泄的出口。如每天抽时间去操场玩，或者在周末去做短途旅行。同时，要尽量避免去人群拥挤嘈杂的地方，以免给宝宝更多的感官刺激。如果要带宝宝去那些需要时间保持安静的地方，如电影院或图书馆，要尽量缩短停留的时间。还要注意让宝宝养成良好的作息习惯，尤其要固定起床和睡觉的时间。作为爸妈，则必须要适应宝宝的这种“活跃”的过程。

如果宝宝表现得特别不安静，容易冲动，很难集中注意力，那么可能就需要找医生咨询。因为这些表现，可能预示着宝宝有某种疾病。

2.小小“反抗者”

从宝宝第一次对妈妈说“不”开始，爸妈就要注意：宝宝可能在不经意之间，已经进入了成长道路上的一个新时期——逆反期。如果宝宝开始发现，自己可以控制自己的行为，会特别不愿意别人再干涉自己。

宝宝的这种逆反的心理，通常会在3岁左右达到顶点。这时候，幼儿的语言中开始越来越多地出现“我”，或“我要……”等字眼儿，事事都想占据主动权。在面对一些能改变宝宝日常生活的事上，比如上幼儿园，一定要做好迎接反对和挑战的心理准备——“期待”的宝宝会采用各种各样的，往往是不正确的方式来解决自己的问题。

应对“反抗”行为，在任何可能的情况下都尽力为宝宝提供“自己当家作主”的机会。如早晨起来穿什么衣服，早餐吃蛋糕还是炒饭……如果宝宝表现出合作，一定要及时夸奖。而且，对于怎样做是对的，怎样做不合适，爸妈一定要划明清楚的界限。如果宝宝表现得很固执，就需要帮助宝宝了解和表达自己的情绪——宝宝有可能因为感觉受到了强迫或者遭遇了挫折，才变得如此固执。

如果宝宝一向都很乖很合作，突然变得不听话和好斗，那么一定是情绪出了什么问题。可能有什么事情影响到小家伙，使宝宝不高兴：如家里出现某种变化，或是在幼儿园遇到了什么问题。一旦问题解决，一切都会重新恢复，所以，对待突然的反抗，不妨细心查找到原因。

3. 易受惊的“小猫”

让宝宝们害怕的东西，随着年龄的增长而会常常变化，如较大的噪声、冒着热气的洗澡水、京剧里的大花脸或电影中看到的三维动画怪兽。逐渐长大后，有的宝宝可能又开始怕高，或害怕拥挤的地方。宝宝们的某些恐惧，如怕黑，通常会随着宝宝生活环境变化而产生，如搬了新家、或刚开始上幼儿园。

遇到宝宝出现胆小害怕的情况，可以找个机会跟宝宝谈一谈感受，不宜嘲笑或者蔑视胆小的表现。同时要注意为宝宝提供切实有效的帮助——“来，拉着妈妈手，就不怕了。”告诉宝宝，有能力自己战胜恐惧，随着宝宝一天天长大，对抗恐惧的能力会越强。如果宝宝的恐惧感，已经引起了身体的不适反应，或恐惧的情绪持续好几个月还不能缓和，则就需要寻求专业医生的帮助。

4. 害羞的“小天鹅”

有的宝宝需要比别人用更多的时间来适应新的环境。有的宝宝天性羞涩，这类宝宝在参与活动、走入新的环境、或与新的陌生人接触的时候，往往需要先用很长时间来熟悉情况，确认安全之后才会进入角色。研究显示，有3/4天生有羞涩感的宝宝，会把这种个性保持到8岁，甚至到14岁。

越是害羞的宝宝，越需要宽松能提供安慰的家庭环境。这样的环境，认可宝宝安静的个性并允许宝宝自由发展，这一种宽容力，则是帮助宝宝改变羞涩心理的最好方法。

永远不要责备一个害羞的宝宝，或者强迫宝宝做不愿意做的事。如让宝宝表示欢迎一位不熟悉的亲戚，或者把宝宝独自留在朋友家里。如果想送宝宝到朋友家参加聚会，最好先邀请朋友和小朋友到家里来玩，这样可以给宝宝一个适应过程。同时，要注意鼓励宝宝参加一些感兴趣的活动，如上舞蹈课或手工小制作班。如果宝宝拒绝参加所有的集体活动，出了家门后几乎一言不发，拒绝上学，没有任何原因地表现得神情茫然……这些现象需要高度警惕，与心理上的病理因素有关。

5. 武力“小斗士”

好斗，是宝宝们天性的一种，好斗的宝宝往往会把这种天性表现贯穿到整个童年时代。男孩通常会比女孩更喜欢诉诸于武力。但是，宝宝的好斗也有可能是短期行为——宝宝们生气、害怕或者悲伤，搬了新家，不愿意去上幼儿园……有可能导致小家伙的暴力行为。而这种情况，通常在宝宝的情绪得以缓解之后，会随之消失。

对于幼儿普通的“暴力行为”，只需要清楚告诉宝宝“这样做不行”，告诉宝宝希望怎么做就行。如果宝宝打了人，需要在了解到底是什么样的坏情绪，导致宝宝做出暴力行为的同时，不妨问一问宝宝，是不是想过被打宝宝的感受：“被推开的那个小朋友会哭吗？……如果有礼貌地请人家让开，是不是会更好呢？”引导宝宝了解别人的感受，注意培养宝宝的同情心也是一个好办法，能帮助改善宝宝的行为。

可能导致宝宝受伤的暴力行为，以欺负别的宝宝为目的的行为，是爸妈最应该警惕的。如果发现自己宝宝对周围的人或事表现出敌意，则更需要留心观察或请求专业帮助。

6. 儿童“忧虑期”

所有的宝宝在成长的过程中，都要经历一个“事事担心”的时期。小一点的时候，宝宝担心会和爸妈分开，担心要去上幼儿园。再大一些，可能会担心死亡。到了7岁左右，宝宝的担心内容会更“丰富”一些，常常包

括对现实世界的关注。听到新闻报道说有大风、飞机失事等，都会引发宝宝们的不安。

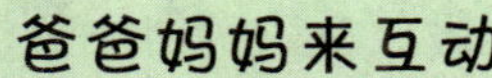

爸爸妈妈来互动

认识环境

外出散步时，可以教会宝宝熟悉和认识居住区的环境、标志物，先认识家门，再教宝宝认识附近的几条路、附近的商店等，以及爸爸妈妈常去的地方，然后教宝宝顺利地找到家。

不要对宝宝担心的事情表示蔑视，也不要夸大。帮助宝宝从一种坦诚，到能够带来安慰的角度来看问题：“是的！确实有的地方会地震，但这种可能性非常小。”还可以通过提问题的方式，帮助宝宝缓解忧虑。如可以问：“你自己想一想，如果听到很大的雷声，怎么样做才能使自己不那么害怕？”类似的问题，可以使宝宝觉得自己能够帮助自己，减轻担心程度。另外，如果爸妈自己就是一个很爱担心的人，则千万要控制自己的情绪，不要在宝宝面前显露出来。爸妈的担心在宝宝那里往往会被放大数倍，显得更加严重。

宝宝的忧虑情绪如果表现得没完没了，很长时间都不能缓解，或导致一些身体反应：如失眠或者恶心。如果担忧和害怕情绪，干扰到宝宝正常的上学或日常生活，这些情况需要专业的心理医生来辅导。

四、博闻强记的宝宝

1. 博闻强记，是人们对记忆力的赞赏

通俗地说来，记忆，包括“记”和“忆”的过程，比如让宝宝反复诵读一首唐诗，是为了“记”住，过几天以后，在客人面前背诵，就是“忆”的过程。

一个人记忆能力的水平，反映在四个方面：记忆的速度快慢，记忆保持的时间长短，记忆内容在重现时正确与否，在自己的记忆内容中提取所需要信息的速度。其中，记忆内容的正确性，是记忆力好坏最重要的标志，迅速从记忆中提取信息的能力，是个人才智的展现。因此，要造就聪慧的宝宝，不可忽视对于宝宝记忆力的锻炼。

2. 幼儿记忆的一般规律

❶ 对形象事物的记忆效果较好，不善于记忆抽象事物。宝宝观察、感受过的具体形象的事物，在头脑中储存下来的形象叫表象，比如“天安门”、“幼儿园”、“汽车”等是具体的形象，而不是抽象的概念。表象储存越多，越有利于宝宝掌握知识、发展思维和想像力，特别是认识某件事物时，告诉宝宝事物的名称，让具体的形象和抽象的语词相联系，可以提高宝宝的概括能力，促进记忆的准确性和提取信息能力发展。

❷ 较多以机械的方式记忆，不善于理解记忆。宝宝们虽然不理解，但在成年人的反复教导下，仍然能背诵出很多唐诗、英语单词。利用机械记忆，让宝宝多背诵一些容易理解的儿歌、童谣，做一些需要记忆的数字和分类概括性游戏，有利于帮助宝宝学会理解基础上的记忆，提高记忆能力。

❸ 记忆活动容易受情境或情绪影响。通常，幼儿对于伴随动作和较强情绪体验的内容，记忆效果会更好。比如，受到成年人表扬而情绪高涨时，记忆、背诵诗歌，记忆既较快又准确；宝宝们一般对周围环境中形象鲜明、生动的事物记忆较深。

3. 提高宝宝记忆力的强化练习

❶ 重复印象：使要记住的事物在宝宝头脑里形成深刻、清晰的印象，一遍又一遍反复地听或诵读，是一种简便易行、行之有效的记忆方法。大多数宝宝愿意重复，比如反复听同一个故事，多次到一个游乐场所游戏，在活动过程中加以必要的引导，如讲故事，指路、说出游乐器械的特点等，可以强化记忆。

❷ 明确目的：指出让宝宝记忆事物之后的结果，能提高宝宝记忆联系的积极性；比如仔细观察一辆汽车，记住车的外形，回家后画出来；练习讲一个小故事，再玩的时候讲给小朋友听，记忆的效果会更好。

❸ 多感官参与：认识事物时，让宝宝尽可能动用多项感官参与，能使头脑中留下的印象更全面、更清晰，有助于记忆内容准确、保持时间延长。比如背唐诗选用诗配画的画册，边听边说、边看着图、还能找一找诗中描绘的景物内容，用手指一指。

❹ 归类记忆：记忆材料较多时，引导宝宝对材料进行分类和概括，帮助宝宝在理解记忆内容的过程中，进行逻辑记忆，能使记忆深刻、思维有条理、巩固学到的知识，

并初步系统化。如给宝宝几张物体的图片，看几分钟后拿走图片，说出看到的图片内容，宝宝一般能说得较准确，即记忆清楚；而如果图片较多，宝宝则会逐渐发现图片内容之间的关系，对图片进行比较、分类，进行概括之后再识记，把图片内容划分为“衣服”、“家具”、“交通工具”，然后再记忆不同类别的具体事物。

⑤ 游戏活动：记忆游戏的内容、以游戏的方式记忆某些事物，是发展宝宝记忆力的重要方法。家庭中可以自编游戏，在轻松快乐的亲子同乐活动中锻炼宝宝的记忆力。如用实物或图片让宝宝看一看、想一想“什么东西没有了”、“哪一种变多了”，和宝宝轮流讲一个故事的不同段落等；亲子游戏活动的好处在于，不拘时间、场地，随时可以进行。

⑥ 应用巩固：人类获得任何知识技能后，如果没有应用的机会，都会逐渐遗忘。让宝宝记忆知识、经验，一定要给机会，鼓励宝宝应用到生活活动中，以求“熟能生巧”。结果会加深宝宝有关知识经验的印象和理解，提高记忆的准确程度，延长记忆时间，一旦需要时，能够迅速、轻松提取，提高记忆效果。

⑦ 联想巩固：引导宝宝把已知的知识经验和正在学习的新知识联系起来，有利于巩固旧知识，更能够把新知识有序纳入记忆的网络，易于巩固，提高综合应用能力。

4.家长对知识和记忆力理解误区

博闻强记，是死记硬背大量书本知识。教育的根本目的，是教宝宝感受生活、创造生活，掌握生活必需的知识经验。对宝宝的形象思维而言，获得知识经验的主要途径是生活、游戏；在动手操作大量的物体和材料中，在与亲人、师友的交往中，宝宝以直接感知的方式而“博闻”，在生活中，在反复练习中而“强记”。所以，要宝宝博闻强记，首先要有充分的自由活动的时间和机会，能“闻”能“记”；要避免死记硬背宝宝根本不能理解的书本知识。

宝宝学习时一定要严格要求，不能有笑脸。愉快的情绪和自信心，能够使宝宝积极学习、主动记忆，强化记忆效果。要对宝宝给予及时、适当的表扬和奖励，如一个微笑、一个亲吻、一场游戏“大战”、一块糖果等，都能使宝宝在获取知识经验的同时，感受到愉悦美好的心情，从而增强自信心，智力活动则会更积极。宝宝具有自我学习的能力，不宜苛求宝宝学习由爸妈指定的书本知识，更不能因为不理解而责怪宝宝“记不住”。采取高压手段和急功近利，只会导致厌学、记忆水平降低，一定要避免。

反复的、长时间的练习就能记住。宝宝虽然会在爸妈的要求下反复诵念，如果注意力不集中，则不会有效果。识记时的兴趣，是注意力能否集中的关键。要善于激发宝宝的识记兴趣，识记内容应当选择宝宝感兴趣、能理解的知识经验。识记的方法宜以游戏为主，丰富多样，避免单一的死记硬背。识记的过程中，给宝宝多一点鼓励和赞许。

五、好胜与竞争

1. 竞争也是一种交流方式

从3岁起，宝宝们的竞争意识日益强盛。在这个年纪的竞争是本能的，也是不可或缺的。宝宝会在竞争中受益匪浅：学会评价自己和别人的能力；学会与他人相处——竞争也是人类交流的一种方式；学会面对压力；学会自信；学会应对失败和成功；学会自我表现和肯定等。

2. 好胜与竞争需要注意的问题

当然也要注意，如果事事竞争、时时竞争，会拔苗助长，压抑宝宝的天性，导致偏执。

不要阻止宝宝的竞争。竞争，标志着宝宝的成长，以及衡量成长是否适龄，阻止宝宝的竞争没有意义，爸妈需要给予宝宝一定的鼓励，或者予以疏导，比如宝宝在某一方面的竞争中失败了，应该告诉宝宝：“你虽然在幼儿园跑步很慢，但是你的手工做的特别漂亮。”

成功与失败，在这个年纪表现得很直接，虽然宝宝在“失败”时的挫折感很真切，但是只要评判标准是天然的，或者小朋友们自己定的，而不是老师或家长强加的，宝宝们就会很快摆脱挫折感。

竞争鼓励也不宜过多。由于竞争是这个年纪的宝宝的天性，宝宝们在幼儿园也适应了竞争机制，如果爸妈把比赛当成手法来使用，宝宝往往会乖乖上钩。但是，如果家庭中类似的竞争鼓励过于频繁，甚至处处都以成败论赏，宝宝就会有过大的压力，还会产生一种错觉：爸爸妈妈的爱，与我的成绩、能力有关。

如果竞争的动力来自宝宝自身，最好听任宝宝自己去处理。如果以爸妈的虚荣来鼓励宝宝，或者禁止宝宝参与竞争，都是有害的。

六、纠正不良习惯

宝宝总归是宝宝，身上或多或少都有这样或那样的毛病。爸妈一旦发现宝宝出现一些“屡教不改”的问题，就会感到不能容忍，动不动就对宝宝发脾气，甚至责骂宝宝。这样做不仅不能帮助宝宝改正坏习惯，相反会影响亲子关系。如何才能帮助宝宝纠正“问题”、改掉坏习惯呢？建议采取下面几种方法。

1. 宽容的态度

有一些坏习惯养成后，宝宝自己也不喜欢，但却又无法控制自己不去做已经习惯的事。爸妈应当对宝宝采取宽容的态度，帮助宝宝改正缺点的时候，就要耐心地一遍又一遍地指出问题。

鼓励永远比批评有效，哪怕宝宝只有一点点的进步，也不要吝啬表扬，爸妈一个赞许的微笑，一个会意的眼神，都能让宝宝受到鼓舞。

最好不要与同龄的宝宝相比较，最重要的是宝宝过去的表现和现在的行为。一种不好的习惯养成，来自于潜移默化之中，要彻底纠正，也需要一个过程，对于宝宝偶尔的退步不要表现出失望，要相信宝宝可以解决自己的问题。

宝宝有了坏习惯，即使是“屡教屡犯”也不要因此而抱有成见，误认为宝宝不可教化。爸妈如果有了这样的心态会伤害宝宝，不仅不利于纠正坏习惯，也不利于宝宝的发展和成长。

不要在心理上给宝宝压力。宝宝看起来虽然天真无邪，但和成年人一样能感觉到环境或别人给予的心理压力，这种压力不能有效地帮助宝宝认识自己的错误行为并改正，因此，要尽量为宝宝减轻心理压力。

2. 善于抓住时机

引导和教育宝宝摆脱坏习惯要适

时。宝宝的多数坏习惯是一种无意识的行为。一般情况下，可以在发现宝宝坏习惯后立即进行纠正。

例如，发现宝宝不洗手就吃东西，就及时给宝宝讲明“病从口入”的道理，并督促宝宝饭前便养成洗手的习惯。宝宝再吃东西时，就会想起了上一次爸爸妈妈的教导。对于宝宝的进步，要及时地表扬和鼓励。

3．发挥榜样的作用

俗话说：“榜样的力量是无穷的。”有时候，针对宝宝难以改正的坏习惯，不妨在平时生活中树立一个榜样，例如，找一位年龄相仿相近的小朋友来，一起住些日子，耳濡目染，天长日久，好的习惯形成于自然，在不知不觉中能改正不足。

4．利用讲故事改缺点

批评和教训，并不是纠正宝宝坏毛病的唯一途径，因为宝宝自我认识能力还不完善，如果一味地批评而不给宝宝举例说明为什么要这么做，宝宝会产生一种逆反心理，不愿听从教导，反而会强化自身的坏习惯。在这样的情况下，不妨通过给宝宝讲故事、念儿歌等寓教于乐的形式，让宝宝自己意识到自己身上的缺点。

5．循序渐进效果好

最需要明白的是，宝宝的坏习惯不是一天两天养成的，因此纠正的要求不能太高，要切合实际，要有耐心。不要指望宝宝在短期内把坏习惯完全纠正过来。要多一些宽容心，多给宝宝一点时间，只要每次都有一点改正就可以。在有些情况下，以前改正过的坏习惯可能会在宝宝身上反复出现，这也是正常的，不必操之过急。

6．转移注意力

发现宝宝的坏习惯“屡教不改”时，千万不要认为是宝宝在故意对抗，也许宝宝自己还没意识到又犯错。可以根据宝宝的特点和喜好，转移宝宝的注意力，比如，发现宝宝又在咬自己的指甲，可以让宝宝动手整理房间，让宝宝忘掉自己刚才的行动。

细心的爸妈还可以在家里显眼的地方，贴上简单明了的提示图画，时时提醒宝宝。时间长了，宝宝自然而然就会忘掉自己曾经有过什么坏习惯。

纠正宝宝不良习惯，不是一朝一夕就能完成的，需要持之以恒及家庭成员的配合，同时，爸妈也不妨在自己身上找一找原因，如果发现自己正是宝宝的“坏榜样”，则需要和宝宝一起来纠正。

七、好动的宝宝

1. 多动症

多动症又称“多动综合征”，是幼儿常见的一种以行为障碍为特征的综合症。多动症主要症状有活动过多，注意力不集中，易冲动，有不良行为和学习困难表现。

活动过多。活泼好动本是幼儿的天性，但是，如果宝宝表现出不安宁，喂哺困难，难以入睡，易醒或睡着后难以唤醒，就有多动症的倾向。有的宝宝较早就能站立行走，打翻碗盆，拆散玩具，或独自外跑甚至走失。上学以后，宝宝不能专注听课，上课时会用手敲桌子、乱跺脚。不能坐定下来看一会儿电视，在家中爬上爬下，拉窗户，踢椅子，宝宝的这种活动表现出杂乱、无目的性。

注意力不集中。幼儿注意力的时间，随着年龄增长而增长。多动症的宝宝注意力不集中表现很突出，宝宝的活动无目的性，从一个活动很快转向另一个活动，拿一件玩具没一分钟，就丢下玩另一件，不能专注于一件事，也记不住讲给自己的事，因为不能注意力集中地听宝宝做事表现出有头无尾，丢三落四。

冲动。多动症幼儿做事不考虑后果，如果说要喝水，拿起来就喝，不管水是凉的还是烫的。上街跑，不注意有没有车。在幼儿园里乱喊乱跑，也不会考虑是否影响到别人。在集体活动时，通常不守规则。出些这那问题，并不是宝宝要刻意捣乱，而是因为冲动使宝宝想不到那么多。

不良行为。多动症幼儿好打架，爱顶嘴，不服从，横行霸道，好发脾气，纪律性差等。这一类宝宝过于独立又过于依赖，情绪不稳，时而过于兴奋，时而任意发脾气，甚至发生攻击性行为。因此，这一类宝宝很难于同龄人相处，没有好朋友，缺少同龄伙伴。

学习困难。多动症幼儿在智力发育方面存在一定障碍，难以适应一般的教学安排，往往需要个别辅导。有的宝宝存在感知障碍，造成阅读困难。有的由于神经系统功能障碍，产生运动协调困难，不会使用剪刀，不会系鞋带，写字和画图都存在困难。这类宝宝能力方面发育的不协调，常常会引起老师和家长的责备，而受责备又会使宝宝受到挫折，形成恶性循环。

2. 预防宝宝患多动症的因素

先天体质缺陷。可能由爸妈的遗传因素引起，也可能由于母亲在妊娠期的问题所引起。例如，母亲孕期精神紧张以及其他高危妊娠因素造成胎儿缺氧，影响到胎儿脑发育。

铅中毒。城市幼儿容易受到铅污染，如含铅汽油等，造成幼儿认知、言语、感知障碍。

食物过敏。有看法认为多动症是幼儿对某些调味品过敏引起的。

放射。有研究发现，电视和荧光灯的小量放射，可能造成宝宝多动症的发生。

身体器官异常。有人发现患多动症的宝宝，身体器官不对称，大小比例异常等情况比正常人多。

心理因素。紧张的环境，家庭的不当教育，过多的指责与体罚，是儿童发生多动症的原因之一。

对于已经患上多动症的宝宝，可以在医生的指导下，用药物治疗，同时按医生设计的训练方法进行行为治疗，帮助幼儿培养自我控制能力，改善幼儿的倔犟固执行为，引导宝宝加强注意力，培养宝宝的责任心。只要及时发现，应该及早对多动症幼儿采取治疗，预后效果一般还是会比较好的。

八、恋物癖的趋势

1. 宝宝的依恋癖好会影响人格发展

人类在婴幼儿时期，会本能地透过各种感官来满足探索的需求或安抚情绪，如为满足口腔吸吮欲望，就有吸奶嘴、手指等动作；为满足触觉舒适的感觉，出现抚摸棉被角或熟悉柔软的毛巾、毛毯、棉质纱布、玩偶、枕头等。从生长发育的角度来看，这些现象都属自然过程，婴儿时期因为想睡觉、肚子饿、尿布湿、兴奋、不如意、愤怒情绪等出现时，爸妈可能会随手拿件替代物来安抚宝宝的情绪，这些经常被随手拿来使用的物品一般会有奶嘴、纱布、柔软的毛巾、被子、枕头、布娃娃等。

爸妈的育儿方法，与宝宝的恋物依赖习惯互为因果。人类的成长，是一连串由依赖到独立的发展过程，从依赖母亲的子宫孕育胚胎，成熟后就会脱离母体出生。婴儿期从依赖吸吮乳汁、吸收营养以维持生命成长，逐渐成长以后、会吃饭了自然就会与乳汁永别。随着宝宝年龄的增长，人际关系的拓展与生活作息正常化，多数的宝宝不会对这些替代慰藉物产生依恋情形，长大以后自然会慢慢地对婴幼儿期依附品转移，不再有强烈需求。

对成年人的依赖也是同样的道理，从幼儿时期依附爸妈，等到宝宝的安全感、自信心成熟后就会迈向独立。爸妈在育儿的过程中，也不会视宝宝依恋的物品为有害的东西，但宝宝的依恋癖好一旦形成，可能会发展成对某些特定物品强烈依赖，因而影响独立健康的人格发展。

2. 导致宝宝对玩具上瘾的原因

随着社会经济的发展，人们住房条件越来越好，很多家庭的宝宝会被单独安排在一个房间。白天爸妈上班，跟宝宝接触的时间少，晚上除了吃饭看电视之外也很少有爱抚和亲热，会导致爸妈与宝宝之间缺乏沟通，使宝宝缺少“亲情滋养”，往往会使一些宝宝转移感情投入方向，慢慢形成恋物癖好，易上瘾的往往是生活中接触较多的物品，如惯用的浴巾、爸妈的睡衣等日用品，还有玩偶、动物等玩具。

3. 恋物癖属于轻微孤独症

幼儿“恋物癖”属于轻微孤独症表现，发展下去，重者会造成宝宝敏感退缩、忧郁脆弱的性格。为了防止宝宝出现这样的倾向，爸妈应当增加与宝宝相处的时间，多用亲情和宝宝沟通。一般来说，不提倡过早给宝宝安排独立的“单人间”。对有恋物倾向的宝宝，爸妈要增加感情投入，除用亲情沟通外，可以多准备几个“迁移载体”，转移宝宝对恋物“专情”。

4. 宝宝出现“恋物癖”早期征兆的应对方法

宝宝一旦出现“恋物癖”的早斯征兆，既不要呵斥或责骂、吓唬，也不宜仅仅轻描淡写地说一说，否则会加重宝宝的行为。要注意培养宝宝的兴趣爱好，多与人交往。有类似行为的宝宝一般羞怯胆小、不善于交往、内向且不善于表达自己，培养宝宝多样化的兴趣可以转移注意力，纠正性格弱点，减少不良心理倾向。

第三节 3~6岁启智与能力训练

一、创造力训练——从小问题开始

1. 创造力

什么是创造力呢？创造力和智商相关，但不是绝对有关。一般而言，有高智商的人，不一定有高的创造力；有好创造力的人，却要拥有中等以上的智商。

2. 能力训练

创造力除了“智力”之外，还包括5种重要的能力：敏觉力、流畅力、变通力、独创力、精进力。如果变换了宝宝的房间布置，宝宝一眼就能看出改变的地方，丝毫不差，表示宝宝的“敏觉力”十分高。如果问宝宝们：“茶杯有什么用途？”在限定时间内，能够想出最“多”答案的人，就有着较佳的“流畅力”。变通力，是指宝宝能以不同角度看问题。例如有人问：“你在沙漠里口渴了，要喝什么？”如果甲宝宝回答“开水”、“汽水”、“咖啡”；乙宝宝回答“仙人掌汁”，则乙宝宝要比甲宝宝有“变通力”。独创力，是指能想出别人想不到的看法，而且有实际效果。可以说，所有的“发明家”，都具有高度“独创力”。至于精进力，是指能从更精致、更细密的角度思考。如懂得在纸船上涂一层蜡，防止纸被水浸坏，这“多涂一层蜡”的思考，就是精进力。

二、判断推理能力——思维发展的源泉

1. 生活和活动是宝宝思维发展的源泉

判断和推理，是逻辑性思维能力的重要内容，家庭必须在宝宝具体形象思维的基础上去发展宝宝的抽象逻辑思维。

日常生活和实际活动，是宝宝思维发展的源泉。可以这样引导宝宝从玩水活动中增长智慧：一盆水，另外加上火柴杆、积木、竹筷、铁钉、曲别针、塑料盖、玻璃球……让宝宝自己去玩，宝宝把各种东西放进水盆，结果有的浮在水面上，有的沉到水底，宝宝在玩的过程中发现，木质的、塑料的都很轻，做出凡是轻的东西，都能浮在水面上的肯定判断。重的东西都沉在水底，铁钉是重的，玻璃球是重的，所以铁钉、玻璃球沉在水底，宝宝轻松地做出了正确的推理。

然后，拿出一只空铁盒问宝宝："这只铁盒会沉还是会浮？"宝宝会毫不犹豫地回答："沉。"可把铁盒子放进水中，却会高高地浮在水面上，在摆弄盒子时宝宝发现盒子是空的，空盒子尽管是铁的，很重，却也能浮起来。

宝宝在玩的过程中探索，在玩的过程中进行比较、概括和判断推理，从而认识各种物体的体积、重量、形状和材料之间的关系。

2. 通过实例所获得的启示

让宝宝在玩耍中探索求知。知识，不能全靠机械的记忆，更多的知识是在实践过程中发现获得，宝宝掌握规律性的知识越多，越能促进判断和推理思维的发展。

教宝宝学会用"是……"、"不是……"、"因为……，所以……"等句式，发展宝宝的语言和判断推理概念，逐渐养成判断推理的习惯。

满足宝宝寻找事物原因以及探索事物之间本质联系的求知欲望。让宝宝通过日常生活和游戏活动，主动去探索周围世界的奥秘。注意耐心地、准确地给宝宝解答"为什么"，引导宝宝去发现"为什么"，是培养宝宝判断能力，进而增强推理能力的最佳途径。

爸爸妈妈来互动

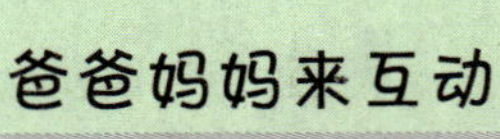

让宝宝闭上眼睛，说出爸妈穿戴的衣、帽、鞋、袜是什么颜色的。如果爸妈也闭上眼睛，说出宝宝穿戴的衣帽鞋袜的颜色，会引起宝宝对这种游戏的兴趣。

三、社会交往能力——与同龄人的交往

1. 宝宝的成长变化

3岁以上的宝宝，男孩会对自己的爸爸、哥哥或邻居的大男孩着迷，而女孩会模仿母亲、姐姐或较大一点女孩。

男孩和女孩之间一些明显的发育和行为差异，是由遗传决定的。一般而言，学龄前男孩更具攻击性，而女孩一般会更加文雅。3~4岁阶段宝宝的许多个性特征，容易受文化和家庭背景影响。即使爸妈都忙于工作，分享着等同的家庭责任，宝宝也会从电视、杂志、书籍、广告牌和朋友或邻居的家庭中，发现家庭中传统的男、女角色。如电视广告会鼓励女孩玩洋娃娃、出于善意的亲属会以洋娃娃做为礼物赠送，成年人和小伙伴也会赞同这种行为，同时，成年人的习惯会指导男孩远离洋娃娃，而从事运动、打仗游戏，虽然男孩曾经在学步期非常喜欢洋娃娃。喜欢动不动就出手打架的女孩被称为“假小子”，喜欢打架的男孩被视为强壮。如果宝宝赞同或反对这一类说法，也不会有人吃惊，因此，宝宝们会依据这些习惯认识来调节自己的行为。在宝宝到进入幼儿园的年龄，已经可以很好地确认自己的遗传特征和性别了。

这个年龄宝宝的性别认同过程，经常会走向极端，女孩会坚持穿裙子、抛光指甲并在上学前化妆；男孩会趾高气扬地走路、表现自信并带上玩具刀枪。这种行为强化了自己的男、女身份。在宝宝早年认识自己性别的过程中，注定会有一些不分性别的态度和行为。压抑宝宝的冲动和行为几乎没有任何道理，除非宝宝强烈拒绝建立这类文化标准。例如，如果男孩坚持每天穿裙子，应该平静地劝说宝宝穿更加传统的衣服。

这个特殊年龄阶段宝宝，也会模仿某些成年人认为是性的行为。如果宝宝的表达非常夸张，可以建议宝宝看书或从事活动来转移注意力。这个年龄的宝宝没有成熟的性观念，宝宝的行为只是戏剧化模仿，因此，对于3~4岁的宝宝所谓“性行为”模仿，爸妈用不着过分担心。

这个年龄阶段幼儿社交能力发育的标志：对新鲜的经历感兴趣；能够与小伙伴们合作；会有意识地扮演“爸爸”或“妈妈”的角色；能在一起发明出更多自己喜欢的游戏；学会化妆和卸妆；开始具备协商解决冲突的办法和能力；宝宝通过与小朋友们

的社会交往，会变得更加自立。

2. 帮助宝宝描述情感和渴望

随着宝宝与人交往的感觉、行为增多和敏感性增加，宝宝会逐渐停止竞争，学会在一起玩耍时与小朋友们相互合作，开始学会轮流玩和分享玩具。通常3岁的宝宝会采取轮流玩或交换玩具的方法，来解决争端。

要注意帮助宝宝使用合适的词语来描述自己的情感和渴望，避免宝宝感到挫折。更重要的是为宝宝做出如何用协商的方法和平解决争端的榜样，如果爸妈脾气暴躁，应当避免宝宝在场时发火。否则，宝宝如果感到受到压制时，就会模仿爸妈发火的行为。

当然，不管爸妈怎么做，宝宝总有很多次会把气愤或挫折感转化成与小朋友动手的打架行为。发生这种情况时，要避免让宝宝伤害小伙伴，如果不能迅速平静下来，就暂时和小朋友们分开。与宝宝谈谈心，让宝宝知道爸妈理解并能接受气愤的感受，让他明白，动手打架不是表达这种感受的好办法。通过提醒，帮助宝宝从别人的角度考虑问题，然后建议宝宝以和平的方式解决问题。最后，在宝宝明白和理解自己做错了以后——不是以前，让宝宝学会向小朋友道歉。然而，仅仅说“对不起”可能不会帮助宝宝纠正自己的行为。宝宝还需要知道自己为什么要道歉，4岁的宝宝已经开始意识到这些做法的意义。

3. 帮助宝宝开发社交技能的游戏

实际上，3岁宝宝的正常兴趣，有助于把纠纷倾向降低到最小程度。宝宝们在大部分玩的时间里在从事自己喜欢的活动，而这一类活动往往需要合作。学龄前儿童和小伙伴经常在游戏中扮演不同的角色，然后进入利用想象或家庭用品构成的虚构情节之中。

这一类游戏，可以帮助宝宝开发重要的社交技能，例如轮流、关心、交流（通过动作、表情和词语）和对伙伴们的行为做出适当反应。假设的游戏，可以使宝宝扮演自己想要的任何角色，也可以使宝宝们共同探索更加复杂的社会思维，如力量、财富、同情、残忍和性别。观察宝宝在虚构游戏中扮演的角色，会发现宝宝已经开始确认自己的性别了。在家里玩时，男孩会扮演爸爸的角色，女孩则扮演母亲的角色，反映了宝宝们已经开始注意到了自己的家庭和周围世界的差异。

现在的宝宝适应了与伙伴们一起做游戏，能相互配合。在这个过程中，宝宝能认识到，并不是所有人的想法都与自己完全一样，每一个伙伴都有独特的性格。宝宝会更加倾向于与另一些宝宝玩，并开始和小朋友们发展友谊。在建立友谊的过程中，宝宝会发现，自己也有一些让人喜欢的特征——这种发现对幼儿的自尊心的培养具有重要的支持作用。

四、秩序感训练——宝宝的秩序感是先天的

1. 了解宝宝的秩序感

秩序感，是人们周围事物形态体现出的均衡、比例、对称、节奏等因素，能带给人们愉快、兴奋、舒服的感觉。秩序还包括时间的秩序，也就是生活规律。宝宝需要一个有秩序的环境来帮助认识事物、熟悉环境。秩序感的变化会引起情绪的波动，有秩序的环境会使宝宝的情绪稳定。

宝宝的秩序感由先天而来。3岁以前的幼儿有着强烈的安全需要，如果被置于杂乱无章、陌生的环境中，宝宝会哭闹。如果宝宝的生活规律被打乱，容易引起身体的不良反应。社会心理学研究显示：3～4岁的宝宝如果有着良好的生活秩序习惯，在6岁之后，能在人际交往中会表现出自如与和谐。0～4岁期间，是个体秩序感发生、发展的敏感期。

2. 家庭中培养幼儿秩序感的途径

多数常用物品，例如家具、玩具、衣服等，尽量保持在相同的位置，让宝宝习惯于每一次玩完了玩具后物归原处。

维持规律的作息时间与地点。例如，吃饭的时间与地点，家人出门及回家的时间等。

例行的日常生活事项，尽量采取相同的步骤。如喂哺、洗澡、穿衣以及睡前活动等。

五、动手能力训练——要适合宝宝的年龄特征

1. 培养动手的好处

培养宝宝动手的能力，对于宝宝的生长发育有着极其重要的促进作用。因此，在平素的家庭生活中，应当有意识地针对宝宝不同的年龄特征，安排适当的动手操作活动，锻炼和促进手眼协调能力和小肌肉的发育，促进脑部相应区域的发展。

手的操作可以直接促进宝宝视觉、触觉、动觉及感知觉的发展和相互间的协调。

宝宝通过动手用玩具或动手操作日常生活用品，可以掌握使用物体的方法。以后，便能逐步地掌握成年人使用工具的方法和经验。

幼儿通过动手操作，能够进一步认识同一类物体的共性，使自己的知觉更加具有概括性，并为概括表象和概念的产生准备条件。

在日常生活中，应当及时为不同年龄的宝宝提供合适的动手操作的机会。只要是宝宝表示愿意自己动手做的事，成年人都应当耐心地在一旁指导，而不要自己动手代替宝宝去做。如宝宝希望自己学吃饭的时候，就不要喂；宝宝自己要学穿衣服时，就不要再替代宝宝穿衣服；宝宝可以自己握笔时，就应当给宝宝纸和笔画着玩。宝宝刚开始学习这些动作时，难免做得不完善，需要反复地练习。通过反复动手、反复运用，宝宝就能掌握比较复杂的手部动作。

2. 练习动手的内容

动手练习的内容，一定要适合宝宝的年龄特征，如经常让幼儿做一做手工，包括画图、剪贴、泥工、折纸等，能促进幼儿手部动作发展。

发现宝宝有不正确的动手习惯时，应当及时予以矫正。例如，要注意宝宝端碗，拿匙子、筷子，握笔，握球拍，用剪刀以及拿其他工具的方法是否正确，发现问题应当及时给以指导和纠正。当然，最好从一开始就教会宝宝采取正确的操作方法，尽量杜绝不正确的动手方法。

要特别注意宝宝动手操作时的安全卫生。同一操作活动不应持续过久，以免宝宝手部过度疲劳而失去控制力，造成事故，影响手部正常发育。宝宝在使用金属工具，

如剪刀、刀子、铲子和榔头等之前，应当先做示范，教给宝宝正确的操作方法，一定要嘱咐宝宝注意安全。宝宝使用的工具，也应当有安全措施。如剪刀最好是圆头的，刀子、铲子不要过于锋利。

完成动手操作活动后，要提醒宝宝及时洗手，以保持手部的清洁。

六、独立性训练——“手杖”与“导游”

1. 从幼儿身心发展看独立性的表现

要求“摆脱成人控制”。2～3岁的幼儿自我意识开始萌芽，言语和动作发展迅速，对周围世界的认知范围扩大。宝宝们喜欢到处看到处摸索，不要成年人抱着，甚至不愿让人拉着手走路。宝宝已经能表达自己的意愿，对成年人要求的事，往往会回答“不”。对自己要干的事又说：“我自己来！”

此时的宝宝，由于手脚动作还不十分协调，走或跑容易跌倒，用杯子喝水会泼翻，用勺子吃饭会洒在身上。这些现象通常会被认做是宝宝“不听话”、“犟”。

宝宝渴望与同龄小伙伴交往。交往，是幼儿的一种发展性的需要，2～3岁的独生子女尤其明显。宝宝特别喜欢与邻居的小伙伴玩，甚至会说“没人陪我玩……”而爸妈往往会以不放心、不安全为理由，限制宝宝的交往行为。

2～3岁的幼儿对自已有一点会、但还不够熟练的事情最感兴趣，喜欢自己反复做，如反复摆弄某一类玩具，重复进行某一种游戏。

2. 家庭是培养幼儿独立性的重要场所

任何一个宝宝，无论是独生还是非独生，由于爸妈的教育和环境的影响，才形成了不同的人格品质和能力。幼儿的独立性并不是与生俱来或自然形成，而是后天塑造的结果。

① **珍惜幼儿自我独立性意向：** 宝宝2~3岁的时候，出现了最初的自我概念，以第一人称“我”称呼自己，开始出现“给我”、“我要”、“我会”、“我自己来”等自我独立性意向。当幼儿的独立活动的要求得到某种满足或受到成年人支持时，幼儿就表现出得意、高兴，出现“自尊”、“自豪”等最初的自我肯定的情感和态度，反之，

会出现否定的情感和态度。因此，必须十分珍惜幼儿的独立性意向，给予热情鼓励和支持，使宝宝的独立性不断发展。

爸爸妈妈要根据宝宝独立性的表现，抓住2~3岁的关键时期，因势利导地培养宝宝生活自理能力。“自己的事自己做”，包括用杯喝水、用勺吃饭、排便、穿鞋袜、收拾玩具等。如果错过时机，会使宝宝形成依赖和懒惰的习惯，再纠正起来会很困难。

❷不要过度保护宝宝：我国的独生子女越来越多，爸妈对宝宝过度宠爱，产生了过度保护和过多限制的问题。为了安全的原因，很少给1岁以内的宝宝提供独立练习坐、爬、站立、行走的机会。宝宝醒着时经常抱在怀里，或经常躺在床上，或坐、站在带围栏的小床里……这种过度保护和过多限制，实际上剥夺了宝宝主动探索和认识外部世界的机会，阻碍了宝宝的心理发展。爸妈应当了解幼儿心理发展特点，不要压抑幼儿独立性活动意向，解放宝宝的手脚，让宝宝做一些力所能及的事，培养宝宝的独立自主性，为形成良好个性打好基础。

❸采用适当的教育方式：注意对宝宝说话的口气和方式，要认真听取宝宝说的话，使宝宝感到爸妈的尊重。宝宝吃饭不要硬逼，让宝宝做事尽量不要用命令的口吻。更不要当众斥责宝宝“不争气”、“笨蛋”、“没出息”等，这样做会深深伤害宝宝的自尊心。以平等的态度对待宝宝，尊重宝宝的人格，并非娇惯宝宝。事实证明：受到爸妈充分尊重的宝宝，大多数与爸妈非常合作，待人友善，懂礼貌，举止大方，自我独立意识强，这是宝宝受到应有尊重的良好反应。

民主型教养方式，有利于宝宝独立性的培养，家长不可以把自己的观点和要求强加给宝宝，剥夺宝宝独立解决问题和自我发展的机会。

❹从兴趣上培养：让宝宝们做任何事情，都要避免简单的命令，防止宝宝对劳动产生对立情绪或厌恶心理。

幼儿对游戏活动一般都会着有强烈的兴趣，让幼儿做一些象征性的劳动时，要尽量游戏化，这样宝宝们就会以极大的兴趣积极参加，如果能经常地坚持训练，宝宝就会逐步养成热爱劳动的习惯。

幼儿的独立性和勤劳、不畏艰难的个性，是密不可分的，不爱劳动，害怕艰难，是不能够坚持独立性和发展个性中的自主性。其实，在家庭教育中，培养宝宝形成良好的个性，让幼儿具备独立处理事情的能力，关键在于引导，而不宜替代。

第四节

3~6 岁游戏总动员

一、在游戏中快乐成长

玩具和游戏是孩子长知识，诱发儿童思维和创造力的最好途径。

儿童在游戏中，由于扮演角色的需要，必须积极地、有目的地去观察、去思考、去记忆，这可促进孩子们的观察力、想象力和认识能力的发展，锻炼其身体技能。同时，在游戏中要遵守游戏规则，处理人与人、个人与集体的关系，因而游戏能帮助孩子学习相互协作、向他人学习的精神，学会调节和控制自己的心理行为，培养儿童的自觉性和道德品质，锻炼幼儿的意志和性格。

1. 和妈妈一起玩

最近的一项研究成果表明，中国儿童的智力在遗传和后天开发两个方面，母亲的影响要超过父亲。生活中母亲扮演着至关重要的角色，多数情况下父亲是形成孩子包容、大气性格特征的主要因素。而母亲因为在生活中唠叨较多，别小看这唠叨，却是形成孩子生活习惯，及处事待人的关键因素。一个良好的母亲是会影响孩子一生的，包括孩子以后自已成家，如何对待家人对待妻(夫)儿，如何处理良好的家庭和社会的关系。

2. 和爸爸一起玩

一般而言，孩子在妈妈面前表现得很安静，而在爸爸跟前则表现得很兴奋。研究表明，在绝大多数的文化和社会阶层中，爸爸经常用不同的方式来抱孩子，而妈妈通常每次都用相同的姿势；爸爸的动作一般比较粗犷，喜欢通过身体接触的方式与孩子一起玩耍，而妈妈却很轻柔平和，倾向于用玩具逗孩子玩；爸爸给孩子更多的自由去探险，不会过分保护，妈妈则倾向于溺爱和过分保护，对孩子的每个动作都很紧张。与爸爸的共同活动，孩子会受益匪浅，主要的好处有：获得高智商、减少暴力行为、建立良好的社会行为，使孩子能更好地迎接未来生活的挑战。

3. 和其他人玩的游戏

一项调查显示，孩子上幼儿园前主要由祖辈照管的占 55.38%；幼儿园放学后主要由祖辈照看的占 48.27%；小学放学后由祖辈管理的占 32.72%；中学时仍由祖辈照管的还占 18.27%。值得注意的是，学术界的另一项研究证明，祖辈带孙子的成功率不足 30%，这说明隔代教育确实还存在许多弊端，我们该怎样来应对这种现象呢？其实，隔代教育也就处理好这么十个问题：包办 + 代沟 + 纵容 + 习惯 + 行为；语言 + 忧虑 + 礼仪 + 生活闭塞 + 文化缺失。

有些话，爷爷奶奶千万不能说：

禁语 1：“你爸爸小时候还不如你呢！”

禁语 2：“我像你这么大的时候已经……”

禁语 3：“别怕，我去跟你爸妈说！”

禁语 4：“你爸妈不要你了！”

禁语 5：“你真笨！”

禁语 6：“看看人家 × 奶奶的孙子！”

禁语 7：“你和你爸一个德行！”

禁语 8：“你爸妈太偏心！”

禁语 9：“没事，奶奶去帮你认个错。”

禁语 10：“你可别像你爸妈似的，将来没出息！”

禁语 11：“当班干部太影响学习了！”

禁语 12：“× × 是坏孩子，别跟他玩！”

禁语 13：“闭嘴，小孩子问这么多干吗？”

4. 自己独立的玩

研究表明，幼儿期是自我控制能力发展的关键时期,抓住这一时机培养幼儿自我控制能力，促进幼儿个性、社会性的发展显得极为重要。成年人要学会及时鼓励孩子。无论是在孩子独立完成一项工作中还是在完成工作后，不论孩子的工作成果如何，家长都要给以适当的肯定和赞赏，这在很大程度上会增进孩子的自信心，他会更加愿意自己动手。在“我自己做”的过程中，孩子能不断增强自信心，提高独立思考、独立解决问题的能力。儿童独自处理问题成功时成人的适当表扬，会强化儿童的行为；失败时成人的及时鼓励又会坚定他们的信念，使他们始终向往独立自主。这也是培养儿童独立自主性的重要手段。

二、游戏总动员

1. 集体游戏

游戏名称：捕鱼——锻炼敏捷度

成长目标：训练孩子躲闪动作的灵活性、敏捷性，培养孩子反应能力。

IQ 目标：身体上的亲密接触，对于孩子尤其重要，孩子需要的不止是关爱，他们需要肌肤的接触，亲亲、抱抱、搂搂等等，让孩子在爸爸妈妈的臂膀上成长。

适合年龄：3～5 岁

游戏方法：

1. 爸爸妈妈面对面站好，手拉手织成网，孩子扮演小鱼。
2. 爸爸妈妈说："捉鱼了"。爸爸妈妈的双手夹住孩子，这时孩子就要躲闪或是奔跑。
3. 被捕到了，孩子替换爸爸或者妈妈，游戏继续进行爸爸或者妈妈扮演小鱼。

游戏名称：听指令的沙包——锻炼反应能力

成长目标：发展动作的协调能力及平衡能力，训练孩子反应能力，并听从指令。

IQ 目标：提高孩子对自己身体的控制能力。

适合年龄：4~6 岁

游戏方法：

1. 孩子手里拿着沙包，让孩子知道现在你就是沙包啦！妈妈说什么沙包就要做什么。
2. 孩子明白后妈妈说："小沙包，走直线，跳一跳，跑回来。"孩子就可以听着指令跑回来。

❸ 当然爸爸也要加入游戏当中，爸爸在一旁拍手击掌，拍手节奏快爸爸就喊“快快快”孩子就跑快，爸爸拍手节奏慢就喊“慢慢慢”，孩子就慢跑或走。

游戏提示：妈妈可以再画一些 S、C 等曲线或 V、W 等形状，让孩子加难度练习跑和走。

游戏名称：三个字——促进语言发展

成长目标：丰富孩子的词汇，发挥想象力，培养孩子语言发展能力。

IQ 目标：语言的训练可以让孩子思维活跃。而现在玩的游戏控制的语言的字量，让孩子在有限的字数上发挥自己的语言才能。

适合年龄：5~6 岁

游戏方法：

❶ 爸爸先说，三个字的词如“大苹果”。

❷ 然后孩子接着爸爸词的最后一个字，组成下一个三个字的词“果子甜”。

❸ 妈妈接孩子的词“甜蜜蜜”……一直接下去。

❹ 孩子可以说：“甜美美”……孩子的词汇量很少，如果三个字孩子说的很吃力，可以减少字量。

2. 竞赛游戏

游戏名称：抛纸球——锻炼手眼准确度

成长目标：让孩子练习抛球的技能，促进孩子动作的灵敏与协调，培养孩子瞄准投篮的能力。

IQ 目标：孩子在游戏中得到反应的训练。

适合年龄：3 ~ 4 岁

游戏准备：纸球若干，小筐 3 个

游戏方法：

❶ 妈妈、爸爸孩子面前 2~3 米的地方一人一个小筐。

❷ 将做好的纸球抛到小筐里，在同一时间内看谁抛的球最多，谁就获胜。爸爸妈妈喊着训练孩子要专业，要有场地，现在好了，教您一招，简单适用又有教育意义的

方法，陪孩子玩吧，哪怕就一分钟，放下手上的工作，卷一个废纸，就这么简单。

游戏名称：长腿巨人——锻炼视觉运动协调能力

成长目标： 练习助跑跨跳，提高孩子动作的灵敏性，发展视觉运动协调能力，培养孩子大运动能力，提高体质。

IQ 目标： 争强好胜的性格是孩子以后竞争的根本，把孩子的上进心培养出来。

游戏准备： 粉笔

适合年龄： 4 ~ 6 岁

游戏方法：

❶ 地面画出“壕沟”，不小于 50 厘米，“壕沟”可有直线、曲线等。

❷ 爸爸妈妈与孩子一起比赛，教给孩子怎么样跨越，如先迈一条腿，再跳跃。鼓励孩子做“长腿巨人”跨过一道道“壕沟”。

游戏提示： 爸爸妈妈应注意讲解助跑跨跳的动作要领，给孩子做示范。

游戏名称：踢毽子——锻炼腿部肌肉

成长目标： 锻炼孩子的腿部肌肉，运动全身，锻炼孩子体质。

IQ 目标： 通过玩踢毽子提高孩子的反应能力。

适合年龄： 6 岁

游戏方法：

❶ 爸爸妈妈和孩子共同踢毽子。

❷ 单脚踢：用脚的内侧踢。

❸ 双脚踢：双脚用内侧踢。

❹ 拐脚踢：左脚用外侧，右脚用内侧踢。

❺ 倒踢：右脚在左大腿后踢，左脚踏一步。

❻ 脚尖踢或发毽：把毽子放在脚尖上，用脚的力量把毽子抛向空中，待落下时再用脚尖踢向空中。让孩子知道往上踢和向前踢的区别，不要求孩子能连续踢，只要孩子能用脚接住毽子就可以。

游戏提示： 以上玩法可两人计分，以分数多为胜。也可双方交替踢毽子，人数不

限。如果孩子对踢毽不太熟练，可以在毽子上系一条绳子，孩子手里拿着绳子，毽子踢出后，还可以被绳子拉回来。

3. 合作游戏

游戏名称：开商店——强化社会关系

成长目标： 孩子学说名词。

IQ 目标： 培养孩子生活化的知识。

适合年龄： 3～4 岁

游戏准备： 准备一些实物、玩具和纸片（做纸币）

游戏方法：

❶ 让孩子和爸爸妈妈一起玩开商店游戏。

❷ 爸爸妈妈当顾客，孩子当售货员。请孩子先问："你要买什么？"爸爸妈妈回答："我要买铅笔。"并把纸币递给孩子，孩子就把东西拿给爸爸妈妈。可互换角色让游戏更真实。

游戏名称：碰碰头——锻炼手指的灵活性

成长目标： 让孩子认识手指的名称，训练孩子手指的灵活性。

IQ 目标： 动手既是动脑，让孩子大脑得到运转，先动动小手吧。

适合年龄： 3～5 岁

游戏方法：

❶ 边念儿歌，边做游戏，可以由爸爸妈妈领着孩子做，也可以爸爸妈妈和孩子互相玩。

❷ 儿歌如下："大拇指碰碰头，你好，你好！食指碰碰头，你好，你好！中指碰碰头，你好，你好！无名指碰碰头，你好，你好！小拇指碰碰头，你好，你好！大家一起碰碰头，你们好！"说到哪个手指，就伸出那个手指。

❸ "碰碰头"则是相应的两个手指尖相碰或孩子的手指尖与爸爸妈妈的手指尖相碰。"你好"则是弯曲相应的两个手指，次数随意。

❹ 最后一句"大家一起"则伸直所有的手指；"你们好"则击掌 3 下。伸无名指

会很困难，爸爸妈妈要鼓励孩子努力去做。

游戏名称：连体人——培养合作精神

成长目标： 锻炼身体协调能力。

IQ 目标： 让孩子学会与他人合作完成任务，体会大家努力才能做好一件事。

适合年龄： 4 ~ 6 岁

游戏方法：

❶ 妈妈或爸爸与孩子一起，将报纸裁成 5 厘米宽，50 厘米长的纸条。

❷ 孩子拿着纸条的一头，大人拿另一头，两人开始走路，跑步，或穿梭每间房屋，注意小心别让纸断掉。如果报纸中途破损则表示不成功，一张报纸的完整来决定成功。

4. 情感游戏

游戏名称：像这样滑滑梯——锻炼对身体的控制能力

成长目标： 锻炼运动机能：滑滑梯活动可以锻炼孩子在运动时对身体的控制能力，并在下滑的过程中体验运动的速度，感受地心的引力。

IQ 目标： 培养社会交往能力：配合与合作是团队精神的核心，孩子在游戏中要配合家长的动作，这对未来孩子积极的社会交往能力的形成奠定了良好的基础。

适合年龄： 3~4 岁

游戏准备： 家长坐在椅子上，伸直双腿可形成斜坡。

游戏方法：

❶ 家长坐在椅子上，把孩子抱坐在自己的怀里，一边唱儿歌一边上下颤动双腿，当唱到儿歌特别处，把腿伸直，扶着孩子的腋下，帮助他顺着双腿滑下来，就像滑滑梯一样。如这首孩子们很喜欢的《小毛驴》：我有一头小毛驴我从来也不骑，有一天我心血来潮骑它去赶集。我手里拿着小皮鞭我心里真得意，一不小心哗啦啦啦摔了一身泥。最后一句时就可以让孩子顺着家长双腿滑下来。

❷ 当然你可以换成你熟悉的任何一首儿歌。

游戏提示： 游戏过程中，另一位家长可以在一旁鼓励并保护孩子，跟着一起唱并为他加油，这样可以帮助一些较为胆小的孩子战胜恐惧感。

游戏名称：给娃娃看病——角色训练

成长目标：尝试孩子担任角色。

IQ 目标：培养孩子有爱心，现在都是独生子女，孩子没有为别人着想的行为，多让孩子替别人想想，让孩子更负有爱心。

适合年龄： 3 ~ 5 岁

游戏准备：准备一个玩具娃娃、一套医生用具。

游戏方法：

❶ 过家家的游戏孩子都很喜欢，让孩子当医生，妈妈抱着娃娃来看病，妈妈对孩子说："我的孩子病了，请你给看看吧。"

❷ 妈妈教孩子拿出听诊器给玩具娃娃听听，并告诉得了什么病。如是感冒，请孩子给"开些"感冒药；如是发烧，请孩子给打一针。

鼓励会让我更有信心： "你这个医生真棒，打针不痛。"

游戏名称：有什么不同——发展视觉

成长目标：发展视觉：这个游戏可以让孩子视觉的观察力和视觉记忆力得到锻炼和强化。

IQ 目标：促进想像力和创造力：孩子比大人更有幽默感，他们喜欢模仿别人喜欢新鲜有趣的事儿，也喜欢看一些奇怪的表情。互相模仿也正是培养孩子即兴创造能力很好的途径。

游戏准备：孩子能够跟着你做小鸟飞、小兔跳了吧？他还喜欢做鬼脸对不对？

适合年龄：4~6 岁

游戏方法：

❶ 家长和孩子一起做动作的模仿，先是家长来做，孩子来模仿，然后换过来，孩子做动作，家长来模仿。这时，家长可以故意做错几个动作，孩子会因为你的"笨"而大笑。其实，这样做正是在训练他的观察能力；孩子也会因为自己有"支配"别人的能力而更加喜欢做，大大发挥了他的想象力和创造力。

❷ 在孩子面前做一个姿势，然后叫他将头转过去，家长这时赶快换个姿势，然后要孩子指出现在的姿势与刚才的有什么不同。这时，他不但要记得刚才的动作，还要

与现在的动作相互比较，视觉记忆力和视觉观察力就这样培养出来了。

游戏提示：刚开始时改变的地方要比较明显，等孩子熟悉后就要将这种改变弄得细微一点，让他较难观察出来，如：解掉一个扣子、拿下一个耳环、将头发散开等。

5.角色游戏

游戏名称：动物怎样叫——认识动物

成长目标：孩子学习认动物、发音。

IQ 目标：让孩子感知动物，喜爱这些动物，培养孩子爱心。

适合年龄：3～4岁

游戏准备：准备一些宝宝常见的动物画片。

游戏方法：

❶ 妈妈可指着画面上的动物问孩子“这是什么动物？你知道它怎样叫？”

❷ 如果孩子不知道，可告诉孩子：“这是小狗，小狗汪汪叫”。

❸ 再问孩子：“小狗怎样叫？”“小狗汪汪叫”。

❹ 还可以认识小猫、小鸭、小鸡等。

游戏名称：我走丢了——培养安全常识

成长目标：提高自己的保护能力。

IQ 目标：让孩子学会解决问题的办法。

适合年龄：3～6岁

游戏方法：

❶ 妈妈讲一个故事《妈妈不见了》（自编：孩子跟妈妈去公园玩，人多拥挤，找不到妈妈了，这时孩子怎么办？）。

❷ 让孩子想各式各样的办法。

❸ 练习情景表演，如去广播站、找叔叔阿姨帮忙、给家里人打电话、坐在公园门口等。

游戏提示：在日常生活中，不断提出“怎么办”的问题，如：“离园时爸爸妈妈没来接怎么办？”“家里没有大人，有人敲门怎么办？”……以此提高孩子分析、解决问题的能力。

游戏名称：可爱的洒水壶——锻炼精细动作能力

成长目标：锻炼运动机能：提壶洒水可以锻炼孩子控制工具的精细动作技能；用自己的身体模仿洒水壶可以提高身体控制能力，这是很好的平衡训练。

IQ目标：促进智力发展：藉此游戏可以教给孩子基础的自然知识：植物生长需要水。通过模仿洒水壶还能激发孩子的想象性游戏和模仿性游戏。

适合年龄：3～6岁

游戏准备：一把洒水壶

游戏方法：

❶ 家长平日给花草浇水时，可以让孩子观察并讲给他听：花草像人一样如果不喝水就会渴死的；洒水壶倾斜可以让水均匀的喷洒出来，给花草喝水。

❷ 让孩子想一想如果把我们的身体想象成一个洒水壶，该是什么样的？家长帮助孩子完成身体洒水壶的想象：一手插腰当壶把，另一只手弯曲当壶嘴。然后让身体倾斜来洒水。

❸ 让孩子拿一个真正的洒水壶来装满水，然后去给口渴了的花草浇浇水。

游戏提示：家长尽可能地让孩子来想象洒水壶应该是什么样的，即使他做的动作并不是跟我们想的一样也没关系，可以就按孩子想象的做一做看。

6. 安静游戏

游戏名称：脚丫休息日——室内体能训练

成长目标：让孩子运用身体不同部位移动身体。

IQ目标：提高身体的灵活性和身体动作表现力。

适合年龄：3岁

游戏方法：

❶ 孩子光脚在床上，和妈妈一起念儿歌："小脚丫，点点头，摇摇头，拍一拍，搓一搓，爱护小脚丫"。

❷ 妈妈问孩子，如果不用脚丫，可以用身体其他部位代替移动身体吗？如挪动、手爬、横滚，脚不能动。

游戏名称：整理被褥——锻炼生活自理能力

成长目标：学习叠被子，整理床铺

IQ 目标：培养孩子自己的事情自己做。

适合年龄：6 岁

游戏方法：

❶ 妈妈在叠被褥时，孩子在一旁观看，叠好被褥后，妈妈让孩子说一说叠被子的方法。

❷ 先让孩子叠轻或小一点的被子。对折后再对折简单易学的方法。

游戏提示：孩子自己的被褥由孩子负责叠整齐，孩子的玩具娃娃的被褥也可以由孩子负责。

游戏名称：手指画：小蝌蚪——发展触觉

成长目标：发展触觉：发展手的灵活性和控制能力；学习“按”的动作。

IQ 目标：促进创造力和想象力：培养涂画的兴趣，开发艺术创作的新途径。

适合年龄：3～6岁

游戏准备：大桌、白纸、浅托盘、黑色淡彩颜料、小罩衣、黑色水笔

游戏方法：

❶ 将纸张铺在大桌上，把黑色和黄色的淡彩颜料取适量放入托盘中，给孩子穿好罩衣。

❷ 家长先用笔在白纸上画上水纹，对孩子说：“我们要画小蝌蚪喽！”。然后示范用食指蘸黑色颜料，然后在白纸上随意地按点下去，使之形成椭圆形的小黑点。鼓励孩子模仿家长的样子也来这么做。然后，家长用黑色水笔在圆点后面添画一条弯弯曲曲的“小尾巴”，一幅蝌蚪图就完成了。

游戏提示：不用限制孩子用哪个手指，随孩子自己喜欢用哪个手指都有可以。

游戏名称：沿缝撕纸——发展想像力与创造力

成长目标：发展手部动作：撕纸需要两手向相反的方向用力，通过游戏可以锻炼孩子这项能力，使手部动作更加灵巧。

IQ 目标：发展想象力与创造力：也可以说这是一种撕画技法，给孩子的艺术创作活动一个新的启示。

适合年龄：4 ~ 5 岁

游戏准备：彩纸、画笔、大头针

游戏方法：

❶ 用笔在彩纸上画出几个简单的图案轮廓，如：苹果、蝴蝶、圆形、三角形等。

❷ 用大头针按着轮廓密密地扎小洞。如果有缝纫机最好用缝纫机按着轮廓走线。

❸ 鼓励孩子拿扎好小洞的图形轮廓的彩纸来撕，因为有空隙，所以撕起来就容易多了，孩子很容易就能把图形撕出来。

游戏提示：大头针用完后要收好，不要让孩子拿来玩儿。

7. 探索游戏

游戏名称：咕噜，咕噜，吹泡泡——发展对口、鼻的控制能力

成长目标：发展对口、鼻的控制能力：这个时期几乎所有的孩子都会用吸管吸东西了，不过要会用吸管咕噜咕噜向外吹，还需要练习，这可以让孩子学会用鼻、口来吸和呼。

IQ 目标：促进语言发展：通过“吹”的动作，能学到对说话而言很重要的嘴巴律动方式，以及控制气息强弱的方法。

适合年龄：4 ~ 6 岁

游戏准备：一个装有干净水的杯子、吸管

游戏方法：

❶ 家长示范将吸管放入水杯里吹气，使杯子里不断地有气泡冒出，并发出“咕噜、咕噜”的声音。

❷ 给孩子一根新的吸管，让孩子吹着玩，逐渐他会找到如何吹出泡泡的秘密。

游戏提示：孩子要经过不断地练习才能了解到只有吸管插到水里时，才能吹出泡泡，不过刚开始时他可能会吸到嘴里的，所以给孩子准备的水一定要干净。

游戏名称：小闹钟，你在哪儿——促进听觉发展

成长目标： 促进听觉发展：发展听觉定向能力。

IQ 目标： 发展社会适应能力：帮助孩子集中注意力，锻炼他在环境中提取主要信息的能力，这有利于孩子将来更好地适应社会生活。

适合年龄： 3～5岁

游戏准备： 一个能发出有趣声音的卡通形象小闹钟

游戏方法：

1. 把小闹钟拿给孩子看，让他聆听一下指针嘀嗒嘀嗒声和门铃的声音。然后告诉孩子，要把小闹钟藏起来，并让孩子在房间里把它找出来。
2. 给闹钟上好闹铃，让它在四五分钟后响起来，然后，对孩子说：“不许偷看哦！”接着把闹钟藏到孩子手能够到的地方，如枕头下面，家具后面等，但要注意不要把闹钟藏得太隐蔽，应该露出一点让孩子看得见。
3. 当门铃响起来后，鼓励他顺着声音去找闹钟。

游戏提示： 不要长时间地让孩子找不到，这样他会着急而失去游戏兴趣，必要时家长可以给点提示，如：当孩子靠近藏闹钟的地点时，就说：“好像就在这附近哟！”反之，则说：“声音好像越来越远了，方向错了吧？”

游戏名称：澡盆中的沉与浮——发展触觉

成长目标：发展触觉：水对身体的触觉刺激能促进脑神经的发育，孩子在水中的各种活动都能增强身体的灵活性。

IQ 目标：促进认知发展：通过拍打水面就会激起水花来帮助孩子认识因果关系；通过观察和实验，孩子能初步了解物体放入水中会有沉与浮的区别。

适合年龄：3～5 岁

游戏准备：各种能沉浮的小东西

游戏方法：

❶给孩子洗澡时，教孩子用小手和小脚拍打水面，看到水花四溅，会让孩子非常快乐。

❷把洗澡当成一种游戏，多带点玩具如：纸船、洗发水空瓶、木塞、瓶盖、铜板、火柴棒、橡皮擦、积木、模型玩具、小球等，看哪些会沉哪些会浮起来。

游戏提示：孩子还很小，我们只是玩，不用说明原理，只让他去感受就可以了。玩水的时候，家长千万不要走开。

8. 动手实验游戏

游戏名称：制作手表——珍惜时间

成长目标：培养孩子制作创造能力。

IQ 目标：让孩子学习制作时钟，巩固对钟表的认识，教育孩子应该珍惜时间。

适合年龄：4～6 岁

游戏准备：圆塑料盖

游戏方法：

❶孩子找一个圆塑料盖当表，用笔在塑料盖上画出时针、分针，写上 1~12 时间。

❷把皮筋夹在盒盖与盒底中间，盖紧。套在手上，就成了一块表。

游戏名称：吹画——发挥创造力和想象力

成长目标：锻炼孩子肺活量。

IQ 目标：让孩子对颜色有兴趣，发挥创造力和想象力。

适合年龄：4～6岁

游戏准备：厚纸、颜料

游戏方法：

❶ 颜料加水拌匀，在纸上，嘴与纸大致平行，用力吹开，可以向同一方向吹，也可以向不同的几个方向吹，这样出现的图案，有的像烟花，有的像彩布，有的像树杆。

❷ 吹好后，可以用手指或棉签点点，装饰画面。

游戏名称：手绢没湿——激发科技的精神

成长目标：培养孩子动手能力。

IQ 目标：激发科技的精神。在科学试验过程中孩子得到科学原理的理解，也满足了孩子好奇感。

适合年龄：5～6岁

游戏准备：鱼缸、杯子、手绢

游戏方法：将鱼缸放满水，手绢塞入杯底，倒扣杯子，压入鱼缸的水底下，猜一猜手绢湿了没有？拿出来看看，手绢为什么不湿。

原理：杯子里有空气，水不能进杯子里面。

游戏名称：魔术梳子——培养对学习科学的兴趣

成长目标：发展手的运动机能：这个游戏可以促进手的精细动作。

IQ 目标：发展智力：培养观察能力和想象力，培养孩子对学习科学的兴趣。

游戏准备：塑料梳子、塑料外壳的圆珠笔、碎纸片

游戏方法：

❶ 让孩子用梳子梳几下头发，然后用梳子对着碎纸片，孩子会发现碎纸片粘在梳子上，反复进行尝试。

❷ 用圆珠笔的塑料外壳做这个游戏，会有同样的现象。

❸ 给孩子讲解静电的现象。

游戏提示：碎纸片撕得细碎一点比较容易粘得住，静电现象更明显，提示孩子观察一下，过一会儿碎纸片会不会掉下来。

还可以这样玩：将小气球吹起系好，在孩子身上摩擦几下，将气球放在孩子的头顶上，气球会贴着孩子的头发，孩子走到哪儿，气球也会跟到哪儿，可以让孩子照着镜子观察到这种现象。或者将气球贴到墙壁上，观察气球是如何贴在上面的。

附录

宝宝常见的其他问题

附录 1

为宝宝做婴儿操

新生儿按摩操（出生后 1 个月）

目的： 这两节操可以疏通孩子上肢和腹部血脉，同时又可以使孩子在妈妈的轻轻抚摸下产生舒适、愉快的情绪反应。

方法：

❶ 孩子仰卧，双臂放于体侧。妈妈用双手指面从肩到手按摩孩子胳膊 4～6 次。

❷ 孩子、妈妈姿势同上。妈妈用双手掌面按顺时针方向按摩孩子腹部 6～8 次，然后再用双手掌面从孩子腹部中心向两肋腰间方向抚摸 6～8 次。

注意： 这两套操可以从孩子出生一周以后开始做。注意在孩子不饿不饱、精神愉快的时候进行。妈妈动作一定要轻柔，可以隔着一两层棉布按摩，以防擦伤孩子娇嫩的皮肤。另外，应让孩子穿上小衣小裤，任孩子手脚自由活动，促进其全身运动，从而促进脑的发育。

宝宝被动操(出生后 2~6 个月)

适宜用于 2 ~ 6 个月的孩子，共 8 节，每节 4 ~ 8 次。

第一节：胸部运动

预备姿势：宝宝仰卧，操作者用双手握住宝宝双腕，把大拇指放在宝宝掌心里，使宝宝握拳，两臂放在宝宝体侧。

动作：

❶ 两臂体前交叉。

❷ 两臂左右分开，宝宝掌心向上。

❸ 两臂胸前交叉。

❹ 还原。

注意事项：宝宝两臂分开的时候，操作者应稍用力；宝宝两臂胸前交叉的时候，操作者的双手不要太用力。

第二节：上肢肩部和胸部运动

预备姿势： 宝宝仰卧，操作者用双手握住宝宝双腕，把大拇指放在宝宝掌心里，使宝宝握拳，两臂放在宝宝体侧。

动作：

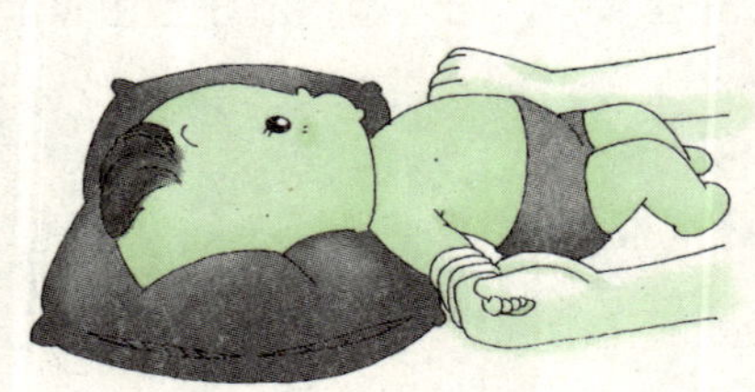

❶ 两臂左右分开，掌心向上。

❷ 两臂向身体前方平举，掌心相对。

❸ 两臂上举，掌心向上。

❹ 还原。

注意事项： 宝宝两臂前举、上举的时候，两臂的距离应与肩同宽。动作要柔和，用力不要太大。

第三节：上肢伸屈运动

预备姿势：宝宝仰卧，操作者用双手握住宝宝双腕，把大拇指放在宝宝掌心里，使宝宝握拳，两臂放在宝宝体侧。

动作：

❶ 弯曲宝宝左臂肘关节后，还原。

❷ 弯曲宝宝右臂肘关节后，还原。

❸ 再交换做。

注意事项：肘关节弯曲的时候，手要接触宝宝肩。宝宝屈臂的时候，操作要稍用力，伸直的时候，不要太用力。

第四节：肩部运动

预备姿势：宝宝仰卧，操作者用双手握住宝宝双腕，把大拇指放在宝宝掌心里，使宝宝握拳，两臂放在宝宝体侧。

动作：

❶ 把宝宝左臂拉向宝宝胸前。

❷ 左臂由宝宝胸前向外侧环绕。

❸ 把宝宝右臂拉向宝宝胸前。

❹ 右臂由宝宝胸前向外侧环绕。左右臂轮换做。

注意事项：宝宝手臂回旋的时候，应以肩关节为轴心。转动的时候，操作者的手不要用力太大。

第五节：下肢运动

预备姿势：宝宝仰卧，两腿伸直，操作者用两手握宝宝脚腕，但不要握得太紧。

动作：

❶ 把宝宝两腿同时屈至腹部。 ❷ 还原。

注意事项： 宝宝的腿屈至腹部时，操作者要稍用力；伸直时不要太用力。

第六节：两腿轮流屈伸

预备姿势： 宝宝仰卧，两腿伸直，操作者用两手握住宝宝脚腕（踝部），但不要握得太紧。

动作：

❶ 让宝宝左腿屈缩至腹部，还原。 ❷ 让宝宝右腿屈缩至腹部，还原。两腿轮换做。

注意事项： 宝宝腿屈缩至腹部时，操作者要稍用力；伸直时不要太用力。

第七节：两腿伸直上举

预备姿势：宝宝仰卧，两腿伸直，操作者用两手握宝宝脚腕（踝部），但不要握得太紧。

动作：

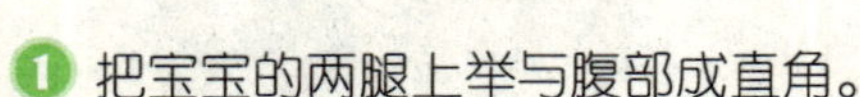

❶ 把宝宝的两腿上举与腹部成直角。

❷ 还原。

注意事项： 宝宝两腿伸直上举与腹部成直角时，臀部不要离开原位。

第八节：股关节活动

预备姿势：婴儿仰卧，两腿伸直，操作者用两手握婴儿脚腕，但不要握得太紧。

动作：

❶ 把婴儿左侧的大腿与小腿屈缩成直角。

❷ 再把婴儿左腿屈缩至腰部。

❸ 再把婴儿左腿向身体侧转动。

❹ 还原。两腿轮换做。

注意事项： 婴儿回旋的时候，应以婴儿的股关节为轴心转动。操作者动作要柔和。

附录 2 宝宝成长中的不安全因素

成长中的不安全因素有哪些

不安全因素	来源	主要危害	预防措施
空气污染	室内空气污染，室外空气污染	室内空气污染会导致宝宝出现如打喷嚏，流鼻水等呼吸道症状；室外空气污染会增加严重的呼吸疾病，如气喘更严重，肺功能降低等。	检查住家周围的空气污染程度；当空气不好时，尽量不要让宝宝外出；对于本来就有气喘、肺病的宝宝，要给予特别照顾。
多环芳烃	烧烤食品，木材燃烧	致癌，会造成细胞突变；引起皮肤不适，造成发育的危害；使宝宝呼吸及免疫系统功能下降。	避开木材或木炭燃烧时产生的烟，尤其是烤肉时产生的；避开新铺设的柏油路；烹调食物时，尽量不要选择烧烤的方式。
二手烟	抽烟人群	二手烟是最常见的危害儿童健康的污染物。可引发儿童哮喘、幼儿猝死综合征、气管炎、肺炎和耳部炎症等；二手烟还是引发儿童哮喘的主要刺激因素。	尽量不要在宝宝面前吸烟；如果有人坚持室内抽烟，保持空气的流通性；怀孕的妈妈不要抽烟。

续表

不安全因素	来源	主要危害	预防措施
霉菌	潮湿的墙壁，地板，空气中	霉菌可使食物霉变。食用霉变食物后，或直接引起中毒，或产生致癌物质，毒害人体；霉菌若直接在人体内繁殖，引起霉菌性肺炎等疾病，多见于一些久病体弱者；霉菌引起的过敏性疾病，如支气管哮喘、皮炎等。	在家中要控制湿气，以防霉菌生长；做好规划，认真打扫家中有利于霉菌生长的地方；使用空调系统，要经常擦拭滤网。
重金属	水污染，油漆，劣质铅笔，汽油	所有重金属超过一定浓度都对人体有毒。如汞中毒的临床表现有，全身症状为头痛、头昏、乏力、发热。口腔及消化道症状表现为齿龈红肿酸痛、糜烂出血、牙齿松动、口腔有臭味，并有恶心、呕吐、食欲不振、腹痛、腹泻。皮肤接触可出现红色斑丘疹，以四肢及头面部分布较多。	检测家中的重金属含量以及宝宝的血液中重金属含量；使用干净水源，支持相关政策以减少木制品，动物饲料，以及引用水源的重金属含量；食用一些利于排出重金属的食品如虾皮、牛奶、豆制品等；时常清洁双手；避免接触未干油漆；妥善回收含有重金属的废电池、费灯管等。
杀虫剂	家庭使用的杀虫剂	杀虫剂含有多种有害物质，具有强有力的神经毒性，当宝宝接触到时，会出现皮肤过敏，眼睛灼热刺痛或恶心症状，对心脏、肠胃道、肾脏与呼吸系统也会造成伤害；另外，有研究表明接触杀虫剂也会造成一些免疫系统的毛病。	家长自主判断杀虫剂的毒性；尽量采用物理方法或其他办法代替杀虫剂；使用杀虫剂时要严格按照说明书，并降低宝宝接触到杀虫剂的风险。

续表

不安全因素	来源	主要危害	预防措施
挥发性有机	化合物家用洗洁精，芳香剂	挥发性有机化合物是易挥发的酯类化学物质，宝宝接触高浓度挥发性有机化合物，会造成儿童眼睛和呼吸道刺激，头痛，头晕，视觉模糊和记忆力减退；长期接触，则会造成孩童神经系统、肾脏及肝脏的损害。	采用毒性较少，挥发性较低的产品；使用某些果皮如柚子皮、柑橘皮等当天然芳香剂；若要使用这些产品，要严格按照产品要求；尽量不要让宝宝接触到这些试剂。
三氯甲烷	水池，游泳池	三氯甲烷能引起肌肉、骨骼、肠胃系统及颅面部发育不正常。	可以使用活性炭净水器，水煮沸后将盖子打开一会，让化学物质散出去。选择氯含量低，通风良好的游泳池
甲醛	装修完的房子，油漆	甲醛的主要危害表现为对皮肤黏膜的刺激作用，甲醛是原浆毒物质，能与蛋白质结合，高浓度吸入时出现呼吸道严重的刺激和水肿、眼刺激、头痛；高浓度甲醛还是一种基因毒性物质。	新装修的房子里一般甲醛都会超标，在新房里放上一两盆吊兰，或是活性炭，甲醛就全部会被吸收。
电	插座，电器	触电可造成人身伤亡，设备漏电产生的电火花可能酿成火灾、爆炸，高频用电设备可产生电磁污染等。	不要购买“三无”的假冒伪劣家用产品；使用家电时应有完整可靠的电源线插头。对金属外壳的家用电器都要采用接地保护；不能在地线上和零线上装设开关和保险丝。禁止将接地线接到自来水、煤气管道上；避免宝宝接触插座，电器等。

续表

不安全因素	来源	主要危害	预防措施
塑胶	塑料制品，塑料袋，塑胶跑道	高温则分解出毒害物质，塑料制品本无毒害物质，但因为它的回收再利用的设备不够完善，工艺简陋，而且许多厂家无合法营业执照，导致再生产的塑料制品在温度达到65℃时，毒害物质就会析出并且渗入到食品中，则会对肝脏、肾脏、生殖系统及中枢神经等人体重要部位造成危害。	执行国家的限塑令，避免加热带有塑料袋的食物，不要燃烧塑胶制品。
宠物咬伤	家养猫、狗	宠物对人类健康具有直接或间接危害，会造成很多疾病，其主要传播途径包括：作为传染源直接传播人畜共患病：通过直接接触（通过皮肤、黏膜、结膜、消化道和呼吸道）的传播方式传播人畜共患病，这些疾病包括狂犬病、炭疽等。	到正规的地方买宠物，每年打预防针，和宠物接触时尽量保持距离，尽量让宠物远离人的食物烹饪区，让宠物养成良好的卫生及生活习惯，配备常用的卫生药物，特殊人群慎养宠物。

附录 3 0~6 岁婴幼儿常见病防治

多汗

【疾病简介】小儿多汗有两种情况，一种是“自汗”，表现为宝宝白天无故出汗。一种是“盗汗”表现为宝宝夜间睡眠出汗、醒后停止出汗，无论自汗或盗汗，都表现为宝宝全身或局部无故出汗过多，甚至大汗淋漓。小儿多汗大多与宝宝体质虚弱有关。

【应急与护理】平时应多观察宝宝，如果是生理性的，应尽量排除相关因素；如排除了生理性多汗，考虑病理性多汗，不管是何种病理性疾病，都要及时带宝宝上医院就诊以明确诊断并进行相关治疗。宝宝出汗除了失去水分外，同时失去一定量的钠、氯、钾等电解质，这时给宝宝喂些淡盐水可以补充水分及钠、氯等盐分，维持体内电解质平衡，避免脱水而导致虚脱。还应经常给宝宝擦浴或洗澡，及时更换内衣、内裤。宝宝皮肤娇嫩，过多的汗液积聚在皮肤皱折处如颈部、腋窝、腹股沟等处，可导致皮肤溃烂并引发皮肤感染。

小儿夏季热

【疾病简介】夏季热是婴幼儿时期常见一种病，多发生在 6 个月 ~ 2 岁的宝宝。表现为持续发热，体温常在 38 ~ 40℃之间，并伴有口喝、多饮、多尿、少汗或无汗。发病季节多集中在 6 ~ 8 月，秋凉以后，宝宝的症状大多会自行消退。

【应急与护理】防治小儿夏季热重在护理。要注意居室通风、凉爽，有条件的，亦可把患儿迁移到天气比较凉爽、气温比较低的地方生活。要给幼儿穿柔软、宽大的衣服，勤洗澡，勤换衣服和尿布。睡前给患儿用温水洗浴，可以刺激皮肤血管扩张，易于散热，这样可以预防夜间体温过高。对待持续发热、口渴的患儿，要及时补充液体，可以让患儿喝一些淡盐凉开水。还需给予营养丰富的营养，容易消化的流质或半流质饮食，如猪肝粥、黄鳝鱼粥等。

鹅口疮

【疾病简介】婴儿口腔两侧黏膜或舌头上有时会出现状似奶块的白色片状物，而且不易去除。这是由一种霉菌（白色念珠菌）引起的口腔黏膜感染性疾患，医学上称为鹅口疮。鹅口疮多见于新生儿以及慢性腹泻、营养不良的宝宝，或长期使用抗生素、肾上腺皮质激素的宝宝，以及乳头、食具不卫生，使霉菌侵入口腔黏膜所致。不严重时宝宝无特殊不适，随着病情加重，宝宝会烦躁不安，并因进食时疼痛而拒食。

【应急与护理】患鹅口疮的宝宝要注意饮食卫生，需保持餐具和食品的清洁，奶瓶、奶头、碗勺等使用后用碱水清洗并煮沸消毒，要专人专用勿与他人混用。母乳喂养前，妈妈应先洗手，清洁乳头。饮食应多食比较容易消化吸收、富含优质蛋白质的食物，并适当增加维生素 B 和维生素 C 的供给，如动物肝脏、瘦肉、鱼类以及新鲜蔬菜和水果等。鹅口疮比较容易治疗，由于弱碱环境不利于霉菌生长，可用 2%～5%的苏打水清洗口腔。也可用制霉菌素研成末与鱼肝油滴剂调匀，涂搽在创面上，每 4 小时用药一次，疗效显著。

荨麻疹

【疾病简介】荨麻疹也叫“风疹”，是一种常见的儿科过敏性皮肤病。患病宝宝的皮肤上出现很多形状不同、大小不一、红色、隆起、中间呈白色的疹子，患病部位会发生剧痒，出现后 24 小时内会自动消失。荨麻疹大多数为急性发作，持续数小时或数天，发作与消失非常快，来去如风。

【应急与护理】患荨麻疹可使用冷敷和止痒的药膏来应急，针对痒的部位做局部冰敷是对抗皮肤痒最好的方法。患荨麻疹后尽量不要让宝宝去抓患处，妈妈也不要给宝宝热敷，因为前者会越抓越痒，后者会刺激血管扩张，释出更多的过敏原。

湿疹

【疾病简介】婴儿湿疹俗称“奶癣”，是一种婴幼儿时期常见的皮肤炎症，最早见于 2～3 个月婴儿。患病宝宝表现为皮肤有红色皮疹或红斑，或伴有流水、糜烂、结痂、瘙痒。大多发生在宝宝面颊、额部、眉间和头部，严重时躯干四肢也会有。

【应急与护理】冷湿敷对于湿疹不严重的宝宝是个不错的方法，可有效对抗皮肤

痒。冷湿敷时将 4～6 层细纱布，浸入冷水中（以不滴水为宜），将湿纱布敷于宝宝患处，根据湿疹渗出物的多少来决定更换的时间和次数。纱布吸收的渗出物达到半饱和的程度时，需更换纱布。每日 2～3 次。

佝偻病

【疾病简介】佝偻病一般表现为枕突，就是宝宝的后脑勺，有一圈光突突的不毛之地。肋骨外翻有些宝宝会有鸡胸、漏斗胸、X 型腿、O 型腿、肋串珠等表现。一般早产儿和出生体重较低（低于 3 千克）的宝宝，少晒太阳（维生素 D 缺乏），生长发育太快的宝宝和吃奶少的宝宝，另外孕期和哺乳期的妈妈缺钙也会造成宝宝缺钙。

【应急与护理】介于佝偻病所形成的骨骼变形，一旦形成就可能会留下后遗症，所以，佝偻病重在预防，一定要有先知先觉，避免发生骨骼变形。宝宝要多晒太阳和户外活动，每天补充适量的维生素 D，1～1.5 岁，每天一粒鱼肝油，1 岁半以后，如果经常晒不到太阳，也要经常补充鱼肝油，可以每周 3～5 粒鱼肝油。要每天补充适量的钙剂。多喝奶（每天 500～600 毫升）。

百日咳

【疾病简介】百日咳是小儿常见的呼吸道传染病，患儿年龄越小越易诱发肺炎等严重并发症。患病宝宝表现为阵发性痉挛性咳嗽，咳嗽后有如鸡鸣般的回声，眼睑可出现浮肿，两唇灰暗。此病病程可达 3～4 个月，多发生在冬春季节。

【应急与护理】百日咳发作时会有剧烈的咳嗽，使宝宝很难受，可以将宝宝的床头垫高，让枕头抬高一些，这样做可以让宝宝呼吸顺畅，缓解咳嗽的强度。宝宝咳嗽剧烈的时候，妈妈可以在宝宝的胸口上放一条热毛巾热敷，然后轻拍按摩背部，会减轻宝宝胸背的疼痛。另外，保持室内空气新鲜、有一定湿度；少食多餐，频繁呕吐的宝宝注意营养的补充；切勿在病儿跟前吸烟，以免咳嗽加剧。

流感

【疾病简介】流感多发在冬春季，6 个月至 3 岁的宝宝是流感的易感人群。生病宝宝表现为高烧、头痛、咳嗽、全身酸痛、疲倦无力、咽痛，有时还会出现恶心、呕吐、拉肚子等。流感容易诱发多种严重并发症，如肺炎、心肌炎、中耳炎、脑膜炎等。

【应急与护理】需及时治疗、隔离患流感的宝宝。一般要隔离至退热，平均约一周左右。尤其是在流感发病前3天内传染性最强，要注意消毒措施。患流感且咳嗽的宝宝在饮食上应避免给他吃凉性的食物，卧床休息，补充适当水分。

小儿伤风感冒

【疾病简介】感冒是常见病，婴幼儿伤风感冒表现为发热但体温不太高、不出汗、畏寒，喜欢让家长抱在怀里。同时患病宝宝流清鼻涕、咳嗽、痰清稀、舌苔薄白。

【应急与护理】宝宝感冒家庭护理重要的是要让宝宝充分休息，宝宝年龄越小，越是需要休息，待症状消失后方可恢复自由活动。饮食上应根据宝宝的食欲及消化能力不同，分别给予流质或面条、稀粥等食物。喂奶的宝宝应暂时减少次数，以免发生吐泻等消化不良症状。另外需要注意按时服药、居室保持安静、空气新鲜等。

风热感冒

【疾病简介】风热感冒，其起因通常是便秘。通常情况是这样的，便秘两天以后，喉咙痛一两天，然后出现感冒症状，这就是风热感冒。中医认为肺和大肠相表里，排便不畅，大肠影响肺就出现感冒症状。风热感冒主要表现为小儿发热重，但怕冷怕风不明显，鼻子堵塞流浊涕，咳嗽声重，或有黏稠黄痰，头痛、口渴喜饮、咽红、咽干或痛痒。大便干，小便黄，检查可见扁桃体红肿，咽部充血，舌苔薄黄或黄厚，舌质红、脉浮而快。

【应急与护理】让宝宝多喝水，饮食清淡，多休息，避免将宝宝带到公共场所及风大的地方；给宝宝提供易于消化，下火的食物；注意对症下药，不要将风热感冒与其他类型感冒混淆，时刻注意病情的变化。

暑热感冒

【疾病简介】小儿暑热感冒表现为发热、头晕、口渴、身倦无汗。同时伴有明显的恶心呕吐、腹泻。小儿暑热感冒多发生在夏季。

【应急与护理】夏日宝宝患暑热感冒时，妈妈切切不可随意给宝宝吃退烧药。发烧初起时不必太紧张，可用温水擦身辅助身体散热，并给宝宝多喝水，同时给宝宝食用祛暑食物，另外注意饮食清淡，可给宝宝多喝绿豆汤、西瓜汁、冬瓜汤等具有清火作

用的食品。忌食油腻食物以及甜食。

咳嗽

【疾病简介】咳嗽是儿科中常见的疾病，多发生在冬春季节。由于小儿呼吸系统防御功能不健全，咳嗽反射不敏感，咳嗽的症状和大人不一样，较小婴儿会在喝水、吃奶时发呛，严重的只要吃奶，就会发呛。

【应急与护理】为了避免宝宝晚上咳嗽难受，最好让宝宝侧卧，左右侧轮换着睡，并将头部或上身用毛巾垫得高一些，这样可以缓解呼吸困难让宝宝舒服一些，同时可以避免呼吸道分泌物返流到气管引起咳嗽。宝宝咳嗽得很厉害时，不宜玩耍得太疲劳，不然会加重咳嗽。另外，需注意给宝宝保暖，尤其是脚心和头顶部不要受凉，但也不要让宝宝身体过热。喝温热的苹果汁和梨汁、开水或温的牛奶、米汤可使宝宝黏痰变得稀薄，缓解呼吸道黏膜的紧张状态，促进痰液咳出。可以使用一些比较安全有效的中药外敷方法，如百草琼浆益气贴、夏季使用的三伏贴等。

扁桃体炎

【疾病简介】扁桃体炎是咽部扁桃体发生急性或慢性炎症的一种病症。为儿童时期常见病。扁桃体是人体咽部的两个最大的淋巴组织，一般 4～5 岁后逐渐增大，到 12 岁以后开始逐渐萎缩。正常情况下扁桃体能抵抗进入鼻和咽腔里的细菌，对人体起到保护作用，但是小儿由于身体抵抗力低，加上受凉感冒，就会使扁桃体抵抗细菌的能力减弱，从而导致口腔、咽部、鼻腔以及外界的细菌侵入扁桃体、发生炎症。严重者扁桃体红肿化脓，形成化脓性扁桃体炎，久治不愈可转成慢性扁桃体炎，容易引起肾炎、心脏病。临床表现为在急性期出现发热头痛，畏寒，幼儿可因高热而引起惊厥，咽痛明显，唾液增多等，严重者可出现张嘴困难。检查时，可见扁桃体红肿，表面有淡黄色或白色的脓点，下颌淋巴结常见肿大。在慢性期表现为咽部和扁桃体潮红，可见黄色分泌物，咽喉疼痛不明显，偶尔有低热及食欲不佳等。

【应急与护理】首先儿童时期的扁桃体炎是防治的重点，加强锻炼，对于宝宝来说，冬季时也要参与户外活动，如多走动使身体对寒冷的适应能力增强，减少扁桃体发炎的机会；保持口腔清洁，吃东西后要漱口；急性扁桃体炎多为细菌感染所致，特别是化脓菌，如链球菌、金黄色葡萄球菌等，因此必须使用抗生素，其中青霉素类最有效，根据炎症的轻重程度可选择口服或静脉注射；忌吃干燥辛辣煎炸等刺激性食物，如姜、辣椒、大蒜、油条等。

小儿腮腺炎

【疾病简介】小儿腮腺炎，民间也叫“痄腮”，表现为耳下腮部肿胀疼痛，严重的还会出现高烧、恶心、呕吐。患病宝宝面部就像打肿脸的胖子，一般会一侧的腮先肿胀，后波及另一侧。发病1～3天最明显，以后逐渐消退，约2周肿胀完全退尽。

【应急与护理】一旦发现腮腺炎，患儿应立即隔离，卧床休息；最好给宝宝食用软、易消化的食物，如粥等，开始的饮食应为流食，以后逐渐过渡到半流食，最后恢复到正常饮食；要多饮开水，保持口腔清洁，也可用复方硼砂溶液漱口；肿胀部位可用中药外敷，外敷后可减少局部疼痛；宝宝得了腮腺炎，应隔离至腮腺肿胀完全消退后才可入托或上学。

惊风

【疾病简介】小儿惊风，又称“惊厥”，俗名“抽风”。多见于1～5岁的小儿，年龄越小，发病率越高。患病宝宝表现为肢体抽搐，两目上视和意识不清。

【应急与护理】一旦宝宝发生高热惊厥，应迅速把宝宝放到床上，躺好，解开钮扣、衣领、裤带，并用裹有手帕、棉花或纱布的筷子、牙刷柄置于宝宝上下齿列之间，防止咬伤舌头。若宝宝牙关紧闭，不要强行撬开，以免损伤牙齿。为使宝宝呼吸道通畅，最好保持平卧位，头偏向一侧，防止呕吐物和粘液进入气管。同时，可用拇指按压宝宝人中穴，并及时送往医院。切忌把宝宝抱在怀里，更不要乱摇乱晃，这么做只会加重症状。

小儿哮喘

【疾病简介】哮喘是一种严重危害儿童身体健康的常见慢性呼吸道疾病，其发病率高，常表现为反复发作的慢性病程，严重影响了患儿的学习、生活及活动，影响儿童青少年的生长发育。不少幼儿哮喘患者由于治疗不及时或治疗不当最终发展为成人哮喘而迁延不愈，肺功能受损，部分患者甚至完全丧失体力活动能力。严重哮喘发作，若未得到及时有效治疗，可以致命。应充分理解儿童哮喘的特点，充分利用其不断发展及演变的动态特点，予以积极早期治疗，从而防止儿童哮喘发展为成人哮喘。

【应急与护理】居室应该每天开窗通风，调查表明，每换气一次，可除去空气中原有微生物 60%；家中要经常备一些药物，当宝宝哮喘发作时立即使用，可减少发作或减轻症状，如出现症状应及时送往医院；保持病室安静，保证患儿休息。

便秘

【疾病简介】宝宝如果大便干硬，量少又难于排出，虽然一天可有 2～3 次，但其总量比平常一次的量还要少，就是发生便秘了。如果同时有食欲减少、腹部胀满、便意频频，则更是便秘的表现。便秘的发生多由消化不良或脾胃虚弱引起。

【应急与护理】饮食调节，对于吃牛奶的宝宝，要适时地添加润肠辅食，如蔬菜汁、新鲜水果汁、西红柿汁等，同时要注意多给宝宝饮水，清晨起床后给宝宝饮温开水 1 杯，这些方法都可以促进肠蠕动，防治宝宝便秘。训练排便习惯，不滥用导泻药，如经常服用导泻药，会使肠壁活动依赖于药物，导致肠道功能失调，反而会使便秘加重；适当服用通便食品，对于长期便秘的宝宝可以在医生指导下服用一些调整肠道功能的保健食品。另外，每天晚上为宝宝做顺时针的环绕脐部的按摩，也是很有效果的。

菌痢

【疾病简介】小儿菌痢全称为细菌性痢疾，生病宝宝表现为腹痛、腹泻、呕吐、发热、脓血便。严重的会出现突发高烧、昏迷、痉挛、呼吸不畅等现象。菌痢多发在夏秋两季。

【应急与护理】患病宝宝应卧床休息，腹痛时腹部可放热水袋。饮食一般以流质或半流质为宜，忌食多渣、多油或有刺激性的食物，瓜果桃梨、雪糕等生冷之物也暂勿食用，以免增加胃肠负担，加重胃肠功能紊乱。宝宝大便有里急后重时，可让大便解在尿布上，可防止肛门直肠脱垂。每次大便后妈妈需用温水洗净臀部，并用5％鞣酸软膏涂于肛门周围的皮肤上。如有脱肛时，可用纱布或软的手纸涂上凡士林，托住脱垂的肛门，一面轻轻按摩，一面往上推，可复位。宝宝的食具、衣被均需消毒。

腹泻

【疾病简介】小儿腹泻是宝宝消化系统疾病中的常见的一种症状，表现为改变原来排便习惯，排便次数明显增多，粪便稀薄或含有脓血。如果排便次数增多但粪便成形正常，则不是腹泻。小儿腹泻发病年龄以2岁以下为主，多发在夏秋季。

【应急与护理】不论什么原因引起腹泻，关键是及时补充水分。妈妈可以给宝宝喝盐糖开水或“口服补液”。腹泻期间，宝宝的饮食要清淡，忌油腻食物，也不可吃生冷的水果，可以吃一些白粥，给宝宝添加的食品也要稀一些。宝宝每次排便后，妈妈都要用温水清洗小屁屁，特别是注意肛门和会阴部的清洁，最好用柔软清洁的棉尿布，且要勤换洗，以免发生红臀及尿路感染，如果小屁屁发红了，应将它暴露在空气中自然干燥，然后涂抹一些尿布疹膏。宝宝如果一天大便的次数超过5次，需到医院就诊。

小儿伤食

【疾病简介】也叫小儿积食，是因宝宝进食超过了他的消化能力引起的，表现为一系列消化道症状，如厌食、上腹部饱胀、舌苔厚腻、口中带酸臭味等。

【应急与护理】宝宝一旦出现伤食，妈妈得从调整饮食入手。出现这种情况，可暂时停止进食或少食1～2餐，同时喝些食醋。可以给他吃些粥、蛋花汤、面条等容易消化的食物，且1～2天内不要给宝宝吃脂肪类食物。

小儿流涎

【疾病简介】小儿流涎多见于1岁左右的宝宝，经常发生在断奶前后，宝宝表现为流口水较多，因此俗称小儿流口水。

【应急与护理】宝宝流涎容易使其颊、下颌等部位引起皮肤发红甚至糜烂。因此妈妈应该经

常用温水给宝宝洗净、擦干并涂上护肤霜保护宝宝这些部位的皮肤，同时应经常更换围涎巾，尤其是在冬季。

小儿水痘

【疾病简介】水痘是由水痘病毒引起的急性传染病，生病宝宝表现为发热及成批出现周身性红色斑丘疹、疱疹、痂疹。刚开始出现在胸部、腹部，然后扩展到全身。水痘以1~4岁小儿多见，冬春两季发病率较高。

【应急与护理】水痘的护理最重要的是皮肤的护理，如果不注意皮肤的清洁，反复搔抓破溃后易继发细菌感染，愈后会有疤痕。所以需给患儿的指甲剪平，避免抓伤、擦破皮肤，引起感染或造成永久的疤痕。另，妈妈要让患病宝宝多休息，若有发热，更要卧床休息，多喝开水和果汁。居室要通风，宝宝的衣服要清洁宽大、柔软舒适，但衣被也不宜过多过厚。

鼻出血

【疾病简介】小儿鼻出血为小儿常见病，多因小儿鼻黏膜脆弱导致，多发生在比较干燥的春季。如果宝宝经常无故鼻出血，可能有其它疾病导致，需就医。

【应急与护理】“捏鼻止血”可用来紧急处理小儿鼻子流血。如出血量不大，可将拇指和食指紧紧地压住病儿的两侧鼻翼，压向鼻中隔部。同时在患病宝宝前额部敷以冷水毛巾，压迫5~10分钟，鼻子出血可止住。捏鼻止血时，宝宝头不要过分后仰。如果出血量大，可向鼻腔充填脱脂棉卷。

小儿维生素A缺乏症

【疾病简介】维生素A缺乏病是因体内缺乏维生素A而引起的全身性疾病，其主要病理变化是全身上皮组织显现角质变性。眼部症状出现较早而显著，对暗适应能力降低，继之结膜、角膜干燥，最后角膜软化，甚至穿孔，故又有夜盲前些天、干眼症及角膜软化症等之称。病多见于营养不良及长期腹泻的婴幼儿，发病高峰多在1~4岁，6岁以上较少见。

【应急与护理】应积极治疗原发疾病，如肠道感染，肝、胆病和其他全身性疾病，使体内代谢恢复正常，以便吸收和利用胡萝卜素和维生素A。婴儿时期须注重人乳哺育须给含脂的牛乳、豆类食品、胡萝卜泥、蛋黄等，此外，可加菠菜汤、番茄汁等。注意食用方法，如胡萝卜生食不如熟食效果好，因为胡萝卜中的维生素A原只在有脂肪存在时，才能转化成维生素A。所以胡萝卜炒食或拌香油，维生素A的消化吸收率增高。

小儿紫癜

【疾病简介】过敏性紫癜是儿童常见病之一，属于自身免疫性疾病，发病急是它的突出特点。近年来过敏性紫癜发病率呈上升的趋势，6～14岁儿童的发病率较高，患病儿童多数是过敏体质。宝宝过敏性紫癜发病较急，宝宝或家长首先看到的通常是皮肤紫癜，大多开始出现在双侧小腿，踝关节周围，有时还伴有荨麻疹，病情较重的宝宝上肢、胸背部也可出现出血点，甚至会有大片瘀斑或血性水泡。紫癜的特征是高出皮肤、大小不等、呈紫红色、压之不退色的出血点。一般1～2周消退，也可反复出现或迁延数周、数月不退。其次是有关节疼痛，约有1/3～2/3患儿会发生关节红肿疼痛，不能走动。多见于踝关节、膝关节，甚至部分患儿出现关节腔积液。关节肿胀的特点是消退后不留后遗症。还有少数患儿出现脐周疼痛、呕吐，甚至便血、肠套叠。另有约30%的患儿会出现肾脏损害，如血尿、蛋白尿或管型尿，这种较严重的表现称为紫癜性肾炎，一般发生在病后2～4周。肾炎发病轻重不一，多数为轻型，通常不治自愈，少数可出现肾功衰竭、尿毒症。

【应急与护理】从家长和宝宝配合治疗的角度来讲，调节饮食在宝宝过敏性紫癜的治疗中就显得尤为重要了。首先应给予素食，不要有鸡、鸭、鱼、虾、牛奶或各种肉类。经过治疗紫癜消失1个月后，才可恢复动物蛋白的饮食，恢复的原则是含动物蛋白的饮食一样一样的逐步添加。3天加一种，吃后无过敏反应再加第二种、第三种。这样既保证了安全，也有利于发现过敏原为何种动物蛋白。

其次，治疗期间患儿应控制自己不要到冷空气或人群密集环境中去，避免剧烈运动、过度疲劳，杜绝感染机会。因为，病毒或细菌的感染可导致紫癜的复发，一般3个月内患儿情况平稳，以后复发的机会很少。如果紫癜迁延不愈，超过3个月，复发机率就会增多。

肥胖

【疾病简介】小儿肥胖症表现为，宝宝体重超过同年龄标准体重或相同身高儿童标

准体重的 20%以上。过于肥胖的宝宝还伴有经常会有疲劳感，用力时会气短或者腿痛。严重的时候会发生呼吸困难的情况。

【应急与护理】患病宝宝的饮食宜选用热量少、体积大的食物，以满足患儿的食欲，不致引起饥饿的痛苦。如绿叶菜、萝卜、豆腐等。进餐次数不宜过少，必要时，两餐之间可供低热量的点心。每餐进食的量应合理。另，体重不宜骤减，体重降至该年龄正常值以上 10%左右时，不再严格限制饮食。

遗尿

【疾病简介】遗尿俗称尿床，常见于 3 岁以上的小儿。生病宝宝表现为睡中不自觉地排尿。如果是因为白天贪玩导致精神疲劳，或者睡前饮水过多而尿床，不算是小儿遗尿。

【应急与护理】如遗尿，妈妈要关心体贴，并改善宝宝的生活环境。需避免宝宝发生强烈的精神刺激、过度紧张和疲劳的现象。还需注意家庭成员间的人际冲突不要暴露在患病宝宝面前，以免造成宝宝的心理创伤，诱发遗尿。

呕吐

【疾病简介】呕吐是婴幼儿常见病之一，呕吐多由宝宝脾胃功能失调发生。患病宝宝表现为乳、食物经宝宝的食道自口吐出。患病的宝宝应注意饮食，最好禁食一二顿，然后喂食容易消化且细软的食物，胃功能正常后恢复正常饮食。

【应急与护理】注意饮食，宜定时定量，避免暴饮暴食，不要过食煎炸、肥腻食品及冷饮；呕吐较轻者可进易消化的流食或半流食，少量多次给予，呕吐重者暂予禁食；令患儿侧卧以防呕吐时呛入气管；积极查明呕吐原因，针对病因治疗。给药时药液不要太热，服药宜缓，可采用少量多次服法，必要时可服一口，停一息，然后再服。

此外，对待宝宝应该循循善诱，温和的教导，不应当对宝宝大声呵斥；防止宝宝受到惊吓。

口腔溃疡

【疾病简介】口腔溃疡是小儿易患的一种口腔黏膜疾病，口腔溃疡处为边缘色红，中心是黄绿色的溃烂点，疼痛剧烈，流口水。患病宝宝经常伴有口臭、口干、尿黄、大便干结。轻者只溃烂一两处，重者可扩展到整个口腔，甚至会引起发烧以及全身不适。

【应急与护理】想让宝宝远离烂嘴巴的苦恼，最重要的是在平时注意调整饮食，妈妈平时要多给宝宝吃一些富含核黄素的食物，如牛奶、动物肝脏、菠菜、胡萝卜、白菜等。督促宝宝多喝水，注意口腔卫生，并保持大便通畅。

过敏性体质

【疾病简介】过敏性体质的宝宝，对母乳和牛奶都过敏，哪怕只喝一口，脸上和身上马上起湿疹。一岁以前宝宝的肠道比较脆弱，不能过滤掉易致过敏的蛋白因子。一岁以后，宝宝的肠道成熟了，过敏症状会慢慢好转。

【应急与护理】妈妈平时应细心观察宝宝是否有过敏体质，具体对哪一种物质或食物过敏，或直接到过敏症专科门诊做过敏原皮试，便于有效预防。如宝宝有过敏性疾病史，季节转换之前可向专科医生咨询，需了解和掌握用药知识。